LOGÍSTICA REVERSA

Sustentabilidade e Competitividade

www.editorasaraiva.com.br

PAULO ROBERTO LEITE

LOGÍSTICA REVERSA

Sustentabilidade e Competitividade

TEORIA ▪ PRÁTICA ▪ ESTRATÉGIAS

3ª EDIÇÃO

saraiva uni

ISBN 978-85-472-1504-0

DADOS INTERNACIONAIS DE CATALOGAÇÃO NA PUBLICAÇÃO (CIP)
ALINE GRAZIELE BENITEZ CRB-1/3129

L555L Leite, Paulo Roberto
1.ed. Logística reversa / Paulo Roberto Leite. - 1.ed. -
São Paulo : Saraiva, 2017.

Inclui bibliografia.
ISBN 978-85-472-1504-0

1. Logística - reversa. 2. Meio ambiente. 3. Sustentabilidade
4. Competitividade. 5. Logística empresarial. I. Título.

CDD-658.5
CDU-658

Índices para catálogo sistemático:
1. Logística: reversa

3ª edição

EDITAR 16226 | CL 641258 | CAE 619121

SOMOS EDUCAÇÃO | saraiva uni

Av. das Nações Unidas, 7221, 1º Andar, Setor B
Pinheiros – São Paulo – SP – CEP: 05425-902

SAC
0800-0117875
De 2ª a 6ª, das 8h às 18h
www.editorasaraiva.com.br/contato

Presidente Eduardo Mufarej
Vice-presidente Claudio Lensing
Diretora editorial Flávia Alves Bravin
Gerente editorial Rogério Eduardo Alves
Planejamento editorial Rita de Cássia S. Puoço
Aquisições Fernando Alves, Julia D'Allevo
Editores Ana Laura Valerio, Lígia Maria Marques, Patricia Quero, Thiago Fraga
Produtores editoriais Alline Garcia Bullara, Amanda M. Loyola, Daniela Nogueira Secondo
Suporte editorial Juliana Bojczuk Fermino

Preparação Eliane Fares
Revisão Bárbara Fazolari, Rita Del Monaco
Diagramação MSDE / MANU SANTOS Design
Capa MSDE / MANU SANTOS Design
Impressão e acabamento Brasilform Editora e Ind. Gráfica

Para aqueles que sempre me inspiraram e são o sentido de minha vida: minha paciente e querida esposa, Yvone, meus saudosos pais, minha filha caçula, Glaucia, meus netos Patrick e Rebecca, minha filha Claudia e meu genro Ney.

AGRADECIMENTOS

Minha gratidão àqueles que me ajudam a avançar em conhecimentos de logística reversa, complementando, com sua contribuição, minhas próprias fontes de pesquisas, consultorias e vivência profissional nessa área à qual me dedico há longo tempo.

Aos meus estimados alunos, que têm me auxiliado em pesquisas conjuntas em logística reversa, à contribuição de centenas de executivos de empresas que realizam palestras em minhas aulas de pós-graduação, às muitas empresas que contribuem com palestras nos Fóruns Internacionais de Logística Reversa do Conselho de Logística Reversa do Brasil (CLRB) que organizo no país.

SOBRE O AUTOR

Paulo Roberto Leite é engenheiro industrial pela Faculdade de Engenharia Industrial (FEI), pós-graduado em Administração de Empresas pela Fundação Getulio Vargas e mestre em Ciências da Administração pela Universidade Presbiteriana Mackenzie. Com mais de 40 anos de experiência em empresas multinacionais do setor privado, atua como professor e pesquisador, conferencista, articulista, consultor editorial e consultor empresarial na área de logística reversa. Possui importante acervo de publicações de suas pesquisas em congressos e revistas acadêmicas nacionais e internacionais, bem como grande número de publicações em revistas especializadas.

Idealizador do curso de pós-graduação em Logística Empresarial da Universidade Presbiteriana Mackenzie e do Conselho de Logística Reversa do Brasil (CLRB), que realiza Fóruns Internacionais de Logística Reversa, presta serviços de consultoria para empresas conquistarem competitividade por meio da logística reversa, oferecendo cursos presenciais e *on-line*.

APRESENTAÇÃO

Atualmente, o termo genérico "logística reversa", contrariamente a algumas décadas atrás, tem sido falado e publicado muito frequentemente, deixando de ser um "desconhecido", até pelo público em geral, embora muitas vezes com denominações e conceituações pouco adequadas. No âmbito empresarial e acadêmico, essa visibilidade revela-se nos dois campos de atuação da logística reversa: de pós-venda e de pós-consumo.

A presença do termo na mídia, na produção científica de todas as áreas de conhecimento e pela sociedade, tem sua origem, como tem se enfatizado, pela grande quantidade e variedade de produtos, visando satisfazer os diversos microssegmentos de mercado. Segmentos de produtos para diferentes etnias, idades, costumes, preferências e/ou restrições alimentares, entre outros aspectos. Produtos com reduzido ciclo de vida mercadológico e com todas essas variedades propiciam rápida obsolescência nos estoques de empresas e ensejam descarte como usados, requerendo complexos sistemas logísticos para o equacionamento de seu retorno e reaproveitamento inteligente – a logística reversa.

Entre as mudanças observadas, está sua visão empresarial estratégica e holística. Essa visão amplia-se para o projeto do produto, para as negociações, visando o equacionamento adequado dos produtos; para as legislações ambientais correlatas; para o relacionamento nas cadeias direta e reversa, para maior eficiência de suas operações. Dessa maneira, torna-se uma potente ferramenta estratégica de competitividade empresarial quando sua atuação é utilizada principalmente sob a forma de agregação de valor econômico ou de obediência a legislações, ou de reforço de marca e imagem empresarial.

Essa evolução constante e perceptível nos mercados brasileiros, sob diferentes perspectivas, tem exigido natural e sistematicamente novas pesquisas sobre o assunto, tornando oportuna a 3ª edição deste livro, a qual procura capturar as atualizações e as novas visões do novo momento brasileiro da logística reversa.

Nesta edição foram incorporados novos capítulos, e os demais passaram por uma profunda e criteriosa revisão do autor, além da inclusão e atualização de novos estudos de caso e de exemplos de logística reversa na prática, mantendo como princípios a clareza e o entendimento das novas condições brasileiras. Os mais relevantes aspectos históricos foram preservados, característica marcante das edições anteriores e que, sobretudo, ressalta a sua origem e o pioneirismo na bibliografia mundial.

A nova edição conserva, também, a riqueza e a solidez das pesquisas e da vivência empresarial. O autor preocupou-se, inclusive, em não alterar substancialmente a estrutura do livro em sua análise da logística reversa nos canais reversos de pós-venda e de pós-consumo. A opção por abordar essas duas categorias em capítulos distintos deve-se ao fato de ter se tornado a "marca seminal" do livro, contribuindo para a larga aceitação de leitores, motivo pelo qual o autor é admirado e amplamente citado em obras nacionais, na academia e referência no meio corporativo.

Respeitado pela academia, por seu ineditismo, desde sua primeira edição, em 2013, este livro permanece, ainda, lastreado em pesquisas, propõe teorias, define conceitos, classifica categorias, elabora dimensões de análise do assunto abordado, estabelece limites conceituais da área e propõe o relacionamento com outras áreas do conhecimento.

Foram adicionados, também, novos casos de logística reversa de setores empresariais no Brasil: de uma cadeia de *fast-food*, de reaproveitamento de lixo eletroeletrônico, casos inéditos de logística reversa de pós-venda, entre outros. Esta edição integra, ainda, o capítulo exclusivo sobre a Política Nacional de Resíduos Sólidos (PNRS), editada em agosto de 2010, que representa um marco importante para a logística reversa de pós-consumo no cenário brasileiro, discutindo suas diretrizes e as decisões de logística reversa que se impõem para o cumprimento dessa política, assim como as condições de regulamentação para seu cumprimento.

Espera-se que esta nova edição tenha a mesma recepção das anteriores e que possa complementar os conhecimentos de executivos, empresários, acadêmicos em geral, associações e sindicatos setoriais, entidades diversas e o leitor interessado em conhecer os diferentes aspectos do retorno de produtos não consumidos ou já consumidos, permitindo-lhes encontrar não somente os conceitos básicos, como também as práticas empresariais necessárias às suas atividades.

SUMÁRIO

Introdução

O livro está dividido em quatro partes, totalizando **15 capítulos**. Cada parte contém uma breve introdução sobre os seus respectivos capítulos. No início de cada capítulo apresenta-se uma relação de itens que oferece um panorama geral do que será abordado ao longo do capítulo e, em seguida, o seu desenvolvimento em tópicos. Ao final de cada capítulo, encontra-se um resumo dos principais assuntos estudados. O livro traz questões para discussão e reflexão que o auxiliarão a avaliar o entendimento do capítulo e, ainda, estudos de caso e exemplos de logística reversa na prática, que permitem examinar exemplos de aspectos mais práticos das estratégias e operações da logística reversa.

Na **Parte I**, "Visão geral da logística reversa e dos canais de distribuição reversos", desenvolvemos uma visão geral da logística reversa e dos canais de distribuição reversos, em que são identificadas duas grandes categorias de fluxos reversos – a de pós-consumo e a de pós-venda –, permitindo a você familiarizar-se com os principais termos e os diversos aspectos relativos à área. Essa nomenclatura e o estudo individualizado dessas duas categorias foram adotados pelo autor desde seus primeiros artigos sobre logística reversa, publicados em 1998 no Brasil, e são mantidos na estrutura do livro, pois entende-se que a relevância das peculiaridades dessas duas grandes classes de cadeias reversas deva ser analisada separadamente. Essa abordagem privilegia os aspectos didáticos e as características de cada uma delas, possibilitando um estudo amplo da logística reversa. As interligações e áreas comuns dessas duas grandes áreas são enfatizadas ao longo do livro.

O **Capítulo 1**, "Entendendo os canais de distribuição reversos", "abre as portas" para você conhecer as diversas possibilidades de retorno de produtos e bens por meio dos canais de distribuição reversos. O primeiro tópico analisa a crescente importância da logística empresarial e da logística reversa no cenário recente da história empresarial, contextualizando a logística reversa como área da logística empresarial e sua relevância no cenário empresarial.

O **Capítulo 2**, "Logística reversa: um interesse crescente", examina as principais definições da logística reversa, explora resumidamente a visão operacional e estratégica da logística reversa e sintetiza os principais aspectos que justificam o interesse nessa área. Dessa maneira, examina uma das ideias fundamentais de interesse ao apresentar uma nova visão de consumo que se cristaliza nas sociedades modernas e que está modificando a relação entre as empresas, o governo e a sociedade. Essa visão, traduzida pelo afloramento de uma crescente sensibilidade ecológica e de sustentabilidade ambiental, transforma-se em mais um fator de incentivo à revalorização dos bens de pós-consumo, por meio de seus canais reversos, responsáveis pelos avanços de conceitos e legislações ecológicas, exigindo progressivamente uma nova visão empresarial sobre os impactos de produtos no meio ambiente. Discute-se, em seguida, a relação da logística reversa moderna com os novos padrões de competitividade, estabelecidos por empresas em ambientes de crescente concorrência de mercado. Isso propicia, entre outros aspectos, a aplicação da logística reversa, com maior flexibilidade, no retorno de produtos, na prestação de serviços de pós-venda e assistência técnica, na redução do impacto de produtos no meio ambiente, por meio de novas estratégias de *supply chain* (cadeia de suprimentos), levando à satisfação dos clientes e, em consequência, à sua fidelização e ao reforço e visibilidade de imagem corporativa. É analisada, também, a importância da logística reversa para a imagem corporativa e de marca e introduzindo as ideias de custos tangíveis e de custos menos tangíveis, que podem afetar a eficiência e a imagem das empresas. A introdução dessas principais ideias permite visualizar a importância da economia reversa, que apresenta valores econômicos expressivos e de crescente interesse empresarial.

No **Capítulo 3**, "Logística reversa e competitividade empresarial", ressalta-se a importância da logística reversa como fator de competitividade empresarial. Inicialmente, são examinados os aspectos de competitividade, a busca de vantagem competitiva e a concorrência em todos os setores que obriga as empresas a criar fatores de diferenciação e inovação no mercado. Examina-se a expectativa dos clientes atuais, empresariais e consumidores, e em seguida o papel da logística reversa na obtenção de vantagem competitiva para as empresas nas duas categorias examinadas no livro. O capítulo desenvolve, de forma detalhada, as diversas ações ou estratégias de logística reversa, de pós-venda e de pós-consumo, e seus ganhos aplicados por fabricantes, varejistas ou atacadistas, além dos operadores logísticos.

Na **Parte II**, "Logística reversa dos bens de pós-consumo", examina-se a primeira categoria dos canais reversos constituídos pelos produtos de diversas naturezas que são consumidos e que, de alguma forma, apresenta ao menos uma parcela que retorna ao ciclo produtivo. O **Capítulo 4** analisa o produto logístico de pós-consumo, sua natureza e classificação sob o ponto de vista da logística reversa. Além disso, por meio de uma série de exemplos, apresenta a tendência à descartabilidade dos produtos atuais, introduzindo a participação crescente do chamado lixo eletrônico. Vários são os motivos que contribuem para o aumento da quantidade de bens descartados pela sociedade: a redução do ciclo de vida mercadológico dos produtos, a introdução de novas tecnologias e de novos materiais em sua constituição, sua obsolescência precoce por diferentes razões, a vertiginosa febre de lançamentos e o alto custo de reparos diante do preço do bem.

Esse novo momento histórico de alta descartabilidade contribui para uma crescente sensibilidade ecológica e uma preocupação com a sustentabilidade ambiental, geradas pela visibilidade progressiva dos excessos desses descartes em terrenos baldios, rios, córregos e outros locais impróprios, que se somam à crescente proximidade, frequência e publicidade dos desastres ecológicos de diversas naturezas. A capacidade dos sistemas de disposição final tradicionais desses bens de pós-consumo – os aterros de diversas classificações e a incineração – está se esgotando, o que exige de empresas, do governo e da sociedade um novo equacionamento do problema, por meio da logística reversa relativa a esses excessos, da redução de resíduos e do reúso e reciclagem dos bens, a fim de evitar e mitigar os efeitos poluentes e de distribuir, da maneira mais ordenada, os custos ecológicos do impacto dos produtos sobre o meio ambiente.

O **Capítulo 5**, "Tipologia dos canais de distribuição reversos de bens de pós-consumo", analisa detalhadamente as diversas possibilidades e etapas de retorno dos bens de utilidade, desde a coleta do pós-consumo até sua reintegração ao ciclo produtivo por meio da tipologia dos canais de distribuição reversos de bens de pós-consumo. É introduzido o conceito de equilíbrio dos fluxos diretos e reversos, e são analisadas as formas de cálculo e de medida desses fluxos, assim como os sistemas de ciclos fechados e abertos dos produtos descartados. São examinados, ainda, o fluxo reverso de cada classe de bem industrial ou de utilidade dos bens duráveis, semiduráveis e descartáveis. Para os canais reversos de descartáveis, o capítulo destaca os diversos tipos de coleta desses produtos, tanto a do lixo comum como a coleta seletiva, assim como seus destinos. São abordados, também, os canais de distribuição reversos de reúso, de remanufatura e de reciclagem, bem como o fluxo reverso dos resíduos industriais de significativa importância.

Na **Parte III**, "Os objetivos estratégicos ou direcionadores da logística reversa de pós-consumo e a organização das cadeias produtivas reversas", são examinados o perfil das empresas constituintes das cadeias reversas, suas estruturas, diferenças, o nível de integração vertical dessas empresas e sua importância na organização reversa, dentre outros aspectos. Foram desenvolvidas, de forma ampla, as características das empresas nos canais de remanufatura que representam parcela importante da economia reversa. Ao mesmo tempo, examina-se de qual forma os principais direcionadores ou objetivos estratégicos impulsionam as cadeias reversas, detalhando sua influência e apresentando exemplos e casos que comprovam a teoria desenvolvida no livro. Esses diversos fatores estão relacionados entre si e compõem um modelo que explica o nível de organização das cadeias reversas de pós-consumo.

O **Capítulo 7** apresenta o objetivo econômico da logística reversa de pós-consumo, talvez o mais natural motor das atividades empresariais, por meio do exame das economias possíveis, ao longo da cadeia produtiva reversa, que permite a revalorização econômica dos bens de pós-consumo nos canais reversos de reúso, de remanufatura e de reciclagem. Desenvolvemos mais detalhadamente a revalorização na remanufatura, tão importante economicamente. São essas economias que justificam a maioria dos casos de canais reversos de alta eficiência no retorno de produtos e materiais ao ciclo produtivo. O capítulo examina também as principais características dos mercados de materiais secundários, a formação de seus preços e sua relação com os preços das matérias-primas virgens. Ao final, é apresentado um estudo de caso sobre a logística reversa no setor de alumínio no Brasil.

O **Capítulo 8**, "O objetivo ecológico e de sustentabilidade ambiental na logística reversa de pós-consumo", merece um exame detalhado devido à importância e à crescente influência dos aspectos ecológicos nas cadeias reversas e nos fluxos reversos de produtos de pós-consumo. São analisadas as tendências de consumo da sociedade; as críticas ambientalistas às práticas de consumo tradicionais; a denominada "cultura do consumo" dos bens; as principais ideias e as possibilidades de se conciliar o desenvolvimento econômico com a conservação ambiental na teoria do desenvolvimento sustentável; as novas teorias econômicas que advêm dessas críticas e que levam em consideração a inclusão dos custos adicionais causados pelos produtos ao meio ambiente, bem como a possibilidade de utilizar técnicas de mensuração por meio da análise do ciclo de vida útil dos produtos. Por fim, esse capítulo apresenta, ainda, uma minuciosa análise de posicionamento estratégico de empresas perante problemas ecológicos, a denominada "responsabilidade empresarial". Ao final, há um estudo de caso sobre a logística reversa no setor de latas de alumínio no Brasil.

O **Capítulo 9**, "O objetivo legal na logística reversa de pós-consumo", analisa de que maneira as legislações influem nas condições naturais de mercado, nas etapas reversas, e como podem alterá-las por meio do exame da natureza das legislações, do modo como são aplicadas em proibições, incentivos, regulamentações e estabelecimento de padrões. É apresentado um resumo das principais legislações sobre resíduos sólidos em diversos países e suas principais tendências, além de alguns projetos de rotulagem de produtos em curso. São evidenciados os programas de reaproveitamento de embalagens desenvolvidos na Europa, coordenados pela organização ProEurope, e as diretrizes europeias WEEE e RoHS sobre os produtos eletroeletrônicos que tratam da organização da cadeia reversa deles e das restrições a componentes perigosos, respectivamente. Ao final, há um estudo de caso sobre a logística reversa de óleos lubrificantes no Brasil e o importante caso das embalagens vazias de defensores agrícolas também em nosso país.

O **Capítulo 10** aborda a Política Nacional de Resíduos Sólidos (PNRS), editada em 2010, demonstrando sua importância no cenário brasileiro, com foco em seus diversos aspectos, e a importância da logística reversa como instrumento fundamental para sua execução. Examina as dificuldades de sua aplicação e as vantagens que a sociedade e as próprias empresas terão ao equacionar o retorno de produtos usados, evitando seu acúmulo no meio ambiente e as consequências de conhecimento geral. A PNRS é analisada em capítulo próprio devido à sua relevância, permitindo seu entendimento, bem como as razões que levaram as ideias propostas por ela a serem discutidas e trabalhadas em todas as instituições, empresas, bibliografias da área etc. Pode-se dizer que vivenciamos o renascimento da logística reversa de pós-consumo com os desdobramentos para a logística reversa de pós-venda. São examinados aspectos de sua origem (europeia), definições, princípios utilizados, compartilhamento de responsabilidades e implicações de sua aplicação.

O **Capítulo 11** analisa o impacto do fator tecnológico na organização do *reverse supply chain* (cadeia de suprimento reversa) de pós-consumo, fator este que, via de regra, viabiliza tecnológica e economicamente a cadeia reversa. São examinados os aspectos tecnológicos em diversas fases dos fluxos reversos, evidenciando-se a análise de reciclabilidade tecnológica dos materiais e produtos por meio dos processos industriais de limpeza e separação dos produtos de pós-consumo coletados. São analisados os processos industriais de desmontagem, remanufatura e extração dos materiais constituintes, e a reintegração tecnológica em substituição às matérias-primas secundárias. Ao final é apresentado um estudo de caso sobre a logística reversa no setor de ferro e aço no Brasil e outro sobre a cadeia reversa de pneumáticos no Brasil.

O **Capítulo 12** examina o impacto do fator logístico na organização do *reverse supply chain* de pós-consumo, evidenciando o problema de localização das fontes e dos destinos dos bens de pós-consumo e caracterizando o produto logístico e sua transportabilidade, a peculiaridade da organização das coletas, as embalagens logísticas retornáveis, a terceirização empresarial nos canais reversos e o projeto da rede de distribuição reversa. São desenvolvidos detalhadamente alguns aspectos operacionais logísticos e os sistemas de informação na área de pós-consumo. Por fim, o capítulo apresenta um estudo de caso sobre a logística reversa das garrafas PET no Brasil.

Na **Parte IV**, "Logística reversa de pós-venda", é estudada a outra categoria de canais de distribuição reversos, em que são examinadas as diferentes formas de retorno dos bens com pouco ou nenhum uso, revalorizando-os por meio de sua reintegração ao ciclo de negócios, redistribuindo-os pela cadeia produtiva direta ou destinando-os a reparos, remanufatura ou reciclagem para posterior reintegração nos mercados secundários.

O **Capítulo 13**, "Tipologia dos canais reversos de pós-venda", aborda a maneira como os fluxos reversos de retorno ao ciclo de negócios dessa categoria de bens se estabelecem por meio da cadeia direta, examinando os casos em que o retorno se processa devido a acordos comerciais e os casos originados em razão da qualidade dos produtos e serviços em geral. São estudadas as origens dos retornos de pós-venda ou ponto de entrada desses produtos no fluxo reverso, desenvolvendo-se as diversas possibilidades dos locais onde são devolvidos e seus destinos. Esse capítulo trata também dos fluxos reversos de embalagens retornáveis.

No **Capítulo 14**, "Organização e objetivos estratégicos da logística reversa de pós-venda", são examinadas a relação entre as empresas e a natureza do produto logístico de pós-venda. São explorados também os aspectos de seleção de destinos e suas dificuldades, o sistema de informações nos canais de pós-venda com os diversos códigos operacionais passíveis de utilização no sistema *electronic data interchange* (EDI) reverso, as vantagens e as desvantagens dos sistemas centralizados de retorno e as diversas formas de comercialização dos produtos nos mercados secundários, além das características e peculiaridades principais desses mercados e de seus agentes. São analisados, ainda, os diversos aspectos em que se justificam as aplicações da logística reversa nas empresas e os resultados obtidos com políticas de serviços diferenciados aos clientes por meio dos objetivos estratégicos da logística reversa de pós-venda. A nova edição contempla os objetivos legais de retorno no pós-venda. O capítulo encerra com a apresentação dos casos da Bristol-Myers Squibb, da Sears, Roebuck and Co. e das embalagens retornáveis.

O **Capítulo 15**, "O futuro", visa salientar e estudar, em detalhes, os principais inibidores, sob diferentes perspectivas, que devem ser mais bem equacionados no sentido de avançar nas organizações reversas. Aborda, também, a situação da logística reversa no Brasil, examinando suas condições de atuação presentes e futuras relacionadas à organização das cadeias reversas de pós-venda e de pós-consumo.

Parte I

VISÃO GERAL DA LOGÍSTICA REVERSA E DOS CANAIS DE DISTRIBUIÇÃO REVERSOS

Nos **Capítulos 1, 2** e **3** examinaremos as principais características das duas categorias de canais de distribuição reversos, o que permitirá o entendimento das diversas possibilidades de retorno dos bens ao ciclo produtivo e ao ciclo de negócios. Analisaremos a evolução da definição da logística reversa como uma nova área da logística empresarial, seu campo de atuação nos diferentes tipos de canais reversos e os principais aspectos que justificam ela ser alvo de crescente interesse empresarial.

Apresentaremos algumas das principais razões para a implementação da logística reversa em empresas modernas. Observaremos que a crescente sensibilidade ecológica dos consumidores, as legislações relacionadas ao meio ambiente, os novos padrões de competitividade dos serviços ao cliente e as preocupações com a imagem corporativa têm gerado crescimento significativo do uso da logística reversa.

Assim, nestes capítulos iniciais, objetivamos possibilitar que você compreenda a extensão e a importância dos canais reversos, a atuação da logística reversa, os principais conceitos envolvidos no tema e seu relacionamento com outras áreas do conhecimento.

ENTENDENDO OS CANAIS DE DISTRIBUIÇÃO REVERSOS

I

NESTE CAPÍTULO VOCÊ IRÁ:

1. entender a evolução da logística empresarial e o posicionamento da logística reversa como parte do ciclo completo do produto;
2. estabelecer as relações entre os canais de distribuição diretos e os canais reversos;
3. identificar as diferentes categorias de canais de distribuição reversos;
4. distinguir a multiplicidade de caminhos possíveis de retorno dos bens de pós-consumo e de pós-venda;
5. identificar as principais diferenças entre os canais reversos de bens de pós-venda e de pós-consumo.

1.1 Da logística empresarial à logística reversa – breve histórico

A logística pode ser considerada uma das mais antigas e inerentes atividades humanas, uma vez que sua principal missão é disponibilizar bens e serviços gerados por uma sociedade nos locais, no tempo, nas quantidades e na qualidade desejada pelos utilizadores. Embora muitas vezes tenha sido decisiva em operações militares que se tornaram históricas, sua introdução como atividade empresarial tem sido gradativa ao longo da história empresarial, passando de uma simples área de estocagem de materiais a uma área estratégica no atual cenário concorrencial.

Essa evolução como atividade empresarial ganhou nitidez a partir da Segunda Guerra Mundial, quando se evidenciou como suporte às novas tecnologias produtivas de empresas industriais. No sistema de produção *just-in-time*, a partir dos ensinamentos dos principais "gurus acadêmicos da qualidade total", Deming, Juran e Crosby, no qual se substitui a antecipação pela reação à demanda, o equacionamento logístico dos fluxos de materiais em toda a cadeia de suprimentos tornou-se fundamental. Novos relacionamentos com fornecedores e novas técnicas operacionais foram introduzidos, principalmente no Japão, dando início ao que se entende atualmente como *supply chain management*.

Nesse cenário de alta velocidade de resposta, tornou-se imperativa a localização logística das empresas fornecedoras, o controle e o transporte de suprimento de componentes com alta frequência e em pequenas quantidades, o contrato de compra e venda de longo prazo, a garantia de qualidade dos componentes que entram diretamente nas linhas de produção, o absoluto rigor no cumprimento de prazos e quantidades, entre outros aspectos, exigindo planejamento, operação e controle logístico de alto desempenho nos níveis estratégico, tático e operacional. Dessa forma, a logística empresarial tornou-se área vital para o sucesso de empresas que adotam esse tipo de produção. Simultaneamente ao tempo histórico empresarial, desenvolveram-se os sistemas de produção baseados no planejamento de necessidades de materiais (conhecido como MRP – *material requirement planning*), geridos por computadores e predominantes nos Estados Unidos do pós-guerra, nos quais a logística evidencia-se como atividade de planejamento e gestão de materiais. O MRP é adotado nas principais indústrias que trabalham com produtos com altas quantidades de componentes e diversificados modelos em suas linhas de montagem, permitindo o planejamento de compras e de produção, bem como seu controle.

A logística empresarial assumiu, então, papel significativo no planejamento e no controle do fluxo de materiais e produtos – desde sua entrada na empresa até sua saída dela, já como produto finalizado. O processamento dos pedidos e o serviço oferecido aos clientes são diferenciais estratégicos, regulando, dessa forma, as quantidades a serem produzidas e os modelos a serem fabricados, a sequência de fabricação, as quantidades e as datas de entrega das matérias-primas e dos componentes diretos da fabricação, os estoques de insumos e de produtos intermediários e acabados, entre outros, e se tornam fundamentais para o cumprimento das estratégias empresariais.

Na década de 1980, o advento de computadores pessoais, os sistemas de comunicação e a digitalização das informações aceleraram o ritmo empresarial, facilitando a comunicação e rompendo as barreiras geográficas por meio de espaços virtuais – fruto da globalização –, e, como consequência, exigiu-se processos logísticos compatíveis com esse ambiente de maior complexidade operacional, de alta concorrência e volatilidade nos mercados, tornando a logística vital para a estratégia empresarial.

A criação do código de barras possibilitou a identificação de produtos e materiais em diversos estágios de seu fluxo, digitalizando as informações e modificando a velocidade desse fluxo. Esse fato certamente marcou um avanço importante nas atividades da logística empresarial, contribuindo para seu relevante papel nas últimas décadas.

A logística empresarial adquiriu um novo *status* nas empresas: agora desempenha papel estratégico no planejamento das redes operacionais em todas as regiões do globo e controla os fluxos dos materiais e as informações correspondentes a eles em todas as fases da cadeia de suprimentos. Com a crescente utilização da informatização logística é possível favorecer a visibilidade dos fluxos logísticos ao longo das cadeias de suprimentos e ter maior racionalidade em seus controles.

Com a implantação de sistemas de gestão empresarial informatizados (ERP – *enterprise resources planning*) são introduzidos diversos módulos de gerenciamento das operações em geral e, em particular, das operações logísticas. Novos sistemas informatizados de gestão de atividades logísticas (*softwares*) são disponibilizados no mercado, com possibilidade de planejamento, operação e controle com maior velocidade e precisão.

A intensa globalização tornou o mercado mundial de prestação de serviços logísticos atrativo a muitos grupos internacionais e nacionais, desencadeando desdobramentos, aquisições e fusões de empresas que desejam atuar nesse novo segmento. Empresas dedicadas a atividades de correios, transportes, armazenagem e afins entraram nessa área, constituíram grandes grupos de prestação de serviços logísticos e desenvolveram tecnologias especializadas de alto nível pelo mundo, iniciando, assim, uma fase de intensa terceirização das tarefas logísticas.

Simultaneamente, neste momento histórico de globalização acelerada, empresas líderes de segmentos, pressionadas principalmente pelo aumento da concorrência em seus mercados no mundo e pela complexidade acrescida em suas operações logísticas, buscam novas formas de melhorar sua competitividade. Assim, identificam novas possibilidades de aumento da eficiência em custos e serviços aos clientes por meio de uma visão sistêmica da cadeia de suprimentos, de novas formas de relacionamento entre empresas, envolvendo todas as áreas empresariais em uma nova visão estratégica. Disso resulta o desenvolvimento de novas estratégias de relacionamento e parcerias efetivas nas cadeias de suprimentos, o compartilhamento de informações de diversas naturezas e a coordenação de fluxos de materiais e de produtos em rede operacional, reduzindo ineficiências e melhorando o atendimento a clientes diretos e finais – o *supply chain management.*

Nesse cenário, as principais ideias de visibilidade e velocidade nos fluxos logísticos para atendimento a clientes pela demanda, equivalentes às do sistema *just-in-time* industrial, são trazidas a todas as áreas das empresas modernas, adequando todas as atividades empresariais à satisfação dessas parcerias a longo prazo nas cadeias de suprimentos. A logística empresarial adquire papel de alta relevância estratégica, contribuindo decisivamente para a competitividade empresarial.

A Figura 1.1 identifica as quatro áreas operacionais da logística empresarial atual, definição adotada pela maioria dos autores, que privilegia a ideia de *closed loop* na logística. Distinguem-se a logística de suprimentos, com a responsabilidade das ações necessárias para suprir a empresa dos insumos materiais; a logística de apoio à manufatura, responsável por planejamento, armazenamento e controle dos fluxos internos; a logística de distribuição, que basicamente se ocupa da entrega dos pedidos recebidos; e a logística reversa, a mais nova área da logística, responsável pelo retorno dos produtos de pós-venda e de pós-consumo e de seu endereçamento a diversos destinos.

FIGURA I.I Áreas operacionais da logística empresarial

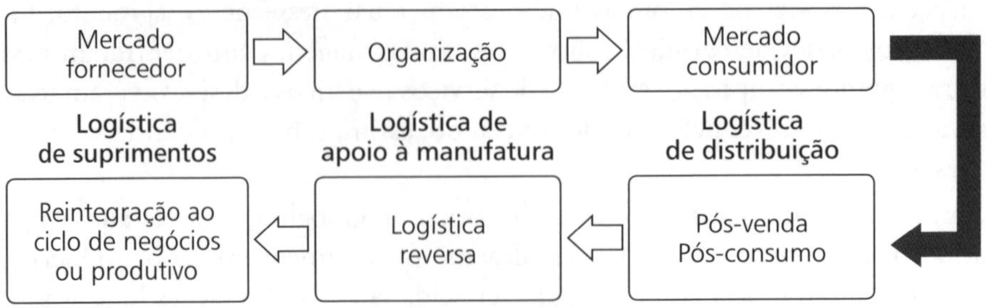

Fonte: elaborada pelo autor.

O imperativo empresarial atual exige das empresas, simultaneamente, competir, cooperar e inovar – com a introdução frequente de novos produtos – em ambientes globalizados, em constante mudança, considerando clientes sensíveis a serviços, requerendo de suas atividades velocidade de resposta, flexibilidade operacional, alta visibilidade de suas cadeias de suprimentos e de seus negócios, de forma que se adaptem a essas circunstâncias. Aumentos significativos na quantidade e na variedade das mercadorias produzidas e comercializadas atualmente exigem alto desempenho de planejamento, operação e controle das cadeias de suprimentos para chegar eficientemente ao mercado.

Logística empresarial é a função que concretiza tais ações necessárias para a garantia do desempenho empresarial, com importância reconhecida por diversos autores, que a justificam como área estratégica fundamental para o sucesso empresarial.[1]

1.1.1 Logística empresarial no Brasil

O Brasil, como outros países emergentes e globalizados, revela expressivo crescimento de atuação da logística empresarial (embora com certa defasagem de implementação em relação aos países mais desenvolvidos).

A evolução e a importância da logística empresarial tornaram-se evidentes a partir da década de 1990, quando a redução das tarifas de importação em diversos setores econômicos propiciou maior internacionalização do país, alterando fortemente o panorama empresarial nacional. Novos padrões de competitividade emergiram gradativamente no mercado brasileiro, de forma equivalente aos observados nos países mais desenvolvidos, na busca de melhores práticas internacionais. Níveis de serviços elevados e novas práticas de relacionamento com os diversos elos da cadeia produtiva, visando perenizar seus negócios e seus clientes, tornaram-se objetivos claros nas empresas atuantes no país.

1 CHRISTOPHER, M. *Logística e gerenciamento da cadeia de suprimentos*. São Paulo: Pioneira, 1999.; BOWERSOX, D. J.; CLOSS, D. J. *Logistics management:* the integrated supply chain process. New York: McGraw-Hill, 2001.; BALLOU, R. H. *Logística empresarial*. São Paulo: Atlas, 1993.

No entanto, foi a partir de 1994, com a estabilização da moeda, que se observou o verdadeiro *boom* logístico no país, devido ao expressivo desenvolvimento e aumento de transações empresariais em diversas cadeias industriais e agropecuárias, à percepção dos valores de estoques envolvidos, à presença marcante de operadores logísticos internacionais, às privatizações realizadas nas áreas ferroviária, portuária e hidroviária, e certamente à maior participação do país no cenário internacional.

Como resultado dessa internacionalização, observa-se um crescimento de atividade significativo em diversas cadeias produtivas, tanto nas existentes como nas de novos produtos, que colocam em destaque a contribuição da logística em seu equacionamento.

Dessa forma, o aumento de exigências na competição interna e externa, a maior conscientização empresarial de suas possibilidades competitivas, a preocupação com os custos de estoques e transportes, a exigência de velocidade de resposta, a necessidade de melhorar a matriz de transportes nacional e a exigência de formação de especialistas evidenciam a logística empresarial no país.

1.1.2 Logística reversa

A crescente quantidade de produtos com ciclos de vida cada vez menores e a grande variedade de modelos que se intensificaram nas últimas décadas do século XX deram origem à necessidade do equacionamento logístico do retorno de uma parcela desses produtos, não consumidos ou usados. Dessa maneira, a área de logística reversa no mundo empresarial e nas sociedades organizadas passa a ter crescente interesse, destacando-se como a quarta área da logística empresarial.

O estudo da logística reversa e dos canais de distribuição reversos tornou-se gradativamente mais importante para empresas de todos os setores na medida em que a atividade relaciona-se fortemente com a preservação do meio ambiente e a sustentabilidade empresarial, bem como com aspectos importantes de competitividade, os quais serão detalhadamente analisados neste livro, identificados como retornos de pós-venda e de pós-consumo.

Podemos identificar diversas razões que justificam o retorno de produtos das categorias de pós-venda e de pós-consumo, as quais envolvem qualidade intrínseca, acordos comercias que permitem retorno, reparo, conserto e manutenção dos produtos ou de seus componentes, embalagens retornáveis, interesse em sua reutilização e fim de vida útil.

No ambiente de alta competitividade e globalização no qual vivemos, as empresas modernas reconhecem cada vez mais que, além da busca do lucro em suas transações, é necessário atender a uma variedade de interesses sociais, ambientais e governamentais para garantir seus negócios e lucratividade ao longo do tempo. Torna-se necessário, desta forma, satisfazer a diferentes *stakeholders*, acionistas, funcionários, clientes, fornecedores, comunidade local, governo, que avaliam as empresas sob perspectivas distintas. O planejamento empresarial, em seus diversos níveis – estratégico, tático e operacional –, deve ser elaborado considerando a visão holística de competir, colaborar e inovar, atendendo a essas expectativas.

A logística reversa, definida como a área da logística empresarial responsável pelo planejamento, operação e controle dos fluxos reversos de diversas naturezas, insere-se nesse contexto tendo em vista que o equacionamento logístico de seus fluxos reversos permite satisfazer a diferentes interesses estratégicos. Objetivos econômicos, legais, ecológicos, de cidadania e responsabilidade empresarial, de reforço ou defesa de imagem corporativa, dirigirão ações ou reações estratégicas na implementação de programas de logística reversa.

O interesse da logística reversa varia em função das características do produto, do setor industrial, da posição da empresa na cadeia de suprimentos, de legislações existentes, das exigências de clientes, dos riscos à imagem da empresa, da atitude de responsabilidade empresarial. Assim, adquire relevância crescente na implementação de programas empresariais com diferentes objetivos estratégicos, como anteriormente citados, dado que os executivos modernos têm melhor conhecimento dos valores envolvidos com o retorno de produtos e melhor percepção da possibilidade de transformar um problema em oportunidade, seja como fonte de novos centros de lucros, como fonte de redução de custos ou como salvaguarda da reputação empresarial.

1.2 Canais de distribuição reversos

O marketing e a logística empresarial têm empreendido grandes esforços em estudos e aperfeiçoamentos, em universidades e empresas modernas, sobre os "canais de distribuição" e a "distribuição física" dos bens produzidos. Essa preocupação justifica-se não apenas pela oportunidade dos custos envolvidos, mas também pela possível diferenciação dos níveis de serviços oferecidos nos mercados globalizados e extremamente competitivos da atualidade.

A importância econômica da distribuição, seja sob o aspecto conceitual mercadológico, seja sob o aspecto concreto operacional da distribuição física, revela-se cada vez mais determinante às empresas, tendo em vista os crescentes volumes transacionados, decorrentes da globalização dos produtos e das fusões de empresas, e a necessidade de se ter o produto adequado, no local e tempo certos, atendendo a padrões de níveis de serviço diferenciados ao cliente e garantindo seu posicionamento competitivo no mercado.

Técnicas e filosofias empresariais modernas – como qualidade total, *just-in-time*, tecnologia de informação em logística, sistemas integrados de gerenciamento do fluxo logístico e gerenciamento da cadeia de suprimentos, entre outras –, que visam ao aumento da velocidade de resposta e de serviço aos clientes por meio da velocidade do fluxo logístico e da redução de custos totais de operação, têm oferecido apoio às empresas para atingir esses objetivos.

Devemos lembrar que os canais de distribuição diretos, ou simplesmente canais de distribuição, como são conhecidos, são constituídos de diversas etapas pelas quais os bens produzidos são comercializados até chegar ao consumidor final, seja uma empresa, seja uma pessoa física. A distribuição física dos bens é a atividade que realiza a movimentação e disponibiliza esses produtos ao consumidor final.[2]

2 KOTLER, P. *Administração de marketing*. São Paulo: Atlas, 1996.

É recente a preocupação com os canais de distribuição reversos, ou seja, as etapas, as formas e os meios em que uma parcela desses produtos, com pouco uso após a venda, com ciclo de vida útil ampliado ou após a extinção de sua vida útil, retorna ao ciclo produtivo ou de negócios, readquirindo valor de diversas naturezas, no mesmo mercado original, em mercados secundários, por meio de seu reaproveitamento, de seus componentes ou de seus materiais constituintes.

Nos últimos anos, tem aumentado o número de estudos sobre os canais de distribuição reversos, o que evidencia sua importância estratégica para as empresas modernas. Após a primeira edição deste livro no Brasil, que sistematizou, categorizou e apresentou casos diversos de logística reversa, pôde-se comprovar um aumento importante na quantidade de publicações a respeito do tema. Esse crescimento será tanto maior quanto mais desenvolvida a sociedade, devido à crescente preocupação em equacionar o retorno de bens usados ou ainda sem uso. O estudo da logística reversa tem polarizado atenções tanto na área acadêmica, pelo interesse em pesquisas que desbravam o conhecimento de suas peculiaridades, quanto nas áreas empresariais, como uma nova fonte de ganho em competitividade. Os canais reversos de reciclagem e de remanufatura de alguns materiais e produtos tradicionais são conhecidos há muitos anos, por exemplo, o dos metais em geral e o de componentes de automóveis, que representam importantes nichos de atividades econômicas. No entanto, os textos sobre suas especificidades e organização ainda são recentes.

Diversos autores referenciaram esses canais reversos como tema de preocupação para o "futuro", entre eles Ronald H. Ballou, autor do livro *Logística empresarial*,[3] editado originalmente em 1983, nos Estados Unidos, e adotado em vários cursos de Logística Empresarial em universidades brasileiras. O livro faz referência a esses canais reversos, com foco nos produtos de pós-consumo, referindo-se a uma "visão de futuro" para a logística, daí termos adotado desde a primeira edição deste livro a expressão "canais de distribuição reversos". Essas ideias germinais foram fundamentais para a dedicação deste autor no desenvolvimento dos principais conceitos de logística reversa que aqui serão expostos.

Certamente, o motivo de pouco interesse pelo estudo dos canais de distribuição reversos até recentemente se deve ao fato de eles representarem uma parcela econômica dos canais de distribuição diretos. Os volumes transacionados nos canais reversos são, em geral, uma fração daqueles dos canais diretos dos bens produzidos. O valor relativo dos materiais ou dos bens que retornam é relativamente baixo se comparado ao dos bens originais, nem sempre dimensionados corretamente, conforme veremos neste livro, pelo fato de que nem sempre as condições naturais do mercado permitem identificar e equacionar os diversos fatores que impedem o fluxo de maiores volumes. O retorno de produtos de pós-venda, por exemplo, ainda é considerado, em alguns setores empresariais e em certas regiões, um "problema" a ser solucionado, enquanto em outros casos pode transformar-se em oportunidade por meio de novos centros de lucratividade e de acréscimo de valor empresarial.

3 BALLOU, R. H. *Logística empresarial*. São Paulo: Atlas, 1993.

Veremos, no decorrer deste livro, que a velocidade de lançamento de produtos, o rápido crescimento da tecnologia da informação e do comércio eletrônico, a busca por competitividade por meio de novas estratégias de relacionamento entre empresas e, principalmente, a conscientização ecológica relativa aos impactos que os produtos e os materiais provocam no meio ambiente, bem como as relacionadas aos novos valores de sustentabilidade empresarial, estão modificando as relações de mercado em geral e justificando de maneira crescente as preocupações estratégicas das empresas, do governo e da sociedade em relação aos canais de distribuição reversos.

Analisaremos duas categorias de canais de distribuição reversos, definidas como de pós-consumo e de pós-venda, cujos fluxos gerais estão sintetizados na Figura 1.2 e desenvolvidos nos tópicos 1.2.1 e 1.2.2. Serão apresentadas características e objetivos distintos, que envolvem relações entre entidades diferentes, embora, em alguns casos, guardem forte interação e peculiaridades logísticas.

Podemos observar, na Figura 1.2, o fluxo dos produtos nos canais de distribuição diretos, desde as matérias-primas virgens, também denominadas primárias, até o mercado, entendido aqui como o mercado primário dos produtos. Esse fluxo direto pode se processar por meio de diversas possibilidades conhecidas como etapas de atacadistas ou distribuidores, chegando ao varejo e ao consumidor final.

FIGURA I.2 Canais de distribuição diretos e reversos

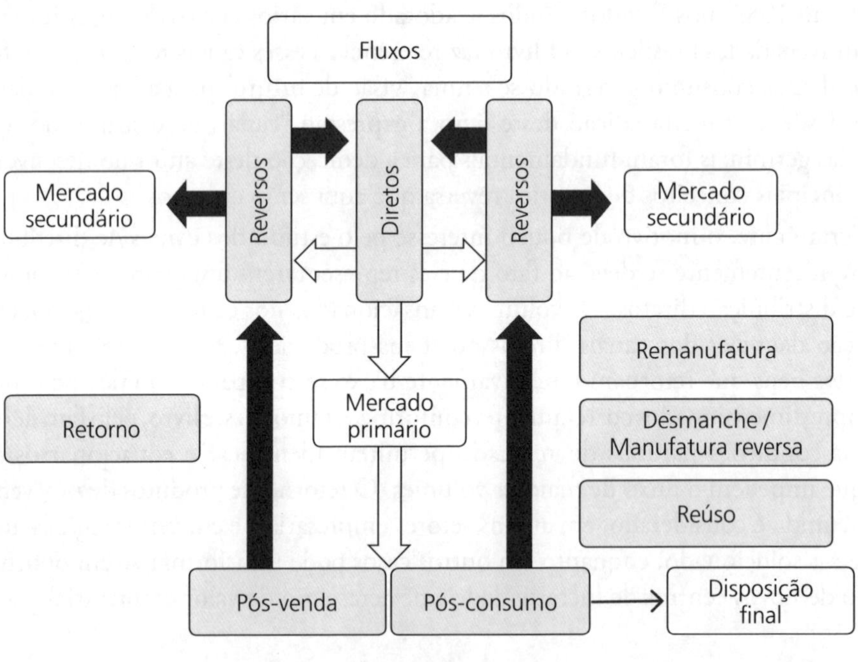

Fonte: LEITE, P. R. Canais de distribuição reversos: a coleta seletiva. ***Revista Tecnologística***, São Paulo, maio, 1999a.

Os canais de distribuição reversos de pós-consumo são constituídos pelo fluxo reverso de uma parcela de produtos e de materiais constituintes originados no descarte, após finalizada sua utilidade original, que retornam ao ciclo produtivo de alguma maneira. Distinguem-se três subsistemas reversos: os canais reversos de reúso, os de remanufatura e os de reciclagem. Observamos também, no esquema geral apresentado, a possibilidade de uma parcela desses produtos de pós-consumo ser dirigida a sistemas de destinação final seguros ou controlados, que não provocam poluição, ou não seguros, que provocam impactos maiores no meio ambiente.

Os canais de distribuição reversos de pós-venda são constituídos pelas diferentes formas e possibilidades de retorno de uma parcela de produtos (com pouco ou nenhum uso), que fluem no sentido inverso – do consumidor ao varejista ou ao fabricante, do varejista ao fabricante, entre empresas –, motivados por problemas relacionados à qualidade em geral ou a processos comerciais entre empresas, retornando ao ciclo de negócios de alguma maneira. Embora apresentados separadamente na Figura 1.2, esses canais constituem-se, em geral, dos mesmos agentes da cadeia direta, ou seja, aqueles que levam os produtos ao mercado são os mesmos que se responsabilizam pelo seu retorno.

1.2.1 Canais de distribuição reversos de bens de pós-consumo

Os bens industriais apresentam ciclos de vida útil de algumas semanas ou de muitos anos, após os quais são descartados pela sociedade, de diferentes maneiras, constituindo os produtos de pós-consumo e os resíduos sólidos em geral. As diferentes formas de processamento e de comercialização dos produtos de pós-consumo ou de seus materiais constituintes, desde sua coleta até sua reintegração ao ciclo produtivo como componentes ou matéria-prima secundária, são denominadas, neste livro, "canais de distribuição reversos de pós-consumo".[4]

Conforme pode ser observado no lado direito da Figura 1.2, os bens industriais classificados como duráveis ou semiduráveis, após seu desembaraço pelo primeiro possuidor, tornam-se produtos de pós-consumo. Aqueles que ainda apresentam condições de utilização podem destinar-se ao mercado de segunda mão, sendo comercializados diversas vezes até atingir o fim de sua vida útil. O caso mais comum desse tipo de canal reverso é o de veículos em geral, eletrodomésticos, eletrônicos e vestuário, entre outros exemplos, que têm mercados de segunda mão instituídos em todas as regiões do planeta. Nesses casos, portanto, os canais reversos de reúso são definidos como aqueles em que se tem a extensão do uso de um produto de pós-consumo ou de seu componente, com a mesma função para a qual foi originalmente concebido, ou seja, sem nenhum tipo de remanufatura.[5] Devemos observar que, nesses casos, o termo *pós-consumo* é adotado como sinônimo de bem usado, mesmo que ainda haja interesse em sua reutilização.

Após os bens atingirem seu fim de vida útil efetivo – e nessa categoria de pós-consumo incluem-se os produtos descartáveis que apresentam vida útil de algumas semanas –,

4 LEITE, 1999a.

5 COUNCIL OF LOGISTICS MANAGEMENT (CLM). *Reuse and recycling reverse logistics opportunities*. Illinois: CLM, 1993. p. 3.

podemos observar, na Figura 1.2, o fluxo reverso desses bens por meio de dois grandes sistemas de canais reversos de revalorização: o canal reverso de remanufatura e o de reciclagem. Na impossibilidade dessas revalorizações, os bens de pós-consumo encontram a disposição final em aterros sanitários ou são incinerados.

Remanufatura é o canal reverso no qual partes essenciais ("*core*") dos produtos podem ser reaproveitadas, mediante a substituição de alguns componentes complementares, reconstituindo-se um produto com a mesma finalidade e natureza do original. Esse processo industrial é denominado remanufatura industrial.

Podemos definir manufatura reversa (desmanche) modernamente como um processo industrial no qual um produto durável de pós-consumo é desmontado em componentes. Os componentes em condições de uso ou de remanufatura são separados e destinados à remanufatura industrial e os materiais para os quais não existem condições de revalorização são encaminhados para a reciclagem industrial. Os primeiros são enviados, diretamente ou após remanufatura, ao mercado de peças usadas, enquanto os materiais inservíveis são destinados a aterros sanitários ou são incinerados.

Reciclagem, neste livro, é o canal reverso de revalorização em que os materiais constituintes dos produtos descartados são extraídos industrialmente, transformando-se em matérias-primas secundárias ou recicladas, que serão reincorporadas à fabricação de novos produtos. O exemplo mais ilustrativo é o da revalorização dos metais em geral: extraídos de diferentes tipos de produtos descartados ou de resíduos industriais para se constituírem em matérias-primas secundárias a serem reintegradas ao ciclo produtivo, fechando seu ciclo de reciclagem. Para que essa reintegração se realize, são necessárias as etapas de coleta, seleção e preparação, reciclagem industrial e reintegração ao ciclo produtivo.[6]

A disposição final é entendida, aqui, como o último local de destino dos produtos, materiais e resíduos, em geral sem condições de revalorização. Tradicionalmente são considerados disposições finais seguras, sob o ponto de vista ecológico, em aterros sanitários tecnicamente controlados, nos quais os resíduos sólidos de diversas naturezas são estocados entre camadas de terra, para que ocorra sua absorção natural, ou são incinerados, obtendo-se a revalorização pela queima e extração de sua energia residual. A disposição final não controlada, constituída pela deposição desses resíduos em lixões não controlados e pelo despejo em córregos, rios, terrenos etc., resulta em poluição ambiental. Mais recentemente, as regulamentações ou legislações relativas ao retorno de produtos e materiais fazem importante distinção entre resíduo sólido e rejeito. Este é o caso da Política Nacional de Resíduos Sólidos (PNRS), que define "resíduo sólido" como um produto ou material que pode ser reaproveitado de alguma forma, ao passo que "rejeito" seria um material sem condições de reaproveitamento. Veremos posteriormente o enorme impacto que essa distinção acarreta nos canais reversos.

Compreende-se, então, que o fluxo reverso dos bens de pós-consumo nos canais de distribuição reversos de bens de pós-consumo refere-se a uma parcela do total existente,

6 CLM, 1993, p. 3.

sendo a outra parte destinada a disposições seguras ou não seguras. Esses produtos ou materiais de pós-consumo, quando não retornam ao ciclo produtivo de alguma forma, em quantidades adequadas, constituem-se em acúmulos que excedem, em alguns casos, as diversas possibilidades e capacidades de estocagem, transformando-se em problemas ambientais com visibilidade crescente no limiar de nosso século.[7]

O valor econômico e a correspondente importância da cadeia produtiva reversa variam entre setores e atividades empresariais. Contudo, o exemplo do material ferro/aço, no qual a economia reversa representa uma fração de cerca de 30% a 40% da cadeia produtiva direta, e o do alumínio, no qual a economia reversa de pós-consumo representa de 20% a 30% da respectiva cadeia produtiva direta, com variações entre as diversas regiões do planeta, confirmam a importância econômica de alguns casos de canais de distribuição reversos de pós-consumo.

Nas últimas décadas, os impactos causados no meio ambiente pelos produtos e processos industriais, acrescidos dos grandes desastres ecológicos cada vez mais próximos e que fazem parte da vida moderna, tornaram-se mais visíveis à sociedade em geral, modificando hábitos de consumo em alguns países, bem como mudaram a percepção empresarial sobre a importância desses canais reversos para sua imagem corporativa. No final do século XX, as sociedades mais desenvolvidas preocupavam-se com as crescentes quantidades de embalagens descartáveis de alimentos em geral. No início do século XXI, as preocupações aumentaram em face do crescimento vertiginoso dos produtos eletroeletrônicos, que geram o que se convencionou chamar de lixo eletrônico, abordado em um capítulo específico neste livro.

Regulamentações expressas que visam a equacionar melhor o retorno dos produtos em geral, reduzindo seu impacto no meio ambiente e outros aspectos evidenciados no decorrer deste livro, justificam o interesse crescente pelas oportunidades e riscos dos canais de distribuição reversos de pós-consumo.

1.2.2 Canais de distribuição reversos de bens de pós-venda

Os bens industriais de pós-venda – que, por diversos motivos, retornam à cadeia de suprimentos, sendo reintegrados ao ciclo de negócios, conforme pode ser observado ao lado esquerdo da Figura 1.2, por meio de uma diversidade de formas de comercialização e de processamentos – constituem outra categoria de fluxo reverso denominada canais de distribuição reversos de pós-venda. O retorno pode ocorrer devido a: término de validade, estoques excessivos no canal de distribuição, consignação, problema de qualidade e defeitos etc., após serem destinados a mercados secundários, reformas, desmanche, reciclagem (dos produtos e de seus materiais constituintes) ou disposições finais.[8] Esses canais podem ser entendidos como um sistema de distribuição reversa, de acordo com a definição do CLM.[9]

7 FULLER, D. A.; ALLEN, J. Reverse channel system. In: POLONSKY, J. et al. (Eds.) *Environmental marketing*: strategies practice, theory and research. New York: Haworth Press, 1995. p. 244.; CLM, 1993, p. 19.; LEITE, 1999a.

8 LEITE, 2002b.

9 CLM, 1993, p. 3.

Esses canais reversos também apresentam crescente importância, tanto do ponto de vista estratégico-empresarial como do econômico, para alguns setores empresariais. Em pesquisa de 1997 foram estimados em 35 bilhões de dólares anuais nos Estados Unidos, ou seja, cerca de 0,5% do Produto Nacional Bruto (PNB) do país. Levando-se em conta que as preocupações com esses canais reversos são relativamente recentes, mesmo nos Estados Unidos, pode-se avaliar que essas cifras aumentarão em poucos anos. O mercado de peças de reposição de automóveis representou um valor econômico de 36 bilhões de dólares em 1997, apresentando 12 mil empresas de desmontagem em atividade, à época, no país.[10]

Pesquisas realizadas nos Estados Unidos, Reino Unido e Brasil mostram níveis de devoluções médios variando de 5% a 60% entre setores de atividade econômica diferentes, muitos dos quais confirmados por pesquisas deste autor, feitas no Brasil, revelando a importância econômica e estratégica na obtenção de diferentes objetivos empresariais, que justificam as preocupações crescentes com esses fluxos reversos de pós-vendas, conforme será examinado detalhadamente em capítulos específicos.

O fluxo reverso de bens de pós-venda pode originar-se de várias formas: por problemas de desempenho do produto ou por garantias comerciais; ao mesmo tempo, pode ocorrer em diferentes momentos da distribuição direta, ou seja, do consumidor final para o varejista ou entre membros da cadeia de distribuição direta. Dentre os problemas de desempenho mais comuns, podem ser citados as avarias de transporte e os defeitos em garantia, enquanto os comerciais são os erros de pedido, a limpeza de canal nos elos da cadeia de distribuição, os excessos de estoques, o fim de estações, o fim de vida comercial do produto, os estoques obsoletos etc.

É importante observar que as características desses dois tipos de canais reversos justificam, didaticamente, seu estudo individual neste livro.

1.3 Exemplos de canais de distribuição reversos e logística reversa

Até aqui, pudemos perceber que, pelo menos em tese, e dependendo da existência de uma série de condições que serão examinadas ao longo deste livro, todo produto ou todo material constituinte dele pode ser revalorizado de alguma maneira por meio da logística reversa. Essa constatação permite observar uma grande diversidade nos canais de distribuição reversos em diferentes setores de atividade econômica e entre os diferentes produtos descartados ou devolvidos. Examinaremos brevemente, a título de exemplo, alguns casos típicos em cada categoria de canais de distribuição reversos citados e em setores distintos.

1.3.1 Canal reverso de reúso: leilões de empresas

Um exemplo de canal reverso de grande importância é o da venda industrial de materiais em leilões, sucata e equipamentos usados, constituindo-se em fonte primária de pós-consumo. São adquiridos e coletados bens de pós-consumo ou pós-uso: bens de

10 ROGERS, D. S.; TIBBEN-LEMBKE, R. S. *Going backwards:* reverse logistics trends and practices. Reno: University of Nevada, 1999. p. 6.

ativo fixo em condições de uso, como máquinas, equipamentos, móveis, utensílios, veículos etc.; partes de equipamentos ou peças sem condições de uso, denominadas genericamente sucatas; sobras industriais ou subprodutos de processos; excessos de estoques de insumos e matérias-primas etc.

Esse canal de distribuição reverso representa um importante comércio, destinando bens e materiais para subcanais reversos de extensão de utilidade dos bens (reúso), industriais ou residenciais; subcanais de distribuição de equipamentos de segunda mão; subcanais reversos de desmanche ou desmontagem dos produtos, com a separação em subconjuntos e peças de reposição destinadas à distribuição no mercado secundário de peças; e subcanais reversos dos materiais constituintes ou sucatas em geral para as indústrias de transformação.

Trata-se de um canal reverso de grande importância, com características econômicas e logísticas de realce, pelo volume de comércio envolvido. Certamente, merece um aprofundado estudo metodológico para melhor identificá-lo e caracterizá-lo, com a medição dos valores econômicos envolvidos.

1.3.2 Canal reverso de pós-venda: *e-commerce*

O comércio eletrônico – subdividido no sistema *business-to-business* (B2B), atualmente com expressivo desempenho de vendas, tem experimentado enorme crescimento em todo o planeta. O comércio eletrônico entre empresa e consumidor final apresenta as mesmas características do comércio de vendas por catálogo. Ambos pertencem ao setor denominado canal direto de vendas, ou seja, um nível de devoluções por não conformidade com as expectativas do consumidor da ordem de 25% a 30% em relação ao total das vendas nos Estados Unidos e de 10% no Brasil, o que o caracteriza um dos mais importantes canais de distribuição reversos de bens de pós-venda.

As preocupações da logística de distribuição no *e-commerce* são diferentes, pois o produto logístico tradicional apresenta embalagens unitizadas e paletizadas, os clientes são relativamente conhecidos e a demanda é relativamente previsível. No entanto, no caso do *e-commerce*, os produtos a serem entregues são de pequeno porte, acomodados em embalagens individuais, geralmente os clientes são desconhecidos e a demanda a ser satisfeita é solicitada pelo pedido, mostrando-se, portanto, instável e imprevisível, entre outras diferenças.

O exemplo do *e-commerce* reveste-se de importância porque, em razão do elevado volume de retorno de pós-venda, tem exigido maior empenho das empresas desse setor em estabelecer suas redes logísticas reversas com tecnologia idêntica às adotadas na logística de distribuição direta, equacionando os complexos aspectos da logística de distribuição direta e reversa simultaneamente, sob pena de terem comprometidos seus resultados ou suas relações com os diversos elos da cadeia.

Empresas de grande varejo físico tendem a acrescentar o *e-commerce* em suas atividades como forma de se manterem competitivas no mercado, modificam as condições de mercado em todo o globo, acrescentam quantidades importantes de mercadorias nesse canal de comercialização e, em consequência, influenciam fortemente a logística reversa de retorno principalmente pelo aumento de quantidades trazidas por suas fortes marcas.

1.3.3 Canal reverso de pós-consumo: embalagens descartáveis

Outro exemplo de canal reverso de importância econômica crescente é o de embalagens em geral, sejam elas primárias ou de contenção de produtos, sejam secundárias ou de contenção das primárias, ou unitizadas para o transporte. Trata-se de um segmento que tem se adaptado e contribuído de forma significativa para as modificações mercadológicas e logísticas requeridas na distribuição física, garantindo elevada eficiência e tornando-se, também, altamente descartável.

Importantes conteúdos tecnológicos foram introduzidos nesse segmento industrial com o intuito de tornar essas embalagens mais leves, transparentes, seguras e baratas, para melhorar as condições promocionais dos produtos, facilitando a distribuição física delas e adaptando-as aos novos padrões de vida da sociedade moderna.

Pelo crescimento extraordinário do uso de embalagens descartáveis na sociedade atual, esse segmento representa um dos mais importantes canais de distribuição reversos, mediante a revalorização pelo sistema de reciclagem dos materiais constituintes.

As embalagens descartadas pela sociedade apresentam considerável visibilidade ecológica negativa em alguns centros urbanos, pois, em virtude da intensificação de seu uso, muitas vezes são dispostas inadequadamente, gerando poluição. Mas elas oferecem, ao mesmo tempo, importantes oportunidades econômicas: constituem um exemplo de conjunto de atividades comerciais, industriais e de serviços, com valor potencial de desenvolvimento tecnológico, estruturação e organização de seus canais de distribuição reversos, desde que seus fatores logísticos restritivos, a coleta e a consolidação dos produtos descartados sejam equacionados.

As considerações sobre as vantagens e as restrições das embalagens descartáveis, suas características como produto logístico de baixa densidade e suas consequências, sua influência no aumento do lixo urbano, os problemas envolvidos na coleta desses bens de pós-consumo, os níveis de organização logísticos e econômicos de seus canais de distribuição reversos e a comparação com as embalagens denominadas retornáveis, entre outros aspectos, serão examinados no decorrer dos próximos capítulos.

1.3.4 Canal reverso de pós-venda: retorno de produtos de lojas de varejo

Os consumidores finais devolvem ao varejista produtos recém-adquiridos e não consumidos por motivos diversos. Alguns dos mais comuns são arrependimento por ter feito a compra, o fato de o produto não atender às expectativas, erro na escolha, defeitos reais ou o não entendimento dos manuais. A fim de evitar essas devoluções, as empresas estruturam seus canais reversos de pós-venda de diferentes maneiras, como exemplificaremos a seguir.

A empresa de varejo Sears, dos Estados Unidos, faturou cerca de 41 bilhões de dólares em 2001 – era a quarta maior empresa de varejo do país – e contava com mais de 800 lojas gerais, 250 lojas de equipamentos de informática e mais de mil centros automotivos. Atualmente tem diversos canais reversos de seus mais variados produtos, comercializados de modo organizado, e obtém excelentes resultados econômicos. Além disso, possui centros de distribuição reversos especializados, totalmente informatizados, e trabalha com operadores logísticos especializados nessas atividades.

A empresa Kmart, com mais de 2 mil lojas de descontos nos Estados Unidos, também utiliza diversos canais reversos de retorno, e utiliza quatro centros de distribuição reversos especializados do país, de maneira a gerenciarem as devoluções de toda a rede de varejo e equacionarem corretamente o retorno dos produtos, com agregação de valor, aos destinos mais indicados.

Os canais reversos de varejo podem ser de diferentes tipos, como os de liquidação de estoques em fim de estação ou de coleção e os de redistribuição dos produtos em mercados diversos, que permitem aumento do giro de estoque nos pontos de venda e melhoram o valor residual desses produtos.

RESUMO DOS PRINCIPAIS TÓPICOS

Apresentamos, de forma sintetizada, um pouco da história da logística empresarial e sua crescente introdução como parte da estratégia empresarial, principalmente a partir da Segunda Guerra Mundial, com a criação de sistemas mais sofisticados de informatização de controle e de decisão.

Em seguida, abordamos a notável visibilidade da logística reversa nas últimas décadas do século passado, principalmente nos últimos dez anos, período em que se tornou parte integrante da estratégia empresarial, ora pela perspectiva de sustentabilidade ambiental, ora pela competitividade, razão principal do título deste livro.

Conforme observado, o estudo dos canais de distribuição reversos e da logística reversa é relativamente recente na logística empresarial moderna. Essa visibilidade decorre do aumento da quantidade e da variedade de produtos no mercado, o que ocasionou excesso de bens de pós-venda e de pós-consumo a retornar.

Uma parcela dos bens vendidos por meio da cadeia de distribuição direta retorna ao ciclo de negócios ou produtivo pelos canais de distribuição reversos. Os bens de pós-venda, com pouco ou nenhum uso, constituem os canais reversos de pós-venda, enquanto os bens de pós-consumo, que foram usados e não apresentam interesse ao primeiro possuidor, serão retornados pelos canais reversos de pós-consumo.

Os bens de pós-venda retornam por diferentes motivos e utilizam, em grande parte, os próprios canais de distribuição direta, enquanto os bens de pós-consumo possuem uma organização própria, que dará origem a um *reverse supply chain* (cadeia de suprimento reversa) diferente.

Os canais reversos de pós-consumo subdividem-se em canais reversos de reúso de bens duráveis e semiduráveis, de remanufatura de bens duráveis e de reciclagem de produtos e materiais constituintes.

QUESTÕES PARA DISCUSSÃO

1. Discuta as razões da visibilidade atual da logística reversa.
2. Qual é o interesse do estudo dos diversos canais reversos individualmente?
3. Discuta alguns exemplos de canais reversos que você conhece e estabeleça suas etapas reversas.
4. Analise os canais reversos de reúso, remanufatura e reciclagem, distinguindo suas principais características. Quais são as principais diferenças observadas?
5. O que se caracteriza como mercado secundário? Cite alguns exemplos.
6. Qual é a ideia de retorno ao ciclo produtivo e ao ciclo de negócios?
7. O que se entende por "destino seguro" e "destino não seguro" para os bens após o uso?
8. Examine as vantagens e as desvantagens dos leilões industriais.
9. Quais são, em sua opinião, os maiores problemas para a realização de fluxo de retorno dos bens?
10. Pesquise na internet casos de logística reversa e especifique as principais características à luz dos conceitos deste capítulo.
11. Discuta as diferenças entre logística reversa de varejo físico e de *e-commerce*.

LOGÍSTICA REVERSA: UM INTERESSE CRESCENTE

2

NESTE CAPÍTULO VOCÊ IRÁ:

1. identificar a crescente importância da logística reversa no cenário empresarial moderno;
2. distinguir as diferentes etapas e o campo de atuação da logística reversa;
3. identificar as oportunidades que a logística reversa oferece às empresas;
4. evidenciar os riscos decorrentes, para a imagem corporativa das empresas, da não inserção da logística reversa em sua estratégia empresarial;
5. distinguir os diversos tipos de custos operacionais que impactam a logística reversa;
6. conhecer uma maneira de medir a economia reversa.

2.1 Logística reversa – definições e área de atuação

Nas últimas décadas vivenciamos uma indiscutível ânsia pelo lançamento de produtos e modelos em todos os setores empresariais. Comparando a quantidade de modelos que atualmente compõem uma única categoria de produto com aquela de algumas décadas atrás é possível constatar, sem dificuldade, um crescimento extraordinário. Empresas elaboram produtos e modelos específicos para satisfazer diferentes segmentos de clientes em uma variedade de aspectos. Por exemplo, além de se poder segmentar produtos com base em características como sabor e aroma, nível de açúcar e/ou de gordura, cor, tamanho, capacidade, tamanho e tipo de embalagem, ainda é possível segmentá-los considerando-se especificidades de seu público-alvo, como idade, sexo, etnia etc.

Consequentemente, observa-se uma nítida redução no ciclo de vida mercadológico e útil dos produtos em todos os setores da atividade humana. O ciclo mercadológico diminui devido ao lançamento de novos modelos, que tornam os anteriores ultrapassados. E o ciclo de vida útil reduz-se em consequência do próprio projeto do produto, muitas vezes concebido para ser utilizado uma única vez, feito com materiais de menor durabilidade, ou pela dificuldade técnica e econômica de conserto, entre outros motivos.

A tendência à descartabilidade acentua-se como uma realidade em nossos dias!

Como resultado, tem-se quantidades maiores de produtos, ainda sem uso ou já consumidos, que retornam de alguma forma ao ciclo produtivo ou de negócios. Produtos obsoletos sob diversas óticas, seja com defeitos (mesmo dentro do prazo de garantia), com validade vencida, com excesso de estoque etc., não consumidos ou seminovos, retornam ao ciclo de negócios na busca de recuperação de valor de alguma natureza. Produtos em fim de vida útil, ou em condições de reutilização, e resíduos industriais que não despertam interesse no primeiro proprietário, retornam ao ciclo de negócios ou produtivo com idênticos objetivos, porém por caminhos diferentes do inicial.

No ambiente de alta competitividade e globalização em que vivemos, as empresas modernas reconhecem cada vez mais que, além da busca do lucro em suas transações, é necessário atender a uma variedade de interesses sociais, ambientais e governamentais para garantir seus negócios e lucratividade ao longo do tempo. Torna-se necessário, desta forma, satisfazer a diferentes *stakeholders*, acionistas, funcionários, clientes, fornecedores, comunidade local, governo, que avaliam as empresas sob perspectivas distintas. O planejamento empresarial, em seus diversos níveis – estratégico, tático e operacional –, deve ser elaborado considerando a visão holística de competir, colaborar e inovar, atendendo a essas expectativas.

Torna-se impossível ignorar atualmente os reflexos que o retorno de quantidades crescentes de produtos de pós-venda e de pós-consumo causam nas operações empresariais. O retorno dos produtos de pós-venda, em grande quantidade, precisa ser equacionado sob pena de interferir nas operações e na rentabilidade das atividades das empresas.

Por outro lado, e não menos importante, as crescentes quantidades de produtos de pós-consumo exaurem os sistemas tradicionais de disposição final e, se não equacionadas, provocam poluição por contaminação ou por excesso. Legislações ambientais, visando à redução desse impacto, desobrigam gradativamente os governos e responsabilizam as empresas, ou suas cadeias industriais, pelo equacionamento dos fluxos reversos dos produtos de pós-consumo. Acrescente-se que a falta de direcionamento desses fluxos reversos pode constituir-se em risco à imagem da empresa, à reputação de empresa cidadã e cônscia da responsabilidade socioambiental perante a comunidade.

Alguns dados de produção relativos ao período entre 1994 e 2014 no Brasil, apresentados na Tabela 2.1, mostram o aumento excepcional na produção de alguns itens, a exemplo do que ocorre atualmente em virtude de um crescimento econômico sem par. Essas quantidades comprovam as preocupações relacionadas ao equacionamento do retorno de quantidades cada vez maiores, tanto de produtos de pós-venda como de pós-consumo.

TABELA 2.1 Valores aproximados de transações de produtos entre 1994 e 2014 no Brasil

TRANSAÇÕES DE PRODUTOS ENTRE OS ANOS DE 1994 E 2014 NO BRASIL			
PRODUTO	1994	2014	UNIDADES
Computadores	0,6	18	Milhões
E-commerce	4	45	Bilhões em reais
Celular	0,12	80	Milhões
Garrafas PET	Início	25	Bilhões
Latas de alumínio	Início	20	Bilhões
Lâmpadas de Hg	–	80	Milhões
Embalagens longa vida	–	20	Bilhões
Pneus	25	70	Milhões
Automóveis	1.100	2,6	Milhões
Coleta de lixo em São Paulo	5.000	20.000	Ton./dia

Fonte: elaborada pelo autor.

Os primeiros estudos sobre logística reversa ocorreram nas décadas de 1970 e 1980, tendo seu foco principal relacionado ao retorno de bens a serem processados em reciclagem de materiais, denominados e analisados como canais de distribuição reversos. A partir da década de 1990, pelas razões já apresentadas, o tema tornou-se mais visível no cenário empresarial.

A observação dos hábitos empresariais no Brasil revelam avanços importantes na implementação da logística reversa, como consequência do crescimento dos volumes transacionados nos últimos anos, da difusão de suas principais ideias, da melhor compreensão de seus objetivos e possibilidades estratégicas, bem como das oportunidades empresariais para os agentes das cadeias de suprimentos.[1]

Já no ano de 2003, mais de 80% dos operadores logísticos atuantes no Brasil ofereciam o serviço de logística reversa, revelando crescimento acentuado de interesse no tema, diferente entre setores em razão dos diversos níveis de impacto causado pelo retorno de produtos e materiais ao ciclo de negócios e produtivo.

1 LEITE, P. R. Logística reversa – panorama brasileiro 2004. *Revista Tecnologística*, jul. 2004.; ________; BRITO, E. Z. *Reverse logistics of returned products*: is Brazil ready for the increasing challenge? São Paulo: Balas (The Business Association of Latin American Studies), 2003.; LEITE et al., 2008.

Pesquisas recentes do autor deste livro comprovam o crescimento da compreensão e do interesse empresarial no país, porém isso ainda apresenta pouco conhecimento dos processos e valores envolvidos na logística reversa.[2] Foi nessas condições que a logística reversa cresceu em visibilidade nas últimas décadas, o que levou a uma quantidade maior de estudos e à evolução de sua definição.

Em CLM:[3] "Logística reversa é um amplo termo relacionado às habilidades e atividades envolvidas no gerenciamento de redução, movimentação e disposição de resíduos de produtos e embalagens [...]".

Em Stock,[4] há seguinte definição: "Logística reversa: em uma perspectiva de logística de negócios, o termo refere-se ao papel da logística no retorno de produtos, redução na fonte, reciclagem, substituição de materiais, reúso de materiais, disposição de resíduos, reforma, reparação e remanufatura [...]".

Rogers e Tibben-Lembke,[5] adaptando a definição de logística do CLM, definem a logística reversa como:

> o processo de planejamento, implementação e controle da eficiência e custo efetivo do fluxo de matérias-primas, estoques em processo, produtos acabados e informações correspondentes do ponto de consumo ao ponto de origem com o propósito de recapturar o valor ou destinar à apropriada disposição.

A definição de logística apresentada por Dornier et al. abrange áreas de atuação novas, incluindo o gerenciamento dos fluxos reversos:

> Logística é a gestão de fluxos entre funções de negócio. A definição atual de logística engloba maior amplitude de fluxos do que no passado. Tradicionalmente, as empresas incluíam a simples entrada de matérias-primas ou o fluxo de saída de produtos acabados em sua definição de logística. Hoje, no entanto, essa definição expandiu-se e inclui todas as formas de movimentos de produtos e informações [...]. Portanto, além dos fluxos diretos tradicionalmente considerados, a logística moderna engloba, entre outros, os fluxos de retorno de peças a serem reparadas, de embalagens e seus acessórios, de produtos vendidos devolvidos e de produtos usados/consumidos a serem reciclados.[6]

---

2 ______; ______, 2003.; LEITE; BRITO; SILVA, 2008.

3 COUNCIL OF LOGISTICS MANAGEMENT (CLM). *Reuse and recycling reverse logistics opportunities*. Illinois: CLM, 1993. Traduzido livremente pelo autor.

4 STOCK, J. R. *Reverse logistics programs*. Illinois: CLM, 1998. p. 20.

5 ROGERS, D. S.; TIBBEN-LEMBKE, R. S. *Going backwards*: reverse logistics trends and practices. Reno: University of Nevada, 1999. p. 2.

6 DORNIER, P. et al. *Logística e operações globais*. São Paulo: Atlas, 2000. p. 39.

Um resumo dessas ideias é apresentado na Tabela 2.2. Bowersox e Closs[7] apresentam, por sua vez, a ideia de "apoio ao ciclo de vida" como um dos objetivos operacionais da logística moderna, referindo-se a seu prolongamento além do fluxo direto dos materiais e à necessidade de considerar os fluxos reversos de produtos em geral.

TABELA 2.2 Atuação da logística em fluxos diretos e reversos

LOGÍSTICA	
Fluxos diretos	• Com fornecedores (fornecimento de materiais e componentes)
	• Com clientes (produtos, peças de reposição, materiais promocionais e de propaganda)
Fluxos reversos	• Com fornecedores (embalagem e reparo)
	• Com fabricantes (eliminação e reciclagem)
	• Com clientes (excesso de estoque e reparos)

Fonte: DORNIER et al., 2000.

2.1.1 Logística reversa como estratégia empresarial

O Council of Supply Chain Management Profissionals (antigo Council of Logistic Management), o principal órgão internacional desta área, define:

> Supply Chain Management compreende o planejamento e gerenciamento de todas as atividades envolvidas com a aquisição, conversão e o gerenciamento logístico. Inclui principalmente a coordenação e colaboração com os parceiros dos canais, que podem ser fornecedores, intermediários, provedores de serviços terceirizados e clientes. Em essência, o Supply Chain Management integra o gerenciamento do suprimento e da demanda internamente e ao longo da cadeia de suprimentos. (Tradução livre do autor.)

Logística empresarial é a parte do *supply chain management* que planeja, implementa e controla o eficiente e efetivo fluxo direto e reverso, a estocagem de bens, serviços e as informações relacionadas entre o ponto de origem e o ponto de consumo, no sentido de satisfazer às necessidades do cliente.[8]

7 BOWERSOX, D. J.; CLOSS, D. J. *Logistics management*: the integrated supply chain process. New York: McGraw-Hill, 2001. p. 51-52.
8 CSCMP, 2006.

Dessa forma, a logística reversa pode ser entendida sob as perspectivas estratégica e operacional, tornando-se mais holística em suas preocupações na eliminação ou utilização dos inibidores das cadeias reversas.

Perspectiva estratégica

Refere-se às decisões de logística reversa no macroambiente empresarial constituído pela sociedade, comunidades locais, governos e ambiente concorrencial. Portanto, leva em consideração as características que garantirão competitividade e sustentabilidade às empresas nos eixos econômico e ambiental por meio de diversificados objetivos empresariais: recuperação de valor financeiro, seguimento de legislações, prestação de serviços aos clientes, mitigação dos riscos ou reforço de imagem (de marca ou corporativa) e demonstração de responsabilidade empresarial. O esquema da Figura 2.1 resume essas ideias.

FIGURA 2.1 Estratégia empresarial e a logística reversa

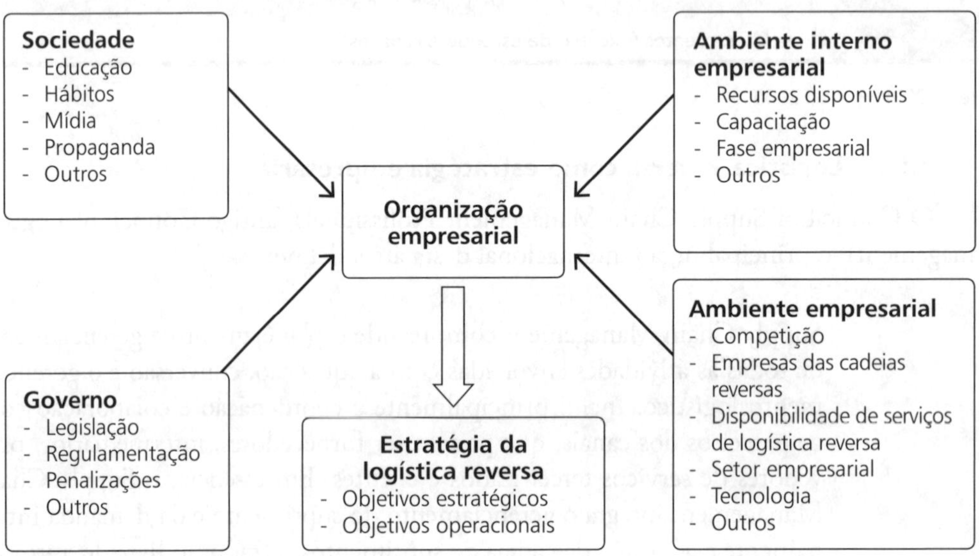

Fonte: elaborada pelo autor.

Perspectiva operacional

As decisões sob essa perspectiva envolvem o uso das principais ferramentas da logística aplicadas à logística reversa, como a caracterização do produto logístico em seus aspectos de relevância para as operações logísticas, as definições da rede operacional, localizações de origens e destinos, modais de transportes, armazenagem, gestão de estoques, sistemas de informações, entre outros aspectos.

As diversas definições e citações de logística reversa, até o momento, revelam que o conceito ainda está em evolução, e sua amplitude e abrangência dependem do setor em referência, das novas possibilidades de negócios, mais precisamente de sua importância estratégica.

Neste livro, entendemos a logística reversa como a área da logística empresarial que planeja, opera e controla o fluxo e as informações logísticas correspondentes a ela (desde a coleta dos bens de pós-consumo ou de pós-venda, por meio dos processamentos logísticos de consolidação, separação e seleção, até a reintegração ao ciclo), bem como o retorno dos bens de pós-venda e de pós-consumo ao ciclo de negócios ou ao ciclo produtivo, por meio dos canais de distribuição reversos, agregando-lhes valores de diversas naturezas: econômico, de prestação de serviços, ecológico, legal, logístico, de imagem corporativa, entre outros.

Reiteramos que, como a literatura nessa área ainda é escassa e dispersa, o foco principal deste livro é apresentar uma sistematização e estruturação dos principais conceitos, não só resumindo a literatura existente mas também discutindo os exemplos, os casos e as aplicações da logística reversa em empresas internacionais e nacionais, fundamentadas em pesquisas do autor nesta área.

Para esse fim, elaboramos a Figura 2.2, na qual reunimos as duas grandes áreas de atuação da logística reversa, que até o momento têm sido tratadas independentemente pela literatura e são diferenciadas pelo estágio ou fase do ciclo de vida útil do produto em retorno.

FIGURA 2.2 Logística reversa: área de atuação e etapas reversas

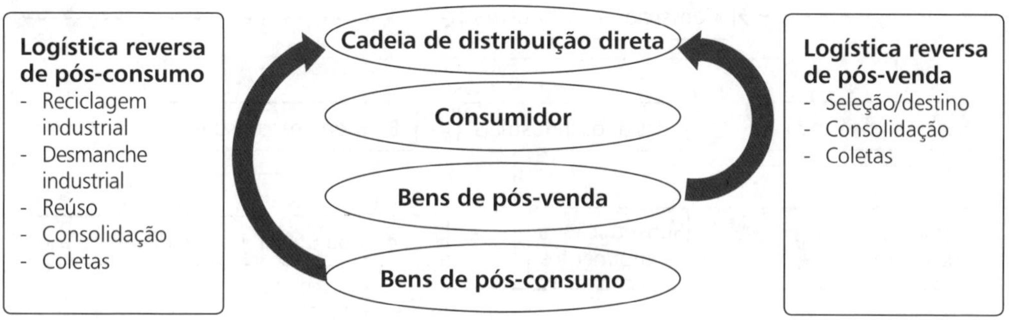

Fonte: elaborada pelo autor.

Essa distinção se faz necessária, embora existam inúmeras interdependências que serão examinadas a seguir, pois o produto logístico e os canais de distribuição reversos pelos quais ele flui, bem como os objetivos estratégicos e as técnicas operacionais utilizadas em cada área de atuação, são em geral distintos. Entende-se por "produto logístico" o conjunto de dimensões do produto que impactam diretamente as decisões logísticas: valor agregado, peso, volume, geometria, riscos diversos etc.

Denominaremos *logística reversa de pós-venda* a área de atuação específica que se ocupa do equacionamento e da operacionalização do fluxo físico e das informações logísticas correspondentes a ele referentes aos bens de pós-venda, não usados ou com pouco uso, os quais, por diferentes motivos, retornam aos diferentes elos da cadeia de distribuição direta, que se constituem de uma parte dos canais reversos pelos quais esses produtos fluem. Seu objetivo estratégico é agregar valor a um produto logístico que é devolvido por razões comerciais, erros no processamento dos pedidos, garantia dada pelo fabricante, defeitos ou falhas de funcionamento, avarias no transporte etc. Esse fluxo de retorno se estabelecerá entre os diversos elos da cadeia de distribuição direta, dependendo do objetivo estratégico ou do motivo do retorno.

Denominaremos *logística reversa de pós-consumo* a área de atuação da logística reversa que equaciona e operacionaliza igualmente o fluxo físico e as informações correspondentes a ele referentes aos bens de pós-consumo descartados pela sociedade em geral, que retornam ao ciclo de negócios ou ao ciclo produtivo por meio dos canais de distribuição reversos específicos. Seu objetivo estratégico é agregar valor a um produto logístico constituído de bens inservíveis ao proprietário original ou que ainda possuam condições de utilização, a produtos descartados pelo fato de sua vida útil ter chegado ao fim, ou a resíduos industriais. Esses produtos de pós-consumo poderão se originar de bens duráveis ou descartáveis e fluir por canais reversos de reúso, remanufatura ou reciclagem até a destinação final.

Na Figura 2.3 resumimos, para melhor entendimento e sem a pretensão de exaurir todas as possibilidades, o campo de atuação da logística reversa por meio das principais etapas dos fluxos reversos nas duas áreas de atuação citadas, observando-se sua interdependência.

FIGURA 2.3 Foco de atuação da logística reversa

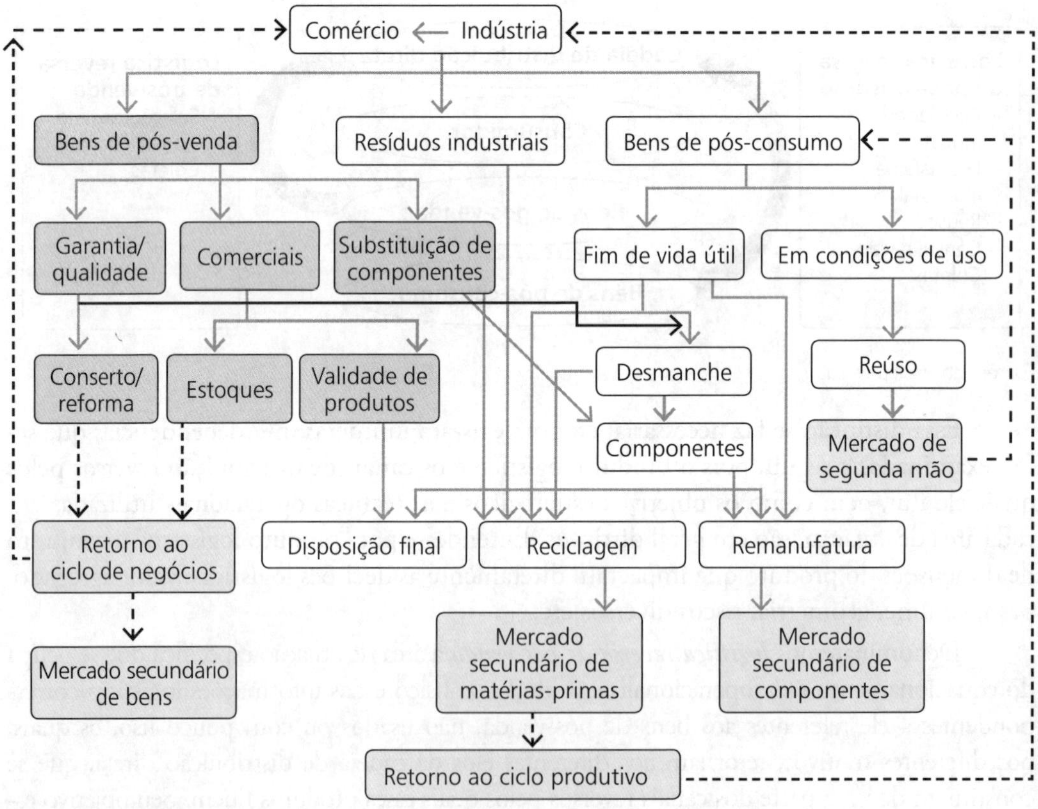

Fonte: LEITE, 2002b.

A logística reversa de pós-venda deve, portanto, planejar, operar e controlar o fluxo de retorno dos produtos de pós-venda por motivos agrupados nas seguintes classificações: garantia/qualidade, comerciais e substituição de componentes.

Classificam-se como devoluções por "garantia/qualidade" aquelas nas quais os produtos apresentam defeitos de fabricação ou de funcionamento (verdadeiros ou não), avarias (mesmo na embalagem) etc. Eles poderão ser submetidos a consertos ou reformas que permitam o retorno ao mercado primário ou a mercados diferenciados denominados secundários, agregando-lhes novamente valor comercial.

Na classificação "comerciais" destacam-se as categorias de estoques e de embalagens retornáveis. A categoria de estoques é caracterizada pelo retorno de produtos em virtude de erros de expedição, excesso de estoques no canal de distribuição, mercadorias em consignação, liquidação de estação de vendas, pontas de estoque etc., que voltam ao ciclo de negócios por meio da redistribuição em outros canais de venda. A categoria embalagens retornáveis refere-se aos diversos tipos de embalagens que transitam entre fornecedor e clientes.

Em razão do término da validade de produtos ou de problemas observados após a venda – o denominado *recall* –, os produtos serão devolvidos por motivos legais ou por diferenciação de serviço ao cliente e se constituirão na classificação "validade" na Figura 2.3.

A classificação "substituição de componentes" decorre da substituição de componentes de bens duráveis e semiduráveis em manutenções e consertos ao longo de sua vida útil, os quais são remanufaturados (quando tecnicamente possível) e retornam ao mercado primário ou secundário ou são enviados à reciclagem ou ainda para uma disposição final, na impossibilidade de reaproveitamento.

Portanto, a logística reversa de pós-consumo deve planejar, operar e controlar o fluxo de retorno dos produtos de pós-consumo ou de seus materiais constituintes, classificados, em função de seu estado de vida e origem: em condições de uso, fim de vida útil e resíduos industriais.

A classificação "em condições de uso" refere-se às atividades em que o bem durável e o semidurável despertam interesse de reutilização, tendo sua vida útil estendida, adentrando no canal reverso de reúso em mercado de segunda mão até atingir o fim de vida útil, constituindo o *looping* apresentado na Figura 2.3.

Nas atividades da classificação "fim de vida útil", a logística reversa poderá atuar em duas áreas não destacadas no esquema: a dos bens duráveis e a dos descartáveis. Na área de atuação de duráveis ou semiduráveis, os bens entrarão no canal reverso de remanufatura e reciclagem industrial, sendo desmontados na etapa de desmanche, e seus componentes poderão ser aproveitados ou remanufaturados, retornando ao mercado secundário ou à própria indústria, que os reutilizará, com uma parcela destinada ao canal reverso de reciclagem. No caso dos bens de pós-consumo descartáveis, havendo condições logísticas, tecnológicas e econômicas, os produtos retornam por meio do canal reverso de reciclagem industrial, no qual os materiais constituintes são reaproveitados e se constituem em matérias-primas secundárias, que voltam ao ciclo produtivo pelo mercado correspondente ou, em caso de não haver as condições mencionadas, encontram a disposição final: os aterros sanitários, os lixões ou a incineração com recuperação energética.

2.2 Sensibilidade ecológica e sustentabilidade ambiental – novos fatores de incentivo à logística reversa

A sociedade, em todas as partes do globo, tem se preocupado cada vez mais com os diversos aspectos do equilíbrio ecológico. Muitas pesquisas de opinião pública têm sido realizadas para comprovar essa maior conscientização e inúmeros são os exemplos que evidenciam o aumento da sensibilidade ecológica na sociedade atual, com ênfase nos países de maior desenvolvimento econômico e social. Neste tópico serão examinados, em detalhes, os canais de distribuição reversos sob uma perspectiva ecológica e de sustentabilidade; entretanto, a importância crescente desses aspectos como geradores de pressões sociais de diversas naturezas, que se transformam em um fator de influência modificador em alguns casos de cadeias reversas, sugere que se antecipem comentários sobre seus reflexos na organização e na estruturação dos canais de distribuição reversos.

O aumento da velocidade de descarte dos produtos de utilidade após seu primeiro uso, motivado pelo nítido aumento da descartabilidade dos produtos em geral, ao não encontrar canais de distribuição reversos de pós-consumo devidamente estruturados e organizados, provoca desequilíbrio entre as quantidades descartadas e as reaproveitadas, gerando um enorme crescimento de produtos de pós-consumo. Um dos mais graves problemas ambientais urbanos da atualidade é a dificuldade de disposição do lixo urbano. Como já comentado, a quantidade de produtos que se transformam rapidamente em "lixo" (nomenclatura usada de maneira imprópria) é crescente. Embalagens descartáveis e itens de informática geram preocupação em vista das quantidades e dos custos envolvidos em sua logística reversa.

Essas quantidades excedentes tornam-se "visíveis" para a sociedade em aterros sanitários, lixões, locais abandonados, rios ou córregos que circundam as cidades etc., mas ficam pouco visíveis quando são depositadas em mares e rios e não sobrenadam ou quando são simplesmente enterradas para posterior solução. Essa nova vertente de preocupação – a sensibilidade ecológica e a sustentabilidade ambiental – tem se convertido em mais um importante fator de incentivo à estruturação e à organização dos canais de distribuição reversos de pós-consumo.

Esse crescimento da sensibilidade ecológica tem sido acompanhado por ações de empresas e governos, de maneira reativa ou proativa e com visão estratégica variada, visando amenizar os efeitos mais visíveis dos diversos tipos de impacto ao meio ambiente, protegendo a sociedade e seus próprios interesses.

Acredita-se atualmente que as preocupações relativas ao *triple bottom line* (tripé da sustentabilidade), esquematizado na Figura 2.4, tenham mudado a realidade no sentido de que as preocupações relativas à responsabilidade empresarial e ética, ambiental e social sejam o alicerce necessário para a garantia da sustentabilidade econômica.

Além das possíveis oportunidades econômicas oriundas desses reaproveitamentos, reutilizações, reprocessamentos, reciclagens etc., a questão da sustentabilidade empresarial dirigirá esforços das empresas para a defesa de sua imagem corporativa e de seus negócios, enquanto as sociedades se defenderão por meio de legislações e regulamentações específicas.

FIGURA 2.4 Mudanças na direção de prioridade dos eixos de sustentabilidade *(triple bottom line)*

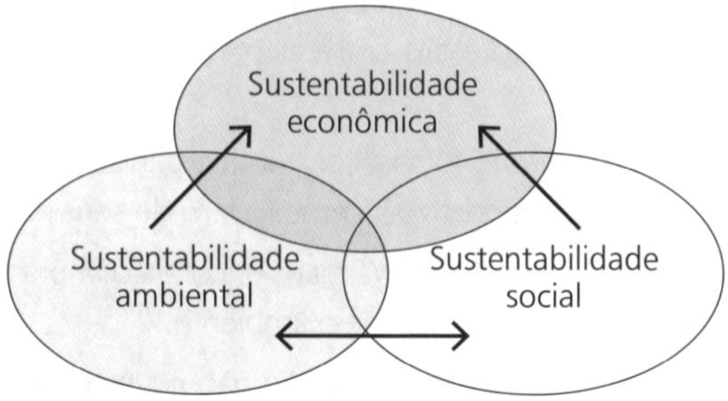

Fonte: LEITE, 2002b.

Astuciosamente, empresas e governantes também se utilizam dessas preocupações como forma de diferenciação estratégica para seus produtos e interesses políticos, respectivamente, posicionando-se no mercado, verdadeira ou enganosamente, com vantagens competitivas ligadas ao aspecto ecológico.

Existem algumas condições para a reintegração da maior parte dos bens descartados ao ciclo produtivo, como tecnologia de reciclagem, mercado para aplicações dos materiais etc., mas nem sempre todas as condições necessárias são apresentadas para completar o ciclo de retorno. Em alguns casos, a causa principal pode ser a baixa disponibilidade do produto de pós-consumo, em razão das dificuldades de captação que impedem as escalas econômicas de atividade; em outros, a causa pode ser a característica monopsônica ou oligopsônica[9] dos mercados de matérias-primas secundárias, que desencoraja investimentos não verticalizados, dificultando a estruturação logística adequada e o desenvolvimento de novas aplicações para os materiais reciclados.

Por exemplo, as cadeias reversas dos metais em geral, apesar da informalidade comercial e da logística pouco desenvolvida em alguns países, apresentam excelentes níveis de reintegração de seus materiais ao ciclo produtivo, ao passo que a cadeia reversa dos plásticos, mesmo apresentando tecnologia de reciclagem acessível, encontra dificuldade para se estruturar, conforme veremos no decorrer deste livro, o que atesta a enorme variedade de casos de cadeias reversas encontrados.

9 Monopsônica é uma estrutura de mercado caracterizada por haver apenas um comprador para vários vendedores potenciais. Oligopsônica, pelo contrário, é quando há um número muito pequeno de compradores.

LOGÍSTICA REVERSA NA PRÁTICA 2.1

Sociedade e sustentabilidade

Uma pesquisa do Cambridge Report com 1.250 adultos nos Estados Unidos, em 1992, revelou que 70% concordavam em pagar preços maiores por produtos que causassem menores impactos ao ambiente.[10]

Já um estudo realizado pela *Harvard Business Review* indica que o meio ambiente, a disposição de resíduos sólidos e a poluição estão entre as principais preocupações de mais de 12 mil gerentes pesquisados.

O McDonald's assinou um contrato formal com uma organização de defesa do meio ambiente para a solução dos problemas relativos à embalagem de seus produtos.

A maior empresa varejista do mundo, o Walmart, encoraja compras de fornecedores que tenham produtos "amigáveis" em relação ao meio ambiente.[11]

O Global Report Initiative (GRI), uma organização não governamental internacional, propõe Diretrizes para Relatórios de Sustentabilidade desde o ano de 2000, com o objetivo de mensurar o estágio de sustentabilidade da empresa e garantir sua credibilidade. As diretrizes são atualizadas permanentemente por mais de 500 especialistas de 50 países.

2.3 Avanços de conceitos e legislações ecológicas

Como reação aos impactos dos produtos no meio ambiente, as sociedades têm desenvolvido uma série de legislações e novos conceitos de responsabilidade empresarial, de modo a adequar o crescimento econômico às variáveis ambientais. O conceito de "desenvolvimento sustentável", cujo objetivo é o crescimento econômico com minimização dos impactos ambientais, tem sido constantemente utilizado nos dias de hoje, baseado na ideia de atender às necessidades do presente sem comprometer as gerações futuras no atendimento de suas necessidades.

As legislações ambientais envolvem diferentes aspectos do ciclo de vida útil de um produto (ou dos produtos que o constituem), desde a fabricação e o uso de matérias-primas virgens até sua disposição final. Dessa maneira, essas legislações regulamentam a produção e o uso de "selos verdes" para identificar produtos amigáveis ao meio ambiente, por exemplo: os produtos de pós-consumo que podem ou não ser depositados em aterros sanitários e a restrição ao uso de produtos com matérias-primas secundárias. As regulamentações que existem atualmente na maioria das grandes metrópoles proíbem o descarte de móveis, eletrodomésticos, eletroeletrônicos, baterias de automóveis e pilhas em aterros sanitários.

---

10 CLM, 1993, p. 22.

11 LOZADA, H. R.; MINTU-WIMSATT, A. T. Green-based innovation: sustainable development in product management. In: POLONSKY, J. et al. *Environmental marketing*: strategies practice, theory and research. New York: Haworth Press, 1995. p. 180.

Novos princípios de proteção ambiental estão sendo propagados, como o de *Extended Product Responsibility* – Responsabilidade Estendida do Produto (EPR), ou seja, a ideia de que a cadeia industrial produtora ou o próprio produtor – que de certa maneira agridem o meio ambiente – deve se responsabilizar pelo seu produto até a decisão correta de seu destino após o uso original. Trata-se de uma das ideias das novas teorias econômicas sobre o meio ambiente, examinadas no **Capítulo 9**, também chamada de "princípio do poluidor-pagador". Esse conceito é semelhante ao de legislações já cristalizadas na sociedade atual, relativas ao tratamento de efluentes industriais como condicionante do funcionamento industrial, ou seja, as indústrias só podem funcionar se os seus efluentes industriais não provocarem poluição ambiental.

Alguns estados norte-americanos têm legislação específica que incentiva o uso de produtos fabricados com materiais reciclados; outros adotam um sistema tributário especial para os diversos elos dos canais reversos; há, ainda, os que determinam a obrigatoriedade do equilíbrio entre produção e reciclagem. A proibição de novos aterros sanitários em muitos estados norte-americanos, que caracterizou a "crise dos aterros" nas décadas de 1970 e 1980, em decorrência de seu esgotamento pelo crescente aumento de volume do lixo descartado pela população, criou um verdadeiro "comércio" entre estados para a disposição do lixo urbano. A incineração do lixo produzido nas cidades tem sido contestada em diversas comunidades, pelos efeitos nocivos da emanação de gases, como recentemente aconteceu na cidade de Paris, onde foi embargada, até decisão legislativa, a obra de um novo incinerador para a cidade.

No Japão, uma legislação de 1997 impôs a responsabilidade de organização de rede reversa de reciclagem de automóveis diretamente aos fabricantes.

Em julho de 1996, um acordo entre os governos da França, da Alemanha e da Holanda estabeleceu que a responsabilidade da coleta, reciclagem ou reaproveitamento dos automóveis descartados pela sociedade fosse transferida dos governos para os fabricantes. Tornaram-se famosas as legislações sobre as embalagens descartáveis na Alemanha Ocidental, em 1993, logo após a reunificação com a Alemanha Oriental, onde havia quantidades enormes de resíduos sólidos; o país estabeleceu um cronograma gradativo para os índices de reciclagem das embalagens descartáveis e responsabilizou a cadeia de distribuição direta pelo equacionamento de suas cadeias reversas.

Em 2004, as diretrizes *waste electrical and electronic equipment* (WEEE – resíduos de equipamentos elétricos e eletrônicos, em português) e *restriction on the use of hazardous substances* (RoHS – restrições sobre o uso de substâncias perigosas, em português), promulgadas para aplicação a partir de 2006 na Comunidade Europeia, estabeleceram, respectivamente, a responsabilidade dos fabricantes de produtos eletrônicos e elétricos de equacionar o retorno de seus itens após o fim de sua vida útil e a restrição ao uso de substâncias nocivas à saúde.

No Brasil, são diversas as vertentes de legislações nas diferentes esferas (federal, estadual e municipal) que versam sobre a ordenação dos impactos dos produtos ao meio ambiente. No entanto, com a edição da PNRS (Política Nacional de Resíduos Sólidos) – Lei n. 12.305, de 2 de agosto de 2010 –, as diretrizes foram preconizadas, dando orientações gerais aos responsáveis das cadeias que levam os produtos ao mercado no sentido de equacionarem o retorno desses itens após a vida útil deles, conforme será tratado detalhadamente em capítulo específico.

LOGÍSTICA REVERSA NA PRÁTICA 2.2

Responsabilidade empresarial

Exemplos de EPR nas empresas

- A Sony Electronics anunciou, em outubro de 2000, um acordo com a empresa Waste Management Inc. que estabelecia um programa de coleta (*take back*) de seus produtos após o uso, sem ônus para o consumidor. O acordo inicialmente serviu para o estado de Minnesota, mas deveria ser estendido aos demais estados norte-americanos, pois era a intenção da empresa reutilizar peças em condições de uso.
- A IBM criou o IBM's PC Recycling Services, que permite ao consumidor retornar os computadores e seus periféricos usados, no estado da Pensilvânia, por meio da United Parcel Service (UPS), uma das maiores empresas de logística do mundo.
- A Toshiba, nos Estados Unidos, utiliza os serviços da UPS norte-americana em todo o território americano para a coleta e o tratamento de seus computadores e outros equipamentos eletrônicos.
- A Dell Computer e a Hewlett-Packard (HP) modificaram seus projetos de computadores visando facilitar o trabalho de desmontá-los.
- A Nokia anunciou serviços de *take back* de telefones celulares em diversas partes do mundo.
- Da mesma forma, observa-se o movimento de eliminação de sacolas plásticas em supermercados de diversas partes do mundo.
- Algumas empresas varejistas em São Paulo recolhem embalagens de eletrodomésticos de grande volume na ocasião da entrega no domicílio de seus clientes.

2.4 Novos padrões de competitividade empresarial

Elaborados no pós-guerra pelos principais "gurus acadêmicos da qualidade total" – Deming, Juran e Crosby –, só em décadas mais recentes tais preceitos foram realmente colocados em prática nas organizações, com a conhecida defasagem cronológica entre o Oriente e o Ocidente, adquirindo atualmente a condição de "qualificadores" das empresas modernas.

Boa parte desses preceitos focaliza o relacionamento entre clientes e fornecedores, internos e externos, de modo que se entenda que o primeiro necessita do segundo, formando uma corrente virtual em direção ao consumidor final e acrescentando valores de diferentes naturezas ao produto ou serviço fornecido. Mais tarde, Michael Porter[12] idealizou um modelo sistêmico utilizando essas ideias para explicar o processo de acréscimo de valores

12 PORTER, M. E. *Estratégia competitiva*. São Paulo: Campus, 2005.

perceptíveis ao cliente, transformando as atividades funcionais do produto em atividades de um processo integrado horizontal, visando a uma maior competitividade empresarial.

Um processo de diferenciação consistente tem sido obtido, por meio desses preceitos, por empresas líderes no mercado, ao focalizarem um relacionamento eficaz entre clientes e fornecedores, adequando produtos e processos às necessidades e aos valores corporativos de seus clientes e permitindo uma duradoura relação de fidelidade nos negócios. Forma-se, assim, uma verdadeira corrente virtual em direção ao mercado, com as empresas acrescentando eficazmente valores de diferentes naturezas a seus produtos ou serviços perceptíveis ao cliente ou ao consumidor final.[13]

Essa visão estratégica integrada da rede de operações, o *supply chain management*, tem permitido ampliar a visão dos fluxos logísticos para além da entrega dos produtos ao mercado – os fluxos reversos –, por meio da percepção das oportunidades de acréscimo de valores de diferentes naturezas que o retorno e a reintegração dos bens e de seus materiais constituintes ao ciclo de negócios ou ao ciclo produtivo podem oferecer, estabelecendo-se o *reverse supply chain management* (gestão da cadeia de suprimento reversa) dos produtos de pós-venda ou de pós-consumo.

Empresas modernas utilizam-se da logística reversa, diretamente ou por meio de terceirizações com empresas especializadas, como forma de ganho de competitividade no mercado, conforme atestam os dados da Tabela 2.3, extraída de uma pesquisa realizada nos Estados Unidos em empresas de diversos setores.[14]

Observe que o motivo estratégico "aumento da competitividade" foi apontado por 65% das (cerca de) 70 empresas que participaram da pesquisa, justificando o estabelecimento de suas redes e parcerias reversas. Os demais motivos, não menos importantes, permitem avaliar as diferentes formas de acréscimo de valor que a logística reversa oferece.

TABELA 2.3 Motivos estratégicos de as empresas operarem os canais reversos

MOTIVO ESTRATÉGICO	PORCENTAGEM DE EMPRESAS RESPONDENTES
Aumento de competitividade	65,2%
Limpeza de canal – estoques	33,4%
Respeito a legislações	28,9%
Revalorização econômica	27,5%
Recuperação de ativos	26,5%

Fonte: ROGERS; TIBBEN-LEMBKE, 1999.

13 CHRISTOPHER, M. *Logística e gerenciamento da cadeia de suprimentos*. São Paulo: Pioneira, 1999.

14 COUNCIL OF LOGISTICS MANAGEMENT (CLM), 1993.; STOCK, 1998.; MORRELL, A. L. The forgotten child to the supply chain. *Modern Materials Handling*, Boston, may. 2001.; ROGERS; TIBBEN-LEMBKE, 1999.

A preocupação relacionada ao impacto que a logística reversa exerce sobre a competitividade empresarial tem sido confirmada por pesquisas mais recentes realizadas pelo Conselho de Logística Reversa do Brasil (CLRB) durante os Fóruns Internacionais de Logística Reversa do CLRB entre 2009 e 2013. No entanto, quando se fala em competitividade, deve-se considerar que as empresas se encontram em diferentes momentos organizacionais, que influenciam nas oportunidades de aproveitamento das ideias em suas estratégias competitivas. A seguir, destacamos algumas características dessas fases empresariais para análise.

2.4.1 Fase funcional

As empresas são constituídas de departamentos com funções específicas: compras, produção, marketing etc., cujas características principais podem ser resumidas da seguinte forma: as áreas possuem estratégias funcionais independentes, visando à otimização de seus objetivos, o que resulta em conflitos de objetivos internos; clientes e fornecedores fazem interface somente com as áreas de marketing e compras, respectivamente, e em geral são tratados como adversários em negociações em que é preciso vencer sempre e, como resultado, não existe consciência dos ganhos compensados (*trade-off*) de uma visão sistêmica. Percebe-se que, nesta fase empresarial, o aproveitamento das ideias de logística reversa como fonte de competitividade não encontra ambiente adequado.

2.4.2 Fase sistêmica interna

As empresas reconhecem os clientes como seu principal objetivo, fazendo com que cada área acrescente valor perceptível a eles, seguindo as ideias da cadeia de valor de Michael Porter[15]. Entre as principais características estão:

- o foco no cliente permite estratégias matriciais que valorizam o processo, desde a concepção do projeto até a entrega do produto ao cliente final;
- o foco nas operações-fim e a consequente aquisição externa de operações-meio melhoram a eficiência e a visão da integração empresarial;
- os preceitos de qualidade total são aplicados efetivamente;
- o sistema de aferição dos custos é voltado à avaliação do acréscimo da relação valor/custo agregada em cada atividade do processo como um todo, possibilitando a visualização dos ganhos compensados (*trade-off*) dentro da empresa.

Observa-se pela organização desta fase empresarial que os ganhos compensados permitirão à empresa aproveitar as ideias de logística reversa para a sua competitividade.

15 PORTER, 2005.

2.4.3 Fase sistêmica em cadeia empresarial *(supply chain management)*

Nesta fase, as empresas têm uma visão sistêmica interna e externalizam essa estratégia para sua rede de operações, formando redes de organizações constituídas dos diversos elos anteriores e posteriores a elas na cadeia industrial, com o intuito de otimizar as operações e os fluxos logísticos desse novo sistema – as chamadas cadeias de suprimentos. Apresentam um ambiente empresarial de alta flexibilidade, qualidade total e elevado nível de relacionamento com seus clientes e fornecedores, por meio de alianças e parcerias estratégicas de várias naturezas, que permitem interações, compartilhamento de informações e acréscimo de valores aos serviços prestados, melhorando a operação dos clientes e mantendo-os por mais tempo.

A evolução empresarial para a fase anteriormente examinada é resultado das alterações de mercado, que têm exigido um nível de competitividade crescente das empresas para se manterem nos negócios. Entre outros elementos importantes estão a necessidade de flexibilidade operacional e a constante busca por condições que melhorem o resultado operacional dos clientes, de modo que se estabeleçam laços de fidelidade por um longo período.

Uma das formas de ganho de competitividade nas empresas e de crescentes resultados de fidelização junto aos clientes tem sido obtida por meio da logística reversa, utilizando-se dos serviços de pós-venda e assistência técnica, em que o atendimento ao cliente e a troca de componentes tornam-se altamente cruciais para manter clientes fiéis à marca. Da mesma forma, a flexibilidade operacional de redistribuição e o retorno de estoques na cadeia de distribuição, a recepção e o destino das mercadorias, entre outros exemplos, podem ser utilizados como forma de encantar e fidelizar clientes. Empresas líderes fazem uso de métodos de consignação de mercadorias, aumentos e reduções sazonais ou promocionais, liquidação ou limpeza de estoques nos canais, recepção de devoluções por motivos de qualidade, garantia de pós-venda ou de validade do produto utilizando centros especializados de consolidação, redistribuição e uma rede de empresas do mercado secundário de mercadorias.

Esta fase de alto relacionamento empresarial apresenta as melhores condições de utilização das ideias de logística reversa com ganhos significativos em competitividade.

LOGÍSTICA REVERSA NA PRÁTICA 2.3

Produtos eletrônicos, de comunicação e informática

Esses setores têm apresentado um crescimento mundial extraordinário. Produtos como televisores, geladeiras e máquinas de lavar, computadores, telefones celulares, periféricos de informática, entre outros, tornaram-se exemplos de logística reversa aplicada na prestação de serviços de assistência técnica e de serviços de pós-venda visando à fidelização do cliente à marca e à empresa. Os índices de conserto desses produtos seguem as quantidades enviadas ao mercado e requerem estrutura logística reversa de alta *performance* nas empresas de maior competitividade no moderno mercado atual.

▶

O caso da Estée Lauder Companies, Inc.

A Estée Lauder, importante fabricante de produtos cosméticos, costumava descartar anualmente 60 milhões de dólares em produtos retornados de seus clientes em aterros sanitários, após destruir as marcas nas embalagens. Com um investimento de 1,3 milhão de dólares, a empresa implantou um sistema de logística reversa com tecnologia de informação especificamente desenvolvida para a empresa, um sistema de identificação com código de barras e um banco de dados Oracle, que permitia o retorno de investimento em menos de um ano, por meio da redução das quantidades descartadas e de uma revalorização inteligente dos produtos retornados. Em 2008, a companhia aumentou sua avaliação de retornos em 24%, redistribuiu 150% mais produtos para outros pontos de venda e economizou cerca de 475 mil dólares por ano em custo de mão de obra. A companhia destruía 27% dos produtos retornados por expiração da validade, cifra que foi reduzida em 37% em 1998, e esperava-se ainda muito progresso nesse sentido. O tempo de retorno foi significativamente reduzido, permitindo a recolocação de produtos em outros mercados, por meio da identificação rápida das razões de retorno dos produtos.[16]

O caso da Levi Strauss & Co.

A logística reversa integrada permite à empresa lucrar com uma política liberal de retorno. A empresa de tecidos e confecções Levi Strauss praticou a estratégia de retorno liberal de seus produtos e obteve vantagem competitiva em relação a seus concorrentes, experimentando um aumento de 50% do total retornado.

Trabalhando com o operador logístico Genco, especializado em logística reversa, a empresa desenvolveu um sistema eficiente de retorno, seleção e destino de seus produtos em um centro especializado em Atlanta, Estados Unidos. Utilizando sistemas modernos de informação, os retornos são enviados a mercados secundários (*outlets*), nos quais a disponibilidade permanente de cores e tamanhos não são exigidos pelos clientes.[17]

2.5 A empresa e sua imagem corporativa

Uma visão moderna de marketing social, ambiental e principalmente de responsabilidade ética empresarial – se adotada por empresas dos diversos elos da cadeia produtiva de bens em geral, por entidades governamentais e pelos demais envolvidos, de alguma maneira, na geração de problemas ecológicos –, mesmo que involuntariamente, permitirá observar que a imagem corporativa estará cada vez mais comprometida com questões de preservação ambiental. Consequentemente, ações convenientemente dirigidas à preservação ambiental,

16 CALDWELL, 1999.

17 MERRITT, K. Integrate reverse logistics solution allows Levi Strauss to profit off returns. *Frontline Solutions*, Duluth, jul. 2001.

segundo essa visão contributiva de marketing social e ambiental, certamente serão recompensadas com salutares retornos de uma imagem diferenciada como vantagem competitiva.

É nesse contexto que se insere o problema ecológico e de sustentabilidade ambiental nos canais de distribuição reversos e o campo de atuação da logística reversa, pois se observa um crescente interesse de empresas modernas, entidades governamentais, partidos políticos "verdes" e da comunidade em geral pelo envolvimento ativo, diretamente ou por meio de associações, nos problemas ecológicos, na defesa de sua própria perenidade econômica e no posicionamento de sua imagem corporativa. Esse interesse e essas ações orientadas deverão contribuir para a melhoria da estruturação e organização desses canais reversos.

Observa-se atualmente que o nível de inserção que se refere às ações de sustentabilidade ambiental e social cresce em todas as mídias e regiões do planeta. É nítida a diferença da preocupação com a imagem corporativa em relação a alguns anos atrás. Pesquisas realizadas recentemente no Brasil comprovam que empresas de diferentes setores empresariais apontam a imagem corporativa como uma das mais fortes motivações dos programas de logística reversa. Essa preocupação tem se traduzido em modificações de projetos visando melhorar as condições de reaproveitamento, por exemplo, utilização de identificação nas diversas embalagens plásticas, adaptabilidade à desmontagem dos bens duráveis, redução na mistura de constituintes da mesma embalagem etc.

Empresas de várias cadeias produtivas e de diferentes setores industriais criam associações incentivadoras dos sistemas de reciclagem e reúso e investem em programas educacionais de conscientização junto à sociedade para solucionar os problemas ambientais, a fim de se adaptar a legislações locais ou garantir a perenidade dos negócios.

Empresas líderes em seus setores já apresentam posicionamentos de acréscimo de valor a seus produtos e sua imagem por meio da logística reversa, estabelecendo suas redes de distribuição reversas e introduzindo os preceitos dos projetos correspondentes a elas. No entanto, em muitos casos, ainda se observam posicionamentos reativos e de resultados modestos; contudo, por todos os argumentos e exemplos apresentados neste livro, é de se esperar um expressivo crescimento desse novo enfoque empresarial, criando massa crítica para soluções mais efetivas, gerando novas oportunidades de negócios e evitando riscos de naturezas diversas.

As ideias aqui apresentadas evidenciam o surgimento de um novo cliente e de um novo consumidor final, que fazem que as empresas substituam a cultura do consumo, caracterizada pela motivação de comprar, usar e dispor, pela junção das ideias de uma cultura ambientalista (que privilegia reduzir o consumo, reutilizar e reciclar produtos) com uma cultura que valoriza os serviços, com o objetivo de encantar e fidelizar os clientes.

2.6 Custos na logística reversa

A questão de custos está sempre associada às operações logísticas em geral, porém vale a pena fazer distinção entre as categorias de custos que incidem nas atividades de retorno de produtos.

Pelo menos três tipos de custos podem ser associados às atividades da logística reversa: aqueles apropriados normalmente pela contabilidade de custos (diretos e indiretos, fixos e variáveis); os relacionados à gestão das operações de diversas naturezas, normalmente apropriados pelos gestores ou pela controladoria empresarial: custos de oportunidade; custos "ocultos" (ou pouco visíveis) etc. e os associados à imagem corporativa ou de uma marca da empresa.

2.6.1 Custos logísticos contabilizados

Podemos atribuir custos logísticos à logística reversa, traduzindo o somatório dos custos de transporte, armazenagem, consolidação e os de sistemas de informações inerentes ao canal reverso. A esses custos, ditos operacionais, somam-se os peculiares à logística reversa em decorrência das operações de seleção de destino dos produtos retornados e de redistribuição dos produtos ou materiais reaproveitados.

Cabe observar, no entanto, pela característica de menor previsibilidade das atividades da logística reversa, que o nível de transações revela-se significativamente maior ao longo do retorno quando comparado com o envio de produtos para o mercado. Em consequência, tende a ser maior em cada uma das categorias anteriormente mencionadas, o que justificaria maior atenção dos gestores operacionais.

Levantamentos atuais estimam que o número de transações logísticas no retorno de produtos é de cinco a dez vezes maior, o que redunda em custos de três a cinco vezes maiores em relação aos de envio para o mercado. Um rápido raciocínio lhe permitirá verificar sua importância: admitindo um custo logístico da ordem de 20% do faturamento, uma média entre os extremos de 5% a 30% sobre o faturamento apontado pelos principais autores, se adotarmos um índice médio de retorno de 10% em quantidade de produtos, tem-se um custo logístico médio de logística reversa de 2%. Conforme explicado anteriormente, os custos da logística reversa são mais que proporcionais aos custos de envio e, adotando a menor estimativa (três vezes maior), teremos um custo estimado de 6%, o que normalmente representa um valor significativo, justificando a adoção de recursos e o equacionamento eficiente da logística reversa nas empresas.

Evidentemente, conforme explanado no decorrer deste livro, as empresas têm formas interessantes de recapturar o valor econômico dos produtos retornados, reduzindo, portanto, os referidos custos tangíveis.

2.6.2 Custos logísticos de gestão na logística reversa

Na gestão logística utilizam-se diversos indicadores de custos que variam entre empresas, como os custos controláveis, de oportunidade, irrecuperáveis, metas, melhorias etc., os quais podem ser utilizados da mesma forma nas operações de logística reversa.

2.6.3 Custos intangíveis ou pouco visíveis

Define-se como "custo oculto" (ou pouco visível) aquele que normalmente não é aparente pelas condições de contabilização tradicionais, relativas a falhas e desperdícios de tempo ou outros recursos, mas que se revela importante por exercer influência na imagem empresarial.

Genericamente, pode-se entender como "custos intangíveis" aqueles relativos aos riscos que envolvem imagem da marca, imagem corporativa e reputação da empresa junto à comunidade. Conforme mencionado em tópicos anteriores, esses aspectos fazem parte das preocupações estratégicas de empresas modernas em face da maior conscientização relativa aos direitos do consumidor e à sustentabilidade ambiental e social.

Para ilustrar essas ideias e a importância desses custos destacamos, no Logística reversa na prática 2.4, os riscos mercadológicos que podem impactar na imagem empresarial se não prevenidos pela logística reversa.

LOGÍSTICA REVERSA NA PRÁTICA 2.4

Custos dos riscos mercadológicos

Podem ser chamados de custos ou de oportunidades de ganho de imagem e de fidelização de clientes. O entendimento desses custos nem sempre visíveis poderá beneficiar fortemente os resultados finais da empresa. A experiência tem mostrado o gradativo entendimento de empresas líderes em seus setores. Os exemplos citados a seguir são alguns dos mais comentados pelos autores e consultores empresariais.

- A recuperação de uma falha ou uma experiência negativa em relação a um produto ou serviço adquirido revela que em 85% dos casos o cliente abandona a marca ou a empresa.
- Conquistar clientes custa cinco vezes mais que mantê-los.
- A lucratividade de um cliente cresce com a sua permanência.
- Recuperar uma imagem é muito mais caro que mantê-la.

2.7 A dimensão dos mercados da logística reversa

A avaliação do mercado total das cadeias produtivas diretas é, sem dúvida, tarefa das mais difíceis, pela falta de informações confiáveis em grande parte das cadeias reversas. No entanto, pesquisas realizadas em alguns casos de canais de distribuição reversos no Brasil e a literatura consultada permitem algumas estimativas que evidenciam a importância do que denominamos "economia reversa".

2.7.1 Valor econômico em alguns canais reversos de reciclagem

Nesses casos, tem-se a substituição de matérias-primas primárias por secundárias em cadeias reversas de reciclagem, nas quais é possível avaliar a parcela representada pelas matérias-primas secundárias nas vendas totais do setor. Contrariamente à ideia de valorizar esses retornos pelo valor dos bens de pós-consumo, em geral muito baixos, a valorização é feita com base no percentual de utilização de matérias-primas secundárias no total da economia do setor, avaliando-se, dessa maneira, o valor efetivo da economia reversa em relação aos preços de venda dos produtos elaborados, ou seja, como uma parcela da economia da cadeia produtiva direta.

Caso do ferro/aço no Brasil

Em 2014, a produção de aço era realizada por 29 usinas, sendo 15 elétricas trabalhando com sucata de aço ("mini mills"). Nesse ano foram produzidas em torno de 49 milhões de toneladas de aço bruto e utilizados, em média, 23% de sucata. As vendas de aço bruto ultrapassaram 40 bilhões de dólares em 2011, representando cerca de 4% do PIB brasileiro, sendo a parcela de sucata de aproximadamente 8 bilhões de dólares ao ano, o que contribui com o faturamento do setor, ao mesmo preço de venda.

Caso do alumínio no Brasil

Toda sucata de alumínio é reciclada. Em 2014, o nível de recuperação de sucata era de 33,7% contra uma média mundial de 30,7%. A indústria apresenta um faturamento de R$ 55 bilhões, correspondendo a cerca de 1% do PIB brasileiro. A parcela relativa à sucata, e no mesmo valor de preço de venda, será de R$ 18,4 bilhões de contribuição.

Caso do plástico no Brasil

No caso do plástico, a produção de todas as resinas, em 2014, foi de cerca de 6,5 milhões de toneladas, com vendas aproximadas de R$ 60 bilhões. Adotando-se o nível de reciclagem médio do setor de 15%, tem-se uma parcela estimada de contribuição de reciclados da ordem de R$ 9 bilhões ao ano.

Caso das latas de alumínio para embalagem no Brasil

Com um faturamento de R$ 23 bilhões em 2014 e um índice de reciclagem de praticamente 98%, pode-se estimar o valor equivalente do canal reverso quando aferido pelo mesmo valor de venda do produto. Pode-se inferir, neste caso, que todo o material de fabricação contribui para o setor.

Outras estimativas históricas

Calderoni[18] demonstra que, no Brasil, a sociedade como um todo perde, no mínimo, cerca de R$ 4,6 bilhões de reais por ano, por não reciclar os materiais recicláveis do lixo urbano. Esse valor inclui, evidentemente, alguns citados nos exemplos anteriores, mas é sem dúvida subestimado, pois considera os preços dos materiais em sua origem, e não o valor da matéria-prima que os substituem.

Nas cadeias reversas de reúso e de remanufatura podemos citar a pesquisa apresentada por Rogers e Tibben-Lembke[19] nos Estados Unidos, em que se estima o custo da logística reversa de pós-venda em cerca de 0,5% do PIB norte-americano, ou seja, US$ 35 bilhões

18 CALDERONI, S. *Os bilhões perdidos no lixo*. São Paulo: Humanitas, 1998. p. 319.

19 ROGERS; TIBBEN-LEMBKE, 1999, p. 5.

em 1997. A cadeia reversa de autopeças no país representa um volume de vendas por volta de 27% da cadeia direta pela estimativa da Auto Parts Remanufactures Association (1997).

Em 1996, Lund[20] verificou, em uma pesquisa realizada nos Estados Unidos, que o tamanho (em termos econômicos) da indústria de remanufatura naquele país equivalia, à época, a todo o setor de eletrodomésticos ou ao setor da indústria do aço, com valores em torno de US$ 50 a 60 bilhões anuais. Esses dados mostram que setores de reaproveitamento, embora muitas vezes não regulamentados convenientemente, apresentam economia pujante e de importância para o país.

Embora de expressiva relevância econômica em alguns casos, nos quais existem condições econômicas naturais de mercado que propiciam rentabilidade adequada aos diversos agentes em suas etapas reversas, os canais de distribuição reversos serão apresentados ao longo deste livro sob diferentes perspectivas, além da econômica, que poderão contribuir para o fluxo dos materiais e produtos ao ciclo produtivo e de negócios ou restringi-lo.

LOGÍSTICA REVERSA NA PRÁTICA 2.5

Alumínio: melhor exemplo de revalorização econômica

O alumínio é um excelente exemplo de revalorização econômica, em vista de seu processo de reciclagem economizar 95% de energia na produção, além de apresentar índices de investimentos em fábricas de reciclagem muito inferiores àqueles de fábricas de alumínio virgem.[21]

RESUMO DOS PRINCIPAIS TÓPICOS

Este capítulo colocou em evidência o fato que justifica o crescimento das atividades da logística reversa em todas as partes do mundo: a crescente variedade e quantidade de produtos dirigidos ao mercado nestas últimas décadas, o que exige o equacionamento do retorno deles, antes ou após o consumo.

Foi apresentada a evolução das definições e o campo de atuação da logística reversa, bem como sua inclusão como uma das preocupações da logística empresarial moderna. Foram estudadas, também, as diversas etapas que constituem os fluxos reversos, ou seja, o foco de atuação da logística reversa.

Analisamos, no fluxo geral de atuação da logística reversa, as categorias de retorno dos bens de pós-venda e de pós-consumo, evidenciando as inter-relações existentes entre os diversos fluxos e distinguindo a origem e o destino dos bens em cada caso.

---

20 LUND, R. T. *The remanufacturing industry*: Hidden giant. Boston: Boston University Techology, 1996.

21 LEITE, P. R. Canais de distribuição reversos: a coleta seletiva. *Revista Tecnologística*, São Paulo, maio 1999a.

O capítulo mostrou também como os fatores ecológico e de sustentabilidade ambiental contribuem fortemente para que se evidencie a implementação da logística reversa nas diversas atividades empresariais, por meio do surgimento de um novo consumidor, que se sensibiliza cada vez mais com os aspectos ambientais e as possibilidades de impacto dos produtos no meio ambiente. Ao mesmo tempo, evidenciamos um avanço nas legislações de diversos países, que visam responsabilizar as empresas pelo retorno de seus bens e materiais, evitando impactos no meio ambiente, e uma maior preocupação dos empresários na busca da competitividade por meio da logística reversa, na medida em que ela permite uma diferenciação mercadológica de serviço perceptível aos clientes. Vimos que a observação das diversas fases empresariais, sob o aspecto de sua responsabilidade em relação ao meio ambiente, é acompanhada pela preocupação crescente em proteger a imagem corporativa.

Apresentamos ainda, de forma resumida, os principais custos que afetam diretamente a logística reversa em suas operações cotidianas, enfatizando os custos intangíveis, por impacto direto na imagem empresarial.

O capítulo, por fim, colocou em evidência a importância econômica da logística reversa, examinando os valores dos bens e materiais retornados por meio de seu valor de venda, e não pelo valor de sucata ou de produto devolvido, que acreditamos ser a maneira correta de analisar a economia reversa. E foi feita uma recapitulação das diversas formas e oportunidades de ganhos em competitividade por meio de custos e diferenciação ao serem implantados programas de logística reversa.

QUESTÕES PARA DISCUSSÃO

1. Explique o campo de atuação da logística reversa atualmente.
2. Quais são as formas de agregação de valor que a logística reversa objetiva?
3. Como a sensibilidade ecológica pode se transformar em um "motor" para a logística reversa?
4. Caracterize algumas legislações atuais que envolvam a atuação da logística reversa.
5. Discuta a ideia da utilização da logística reversa como um diferencial competitivo na estratégia empresarial moderna.
6. Cite exemplos de riscos para a imagem corporativa de empresas relativamente ao impacto de seus produtos no meio ambiente.
7. De que maneira pode-se medir a economia reversa? Discuta as alternativas.
8. Consulte alguns *sites* e constate a importância de certos segmentos da logística reversa.

LOGÍSTICA REVERSA E COMPETITIVIDADE EMPRESARIAL

3

NESTE CAPÍTULO VOCÊ IRÁ:

1. entender o conceito e a importância da competitividade no mundo atual de negócios;
2. perceber a importância dos serviços nas relações empresariais atuais;
3. identificar as atividades da logística reversa perceptíveis aos clientes na cadeia de suprimentos que permitem fidelizá-los e proporcionar relacionamentos duradouros;
4. entender de que forma a logística reversa pode contribuir decisivamente para a competitividade empresarial no pós-consumo e no pós-venda sob diferentes perspectivas: do fabricante, do varejista, do prestador de serviços.

3.1 Competitividade na atualidade

A velocidade e a quantidade de informações permitidas pelos atuais meios de comunicação de alta tecnologia têm produzido impactos significativos sobre as atitudes e expectativas da sociedade moderna, e em particular aos clientes, sejam consumidores finais ou empresariais.

Em mercados altamente competitivos, as empresas modernas procuram se dedicar ao seu foco principal, ou seja, às atividades que entendem ser de alto grau de competência ao seu negócio, buscando terceirizar serviços e insumos que geralmente não são essenciais à sua atividade. Como efeito, observa-se que disputam o mercado com as mesmas tecnologias terceirizadas disponibilizadas às demais concorrentes, fenômeno notado em quase todos os setores nas últimas décadas.

As características dos novos mercados atuais exigem estratégias adequadas de forma a enfrentar os novos desafios da redução do ciclo de produtos e serviços, a crescente preocupação com a sustentabilidade em seus três eixos, a enorme velocidade de mudança tecnológica, a exigência de governança e transparência nos negócios, a importância crescente dos serviços oferecidos, as atitudes voláteis de consumidores finais, entre outras, que precisam alta dose de inovação em produtos e processos.

Não será necessário afirmar, por ser óbvio, que vantagem competitiva no mercado é, antes de tudo, ser melhor do que o concorrente, garantindo superior relação "benefícios oferecidos ao cliente/custos de oferecê-los". Embora sejam muitas as atitudes e estratégias possíveis para alcançar as condições de vantagem competitiva, nem sempre é fácil aplicá-las com sucesso.

A competitividade empresarial estará constantemente sendo colocada à prova das mudanças nos mercados que tradicionalmente exigem rearranjos empresariais. Sem discutir se mais rápidas ou menos nos tempos atuais, diversas tendências podem afetar as empresas nos países mais desenvolvidos, exigindo novas atitudes empresariais para garantir sua competitividade e perenização de suas atividades.

Empresas perspicazes já percebem as diversas possibilidades de ganhar competitividade estratégicas sustentáveis ao longo do tempo por meio da logística reversa, entendendo as expectativas de seus clientes e implantando as diversas estratégias que serão apresentadas neste capítulo.

3.2 Os clientes atuais e a logística reversa

Costuma-se distinguir duas categorias principais de clientes devido às diferenças inerentes em suas atitudes de compras e comportamento em geral: clientes consumidores finais, ou simplesmente consumidores, e os clientes empresariais. Clientes empresariais na cadeia de suprimentos possuem uma visão mais racional de compras, sua relação é a de B2B, e, portanto, distinguem-se dos consumidores, que possuem, em geral, necessidades e exigências diferentes dos primeiros.

3.2.1 Clientes empresariais na cadeia de suprimentos

Slack et al.[1] e Harrison e Hoek,[2] entre outros autores, citam e desenvolvem a definição de Hill,[3] que relacionou a competitividade empresarial com a satisfação de objetivos empresariais de duas categorias: "objetivos qualificadores de mercado" e "objetivos ganhadores de pedido".

Ao passo que os "objetivos qualificadores de mercado" são apresentados como aqueles que satisfazem as condições mínimas para concorrer em determinado segmento de mercado, entendidos como objetivos que conduzem a empresa a uma condição de "paridade competitiva", os "objetivos ganhadores de pedido" são aqueles que contribuem de forma efetiva para a competitividade da empresa, possibilitando a denominada "competitividade sustentável ou temporária ao longo do tempo".

A logística reversa pode, em várias oportunidades, ser utilizada como incentivadora de competitividade sob as diferentes perspectivas genéricas, competitividade em custos ou em diferenciação, tendo em vista as expectativas principais de seus clientes empresariais.

1 SLACK, N.; CHAMBERS, S.; JOHNSTON, R. *Administração da produção*. 3.ed. São Paulo: Atlas, 2009.
2 HARRISON, A.; HOEK, R. V. *Logistics management and strategy*. Harlow: Prentice Hall, 2005.
3 HILL, T. *Manufacturing strategy*. 2. ed. London: MacMillan, 1993.

Entre a pluralidade de situações evidenciam-se, em empresas modernas, pelo menos três aspectos de alta relevância para a satisfação dos clientes na cadeia de suprimentos:

1. ***Serviços de valor perceptível:*** cada vez mais os clientes na cadeia de suprimentos exigem que o fornecedor "entregue" uma composição de valores adicionais além do preço. Valores que sejam percebidos pelo cliente e que o tornem mais competitivo em seu mercado. Trata-se a rigor de valores que visam mais do que encantar os clientes, mas contribuir para o seu "sucesso". A flexibilização do retorno de mercadorias, a rapidez na solução de problemas de devoluções e seus respectivos créditos, a confiabilidade no tratamento adequado para as mercadorias retornadas e, talvez, os mais importantes, os serviços de recuperação de falhas operacionais, entre outros aspectos, garantidos pela logística reversa, são serviços a serem oferecidos e que se constituem em valores perceptíveis aos clientes, gerando melhores condições de sucesso para o cliente.
2. ***Relacionamentos de parceria verdadeira:*** a mudança de relacionamentos de transação pura e única para a de relações de longo prazo com ganho mútuo está sendo cada vez mais praticada no mercado entre empresas modernas como um resultado do tópico anterior. Não somente fortifica e reduz custos redundantes, como aumenta o desempenho conjunto das empresas. A logística reversa reveste-se de excelentes oportunidades de garantia de relacionamento duradouro, contribuindo para o fortalecimento dessas parcerias.
3. ***Relação custo-benefício vantajoso e perceptível:*** o conjunto de benefícios recebidos pelos clientes nas cadeias de suprimentos é levado em consideração, constituindo-se no que Porter[4] chamou de "valor entregue aos clientes". Destaca-se o importante papel da logística reversa como recuperadora de falhas empresariais, entendidas aqui em sua visão holística traduzidas no retorno de produtos defeituosos, assistência técnica, produtos recusados, entre outros casos, que garantem a parceria e o valor agregado aos clientes.

3.2.2 Clientes finais ou consumidores

No caso do consumidor final, é possível distinguir tendências em diversos micromercados atuais, por exemplo: a busca incessante de novidades, volubilidade entre marcas e empresas, exigência de alta velocidade de resposta da empresa às suas necessidades, apreciação por produtos e serviços personalizados, serviços de alta qualidade e todas as dimensões de atendimento, confiabilidade no cumprimento do combinado etc.

Essas condições dos mercados atuais exigem das empresas atitudes estratégicas inovadoras, de qualidade, de eficiência e eficácia crescentes em produtos, serviços e processos,

4 PORTER, M. E. *Vantagem competitiva*. Rio de Janeiro: Campus, 1990.

de forma a se manter no mercado. A logística reversa poderá, da mesma forma, acrescentar valor às empresas, que terão suas imagens reforçadas pela prestação de serviços de valor agregado e recuperação de falhas de diversas espécies.

Resumimos, sem a pretensão de esgotar, algumas expectativas desses clientes que guardam estreita relação com a logística reversa em seus dois campos de atuação:

- ***Desempenho do produto:*** obviamente, este é de suma importância para o consumidor. No entanto, é necessário que o produto não apresente defeitos aparentes ou que tenha "qualidade" no entendimento do consumidor. O cliente deseja que as promessas do fabricante ou revendedor sejam cumpridas e que as instruções de uso (ou os manuais) do produto sejam claras o suficiente para fazê-lo funcionar.
- ***Atendimento antes, durante e após as transações:*** o cliente espera ter todas as informações sobre o produto, as condições de pagamento, o prazo de entrega (se for o caso), as garantias, os processos de logística reversa, os processos de assistência técnica, entre outros aspectos particulares. Deseja que a compra seja efetuada em tempo adequado, em ambiente correto, e que, principalmente após a compra, tenha respaldo da empresa ou das empresas da cadeia de suprimentos no sentido de possuir suporte aos eventuais problemas observados no produto adquirido, constituindo-se o que chamamos de "recuperação de falhas".
- ***Preço adequado:*** ainda que seja óbvio, a precificação adequada ao mercado é um dos aspectos que permitirá fidelização dos clientes, pois a imagem da empresa está associada a sua política de preços no mercado, dentro de seu segmento de mercado.
- ***Responsabilidade em relação à sustentabilidade ambiental e social:*** a demonstração com ações seguras e dirigidas nessa área poderão ser garantidas pela logística reversa em diversas ocasiões, garantindo a imagem positiva da empresa e de suas marcas.
- ***Imagem positiva da empresa:*** todos os aspectos anteriores poderão influir fortemente na imagem da empresa.

O papel da logística reversa como fator de competitividade empresarial decorrente das considerações analisadas, contribuindo de forma decisiva para o sucesso da empresa, será explorado nos tópicos a seguir.

3.3 A logística reversa como fator de competitividade

A logística reversa é a quarta área da logística empresarial que fecha o ciclo dos fluxos logísticos de suprimentos, os internos à organização e os de distribuição de mercadorias na direção do mercado por meio dos fluxos de mercadorias retornando, sob a forma de produtos de pós-venda ou de pós-consumo, utilizando as mesmas técnicas e ferramentas da logística tradicional. Sua adoção, quando integrada à estratégia logística e de marketing da empresa, produz importantes contribuições para a competitividade empresarial em diversos elos da cadeia de suprimentos, bem como aos agentes de serviços logísticos. O esquema da Figura 3.1 resume essas ideias.

FIGURA 3.1 Fluxo simplificado do retorno dos produtos

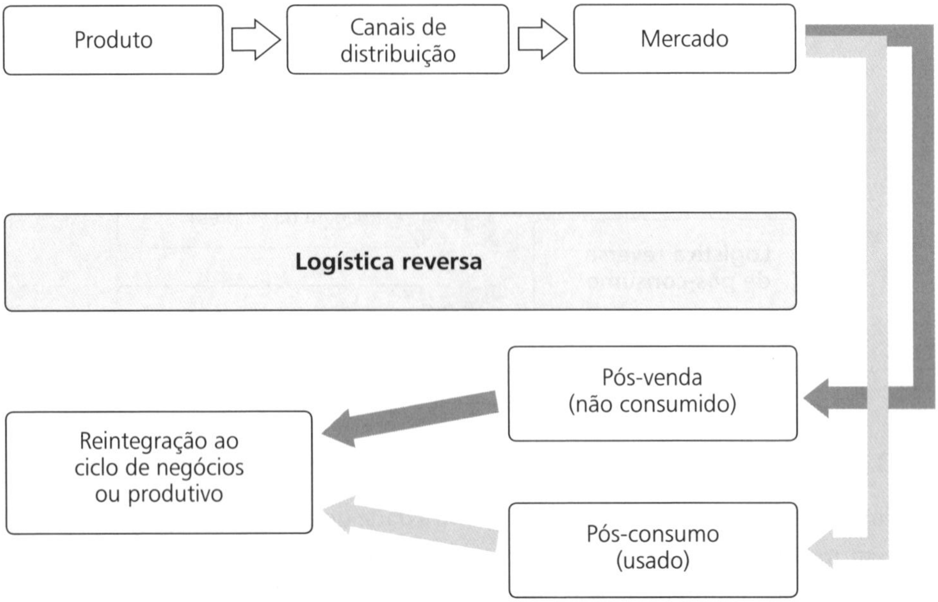

Fonte: elaborada pelo autor.

Embora com muitos aspectos em comum e lidando com os mesmos ambientes de mercado, existem diferenças no papel da logística reversa como fator de competitividade de empresas. Ainda que, tanto em logística reversa de pós-venda e de pós-consumo, permitam ganhos em competitividade empresarial, é possível identificar diferentes aspectos de influência e benefícios trazidos por cada categoria.

Evitando generalizações, pois sempre há exceções, podemos dizer que na logística reversa de pós-venda a competitividade empresarial é principalmente obtida com a prestação de serviços às empresas e recuperação de falhas empresariais em suas operações, ao passo que na logística reversa de pós-consumo a competitividade será obtida pela mitigação de efeitos dos produtos usados no meio ambiente, garantindo a sustentabilidade ambiental.

Como em todas as demais áreas empresariais, em ambas as categorias da logística reversa tem-se oportunidades de ganhos de vantagem competitiva por meio da redução de custos empresariais ou de diferenciação empresarial sob diversas formas, como será apresentado nas ações estratégicas e seus ganhos empresariais nos tópicos a seguir.

A Figura 3.2 evidencia a logística reversa como impulsionadora de estratégias de ganho de competitividade em diversas áreas. As estratégias competitivas nas duas categorias da logística reversa estão distinguidas de forma a demonstrar as especificidades citadas anteriormente. Entende-se, portanto, que ambas as categorias podem oferecer oportunidades de ganhos de competitividade, mas existe certa nitidez em prestação de serviços e recuperação de falhas quando se trata de pós-venda e em sustentabilidade quando se trata de pós-consumo.

FIGURA 3.2 Objetivos estratégicos na logística reversa

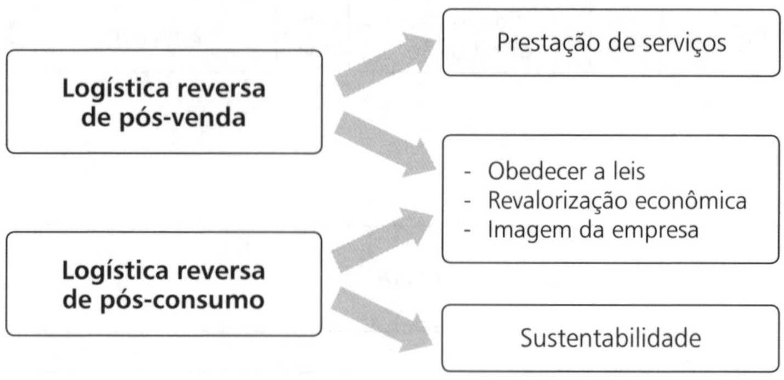

Fonte: elaborada pelo autor.

3.3.1 Logística reversa de pós-venda e a vantagem competitiva empresarial

Vimos, até agora, que a quantidade e a variedade de produtos que fluem para o mercado trazem maiores preocupações com seu retorno quando ainda não foram usados e que essas condições não permitem mais às empresas ignorarem os riscos e oportunidades inerentes. Áreas de armazenagem e algumas vezes a totalidade de armazéns destinados ao retorno de produtos evidentemente não podem ser ignoradas, sob o risco de perdas de valor por obsolescência, deterioração, entre outras consequências causadoras de custos, perdendo-se oportunidade de recuperação de valor dos produtos.

Embora se possa medir competitividade de várias formas – pelos índices de lucratividade, de liquidez contábil, por exemplo –, uma das medidas mais práticas é por meio da conservação ou da redução da perda de clientes ao longo do tempo. A constância de compras e a dedicação dos clientes à empresa (a fidelização à empresa ou à marca) são perseguidas pelas empresas de forma intensa e inteligente, pois a experiência mostra que conquistar clientes é mais caro do que conservá-los, além de que clientes antigos custam menos para a empresa, e que a imagem da empresa precisa ser garantida, pois recuperá-la é muito difícil.

A Figura 3.3 resume as diversas formas de geração de competitividade por meio da logística reversa de pós-venda.

A competitividade pela redução de custos, apresentada na Figura 3.3, é alcançada pelo aumento da eficiência dos processos por meio de seu adequado mapeamento, o que na maioria das empresas revela-se uma importante fonte de redução de custos pela adequada seleção de destino dos produtos retornados, envolvendo diretamente a recuperação de valor monetário.

O conhecido "retorno sem defeito", muito comum no mercado de duráveis eletrônicos, estes tratados com eficiência de tempo adequada, gerarão novas receitas. Um reparo apropriado no produto com nova embalagem poderá recolocá-lo no mesmo mercado de origem ao mesmo preço, assim como destiná-lo a um mercado secundário adequado do tipo *outlet*, ponta de estoque etc. Mesmo que o preço seja menor, ainda recupera valor financeiro. Essas economias de custos impactarão diretamente no resultado empresarial.

FIGURA 3.3 Geração de competitividade por meio da logística reversa de pós-venda

Fonte: elaborada pelo autor.

Menos tangível, mas não menos importante, é a geração de valor competitivo por meio de serviços prestados aos clientes, assim como com inovações que poderão superar as expectativas. Serviços de flexibilidade no retorno de produtos, rapidez na transferência de estoques com pouco giro, créditos em tempo adequado pelos produtos retornados, novas formas de tratamento das devoluções, entre outros aspectos trazem benefícios de competitividade pela diferenciação empresarial. Considerando a logística reversa de pós-venda como oportunidade de retenção e satisfação dos clientes, e não como custos, as empresas terão muito a ganhar em suas operações.

A recuperação de falhas é uma das formas mais notáveis de fidelização e retenção de clientes. Atenção especial a esses aspectos retornarão enormes benefícios de imagem, garantindo-a e reforçando-a. Esses processos normalmente solucionados pela logística reversa permitem à empresa garantir e reforçar sua imagem. As eventuais falhas podem provir de causas evitáveis ou aleatórias. Estas últimas podem ser enfrentadas com sistemas organizados de logística reversa, permitindo os benefícios de imagem salientados. Um produto na gôndola, eventualmente com defeito, uma entrega pelo comércio eletrônico com erro de pedido, um aparelho necessitando de assistência técnica, entre outros exemplos, permitem, se devida e eficientemente tratados, não somente recuperar a imagem, mas reforçá-la.

Logística reversa de pós-venda cria oportunidades competitivas

Neste tópico resumiremos as diversas estratégias de ganhos de competitividade através da logística reversa identificando-as em atividades dos diversos agentes das cadeias de suprimentos, fabricantes, comerciantes varejistas ou distribuidores e os prestadores de serviços logísticos.

Ganhos de competitividade de fabricantes por meio da logística reversa de pós-venda

QUADRO 3.1 Ganhos de competitividade do fabricante no retorno de produtos de pós-venda

ESTRATÉGIA DE COMPETITIVIDADE	ATIVIDADE DE LOGÍSTICA REVERSA	GANHOS DE COMPETITIVIDADE
Flexibilização estratégica da política de retorno dos produtos.	• Retirada e destinação de produtos com baixo giro. • Garantia de destino dos produtos retornados.	Competitividade pela: • fidelização de clientes; • imagem corporativa; • imagem de prática de responsabilidade empresarial.
Realocação de estoques em excesso.	Redistribuição otimizada dos estoques.	Competitividade de custos e de serviços ao cliente.
Recaptura otimizada do valor do produto retornado.	Busca e destinação para: • venda como novo; • venda no mercado secundário.	Competitividade de custos.
Busca de valor na prestação de serviços de pós-venda.	Rede logística reversa de alta responsabilidade.	Competitividade de serviços, custos e imagem empresarial.
Estratégia de busca de *feedback* de qualidade.	Rastreabilidade dos motivos de retorno, apoio ao projeto do produto e apoio ao projeto do processo.	Competitividade de custos e de imagem da marca.
Estratégia de antecipação à legislação.	Montagem da rede reversa com tempo e baixo risco de erros.	Competitividade de custos e de imagem corporativa.

Fonte: elaborado pelo autor.

A seguir, essas ideias em detalhes:

- A flexibilização estratégica da política de retorno de produtos em suas cadeias de suprimentos pode levar a um ganho de competitividade na fidelização de clientes, imagem corporativa e prática de responsabilidade empresarial. Relações de parceria ganho-ganho permitirão que os resultados advindos também se traduzam em ganhos de competitividade de custos.
- Estratégias de realocação de estoques em excesso, consignados ou não, quando direcionadas a diferentes regiões ou a outros segmentos de mercado, ou, ainda, a mercados secundários, certamente permitirão resultados de economia ou recuperação de valor dos produtos, bem como competitividade em prestação de serviços ao cliente. O compartilhamento dos resultados financeiros depende do nível de relação com o cliente.

- A recaptura otimizada do valor do produto retornado é uma estratégia de venda orientada que obedece aos critérios hierárquicos de valorização na comercialização dos produtos retornados, com a recuperação de valores residuais maiores e, portanto, ganhos em competitividade de custos. Dessa forma, os produtos retornados poderão ser destinados à:
  - venda como novo: geralmente reembalados, os produtos poderão voltar ao mercado de origem por não apresentarem defeitos ou problemas de qualquer natureza;
  - venda no mercado secundário precedido de conserto: quando o produto apresenta algum tipo de anormalidade que não permita retorno ao mercado de origem. Alguns exemplos desses mercados são *outlets* do setor de confecções, as pontas de estoque de calçados, mercados de preços baixos (todas as mercadorias são vendidas por valor único, por exemplo, R$ 1,99), mercados gerados em leilões industriais e outros gerados especialmente para escoar produtos retornados. Os leilões eletrônicos têm sido muito utilizados nos Estados Unidos, com bons resultados.
- A busca de valor na prestação de serviços de pós-venda é uma das estratégias utilizadas por empresas que implementam serviços de assistência técnica e de pós-venda de alta responsividade, ganhando competitividade de imagem, de marca. A rede reversa de conserto e reparos, algumas vezes com remanufatura de componentes, estabelecida com outros integrantes da cadeia de suprimentos, permite o reaproveitamento de componentes e a redução de custos importantes que redundam em ganho de competitividade de custos para essas empresas.
- A estratégia de busca de *feedback* de qualidade, proporcionado pelo retorno orientado e rastreado de produtos, permite, na redução do montante de devoluções ou retornos, uma parcela administrável de retornos. Em muitos casos, o acompanhamento das devoluções ou retornos de produtos de clientes possibilita ao fabricante rever e identificar falhas passíveis de correção e com nítidos ganhos econômicos. Esses procedimentos podem levar à revisão orientada dos processos industriais e do projeto do produto, permitindo adequá-lo às condições exigidas pelo mercado atual.
- A estratégia de antecipação à legislação representa uma atitude de busca de valor, pois, ao se preparar antecipadamente, a empresa pode colaborar com as autoridades na elaboração das legislações de uma forma que seja compatível com as condições do setor e estará, ao mesmo tempo, planejando suas atividades nessas novas condições, evitando perdas financeiras no processo de adequação, planejando os novos sistemas operacionais e ganhando tempo na curva de aprendizagem dos processos. Dessa forma, poderá se manter competitiva em todos os momentos, evitando riscos à sua imagem corporativa. Certamente, haverá ganhos em investimentos, em custos e na demonstração de responsabilidade empresarial, o que reforçará sua imagem corporativa e de marca. Quando a empresa cumpre a

legislação, individualmente ou por meio de um *pool*, evita multas e desgastes em sua imagem corporativa.

Ganhos de competitividade do varejista por meio da logística reversa no retorno de produtos no pós-venda

Por ser o último elo empresarial da cadeia de abastecimento, o varejo depende, em geral, de uma parceria com seu fornecedor no programa de logística reversa para garantir competitividade, principal responsável pela montagem adequada das condições da cadeia reversa. No entanto, ele pode implementar ações estratégicas próprias, visando a ganhos de competitividade.

Pela natureza das operações do varejo, o retorno de pós-consumo não apresenta o mesmo impacto quando comparado ao retorno de pós-venda, o que justifica examinarmos principalmente as oportunidades de competitividade propiciadas pelo retorno de pós-venda na perspectiva do varejista, conforme resumidas no Quadro 3.2.

QUADRO 3.2 Ganhos de competitividade do varejista no retorno de pós-venda

ESTRATÉGIA DE COMPETITIVIDADE	ATIVIDADE DE LOGÍSTICA REVERSA	GANHOS DE COMPETITIVIDADE
Flexibilidade no retorno de mercadorias dos clientes/ consumidores.	• Coleta dos produtos. • Consolidação e destino aos produtos retornados.	Competitividade de imagem corporativa.
Liberação de área da loja.	Retorno eficiente e responsivo dos produtos.	Competitividade de custos.
Manutenção de produtos frescos em suas lojas.	Garantia de eficiência e responsividade no retorno dos produtos.	Competitividade de custos e de imagem corporativa.
Recaptura de valor dos estoques remanescentes.	Retorno e seleção de alternativas de destino otimizadas.	Competitividade de custos.
Recuperação de ativos	Encaminhamento dos ativos para venda	Competitividade de custos pela recuperação de valor destes

Fonte: elaborado pelo autor.

A seguir, essas ideias em detalhes:

- A flexibilidade no retorno de mercadorias dos consumidores finais é uma estratégia ainda pouco utilizada no Brasil, mas tem sido adotada nos Estados Unidos como forma de gerar competitividade no varejo, validando arrependimentos no pós--compra e creditando o cliente nas mesmas condições em que as mercadorias foram compradas. A crítica a essa liberalização deve-se ao temor de possíveis abusos e ao aumento do fluxo de retorno de mercadorias, porém certamente produz um reforço de imagem positiva à empresa.

- A liberação de áreas de loja por meio da retirada de estoques em excesso representa ganho de lucratividade por metro quadrado da loja, o que é um indicador de competitividade no varejo atual. Embora se possa realizar as ações de forma independente, o sucesso dessas ações, como as demais no varejo, deve ser associado ao nível de colaboração varejo-fornecedor que garantir o retorno de mercadorias, evitando maiores perdas de valor.
- Uma eficiente operação de retorno de mercadorias reduz áreas de estocagem de produtos a serem devolvidos e assegura maior disponibilidade de áreas para os produtos de alto giro.
- A manutenção de produtos frescos e de alta rotação na loja pode ser garantida por contratos, formais ou não, com o fornecedor, possibilitando o ajuste dos estoques com baixo giro, sua retirada a tempo e em quantidade adequada, com redistribuição na mesma rede de varejo ou em outros mercados de interesse. A oportunidade competitiva, neste caso, pode ser entendida como reforço de imagem de competência empresarial, o que certamente será recompensado.
- A recaptura de valor de ativos pode ser operacionalizada com a implementação de um programa de logística reversa, utilizando-se de leilões presenciais ou por via eletrônica. O retorno financeiro sugere oportunidades empresariais de recuperação dos custos.

3.3.2 Logística reversa de pós-consumo e a competitividade empresarial

O cenário de competitividade da logística reversa de pós-consumo está relacionado, conforme mencionado anteriormente, com o impacto dos produtos no meio ambiente e a demonstração de sustentabilidade ambiental pelas empresas. Por outro lado, observou-se também que o "distanciamento" das empresas que levam esses produtos ao mercado é elevado pelo tempo normalmente maior de retorno dos produtos usados.

No entanto, algumas áreas de ganhos de competitividade caracterizam estes canais reversos de pós-consumo: o de competitividade de custos, talvez os mais visíveis e de maior interesse empresarial pela sua objetividade e impacto nos resultados, e o de ganhos por diferenciação pela oportunidade de demonstração de responsabilidade empresarial no campo ambiental, entre outros mais específicos possíveis.

Clientes atuais revelam um nível maior de conscientização relativo aos efeitos negativos de não se equacionar convenientemente os produtos usados. Empresas adotam normas internacionais de qualidade e ambientais, as séries ISO 9000 e ISO 14000, que conduzem a busca de processos que garantam, além da qualidade em si, as condições de descarte de efluentes e resíduos de forma a cumpri-las.

Quando a voluntariedade não existe e não existem condições econômicas naturais para o retorno de produtos usados e o seu equacionamento de logística reversa, editam-se leis que obrigam empresas a se responsabilizarem por essas tarefas. No Brasil há diversos casos de setores empresariais submetidos à Política Nacional de Resíduos Sólidos (PNRS) que ganharam alta visibilidade empresarial com a organização de suas logísticas reversas.

Em muitas ocasiões, percebe-se os riscos de imagem aos quais as empresas poderão incorrer caso não organizem sistemas de logística reversa adequadamente, com consequências naturais de contribuição negativa para as suas imagens. Alguns exemplos são: casos de reutilização indevida de embalagens com produtos de outras empresas, casos de colocação de produtos em embalagens de outros fabricantes não autorizados, utilização de componentes de equipamentos eletrônicos ou outros sem autorização na substituição de outros em mercados denominados "mercados cinza" e não menos importante entre estes poucos exemplos, os riscos da visualização de suas embalagens em locais inapropriados no meio ambiente.

Observa-se, portanto, muitas possibilidades existentes de ganhos de competitividade por meio da logística reversa de pós-consumo, detalhadas no Quadro 3.3, no qual apresenta as principais estratégias posicionando os diversos agentes da cadeia direta.

QUADRO 3.3 Ganhos de competitividade do fabricante no retorno de produtos de pós-consumo

ESTRATÉGIA DE COMPETITIVIDADE	ATIVIDADE DE LOGÍSTICA REVERSA	GANHOS DE COMPETITIVIDADE
Reaproveitamento de componentes.	• Montagem de rede logística reversa. • Coletas e suprimento de produtos de retorno à linha de desmanche. • Distribuição dos produtos ou componentes remanufaturados nos mercados secundários. • Apoio ao processo industrial.	• Competitividade de custos operacionais pelas economias na confecção de produto. • Competitividade de imagem corporativa.
Reaproveitamento de materiais constituintes.	• Montagem de rede logística reversa. • Coletas e suprimento de produtos de retorno à linha de desmanche. • Distribuição das matérias--primas secundárias nos mercados secundários.	• Competitividade de custos operacionais pelas economias na confecção do produto. • Competitividade de imagem corporativa.
Adequação fiscal.	Adequação da cadeia reversa às condições.	Competitividade de custos.
Demonstração de responsabilidade empresarial.	Montagem e operação de rede logística reversa.	Competitividade de imagem corporativa.

Fonte: elaborado pelo autor.

A seguir, essas ideias em detalhes:

- ***Estratégia de reaproveitamento de componentes:*** permite ganhos de competitividade com a redução de custos devido ao reaproveitamento de componentes provenientes do desmanche de produtos, quando é possível desmembrá-los e separá-los em componentes com condições de uso. Esse procedimento industrial é utilizado por muitas companhias do setor eletrônico e de peças automobilísticas, entre outras, em razão do alto valor agregado dos componentes. Podem ser necessários processos de remanufatura para o reaproveitamento em linhas de produção ou linhas de conserto e reparos, de assistência técnica ou de serviço de pós-venda, ou, ainda, para o endereçamento de componentes a mercados secundários. Nesses casos, a logística reversa desenvolve as atividades de montagem e operação da rede logística reversa, desde a coleta dos produtos de interesse até as industriais, de desmanche ou de remanufatura, os suprimentos desses produtos, apoio logístico às operações industriais e a distribuição dos componentes ao mercado secundário.
- ***Estratégia de reaproveitamento de materiais constituintes:*** resulta em ganhos de competitividade devido à redução de custos pelo uso de materiais constituintes dos produtos retornados na forma de matéria-prima secundária ou pela revenda no mercado secundário, evitando os custos de disposição final. Fabricantes que operam de forma integrada não podem se beneficiar de economias significativas nesses casos de reaproveitamento de materiais reciclados, pois terão preços de matérias-primas secundárias menores que os de matérias-primas novas; em geral, terão economia com o uso de energia industrial na fabricação dos produtos, além de economia em outros insumos industriais, perfazendo, em geral, importantes diferenças de custos que permitem significativas vantagens competitivas.
- ***Estratégias fiscais:*** podem ser implementadas, representando ganhos de competitividade por meio da redução de custos em cadeias reversas no Brasil. Essas economias fiscais podem provir da adequação da classificação fiscal de suas atividades reversas ou da adequação aos preceitos fiscais brasileiros à rede logística reversa implementada.
- ***Estratégias de demonstração de responsabilidade empresarial:*** a empresa, ao adequar seus produtos para reduzir os impactos no meio ambiente e melhorar suas condições de reaproveitamento, tem ganhos de competitividade por meio de reforço da imagem corporativa e da ética empresarial. Essas ações versam sobre a adequação do *mix* de produtos às novas exigências do mercado consumidor, tornando-os menos agressivos ao meio ambiente, proporcionando destinação adequada aos produtos retornados com validade expirada, cuidando para que o projeto e o processo de seus produtos e embalagens sejam adequados à logística reversa, facilitando sua reutilização, desmanche ou reciclagem. Essas ações devem ser divulgadas da forma correta por um trabalho de marketing institucional, revertendo-se em ganhos na imagem corporativa empresarial.

QUADRO 3.4 Ganhos de competitividade do varejista no retorno de produtos de pós-consumo

ESTRATÉGIA DE LOGÍSTICA REVERSA	ATIVIDADE LOGÍSTICA REVERSA	GANHOS DE COMPETITIVIDADE
Coleta de produtos usados em suas lojas	• Disponibilizar dispositivos de deposição de diversas embalagens em suas lojas. • Sistemas de trocas de produtos usados por novos.	• Ganhos financeiros. • Imagem de marca. • Reputação. • Cidadania.
Sistema de encaminhamento de embalagens descartáveis a destinos corretos	• Aceitar embalagens descartadas em suas lojas originárias de seus produtos vendidos. • Recolher embalagens de seus produtos entregues em domicílio.	• Possíveis ganhos financeiros. • Imagem junto aos funcionários e público em geral.
Demonstração de responsabilidade ambiental	• Incentivos a campanhas de reaproveitamentos de produtos usados. • Campanhas visando eliminar preconceitos sobre produtos com conteúdo ou reaproveitados de boa qualidade. • Selecionar fornecedores por critérios de sustentabilidade ambiental.	• Ganhos de imagem corporativa.

Fonte: elaborado pelo autor.

A seguir, essas ideias em detalhes.

- ***Estratégia de coleta de produtos usados em suas lojas:***
  - por meio de pontos de devolução voluntária de produtos usados colocados à disposição do público, já utilizados por muitas empresas do varejo de diversos setores, consiste em ter em suas lojas ou locais apropriados sistemas de coleta de produtos usados que facilitem ou até incentivem a devolução de produtos de porte menor, como artefatos de plástico em geral, vidraria, remédios, pilhas etc.;
  - por meio de incentivos orientados em parcerias com fabricantes, incentivando a troca de produtos usados por novos com vantagem financeira para o público. Embora possível para produtos de pequeno porte, deverá incentivar as vendas e resolver um dos problemas mais caros e difíceis da logística reversa, que é a coleta domiciliar, resultando em ganhos para os parceiros empresariais e público.
- ***Sistema de encaminhamento de embalagens descartáveis a destinos corretos:***
  - por meio do recolhimento imediato das embalagens em suas lojas, evitando que o descarte se dê no domicílio do cliente, garantindo, assim, um menor custo de coleta e redução do lixo reciclável em coletas seletivas. Evidentemente, será necessário um acordo com o cliente no momento da compra. Estabelecer

parcerias com indústria de reciclagem para a destinação correta das embalagens. Certamente, essas ações estratégicas de logística reversa contribuirão para a boa reputação da empresa, além de adquirir possíveis ganhos financeiros para diversas finalidades, como uso revertido aos seus funcionários;

- por meio de coleta simultânea das embalagens de grandes volumes entregues diretamente no domicílio, evitando, da mesma forma, o acúmulo do lixo reciclável na coleta seletiva e, ao mesmo tempo, ganhando a consolidação logística das embalagens, reduzindo os custos da logística reversa. Da mesma forma que no caso anterior, as vantagens competitivas advindas dessas estratégias resultarão em possíveis ganhos financeiros e principalmente reforço da imagem corporativa.

- ***Demonstração de responsabilidade ambiental:***
  - com incentivos e campanhas de reaproveitamento de produtos usados para o público em geral e em suas comunicações mercadológicas. Dar conhecimento de aspectos de importância da logística reversa e das formas de economia que permitam ampliar as quantidades de produtos reaproveitados é uma atitude que certamente resultará em "posicionamento mercadológico" com ganhos e reforço de imagem empresarial;
  - com campanhas esclarecedoras e incentivos internos na consideração de uso de produtos reciclados ou com certo conteúdo de reciclados, assim como produtos remanufaturados, desde que garantidos por qualidade. Essas atitudes contribuirão para a redução de preconceitos enraizados na sociedade e nas empresas a respeito desses produtos. Certamente, ganhos financeiros e de imagem corporativa serão compensadores, salientando a preocupação com garantias de qualidade possíveis atualmente;
  - com seleção de fornecedores que tenham responsabilidade ambiental e cuidados estratégicos equivalentes com a redução de custos e uso estratégico da logística reversa. Da mesma forma que selecionam os seus fornecedores com diversos critérios de logística tradicional, incluir nesses aspectos a responsabilidade empresarial.

3.3.3 Oportunidades de ganhos de competitividade do prestador de serviços especializado em logística reversa

Experiências nos países mais desenvolvidos e recentes experiências no Brasil revelam muitas possibilidades de trabalho aos operadores logísticos que se dedicam a essa área. Em geral, as atividades em logística reversa não apresentam economia de escala suficiente para serem realizadas por empresas isoladas, exigindo, dessa maneira, a intervenção de especialistas em diversas áreas de atuação. Aperfeiçoar-se em serviços especializados de logística reversa, além de propiciar inovações e acréscimo de valor aos clientes, pode se tornar um importante diferencial competitivo para os operadores logísticos.

A seguir, algumas dessas oportunidades de serviços especializados requeridos por programas de logística reversa nas áreas de pós-venda e de pós-consumo.

- Serviços especializados em logística reversa na fase de coleta de produtos de pós-venda e de pós-consumo. Essa atividade é reconhecida como uma das mais árduas tarefas por lidar com produtos geralmente heterogêneos, com baixa transportabilidade, algumas vezes sem embalagem, normalmente com localização de origem muito dispersa, entre outros aspectos, que exigem agregar volumes para atingir economia de escala geralmente possível com a especialização e o compartilhamento dos serviços.
- Serviços especializados de desmontagem de produtos de alto valor agregado.
- Serviços de transporte e consolidação de produtos retornados.
- Serviços de otimização na recaptura de valor dos produtos ou materiais retornados. Essa atividade envolve não só a logística propriamente dita, mas uma especialização nos mercados de destino dos produtos.
- Serviços especializados em sistemas de informações e rastreamento dos produtos retornados, pois empresas isoladas raramente desenvolverão sistemas próprios.
- Serviços especializados em áreas para armazenagem, consolidação, reembalagem, seleção de destino, consertos e reparos de produtos retornados são uma tendência no mercado de prestadores de serviços logísticos.

Cabe mencionar, ainda, as diversas atividades e oportunidades de negócios de prestadores de serviços que dão suporte às cadeias de suprimentos reversas, em diferentes setores empresariais, como os de reciclagem, remanufatura, serviços de seleção e segregação, serviços de reparos e consertos, serviços de destinação final e descaracterização, empresas de leilões presenciais ou eletrônicos e mercados secundários, entre outros.

Algumas proposições de Michael Porter, apresentadas no Logística reversa na prática 3.1, deixam clara a preocupação em oferecer serviços de acréscimo de valor aos clientes.

LOGÍSTICA REVERSA NA PRÁTICA 3.1

Estratégias de serviços de valor agregado

Entre os principais autores criadores de conceitos modernos sobre competitividade empresarial destaca-se o renomado Michael Porter, que, de forma extremamente providencial, enumerou algumas atitudes empresariais que podem propiciar competitividade e fidelização de clientes e que, embora não tenha sido a intenção do autor, revelam a relevância da logística reversa para a competitividade.

Em relação a clientes intermediários na cadeia de suprimentos, Porter[5] sugere algumas atitudes que proporcionariam relacionamentos duradouros e que seriam perceptíveis por eles.

▶

5 PORTER, M.E. *Estratégia competitiva*. São Paulo: Campus, 2005.

Você poderá observar as atitudes empresariais mais proximamente relacionadas com a logística reversa, as quais relacionamos a seguir.

- Reduza os desperdícios de matérias-primas de seu cliente: forneça produtos customizados.
- Reduza os custos de mão de obra do cliente: facilite suas operações.
- Reduza o tempo de espera de seu cliente: ofereça confiabilidade e pronta reposição.
- Reduza os custos de manutenção de estoques de seu cliente: propicie flexibilidade de diversas naturezas e entrega rápida.
- Reduza os custos de poluição do comprador: colete e destine os materiais.
- Reduza os custos de aquisição do cliente: realize pedidos *on-line*.
- Reduza os custos de reparos ao cliente: melhore a confiabilidade do produto.
- Reduza os custos de substituição ou reparo do cliente: ofereça serviços de garantia por longo período.
- Reduza os custos de pessoal técnico do cliente: forneça apoio e assistência técnica.

RESUMO DOS PRINCIPAIS TÓPICOS

Este capítulo tratou da importância da logística reversa para a competitividade empresarial quando se leva em conta principalmente os aspectos de fidelização e manutenção dos clientes. Lembra que embora marca, preço e tecnologia sejam importantes nas transações e na satisfação dos clientes, cada vez mais os produtos tornam-se difíceis de diferenciarem-se devido a seus componentes serem, via de regra, elaborados em nível mundial de produção e, em consequência, usados na construção da maioria dos produtos do mesmo segmento de mercado. Assim, há necessidade de diferenciação por meio de outros elementos de atuação empresarial, salientando-se que a logística reversa é atualmente um deles e, portanto, de fidelização de clientes à marca ou ao produto.

O capítulo examinou, em detalhes, as oportunidades de ganhos de competitividade com a logística reversa para os diversos agentes das cadeias de distribuição, fabricantes, varejistas e prestadores de serviços especializados. Destacou, ainda, os ganhos possíveis de ordem financeira, por meio de economia de custos em diferentes condições, assim como o de imagem corporativa e de marca pela diferenciação competitiva e preferência do cliente quando os serviços de logística reversa são oferecidos corretamente.

Os quadros apresentados resumiram as principais ideias, permitindo a avaliação da relevância e das oportunidades oferecidas pela logística reversa.

QUESTÕES PARA DISCUSSÃO

1. Discuta a ideia da importância atual em se manter clientes.
2. Qual a importância da distinção entre serviços oferecidos aos clientes e serviços clientes perceptíveis aos clientes?
3. Como a logística reversa pode criar diferencial competitivo para a empresa?
4. Exemplifique as possibilidades de ganhos possíveis do fabricante na logística reversa de pós-venda.
5. Existem ganhos para o fabricante pela atuação adequada da logística reversa de pós-consumo? Quais?
6. Enumere algumas vantagens competitivas para o varejista advindas da logística reversa de pós-venda.
7. Os prestadores de serviços de logística reversa auferem importantes ganhos de competitividade. Desenvolva essa ideia.

Parte II

LOGÍSTICA REVERSA DOS BENS DE PÓS-CONSUMO

Os capítulos desta parte destinam-se à análise dos produtos de pós-consumo, iniciando-se pela caracterização deles, sua origem e classificação sob o ponto de vista de sua vida útil, que justifica o tratamento diferenciado, em tópicos distintos, de seus respectivos canais de distribuição reversos – dos bens duráveis, dos bens descartáveis e dos resíduos industriais.

Segue-se uma análise da tendência à descartabilidade dos bens, por meio de exemplos ilustrativos, que propiciam a descrição dos problemas de disposição final dos resíduos sólidos de diversas origens. Ao desenvolvermos a ideia dos fluxos reversos e diretos, estabelecemos as condições de mensuração desses fluxos, suas dificuldades e conceitos.

Desenvolvemos, para cada classe de produtos de pós-consumo, uma análise das diversas etapas características do retorno deles ao ciclo produtivo ou de negócios. Basicamente, são analisados a forma de descarte, os diversos tipos de coleta de pós-consumo, os processamentos comerciais e industriais de consolidação ou separação em cada caso, considerando suas especificidades, os processos industriais de remanufatura e reciclagem e a reintegração ao ciclo produtivo. Os exemplos ilustrativos apresentados ao longo dos diversos tópicos permitem tornar a análise mais próxima do cotidiano.

O PRODUTO LOGÍSTICO DE PÓS-CONSUMO

4

NESTE CAPÍTULO VOCÊ IRÁ:

1. identificar as principais características do produto logístico de pós-consumo;
2. determinar as linhas divisórias que se estabelecem entre os produtos de pós-consumo;
3. entender as variáveis que contribuem para a descartabilidade crescente dos bens em geral;
4. entender de que maneira essa descartabilidade crescente afeta a implementação da logística reversa nas empresas;
5. entender as razões das dificuldades crescentes do descarte dos bens de pós-consumo;
6. compreender de que maneira a logística reversa pode auxiliar as políticas governamentais de revalorização de bens de pós-consumo.

4.1 Natureza e classificação dos bens de pós-consumo

A classificação dos bens de utilidade adotada neste livro refere-se à duração de sua vida útil, por ser mais adequada considerando que a preocupação principal da logística reversa é o equacionamento dos processos e caminhos percorridos por esses bens ou por seus materiais constituintes após o término de sua vida útil. Esses bens ou seus materiais constituintes transformam-se em produtos denominados "pós-consumo" e podem ser enviados a destinos finais tradicionais, como incineração ou aterros sanitários, considerados meios seguros de estocagem e eliminação, ou retornar ao ciclo produtivo, por meio dos canais de desmanche, reciclagem ou reúso, em uma extensão de sua vida útil. Essas alternativas de retorno ao ciclo produtivo, conforme já mencionamos, constituem-se na principal preocupação do estudo da logística reversa e dos canais de distribuição reversos de pós-consumo.

A vida útil de um bem é entendida como o tempo decorrido desde sua produção até o momento em que o primeiro consumidor/cliente se desfaz dele. Após o descarte, é possível ocorrer a extensão da vida útil do bem, que pode se destinar a um novo consumidor/cliente quando existe interesse ou possibilidade de prolongar sua utilização, ou ele pode seguir por outras vias, ou seja, destinar-se à coleta de lixo urbano, à coleta seletiva, a coletas informais, entre outras, passando à condição de *bem de pós-consumo*.

Complementamos essa definição, que difere das definições tradicionais dadas aos bens sob o ponto de vista econômico, ressaltando que a vida útil dos produtos fabricados pelo homem pode se estender de alguns dias a décadas. Dessa maneira, para efeito da abordagem da logística reversa e dos canais de distribuição reversos de pós-consumo dos materiais, consideraremos três grandes categorias de bens produzidos: os bens descartáveis, os bens semiduráveis e os bens duráveis.

Com evidentes dificuldades de classificação em alguns casos intermediários, adotaremos, neste livro, as seguintes características gerais desses bens:

- ***Bens descartáveis:*** apresentam duração média de vida útil de algumas semanas, raramente um período superior a seis meses. Essa categoria de bens produzidos constitui-se tipicamente de embalagens, brinquedos, materiais para escritório, suprimentos para computadores, artigos cirúrgicos, pilhas de equipamentos eletrônicos, fraldas, jornais, revistas, entre outros.
- ***Bens duráveis:*** apresentam duração média de vida útil variando de alguns anos a algumas décadas. São bens produzidos para a satisfação de necessidades da vida social e incluem os bens de capital em geral. Fazem parte dessa categoria automóveis, eletrodomésticos, eletroeletrônicos, máquinas e equipamentos industriais, edifícios de diversas naturezas, aviões, navios, entre outros.
- ***Bens semiduráveis:*** apresentam duração média de vida útil de alguns meses, raramente um período superior a dois anos. Trata-se de uma categoria intermediária que, sob o foco dos canais de distribuição reversos dos materiais, pode apresentar características de bens duráveis ou de bens descartáveis. São bens como baterias de veículos, óleos lubrificantes, baterias de celulares, computadores e seus periféricos, revistas especializadas, entre outros.

4.2 Tendências à descartabilidade dos bens

Principalmente após a Segunda Guerra Mundial, o acelerado desenvolvimento tecnológico experimentado pela humanidade permitiu a introdução constante, e com velocidade crescente, de novas tecnologias e de novos materiais que contribuíram para a melhoria do desempenho técnico e para a redução de preços e dos ciclos de vida útil de grande parcela dos bens de consumo duráveis e semiduráveis. Esses materiais, essas tecnologias e a obsolescência mercadológica planejada permitem a satisfação dos conceitos de diferenciação entre as empresas no mercado. O acelerado ímpeto de lançamento de inovações cria um alto nível de obsolescência desses produtos e reduz seus ciclos de vida, com clara tendência à descartabilidade.

As várias famílias de materiais plásticos tornaram-se rapidamente mais baratas que os metais tradicionalmente usados na confecção de inúmeros componentes, com desempenho equivalente ou até melhor em alguns casos, maior facilidade e flexibilidade de conformação industrial dos produtos e a custos menores. No campo da eletrônica destaca-se o grande desenvolvimento da tecnologia de miniaturização, do transistor e do *chip* e o consequente aumento de inovações e de diversidade de *softwares* em todos os campos de atividade, para citar somente algumas tendências.

A descartabilidade entrou em um momento histórico no fim do século XX e apresenta uma crescente tendência no século XXI!

Eletrodomésticos, automóveis, computadores, embalagens e equipamentos de telecomunicações têm seus custos reduzidos e uma obsolescência acelerada, processo que gera produtos com ciclos de vida cada vez mais curtos. Os valores residuais desses bens, após a obsolescência de qualquer natureza (moda, *status*, tecnologia, novos recursos etc.) ou o desgaste natural, quando comparados com os valores de novos produtos, não ensejam consertos. Os preços são proporcionais ao nível econômico da sociedade e não entusiasmam o comércio de segunda mão, deixando o consumidor propenso ao consumo de um bem novo, atualizado técnica e mercadologicamente.

Essas tendências têm sido acompanhadas por modificações criativas nos hábitos mercadológicos e logísticos de empresas modernas, exigindo alta velocidade no fluxo logístico em geral e tornando ainda mais importantes as decisões relativas à seleção dos canais de distribuição diretos e à consequente adequação do gerenciamento da distribuição física dos produtos. A tendência às embalagens descartáveis, por oferecer reduções importantes nos custos e um aumento de velocidade na distribuição dos produtos, é um exemplo claro dessas adaptações.[1]

4.2.1 Sinais de tendência à descartabilidade

Lançamentos de novos produtos

Em 1994 foram lançados 20.076 novos produtos nos Estados Unidos. Comparados aos 1.365 em 1970, isso representa um crescimento de 1.370% no período considerado, de acordo com a revista *New Products* (1996). O renomado professor Ansoff,[2] da Universidade de Harvard, menciona a crescente velocidade de mudança tecnológica e de comercialização de novos produtos, em particular na segunda metade do século XX. Seus exemplos e a constatação do aumento no número de lançamentos confirmam a tendência de redução nos ciclos de vida dos produtos.

Alguns outros exemplos mais recentes e relativamente singelos permitirão observar-se essa ânsia de lançamento de produtos por todos os tipos de empresas. Segundo estudo de 2007 da Escola Superior de Propaganda e Marketing (ESPM),[3] no Brasil, 269 mil novos produtos foram lançados em 2007 – ou seja, uma média de 22.500 produtos por mês – e, ainda, que o crescimento foi acentuado entre 2002 e 2007. O Grupo Pão de Açúcar lançou 800 novos produtos próprios; a Natura, em 2005, 213 produtos novos.

1 LEITE, 1998a.
2 ANSOFF, H. I. *Strategic management*. London: The Macmillan Press, 1978. p. 41.
3 ESCOLA SUPERIOR DE PROPAGANDA E MARKETING (ESPM). 2007. Disponível em: <http://www.espm.br>. Acesso em: 26 set. 2016.

O lançamento constante de produtos é uma das características da competitividade das empresas modernas, que utilizam uma série de procedimentos informatizados em projetos simultâneos que permitem ganhos extraordinários com essas novidades. Como já mencionado, essa verdadeira "corrida" de lançamentos é imposta pela redução sistemática dos ciclos de vida mercadológicos dos produtos, devido a fatores como moda, *status* de um novo modelo, novas tecnologias etc., sendo hoje possível encontrar exemplos de produtos cujo tempo de elaboração e realização de seu projeto é maior que seu ciclo de vida mercadológico.

Exemplos atuais podem ser observados na diversidade de produtos apresentados por empresas em suas páginas na internet. Empresas de sandálias femininas, por exemplo, que no passado dispunham de uma variedade praticamente singela de produtos, atualmente apresentam linhas diversificadas, atendendo a diversos segmentos de mercado (idade da consumidora, tipo de uso, regionalidade, gênero, entre outros aspectos), chegando a ter mais de 300 modelos em estoque. Seguem esse exemplo as empresas de informática, cosméticos, higiene e têxteis em geral, que modernizam suas linhas de produtos constantemente, conforme será detalhado a seguir.

Lixo urbano

Um dos indicadores do crescimento da descartabilidade é o aumento do lixo urbano em diversas partes do mundo. Segundo dados da Prefeitura Municipal de São Paulo, por exemplo, divulgados pelo Departamento de Limpeza Urbana (Limpurb), o volume de lixo urbano dessa cidade cresceu de 4.450 toneladas por dia, em 1985, para 18 mil toneladas por dia, em 2010, havendo redução na quantidade de lixo orgânico e aumento na quantidade de produtos descartáveis, um aumento muito superior ao crescimento da população local. Vale ressaltar que se trata de um fenômeno ocorrido em todas as grandes metrópoles mundiais, resultado da urbanização constante nas últimas décadas e das mudanças de hábitos de consumo a que temos nos referido neste livro. De acordo com Leite,[4] houve crescimento no volume de lixo descartado diariamente por habitante na cidade de São Paulo de 0,6 para 1 kg, entre os anos de 1985 e 1997. O Gráfico 4.1 apresenta a evolução das quantidades de lixo coletadas na cidade de São Paulo observando-se um crescimento quase exponencial, justificando de certa forma o acréscimo de descarte *per capita*. Trata-se, portanto, de mais um exemplo no qual se evidencia o fenômeno da descartabilidade no mundo moderno.

Esse crescimento do volume de lixo urbano produzido em todos os países deve-se, em grande parte, ao aumento da quantidade de embalagens e resíduos de bens duráveis. Tem-se constatado verdadeira crise ambiental nas principais metrópoles mundiais e em cidades menores de diversas regiões do planeta, de 1980 aos nossos dias, devido à incapacidade de se lidar com quantidades crescentes de resíduos sólidos de todas as espécies. Impõem-se, portanto, soluções de reaproveitamento desses excessos e, dessa forma, o equacionamento da logística reversa torna-se necessário.

4 LEITE, 1998a.

GRÁFICO 4.1 Coleta de lixo na cidade de São Paulo (mil ton./ano)

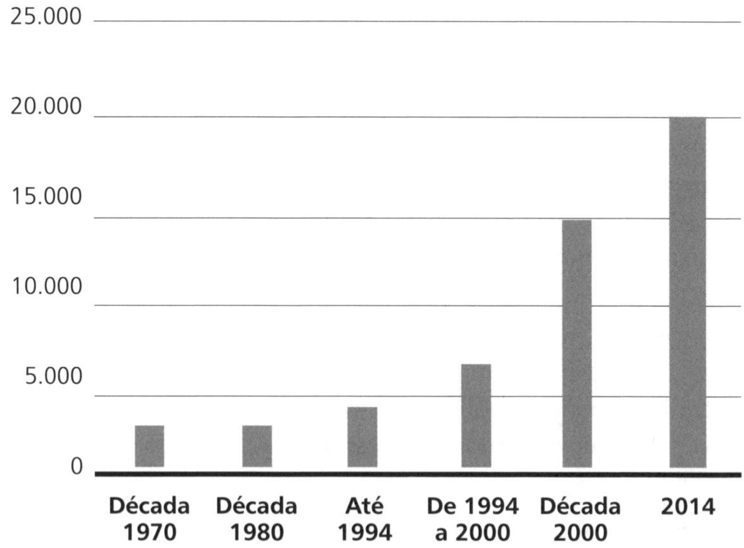

Fonte: LIMPURB, 2016.

Produção de eletroeletrônicos

Para se ter uma ideia do desenvolvimento desse setor, em 1996 a produção de computadores nos Estados Unidos apresentou taxa de crescimento de 15% e vendas de 26 milhões de unidades, tendo-se verificado uma quantidade de 79 milhões de computadores sucateados. Os dados apresentados por pesquisas do setor conduzem a uma relação de obsolescência de dois para três, ou seja, dois computadores são sucateados atualmente para cada três computadores produzidos, e fornecem estimativas de que essa relação seria de um computador sucateado para cada outro produzido até o ano de 2005, quando a quantidade mundial vendida, segundo estimativas, seria de 680 milhões de computadores.[5] Em 2008, a quantidade de computadores em uso no mundo superou a marca de 1 bilhão de unidades.

Entre 2000 e 2013, o número de aparelhos celulares no mundo passou de 740 milhões de unidades para 7 bilhões, um aparelho para cada habitante do globo. O crescimento de vendas ocorreu em todas as partes do mundo em razão da globalização e da velocidade de lançamento de produtos mais baratos e com constantes modificações tecnológicas.[6] No Brasil, a produção atual de celulares é de 80 milhões por ano.

No Brasil, pode-se constatar também um enorme crescimento nas vendas de computadores, como em outras partes do mundo. Mais recentemente, as taxas anuais médias de desenvolvimento do setor atingem cifras de 30% a 40%, destacando-se no Brasil, por

5 PORTER, J. D. Computers & electronics recycling: challenges and opportunities. *Resources Recycling*, abr. 1998.

6 EBC. Disponível em: <http://www.ebc.com.br>. Acesso em: 29 set. 2016.

exemplo, o crescimento de mais de 100% nas vendas de *notebooks* no período de 2009 a 2010. Os dados mais recentes revelam crescimento superior a 30% nas vendas de ano para ano nesse setor. Ressalte-se que, da mesma forma que nos demais setores de produtos eletroeletrônicos, as mudanças de hábitos e migrações de tipo de dispositivos alteram constantemente os percentuais citados. Por exemplo, atualmente a tendência de novos tipos de crescimento de consumo de celulares em detrimento de computadores certamente altera as quantidades do mercado em geral. No entanto, é importante evidenciar que as quantidades de produtos eletroeletrônicos apresentam acentuado crescimento, gerando quantidades significativas de lixo eletrônico cujo equacionamento se torna cada vez mais complexo no mundo inteiro.

Esses dados, embora referindo-se apenas a alguns produtos eletroeletrônicos, podem ser projetados para seus periféricos (impressoras, discos, *modems*, carregadores de celulares e de *notebooks* etc.), permitindo reflexões sobre os demais bens produzidos no planeta, confirmando a tendência à descartabilidade dos produtos e possibilitando também uma avaliação da quantidade de bens disponibilizadas, cujo destino precisa ser equacionado de alguma maneira.

Por outro lado, observa-se um crescimento maior da produção em relação à capacidade de equacionamento do retorno de produtos ainda não consumidos (pós-venda) e já consumidos (pós-consumo) por meio de programas de logística reversa, com os riscos correspondentes da perda de competitividade empresarial sob diversas formas e aumento do atualmente denominado lixo eletrônico.

Produção de materiais plásticos

Em 1960, a produção mundial de plástico era de 6 milhões de toneladas por ano e, em 1994, passou para 110 milhões de toneladas. Atualmente, está na casa de 150 milhões de toneladas. No Brasil, essa produção registrou aumento de cerca de 2,5 vezes entre os anos de 1993 e 2007, mantendo índices de crescimento expressivos ao longo dos últimos anos, chegando mais recentemente à quantidade de 6,5 milhões de toneladas de resinas termoplásticas produzidas no país. Ainda no Brasil, o consumo de garrafas PET (denominação da resina constituinte – polietileno tereftalato), usadas como embalagem de refrigerantes e outras bebidas, iniciou-se em 1989, tendo-se observado expressivo aumento de seu uso como embalagem de refrigerantes carbonatados devido principalmente às suas características de transparência e às suas vantagens logísticas na distribuição direta, substituindo a embalagem de vidro retornável, atingindo, hoje, a produção aproximada de 500 mil toneladas.

É notável e facilmente visível a poluição provocada pelo excesso de materiais plásticos, em particular as embalagens PET, que sobrenadam em córregos e rios ou são impropriamente descartadas em diversos locais nas grandes metrópoles, criando uma imagem corporativa negativa à cadeia produtiva direta desses produtos. No Brasil, observou-se um crescimento importante na produção desses materiais nas últimas décadas, oferecendo desafios importantes para a sociedade moderna.

Nesses casos, novamente se observa o imperativo do equacionamento do retorno desses produtos para um destino adequado por meio de programas de logística reversa. Como já tratado, a ausência dessa iniciativa no caso de materiais plásticos em determinada região, como observado no Brasil até esta data, ocasiona os problemas ambientais examinados anteriormente.

Produção de veículos automotivos

Dados recentes apontam uma frota de automóveis, nos Estados Unidos, de 190 milhões de veículos em circulação, sendo 12 milhões reciclados por ano; o Japão apresentava uma frota de 65 milhões e reciclagem de 5 milhões de veículos por ano; a França, a Alemanha e a Itália, juntas, apresentavam uma frota de cerca de 100 milhões de veículos e reciclagem de cerca de 6 milhões por ano.[7] A reciclagem de ferro/aço proveniente de automóveis corresponde a cerca de 37% da quantidade total desse material reciclado nos Estados Unidos.

O crescimento das frotas mundiais mantém ritmo forte, tornando certas regiões totalmente "invadidas" por veículos, que, além de proporcionar poluição atmosférica, precisam ter o retorno de seus bens usados devidamente equacionados pela logística reversa para a destinação adequada.

Comentário idêntico pode ser feito a respeito do equacionamento do retorno de produtos e componentes de pós-venda e de pós-consumo automotivos, tanto no Brasil como em diversas outras partes do mundo, utilizando-se da logística reversa no sentido de se proteger marcas e estratégias competitivas.

Como se pode constatar pelos significativos exemplos citados, a descartabilidade é crescente atualmente, e tanto a logística reversa de pós-consumo como a de pós-venda serão decisivas no equacionamento dessas enormes quantidades de bens descartados.

A Figura 4.1 resume as principais ideias examinadas sobre a tendência à descartabilidade.

FIGURA 4.1 Fatores que levam à descartabilidade

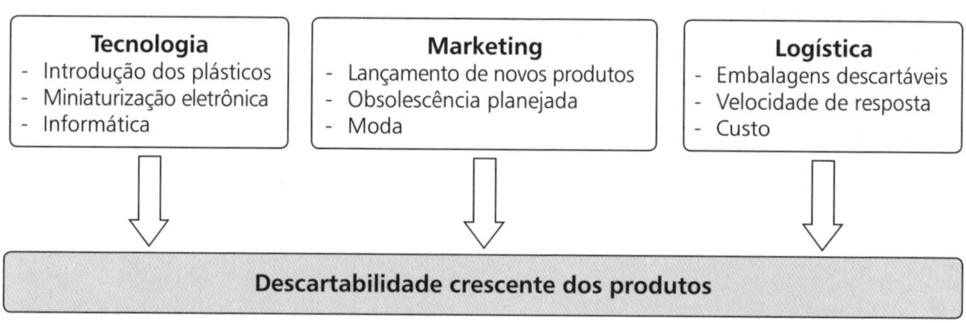

Fonte: elaborada pelo autor.

7 Adaptado de: WILT, C.; KINCAID, L. There auto be a law: end-of-life vehicle recycling policies in 21 countries. *Resources Recycling*, mar. 1997.

4.3 Impacto da descartabilidade na logística reversa

No tópico anterior foram examinados inúmeros exemplos de aumento de produção e redução do ciclo de vida de produtos de diferentes naturezas que atualmente vão para o mercado globalizado. Evidentemente, poderíamos citar um infindável número de outros produtos com as mesmas características que, dessa forma, influenciam diretamente na visibilidade crescente da logística reversa nos últimos anos, justificando a preocupação empresarial de incluí-la em sua estratégia atual.

Como consequência da crescente quantidade de produtos e da rápida redução do ciclo de vida deles, observa-se um aumento do número de itens a ser manipulado nos canais de distribuição diretos, exigindo giros de estoque crescentes para manter o "frescor" dos produtos em geral e, portanto, maiores quantidades de produtos a retornar, aumentando a obsolescência com novos itens ocupando rapidamente o lugar dos antigos. Os valores econômicos e a complexidade logística dos canais reversos aumentam rapidamente nos dias atuais, exigindo operações igualmente eficientes, como as utilizadas nos canais diretos. Os antigos sistemas de retorno, confundidos com o fluxo direto, não são adequados a grandes volumes de produtos.

Ao mesmo tempo, os riscos à imagem corporativa e à reputação empresarial crescem proporcionalmente, por razões de má utilização dos produtos e embalagens após o uso, de não garantia de destino correto dos produtos com validade, de não garantia de reaproveitamento adequado e certificado, entre outras possibilidades.

Do mesmo modo, com ciclos de vida cada vez menores, os produtos duráveis serão descartados em ciclos menores, transformando-se em produtos semiduráveis, enquanto os produtos anteriormente denominados semiduráveis passarão a ser descartáveis. Os volumes dos produtos de pós-consumo aumentam muito e exaurem os meios tradicionais de disposição final, conforme visto no tópico anterior, exigindo equacionamento do retorno de maiores quantidades de produtos e materiais de pós-consumo.

O esquema da Figura 4.2 ressalta esse impacto, mostrando a sequência dos eventos que polarizam a atenção crescente na logística reversa.

FIGURA 4.2 Logística reversa e a redução do ciclo de vida dos produtos

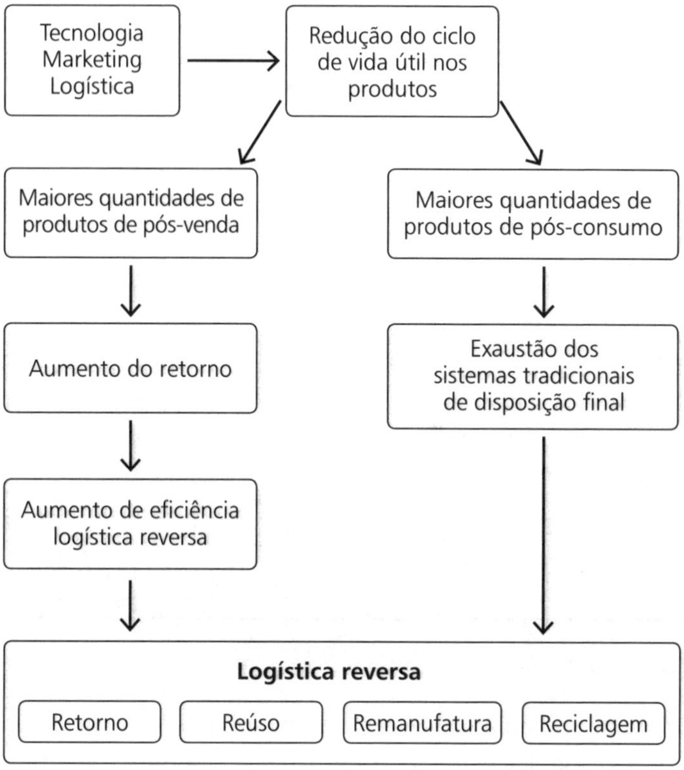

Fonte: LEITE, 2002.

4.4 Disposição final dos bens

Como visto anteriormente, os diversos tipos de bens produzidos serão disponibilizados em algum momento como pós-consumo. Denominamos "disposição final segura" o desembaraço dos bens usando-se um meio controlado que não danifique, de alguma maneira, o meio ambiente, e que não atinja, direta ou indiretamente, a sociedade. Em oposição a esse tipo de disposição segura, denominamos "disposição não segura" o desembaraço dos bens de maneira não controlada, como em locais impróprios (terrenos baldios, riachos, rios, mares, lixões etc.), em quantidades indevidas.

Fuller e Allen[8] denominam "ciclo de produção-consumo", em seu modelo apresentado na Figura 4.3, as fontes de resíduos de pós-consumo: extração de materiais virgens, produção de materiais e produtos, atacadistas e varejistas e o consumidor final, os quais são

8 FULLER, D. A.; ALLEN, J. Reverse channel system. In: POLONSKY, J. et al. (Eds.). *Environmental marketing*: strategies practice, theory and research. New York: Haworth Press, 1995. p. 244.

direcionados a dois sistemas de disposição final – o sistema de disposição final seguro, que consiste na disposição final em aterros sanitários ou na reintegração ao ciclo produtivo, e o sistema não seguro, que provoca poluição ambiental.

FIGURA 4.3 Ciclo de produção-consumo: fonte de resíduos/fluxos e alternativas de disposição

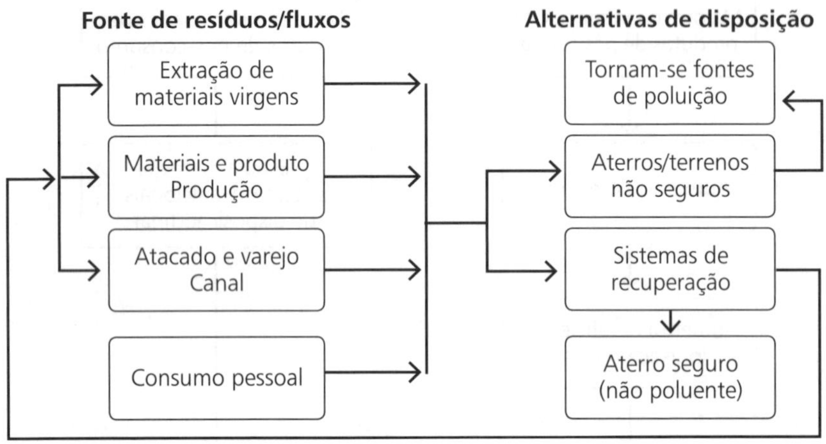

Fonte: adaptado de FULLER; ALLEN apud POLONSKY et al., 1995, p. 244.

Observe que a disponibilização de bens e materiais residuais, não importando o modo como é feita, caso não seja devidamente controlada, gerará impactos ambientais pela liberação de constituintes nocivos à vida e pelo acúmulo desses resíduos, originando poluição indiretamente. Algumas pilhas usadas em aparelhos eletrônicos contêm chumbo, cádmio, mercúrio e outros metais pesados que, quando liberados em certas condições de concentração, oferecem riscos à saúde humana, caracterizando-se em um exemplo do primeiro caso de poluição citado. Por outro lado, bens de pós-consumo, constituídos de materiais muitas vezes inofensivos à saúde humana, poderão provocar, pelo acúmulo das quantidades produzidas e descartadas pela sociedade, a saturação dos meios tradicionais de disposição final dos resíduos, gerando poluição de maneira indireta, porém tão nociva quanto à primeira.

Podemos resumir as diversas possibilidades de recuperação dos bens produzidos e descartados por meio do fluxo da Figura 4.4, no qual se destacam os três subsistemas principais: reúso, reciclagem de materiais e incineração, que alimentarão as vias de disposição final em aterros sanitários seguros ou a reintegração dos materiais ao ciclo produtivo. O sistema de remanufatura e o de reciclagem agregam valor econômico, ecológico e logístico aos bens de pós-consumo, criando condições para que componentes e material sejam reintegrados ao ciclo produtivo e substituindo as matérias-primas novas, gerando uma economia reversa; o sistema de reúso agrega valor de reutilização ao bem de pós-consumo; e o sistema de incineração agrega valor econômico com a transformação dos resíduos em energia elétrica.

FIGURA 4.4 Subsistemas de recuperação de bens

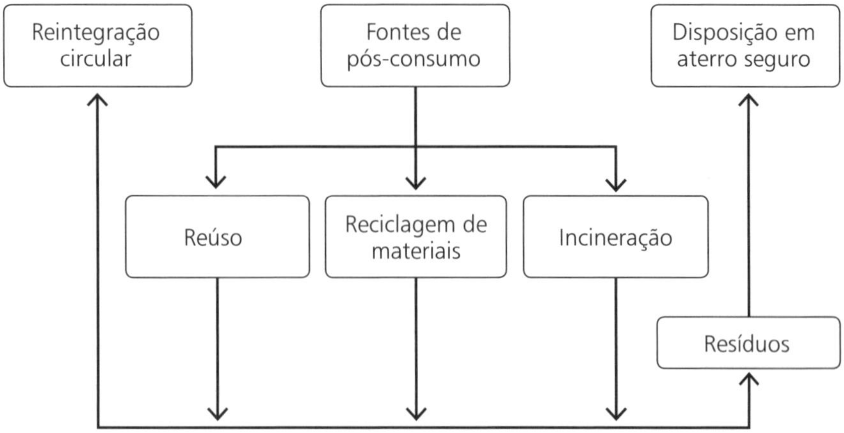

Fonte: adaptado de FULLER; ALLEN apud POLONSKY et al., 1995, p. 244.

RESUMO DOS PRINCIPAIS TÓPICOS

O produto logístico na logística reversa de pós-consumo é classificado em função de sua vida útil, podendo ser: durável, com vida média variando de alguns anos a algumas décadas e apresentando a possibilidade de reutilização; semidurável, com vida útil variando de poucas semanas a poucos anos, ainda com possibilidade de reutilização; e descartável, com vida útil de horas ou semanas e sem possibilidade de reutilização.

A tecnologia, o marketing e a própria logística contribuem fortemente para a redução do ciclo de vida dos produtos observado nas últimas décadas. Diversos sinais disso foram apresentados neste capítulo, evidenciando a enorme tendência dos produtos à descartabilidade. Dentre os principais sinais, observou-se enorme crescimento no lançamento de produtos no mercado, um enorme aumento da produção e utilização de plástico como material constituinte de embalagens de produtos, a proliferação de computadores e seus periféricos e de automóveis e seus acessórios. Como uma das principais consequências desse processo, citamos os sinais de exaustão das destinações finais tradicionais para os produtos de pós-consumo.

Essa tendência à descartabilidade e o crescimento das quantidades dos fluxos logísticos diretos e reversos exigem maior eficiência no equacionamento do retorno de produtos de pós-venda e de pós-consumo e, assim, a implementação de sistemas mais eficientes na logística reversa.

Por fim, o capítulo aborda a dificuldade crescente de desembaraço dos bens de pós-consumo como função da exaustão dos meios tradicionais de disposição final. Novas soluções precisam ser implementadas para seu equacionamento.

QUESTÕES PARA DISCUSSÃO

1. Discuta as características do produto logístico de pós-consumo e sua classificação.
2. Cite alguns produtos em que se note claramente a redução do ciclo de vida útil.
3. De que maneira a tecnologia pode contribuir para a redução do ciclo de vida de produtos?
4. Como o marketing contribui para a redução do ciclo de vida de produtos?
5. Cite uma situação em que a logística contribui para a redução do ciclo de vida de produtos.
6. Examine o caso dos eletrodomésticos citado no capítulo e discuta como você tem percebido a redução do ciclo de vida dos produtos.
7. Discuta a descartabilidade das embalagens em geral. Como evidenciar a tendência nesse caso?
8. Dê exemplos de produtos que apresentem evidências de redução do seu ciclo de vida e assinale-as.
9. Quais são as consequências, para a logística reversa, da tendência à descartabilidade?
10. Discuta as consequências da descartabilidade para a sociedade em geral.

TIPOLOGIA DOS CANAIS DE DISTRIBUIÇÃO REVERSOS DE BENS DE PÓS-CONSUMO

5

NESTE CAPÍTULO VOCÊ IRÁ:

1. entender a importância dos fluxos logísticos reversos dos produtos e materiais de pós-consumo;
2. perceber as diferenças entre os fluxos reversos de bens com diferentes ciclos de vida;
3. compreender as relações de equilíbrio existentes entre os fluxos logísticos diretos e reversos;
4. entender a importância da correta mensuração dos índices de reciclagem dos produtos de pós-consumo;
5. avaliar a diferença de eficiência entre os fluxos abertos e fechados;
6. compreender as operações durante o retorno dos bens de pós-consumo;
7. avaliar as dificuldades da fase de coleta dos bens de pós-consumo.

5.1 Natureza dos canais reversos de bens de pós-consumo

Os canais de distribuição reversos de bens de pós-consumo constituem-se nas diversas etapas de comercialização e industrialização pelas quais fluem os resíduos industriais e os diferentes tipos de bens de utilidade ou seus materiais constituintes, até sua reintegração ao processo produtivo por meio dos subsistemas de reúso, remanufatura ou reciclagem.

Essas etapas apresentam características peculiares nos diversos países ou comunidades examinadas, motivadas pela disponibilidade de diferentes fontes de resíduos de pós-consumo e de diferentes legislações e regulamentos, bem como pela variação em termos de sensibilidade ecológica e hábitos de consumo da sociedade. No entanto, pode-se dizer que a estrutura básica e as etapas dos canais reversos para os principais materiais e produtos são, em geral, similares em todo o planeta.

Vamos comparar os Estados Unidos com o Brasil, por exemplo, para ilustrar essas diferenças. O número de programas de coleta seletiva domiciliar e comercial naquele país cresceu de mil, em 1988, para 5.404, em 1992,[1] sendo esses programas presentes em diversas cidades, tendo-se muitas vezes diversos deles em uma mesma cidade americana. No Brasil, o número de cidades que implantam coleta seletiva também tem crescido, conforme observado no Gráfico 5.1; no entanto, as iniciativas ainda são embrionárias no país, conforme será explicado em capítulo apropriado neste livro.

GRÁFICO 5.1 Municípios com coleta seletiva no Brasil

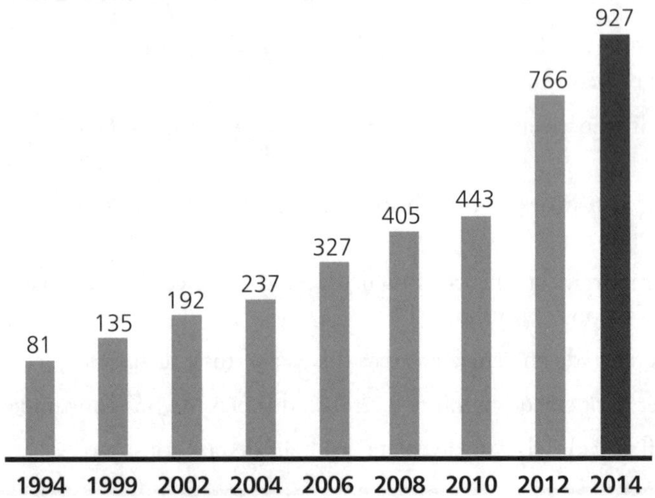

Fonte: CEMPRE, 2016.

Esse enorme crescimento de coletas seletivas aumentou significativamente as quantidades captadas de pós-consumo de descartáveis em todo o país, provocando profundas alterações nas relações de preços desses materiais e nos hábitos de comercialização, redundando em modificações na estrutura e na organização dos canais de distribuição reversos. No Brasil existem alguns programas de coleta seletiva domiciliar experimentais em algumas cidades, porém eles processam baixas quantidades, que não interferem, até o momento, na quantidade total de lixo urbano descartado.

Para que você possa visualizar as diversas possibilidades de comercialização e tratamento dos bens e materiais de pós-consumo nos canais de distribuição reversos apresentamos o fluxograma da Figura 5.1. Esse fluxograma certamente não representa todas as possibilidades dos diversos produtos e materiais, mas é uma boa aproximação do estágio atual das mais importantes redes reversas dos principais materiais e produtos conhecidos.

1 COUNCIL OF LOGISTICS MANAGEMENT (CLM). *Reuse and recycling reverse logistics opportunities*. Illinois: CLM, 1993. p. 31.; FULLER, D. A.; ALLEN, J. Reverse channel system. In: POLONSKY, J. et al. (Eds.). *Environmental marketing: strategies practice, theory and research*. New York: Haworth Press, 1995. p. 252.

FIGURA 5.1 Canais de distribuição de pós-consumo direto e reverso

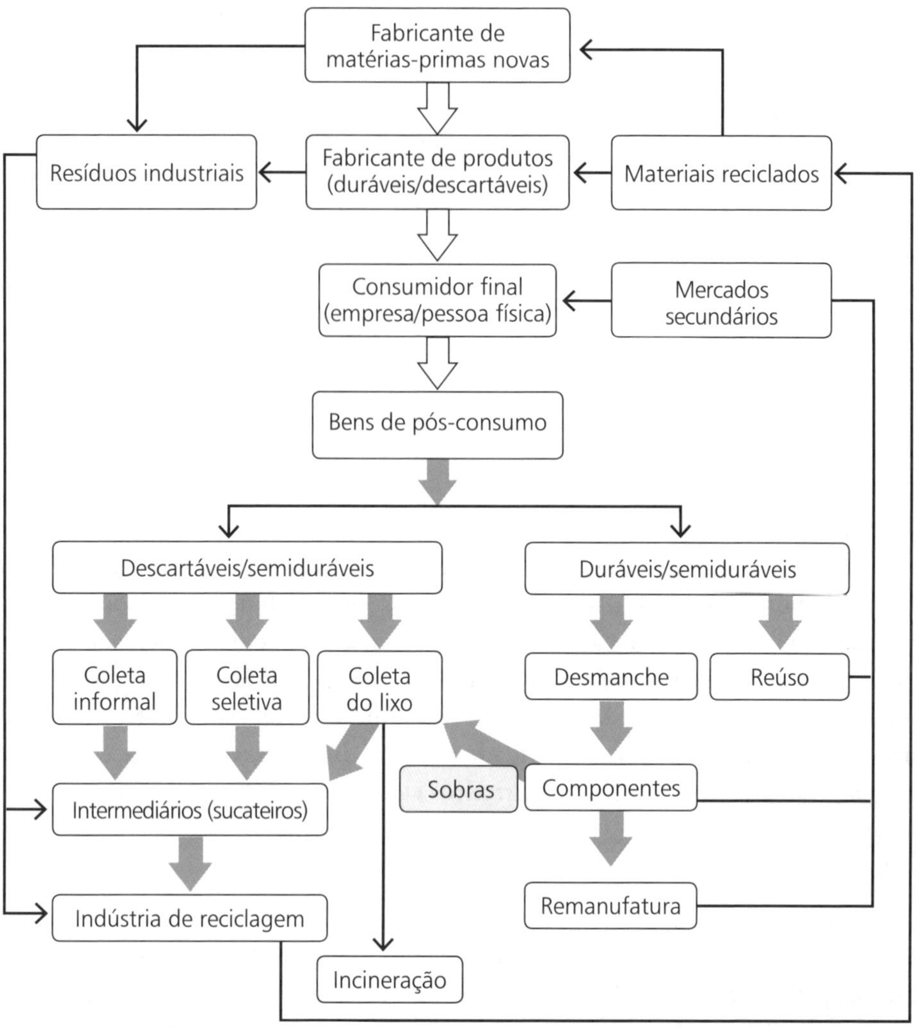

Fonte: LEITE, 1998, p. 24.

Seguramente, o dinamismo das cadeias reversas crescerá nos próximos anos em função das novas condições de sensibilidade ecológica e das regulamentações legislativas decorrentes delas – no caso do Brasil, a Política Nacional de Resíduos Sólidos (PNRS) –, que modificarão as configurações atuais a serem examinadas com mais detalhes no **Capítulo 10**.

Você deve ter percebido que o fluxograma não privilegia as diversas alternativas dos canais de distribuição diretos por entendermos que elas já são amplamente discutidas em bons livros da área de marketing e logística. Com relação à nomenclatura apresentada nas diferentes fases do fluxo reverso dos materiais, algumas adaptações devem ser feitas, por exemplo, no caso da construção civil, para o qual a fabricação de produtos duráveis seria entendida como a construção dos imóveis e o desmanche, como sua demolição.

Os bens de consumo duráveis, semiduráveis, descartáveis e os resíduos industriais, após encerrado seu uso original, são descartados ou disponibilizados pelos proprietários-consumidores, iniciando-se os diversos canais de distribuição reversos. Após serem disponibilizados de alguma maneira, uma parcela desses diversos tipos de bens de pós-consumo pode fluir de acordo com o esquema apresentado e ser coletado por um dos tipos de coleta descritos na Figura 5.1, sendo reintegrados ao ciclo produtivo de diferentes maneiras: como bens de segunda mão ou convertidos em suas partes, subconjuntos e materiais constituintes, dando origem a uma série de atividades comerciais, industriais e de serviços reversos.

Vale ressaltar que o termo *reciclagem*, neste livro, é atribuído ao canal reverso como um todo, indicando os caminhos de reaproveitamento de materiais constituintes, enquanto o termo *reciclagem industrial* é utilizado para o processo industrial de reciclagem propriamente dito. Essas definições diferem de muitos textos que consideram reciclagem como o conjunto de processos de reaproveitamento de algum material ou componente.

Conforme apresentado na Figura 5.1, os diversos modos de desembaraço dos bens e materiais, formais ou informais, tornam-se as principais fontes de suprimento de produtos e materiais de pós-consumo e dão início aos canais de distribuição reversos. Destacam-se cinco fontes formais: a coleta de lixo urbano, a coleta seletiva, o desmanche ou manufatura reversa de bens duráveis, o comércio de segunda mão e os resíduos industriais. Quanto aos informais, ou seja, que não obedecem a uma regra oficial organizada, destaca-se a coleta de calçada (as pessoas que atuam nessa atividade recebem diferentes denominações, dependendo da região: carrinheiros, catadores, garrafeiros etc.).

5.2 Fluxos logísticos direto e reverso dos bens

As quantidades de produtos de pós-consumo ou de seus materiais constituintes que fluem nos canais reversos variam bastante de acordo com os diferentes tipos de produtos fabricados. As que fluem na cadeia de distribuição direta são denominadas "fluxos diretos", enquanto as que fluem no sentido reverso são denominadas "fluxos reversos".

A Figura 5.2 apresenta a ideia principal do equilíbrio entre os fluxos direto e reverso, destacando o desequilíbrio entre a intensidade do fluxo direto e a do fluxo reverso como causa de poluição. O esquema mostra a atuação da logística reversa como a área de estudo da operacionalização do retorno dos bens ao ciclo produtivo.

A comparação entre os fluxos direto e reverso e a medida de suas intensidades, dada a grande variedade de produtos e materiais constituintes e a duração de sua vida útil, devem considerar o período analisado. O fluxo reverso de um bem durável, por exemplo, será processado alguns anos após o fluxo direto do mesmo material, caso não seja possível comparar essas quantidades. No caso de bens descartáveis, no entanto, como o ciclo de retorno ao processo produtivo é curto, pode-se adotar o mesmo curto período de tempo para comparar o fluxo reverso com o fluxo direto. O exemplo de formação de sucata de bens de pós-consumo apresentado a seguir permite avaliar essas considerações de tempo para os bens duráveis.

FIGURA 5.2 Relação entre fluxo direto e fluxo reverso

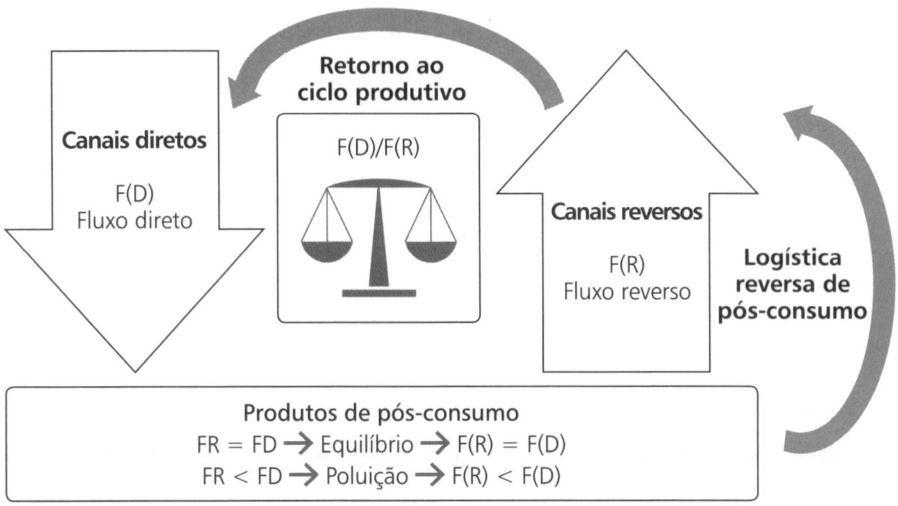

Fonte: LEITE, P. R. Canais de distribuição reversos: fatores de influência. In: Congresso SIMPOI. *Anais...* São Paulo: FGV, 2000.

5.2.1 Formação de sucata de bens pós-consumo

Uma das maneiras mais tradicionais de obter bens de pós-consumo é a obsolescência do bem durável. No entanto, conforme os exemplos do Logística reversa na prática 5.1, pode-se perceber que essa disponibilidade como fonte de material a ser revalorizado pode variar de um país para outro, o que, em alguns casos, justifica o comércio internacional de sucatas ou de materiais secundários.

LOGÍSTICA REVERSA NA PRÁTICA 5.1

Cálculo de formação de sucata

Caso 1: formação de sucata em um país desenvolvido

Em um país desenvolvido, teremos uma taxa média de crescimento econômico baixa, por exemplo, de 2% ao ano. Imaginando-se que determinado bem tenha uma vida média de 27,5 anos, pode-se estimar o crescimento de produção proporcional ao da economia do país, durante esse período, em 72,4%. Adota-se uma taxa de recuperação do material de 90%, ou seja, de cada 100 kg disponíveis como sucata, reciclam-se 90 kg. No entanto, em 27,5 anos a quantidade de sucata disponível passou para 172,4 kg e, portanto, a geração proporcional de sucata será de 90 kg em 172,4 kg, ou seja, de 52%. Isso significa que não haverá mais do que 52% da produção naquele ano disponível para ser reciclada. Esse fator é chamado de taxa de formação de sucata de obsolescência do material na região.

Caso 2: formação de sucata em um país em desenvolvimento

Em um país em desenvolvimento, pode-se considerar uma taxa de crescimento econômico maior, por exemplo, de 6% ao ano. Mantendo-se o mesmo tempo de vida útil médio do bem em 27,5 anos, atingiremos um crescimento de 395,5% no período, que redundará em uma taxa de obsolescência de 90/495,5 = 18%, adotando-se a mesma taxa de recuperação efetiva do material; portanto, a taxa de formação bruta de sucata é de 18%.

Essa diferença de níveis máximos de reciclagem de 52% em um país desenvolvido ante 18% em um país em desenvolvimento justifica os movimentos de trocas internacionais de materiais secundários entre países.

Fonte: ASSOCIAÇÃO BRASILEIRA DO ALUMÍNIO (ABAL). *Anuário estatístico*. São Paulo: ABAL, 1998.

5.3 Comparação quantitativa entre fluxos reversos e diretos

Em geral, essa comparação é realizada estabelecendo-se uma relação entre o fluxo reverso dos produtos de pós-consumo e o fluxo direto correspondente a ele. No entanto, nem sempre é possível estabelecer uma relação direta, conforme examinado no tópico anterior, recorrendo-se a quantidades disponíveis de bens de pós-consumo ou a outros artifícios.

Assim, elaboramos uma série de definições para essa comparação em diferentes situações de duração de vida dos produtos e de outras condições, apresentadas a seguir.

5.3.1 Índice de reciclagem de um bem durável

Este índice é definido como a relação percentual entre a quantidade reciclada (fluxo reverso) de determinado bem durável de pós-consumo, em um período de tempo e em determinada região, e a quantidade total desse bem produzida, nos mesmos período e região. Observe, portanto, que nesse tipo de cálculo não são contabilizadas outras fontes de materiais constituintes do bem examinado; logo, o índice refere-se ao "ciclo reverso fechado" do bem durável, como veremos no próximo tópico.

Percebe-se que esse índice não retrata a efetiva relação entre os fluxos reverso e direto em certo período. Essa aproximação é realizada em razão da dificuldade de contabilização da quantidade que foi colocada no mercado e da quantidade efetivamente reciclada, fazendo-se a correção do tempo de duração do bem durável citado. Desse modo, por exemplo, automóveis reciclados em determinado ano podem ter sido fabricados em diferentes anos anteriores. A efetiva medida dos fluxos reversos e diretos seria realizada, nesse caso, obtendo-se a relação entre os veículos de determinado ano de fabricação e a produção correspondente daquele ano.

Fala-se, portanto, em porcentagem de veículos reciclados, de televisores reciclados etc. Embora esses índices ainda não sejam de uso corrente e nem estejam de acordo com a definição anterior, os melhores dados atuais revelam que, nos Estados Unidos, por exemplo, no caso dos automóveis, esse índice é maior que 90% e, no caso de eletrodomésticos da linha branca, essa taxa é de 80%.

A título de ilustração, são apresentados os índices dos Gráficos 5.2 e 5.3, nos quais foram calculados por meio da relação entre o número de automóveis ou eletrodomésticos descartados no ano e a produção do mesmo bem naquele ano, motivo pelo qual, em alguns casos, seu número ultrapassa 100%.

GRÁFICO 5.2 Reciclagem de automóveis (*recycling scrapped automobiles*)

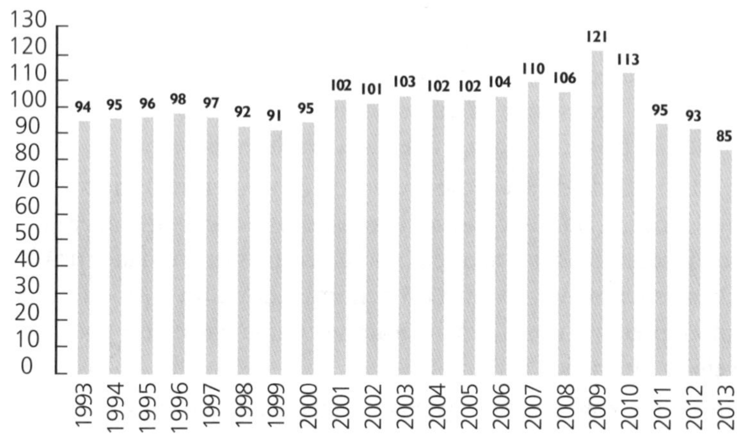

Fonte: STEEL RECYCLIN INSTITUTE (SRI). ***Steel***: driving auto recycling sucess. Disponível em: <www.recycle-steel.org/steel-markets/automotive.aspx>. Acesso em: nov. 2016.

GRÁFICO 5.3 Aço reciclado de eletrodomésticos (*recycling steel appliances*)

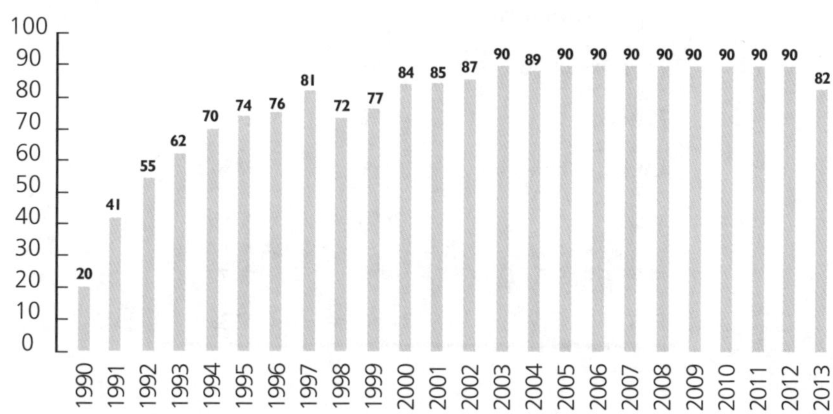

Fonte: STEEL RECYCLIN INSTITUTE (SRI). Steel: washing machines, water heaters, air conditioners, refrigerators, dryers. Disponível em: <www.recycle-steel.org/steel-markets/appliances.aspx>. Acesso em: nov. 2016.

5.3.2 Índice de reciclagem dos componentes de um bem durável

Neste caso, o índice se refere às porcentagens de componentes ou de materiais constituintes reciclados de determinado bem em relação a seu peso. No exemplo dos automóveis, esses dados são da ordem de 85%, ou seja, cerca de 85% (em peso) dos materiais constituintes de um automóvel são reciclados. Esses índices ainda são pouco usados, sendo importante definir seu cálculo em caso de utilização.

5.3.3 Índice de reciclagem do material constituinte

Definido como a relação percentual entre a quantidade reciclada (fluxo reverso) de determinado material constituinte em determinado período e a quantidade total de material produzido no mesmo período, este índice é proveniente de todos os produtos de pós-consumo dos quais possa ser extraído. Trata-se, portanto, de um índice utilizado nos "ciclos reversos abertos", conforme veremos no próximo tópico, denominando-se índice de reciclagem de material plástico, vidro, papel, lata de alumínio etc.

A mesma dificuldade de avaliação efetiva da relação entre os fluxos reversos e diretos está presente nesse índice, pois as quantidades disponíveis do material em determinado período de tempo são acumuladas e não têm relação com as quantidades produzidas no mesmo período. Da mesma maneira, o uso do denominador com a produção do material em determinado ano representa uma aproximação, visto que parte dele pode ter sido utilizada em bens duráveis de longa vida útil.

Os índices de uso comum para materiais descartáveis, que constam em associações setoriais e em textos de aproveitamento de resíduos sólidos em geral, estão apresentados na Tabela 5.1.

TABELA 5.1 Valores médios de taxas de reciclagem de materiais no Brasil

MATERIAL	ANO 2000	ANO 2012
Papel de escritório	37%	30%
Papel ondulado	60%	73%
Plástico	15%	21%
Latas de alumínio	61%	98%
Vidro	28%	47%
Latas de aço	18%	47%
PET	21%	59%

Fonte: CEMPRE, 2016.

5.4 Ciclos reversos de reciclagem abertos e fechados

A ideia de ciclos abertos e fechados em logística reversa tem sido tratada com diferentes significados e em situações diversas. Neste caso, será apresentada a ideia relativa aos canais reversos de reciclagem especificamente e ressaltada a importância dessa distinção sob diferentes aspectos empresariais.

Uma parcela dos bens de pós-consumo será reintegrada ao ciclo produtivo, fluindo pelos canais reversos de reciclagem, levando à revalorização de seus materiais constituintes, que podem ser reintegrados ao ciclo produtivo na fabricação de um produto similar ao que lhe deu origem ou de um produto distinto. Em razão dessa diferença, distinguem-se duas categorias de ciclos reversos de retorno ao ciclo produtivo: canais de distribuição reversos de ciclo aberto e de ciclo fechado, tendo em vista as finalidades original e final de reaproveitamento.

Observe que o canal reverso de remanufatura, por sua própria definição, não apresenta a possibilidade de constituir ciclo aberto.

5.4.1 Canais de distribuição reversos de ciclo aberto

Esses canais de distribuição reversos são compostos das diversas etapas de retorno dos materiais constituintes de diferentes produtos de pós-consumo – como metais, plásticos, vidros, papéis etc. –, visando à sua reintegração ao ciclo produtivo como substitutos de matérias-primas novas na fabricação de vários tipos de produtos.

Caracteriza essa classe, por exemplo, o retorno ao ciclo produtivo de todo o ferro e aço provenientes de bens como automóveis, navios, latas de embalagens, eletrodomésticos, resíduos industriais de metalúrgicas, sucatas de máquinas etc., que são reintegrados como matérias-primas secundárias na fabricação de chapas de aço, barras de ferro, vigas e outros itens. A Figura 5.3 apresenta exemplos de dois tipos de material, destacando alguns bens de origem e produtos fabricados com sua reintegração.

FIGURA 5.3 Exemplos de ciclo reversos aberto

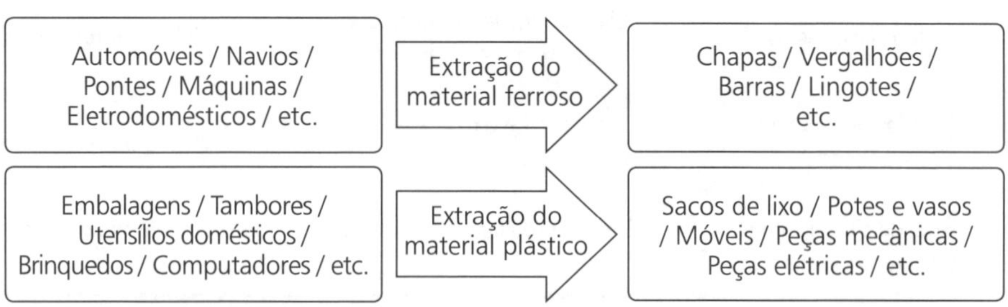

Fonte: elaborada pelo autor.

Os canais de ciclo aberto, portanto, não distinguem os produtos de origem do pós-consumo, mas têm seu foco na matéria-prima que os constitui. São característicos dessa categoria os metais (como ferro, alumínio, cobre etc.), os plásticos, constituídos de polímeros de diversas naturezas (como os polietilenos, os polipropilenos etc.), os materiais constituintes de diversos tipos de vidro e os diferentes tipos de papel.

Uma das características do processo dos canais reversos de pós-consumo é a especialização por natureza do material constituinte. Os agentes das cadeias reversas escolhem os produtos que apresentam a melhor relação entre porcentagem de material de interesse e de facilidade de extração, além de considerarem a tecnologia de separação e extração dos materiais constituintes com melhor oportunidade de revalorização.

A ideia do projeto para reciclagem (*design for recycling*) é conceber produtos com fácil desmontagem, que utilizem número reduzido de materiais, de ligas e de misturas de materiais de naturezas diferentes etc. A quantidade de tipos de plástico presentes nos componentes de automóveis, eletrodomésticos, eletroeletrônicos, computadores etc., ou de certas naturezas de vidros ou ligas de vidro com plástico, apresenta problemas nas linhas de desmontagem reversas, como será examinado no **Capítulo 11**.

5.4.2 Canais de distribuição reversos de ciclo fechado

Por outro lado, os canais de distribuição reversos dessa categoria são constituídos por etapas de retorno de produtos de pós-consumo nas quais os materiais constituintes de determinado produto descartado, ao fim de sua vida útil, são extraídos seletivamente para a fabricação de um produto similar ao de origem.

Nesses casos, por interesses tecnológicos, econômicos, logísticos ou de outra ordem, todas as fases da cadeia produtiva reversa são especializadas, para a revalorização do material constituinte de determinado produto (Tabela 5.2).

TABELA 5.2 Exemplos de canais reversos de ciclo fechado

PRODUTO DE ORIGEM DE PÓS-CONSUMO	PRINCIPAIS MATERIAIS EXTRAÍDOS	NOVO PRODUTO
Óleos lubrificantes usados	Eliminação de impurezas e acréscimo de aditivos	Óleos lubrificantes novos
Baterias de veículos descartadas	Plástico e extração de chumbo	Baterias de veículos novas
Latas de alumínio de embalagens descartadas	Extração da liga de alumínio	Latas de alumínio novas

Fonte: elaborada pelo autor.

As baterias de veículos em geral, cujos materiais constituintes principais são a liga de chumbo, que constitui o principal custo e o princípio de funcionamento químico do produto, e a carcaça de plástico polipropileno, são um exemplo típico dessa categoria de canal reverso.

O ciclo fechado se caracteriza quando observamos que esses materiais são extraídos das baterias usadas, descartadas após o fim da vida útil, desenvolvendo-se etapas reversas desde a coleta dessas baterias até a reintegração dos materiais secundários nas linhas de fabricação.

As latas de alumínio utilizadas como embalagem, principalmente de bebidas, apresentam um enorme crescimento de produção em certos países e constituem outro exemplo típico de ciclo fechado de canal reverso, pois toda a cadeia produtiva reversa é especializada no material constituinte principal – a chapa de liga de alumínio estanhada –, desde a logística de coleta, passando pelas consolidações de cargas e pela logística de localização, até a tecnologia de extração, reintegração dos materiais secundários na fabricação de novas chapas de ligas de alumínio e fabricação de novas latas de alumínio para embalagem de bebidas. O ciclo completo do material reciclado, entre a compra de uma embalagem e seu retorno ao mercado, pode ser concluído em alguns dias. No Brasil, atualmente isso ocorre em menos de 30 dias.

Uma das principais características dos canais reversos fechados é apresentar alta eficiência no fluxo reverso em razão da importância econômica do uso de seu material constituinte.

Tendo em vista as diferenças entre os canais de distribuição reversos de pós-consumo de bens duráveis e semiduráveis, de bens descartáveis e de resíduos industriais, examinadas no fluxograma geral, estudaremos separadamente a tipologia de cada classe, lembrando que a classe de produtos semiduráveis poderá apresentar tanto características de bens duráveis como de descartáveis, dependendo do caso.

5.5 Canais de distribuição de pós-consumo de bens duráveis e semiduráveis

As diversas possibilidades de retorno dos bens duráveis e semiduráveis ao ciclo produtivo, bem como de seus componentes, são apresentadas de forma esquemática no fluxograma da Figura 5.4. Conforme podemos observar, o esquema mostra a cadeia produtiva direta, que se inicia na fase de produção ou obtenção das matérias-primas primárias e segue com a fabricação dos produtos de utilidade e sua inserção no mercado primário. As linhas tracejadas indicam a reintegração eventual de uma parcela de matérias-primas secundárias ou componentes reutilizados, com ou sem remanufatura, fechando o ciclo de revalorização.

Um bem durável é composto de uma série de componentes com diferentes limites de duração, que podem ser substituídos ao longo da vida útil do bem, dando origem a fluxos em canais reversos próprios. Desse modo, o esquema da Figura 5.4 distingue o fluxo dos produtos descartados após sua vida útil e o fluxo dos componentes deles. Exemplos como os da substituição de baterias de automóveis, de óleos lubrificantes de motores e máquinas, de cartuchos de impressoras, entre tantos outros, podem ser considerados casos de bens semiduráveis, com seus canais reversos próprios de retorno ao ciclo produtivo.

FIGURA 5.4 Canais reversos dos bens duráveis

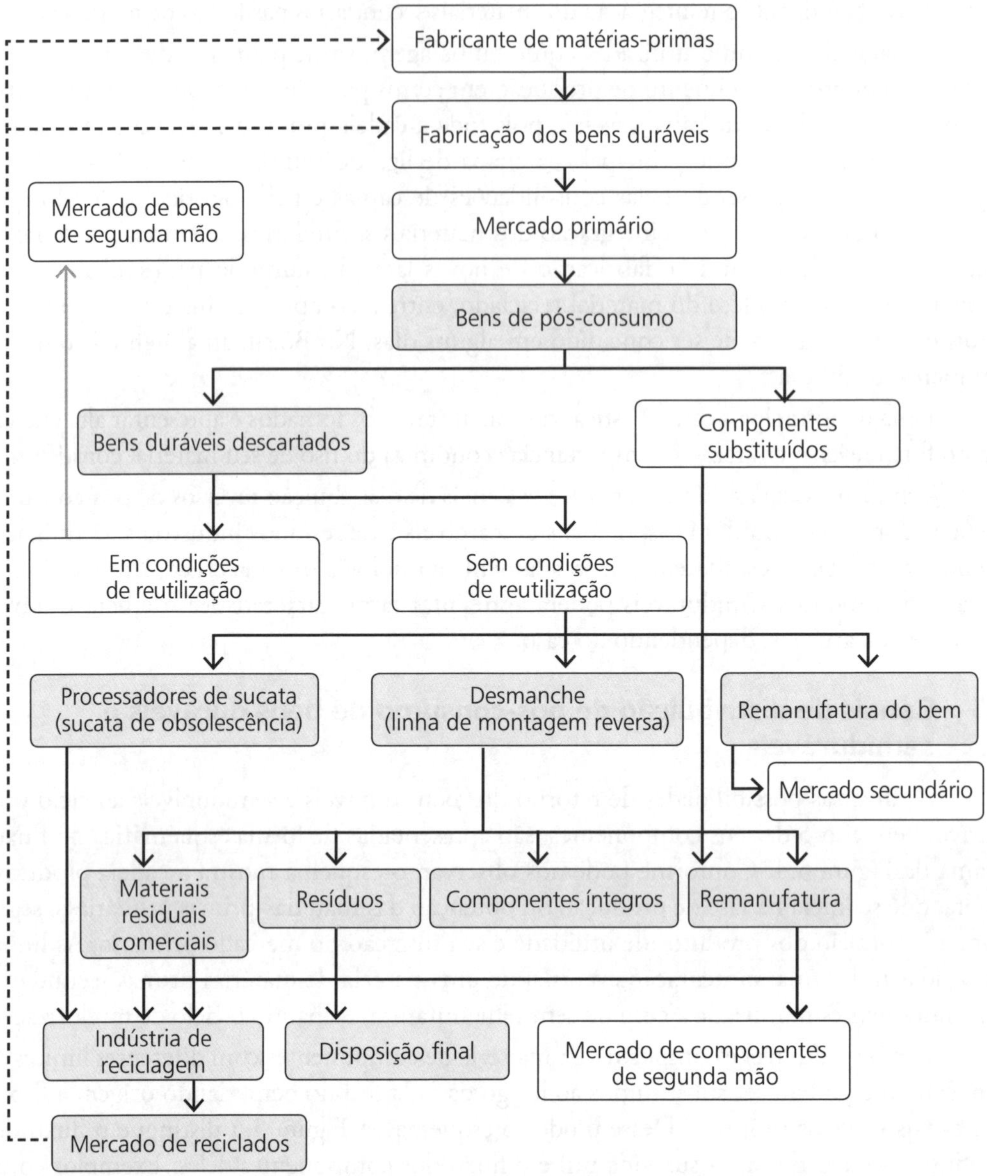

Fonte: elaborada pelo autor.

5.5.1 Entrada dos bens duráveis na cadeia logística reversa

A disponibilização de um bem durável ou semidurável ou o fim de sua vida útil para o primeiro utilizador podem ser motivados por obsolescência de natureza tecnológica ou de desempenho, padrões de moda ou *status* com a aquisição de um novo bem, imprevistos no transporte durante processo de distribuição ou com o próprio bem (acidentes com automóveis, por exemplo etc.).

Assim, as empresas industriais e comerciais habitualmente disponibilizam para descarte bens duráveis e semiduráveis de seu ativo fixo ou insumos de seu próprio uso (imóveis, veículos em geral, máquinas e equipamentos, materiais e equipamentos de escritório etc.) por meio de leilões, concorrências ou simplesmente por venda direta. Essa forma de descarte é uma das principais fontes de pós-consumo desses bens e de seus componentes. A empresa deve decidir o momento em que a posse do bem deixa de ser interessante, podendo classificá-lo como em condições de uso posterior, inservível ou sucata. Seguem-se então as fases de separação e segregação internas de acordo com a natureza do bem e o tipo de comercialização escolhido, caracterizando uma das formas de descarte ou disponibilização citadas.

Por outro lado, as pessoas físicas descartam os bens duráveis por meio de coletas informais (realizadas por trabalhadores popularmente conhecidos como carroceiros ou catadores, os quais recolhem materiais de porta em porta), de sistemas reversos organizados, denominados *reverse take back*, ou ainda por meio de doações. O desembaraço dos bens dessa categoria tem sido dificultado nas grandes metrópoles, em virtude da proibição de serem enviados aos aterros de lixo, motivada pela saturação destes. O exemplo da crise dos aterros sanitários ocorrida nos Estados Unidos, nos anos de 1980 (e em outras metrópoles em momentos diferentes), causada pela saturação de grande parte deles em diversos estados norte-americanos, ilustra bem o problema, pois deu origem a proibições legais de disposição final de aparelhos de televisão, pneus, baterias de veículos, eletrodomésticos e outros produtos nesses aterros.

Essa crescente dificuldade de desembaraço dos bens no fim de sua vida útil e a gradativa imputação da responsabilidade de criação e organização de redes reversas (*reverse take back supply chain*) aos fabricantes e à cadeia produtiva direta têm propiciado o aparecimento e o desenvolvimento de cadeias produtivas reversas de grande porte, estruturadas para fazer face a essas novas oportunidades.

Canais de distribuição reversos de reúso

Existindo condições e interesse de uso integral do bem, nos diversos modos de disponibilização examinados, ele será coletado nessas fontes e encaminhado ao mercado de segunda mão, como forma de revalorização. A fase de aquisição do bem de pós-consumo durável é realizada normalmente por comerciantes estabelecidos, empresários de remanufatura, especializados por tipo de bem, ou seja, automóveis, computadores, máquinas operatrizes etc., ou por intermediários negociadores de lotes que arrematam a totalidade de bens em empresas para posterior negociação.

Esses leilões de bens duráveis representam uma grande fonte de produtos para reúso, alimentando importantes áreas de comércio.

Canais de distribuição reversos de remanufatura

Entende-se que o canal reverso de remanufatura é constituído por empresas industriais, comerciais e de serviços que operacionalizam ações no processo de retorno dos produtos ou componentes duráveis de pós-consumo, denominados "cores" ou "carcaças", recapturando o valor deles de alguma natureza. Dessa forma, os agentes do *reverse supply chain* (cadeia de suprimento reversa) devem coletar os produtos duráveis de pós-consumo, classificá-los, segregá-los e transportá-los aos diferentes locais de processamento da remanufatura, onde serão limpos, desmanchados, e seus componentes submetidos a testes para eventual reaproveitamento, sendo um novo produto montado e distribuído para venda. O mercado secundário de bens remanufaturados representa uma parcela importante no valor total da economia reversa nas sociedades atuais, embora, na maioria das vezes, seus valores sejam estimados e ainda pouco documentados. Para se ter uma ideia das grandezas envolvidas, somente no mercado de autopeças remanufaturadas, de acordo com estimativas da United States International Trade Commission (USITC), os valores evoluíram de US$ 37 bilhões em 2009 para US$ 43 bilhões em 2011, representando cerca de 2% do total do mercado no país, além de envolver cerca de 180 mil empregos diretos, contando com US$ 12 bilhões de exportação de remanufaturados. O tamanho econômico do mercado de remanufaturados pode ser comparado, em muitos países, a grandes áreas de atividade. Nos Estados Unidos, uma pesquisa conduzida por Lund[2] mostrou que o mercado de peças remanufaturadas pode ser comparado, em tamanho de vendas, ao da indústria de produtos duráveis domésticos ou ao da indústria siderúrgica. O perfil empresarial desse setor caracteriza-se por participação dispersa de empresas de pequeno e médio porte, envolvendo, quando consideradas como um setor empresarial, grande quantidade de funcionários e apresentando vendas equivalentes às dos grandes setores empresariais.

Em 2005, a Associação Brasileira de Normas Técnicas (ABNT) definiu peça remanufaturada como peça ou componente de produção original usado, caracterizado por ter sido submetido a processo industrial pelo próprio fabricante original ou em estabelecimento autorizado por esse fabricante, para o restabelecimento de funções e requisitos técnicos originais.

Tratando-se de uma atividade de reaproveitamento imediatamente subsequente à recuperação do produto durável, a remanufatura conserva não só os materiais constituintes mas também parte do valor adicionado durante a fabricação do produto original. Em outras palavras, os principais constituintes dos produtos, quando sua utilização é possível, são reaproveitados, resultando em grandes economias empresariais e ganhos na extração de recursos.

Embora esse canal reverso possa indicar enormes possibilidades de economia de recursos e aumento de produtividade, e em muitos casos represente importante volume financeiro de negócios, ainda é pouco explorado pelas empresas fabricantes dos produtos originais. Entre as razões dessa atitude empresarial, sem dúvida estão a falta de conhecimento do potencial dos benefícios e os desafios envolvidos.

2 LUND, R. T. *The remanufacturing industry*: Hidden giant. Boston: Boston University Techology, 1996.

A atividade de remanufatura pode ser desenvolvida por empresas fabricantes dos produtos duráveis, denominadas OEM (*original equipment manufacturer*), por empresas especializadas terceirizadas da OEM e empresas de remanufatura independentes. Elas podem concorrer ou trabalhar em cooperação nos diferentes segmentos do mercado, desde a fase de captação dos produtos de pós-consumo (carcaças) até sua redistribuição ao mercado de produtos remanufaturados, justificando, dessa forma, a preocupação com o papel da logística reversa em suas estratégias empresariais.

O caso da Xerox, apresentado no Logística reversa na prática 5.2, é um exemplo em que a logística reversa e os cuidados na montagem da rede reversa, em nível internacional, fazem parte da estratégia empresarial, com excelentes resultados. A revalorização logística garantida pela rede reversa dos equipamentos usados até as consolidações em centros de distribuição reversos especializados, a revalorização econômica e tecnológica por meio do reúso de seus equipamentos e componentes e a revalorização ecológica reduzem o impacto dos produtos no meio ambiente, obtendo-se um resultado positivo na imagem corporativa perante os clientes e a sociedade em geral.

LOGÍSTICA REVERSA NA PRÁTICA 5.2

Canal de reúso e remanufatura de copiadoras da Xerox

Como estratégia de comercialização de suas copiadoras, a empresa Xerox estabeleceu, em 1960, uma rede reversa de seus produtos, utilizando a coleta do tipo *take back*, desmontagem dos produtos, seleção de destino e sua reutilização, com ou sem remanufatura, em produtos novos de suas linhas, oferecendo as mesmas garantias e repassando as economias de custos aos clientes, além da recompra dos equipamentos, garantindo um nível de competitividade elevado no mercado. O projeto do produto foi idealizado para facilitar a desmontagem e seus componentes têm alta intercambiabilidade, garantindo flexibilidade na reutilização.

O esquema da Figura 5.5 a seguir apresenta a rede reversa da empresa nos Estados Unidos, constituída por 50 centros de distribuição reversos operados por empresas terceirizadas, dois centros nacionais de distribuição reversa e diversas unidades de remanufatura ao longo do país. Na venda de uma nova máquina, as datas de entrega e de desinstalação são planejadas e executadas pelas empresas terceirizadas de um dos diversos centros de distribuição, conciliando as operações. Essas empresas encarregam-se da desinstalação dos produtos usados e da seleção e destino a serem dados aos produtos e componentes. Em alguns casos, o equipamento usado é submetido a reparos nos centros de distribuição regionais e destinado à locação, ao passo que, em outros casos, é enviado para um dos centros nacionais de distribuição reversa, no qual será realizada uma nova seleção e lhe será dado um novo destino. Nos casos de modelos de grande venda nos Estados Unidos, a decisão pode ser transportá-los a uma unidade de remanufatura em que será executada a desmontagem completa, com

▶

reaproveitamento dos componentes em condições de uso em novos equipamentos; aqueles considerados sem condições de uso são vendidos como sucata para a reciclagem dos materiais constituintes.

FIGURA 5.5 Logística reversa da Xerox: rede de distribuição reversa

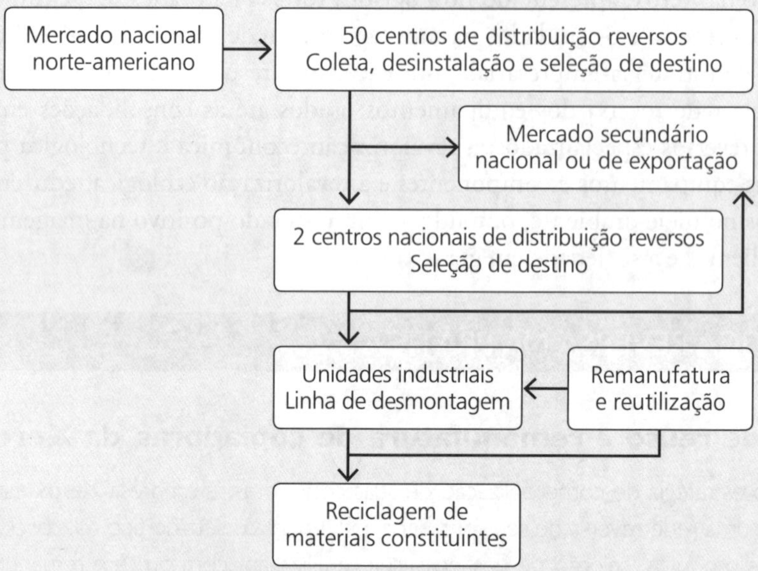

Fonte: adaptada de CLM, 1993.

Logística reversa na prática 5.3 mostra outro exemplo de setor em que a estrutura de logística reversa pode apresentar excelentes resultados.

LOGÍSTICA REVERSA NA PRÁTICA 5.3

Canal reverso de remanufatura de motores de combustão

A coleta dos motores usados é efetuada nos revendedores da empresa e por meio do sistema de trocas pelo recebimento do motor usado do consumidor. O casco do motor (*core*) é considerado matéria-prima do produto remanufaturado e deve estar em bom estado para que possa ser feita a remanufatura. O esquema da Figura 5.6 a seguir ilustra as diversas fases do fluxo reverso.

▶

FIGURA 5.6 Fluxo reverso de motores para remanufatura após recebimento

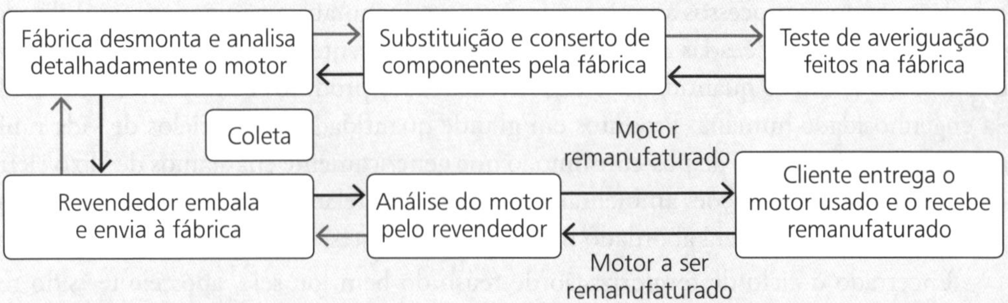

Fonte: elaborada pelo autor.

No recebimento dos motores usados é realizada uma inspeção visual pelo revendedor, que verifica a garantia, entre outros aspectos comerciais. O motor usado é acondicionado em embalagem retornável especialmente desenvolvida para o transporte dos motores e encaminhado à fábrica, normalmente via frete rodoviário, salvo casos de urgência em que se utiliza frete aéreo. Uma vez na fábrica, o motor é desmontado e são feitas as primeiras inspeções, passando pela limpeza, com jateamento e produtos químicos, em que é possível uma averiguação mais precisa. Embora os volumes de remanufatura apresentem crescimento, seus valores são ainda pequenos face às possibilidades do mercado. O faturamento de remanufatura pode representar até 30% do faturamento total da empresa.

O interesse estratégico econômico e a prestação de serviço aos clientes e distribuidores parecem ser os motivadores principais das atividades de manufatura da empresa. A importância da qualidade na remanufatura é fundamental, visto que a comercialização dos motores remanufaturados é realizada com o mesmo nível de garantia dos motores novos. A remanufatura de motores conduzida é uma opção segura, econômica e de qualidade, decorrente de um domínio tecnológico que só o fabricante detém, garantindo um diferencial extremamente importante sobre os outros tipos de recuperações existentes no mercado. Os consumidores do serviço de remanufatura, na sua maioria empresários do segmento de transporte, de cargas ou de pessoas, e agropecuários, que recorrem à remanufatura dos motores de seus tratores.

A unidade de remanufatura é um setor de apoio ao negócio principal da empresa (venda de motores novos) que tem como objetivo criar a fidelidade dos clientes, mantendo sua satisfação com os produtos, além de oferecer um diferencial a ele.

A remanufatura de motores de combustão ainda é um conceito pouco difundido no mercado, e os proprietários de veículos, sobretudo os empresários do ramo de transporte, não têm uma visão correta de seus benefícios. A concorrência como OEM é o recondicionamento e retificação de motores independentes, principalmente em razão dos preços menores.

Fonte: adaptado de RACHID et al. *Influência da logística reversa na competitividade empresarial* – remanufatura automobilística. Pesquisa – Universidade Mackenzie, 2006.

5.5.2 Canais de distribuição reversos de reciclagem de bens duráveis

Esses canais constituem-se de uma etapa quase final no reaproveitamento dos bens duráveis, quando os processos anteriores de reúso e remanufatura não podem ser utilizados. Em relação a algumas décadas atrás, há um interesse crescente por eles atualmente em consequência das enormes quantidades e dos diversificados produtos eletroeletrônicos criados pela engenhosidade humana. Produtos em grande quantidade e com ciclos de vida muito curtos têm gerado excesso de pós-consumo, o que genericamente chamamos de "lixo eletrônico", causando preocupações ambientais equivalentes às relativas aos produtos descartáveis e embalagens, tema que será abordado nos tópicos seguintes.

Encerrado o ciclo de revalorização de reúso do bem, ou seja, após ele ter sido reutilizado algumas vezes, e por não apresentar condições de utilidade por diversas razões, é disponibilizado e coletado como um bem em "fim de vida", sendo destinado ao processamento de sucata ou ao desmanche, onde será desmontado e dele serão extraídos materiais constituintes e outros resíduos. Nos casos em que não existem sistemas reversos organizados de revalorização de desmanche, os bens são recolhidos via coleta informal e comercializados diretamente com os intermediários – sucateiros ou processadores.

Os canais reversos de desmanche, remanufatura e reciclagem dos bens duráveis em fim de vida iniciam-se pela etapa de coleta organizada de produtos, denominada *product take back* (coleta de produto) dos bens de pós-consumo, seguindo-se o processamento industrial de desmanche, a remanufatura eventual de componentes, o reaproveitamento deles e o envio das sobras aos aterros sanitários. As origens ou fontes dos bens duráveis e semiduráveis de pós-consumo são as empresas industriais e comerciais ou os domicílios urbanos. A coleta organizada de produtos tem sido gradativamente exigida por legislações em diversos países, nos quais os próprios fabricantes do bem se responsabilizam por sua organização, dando origem a associações entre empresas e constituindo o *reverse supply chain*, conforme será examinado em capítulo específico.

Na etapa de processamento industrial de desmanche é realizada a revalorização dos componentes íntegros, destinados diretamente ao mercado de segunda mão – genericamente denominados secundários por serem distintos dos mercados primários, embora nem sempre a distinção, na prática, seja muito evidente –, e dos componentes a serem remanufaturados para posterior comercialização nesses mesmos mercados. Essa perspectiva tecnológica dos canais de distribuição reversos e a revalorização de produtos e materiais também merecerão destaque no **Capítulo 11**.

Na impossibilidade de reaproveitamento dos componentes, ou seja, o fim de vida do componente, passa-se à revalorização de seus materiais constituintes que apresentem condições de reaproveitamento, sendo comercializados com empresas de reciclagem industrial. Os materiais restantes, que apresentam dificuldade de serem extraídos ou separados e baixo valor comercial, são considerados resíduos e encaminhados à disposição final em aterros ou à incineração, nesse caso com a vantagem de aproveitamento da energia dos materiais constituintes.

Conforme já mencionado, o desembaraço dos bens em fim de vida pode se dar por meio da coleta informal, nos casos em que não existem legislações ou interesse específico no desmanche e remanufatura, em que o objetivo principal é a revalorização de seus materiais constituintes. Trata-se do mesmo tipo de coleta encontrado em outros casos de canais reversos e em comunidades nas quais diversos tipos de bens de pós-consumo são recolhidos de porta em porta, em locais de conserto e manutenção, entre outros, pelos conhecidos carroceiros, catadores domiciliares que vivem da venda desses materiais aos processadores sucateiros. Estes realizam a consolidação de diferentes tipos de materiais de uma mesma natureza e processam seu enfardamento, melhorando a densidade para o transporte, e vendem os fardos de materiais diretamente aos fabricantes, que os utilizam como matéria-prima secundária em suas fabricações.

Exemplo da cadeia reversa dos automóveis

O automóvel é um dos principais focos de atenção de legislações governamentais em países desenvolvidos, que responsabilizam a cadeia produtiva, e em particular o fabricante, pela reciclagem de seus componentes. Essa atenção tem permitido enormes progressos com a aplicação de técnicas de *design for disassembly*, ou projeto de desmontagem, uma aplicação do princípio genérico do projeto do produto para reciclagem, ou *design for recycling*, atingindo níveis de reciclagem de 85% de um automóvel moderno. Isso significa que 85% dos materiais constituintes de um automóvel podem ser integralmente reciclados.

O esquema da Figura 5.7 resume as diversas etapas de um sistema organizado de desmanche de automóveis, baseado em exemplos de países desenvolvidos, apresentando a origem ou as fontes primárias de automóveis descartados em fim de vida, como os leilões de automóveis sucateados em empresas, os veículos acidentados provenientes de órgãos de trânsito e venda direta. Neste último caso, o veículo é adquirido diretamente do cidadão e sua venda é regularizada pela empresa de desmanche mediante o preenchimento de documentos de trânsito e de propriedade solicitados por legislação específica.

Observa-se que o processamento industrial de desmanche ou de desmontagem do automóvel em partes, também conhecido como linha de montagem reversa, é constituído de diversas fases, em que todos os componentes são desmontados e separados. Em uma primeira fase são separados os componentes líquidos do automóvel, seguindo-se da desmontagem de todos os componentes até a liberação da chamada "carcaça de ferro", que é transformada em retalhos e compactada. Os materiais ferrosos, que representam cerca de 70% do peso do veículo, constituem-se de componentes em condições de uso e de materiais destinados ao processamento mecânico de prensagem, de retalhamento em tesouras ou de trituração em equipamentos denominados *shredders*, para posterior comercialização com aciarias, as quais reintegram esses materiais secundários ao ciclo produtivo.

Os demais materiais constituintes do veículo totalizam, em média, 30% do peso do veículo, conforme mostrado na Figura 5.7, e representam as quantidades contidas desses materiais. O aproveitamento de 80% a 90% de todos os materiais é o objetivo das indústrias de automóvel modernas. Os componentes são separados por natureza e destinados à indústria de reciclagem, sendo outra parcela, a de resíduos não recicláveis, encaminhada a aterros sanitários. Um dos problemas da reciclagem de automóveis tem sido a separação de uma diversidade de plásticos constituintes; contudo, de acordo com as informações da indústria, esse problema poderá ser mitigado pela introdução, nas linhas de desmontagem, de equipamentos recentemente desenvolvidos que podem fazer o reconhecimento instantâneo dos diversos plásticos durante o processamento industrial ou, o que nos parece mais lógico, eles podem ser identificados com algum tipo de código durante sua fabricação.

FIGURA 5.7 Cadeia reversa organizada de veículos automotivos

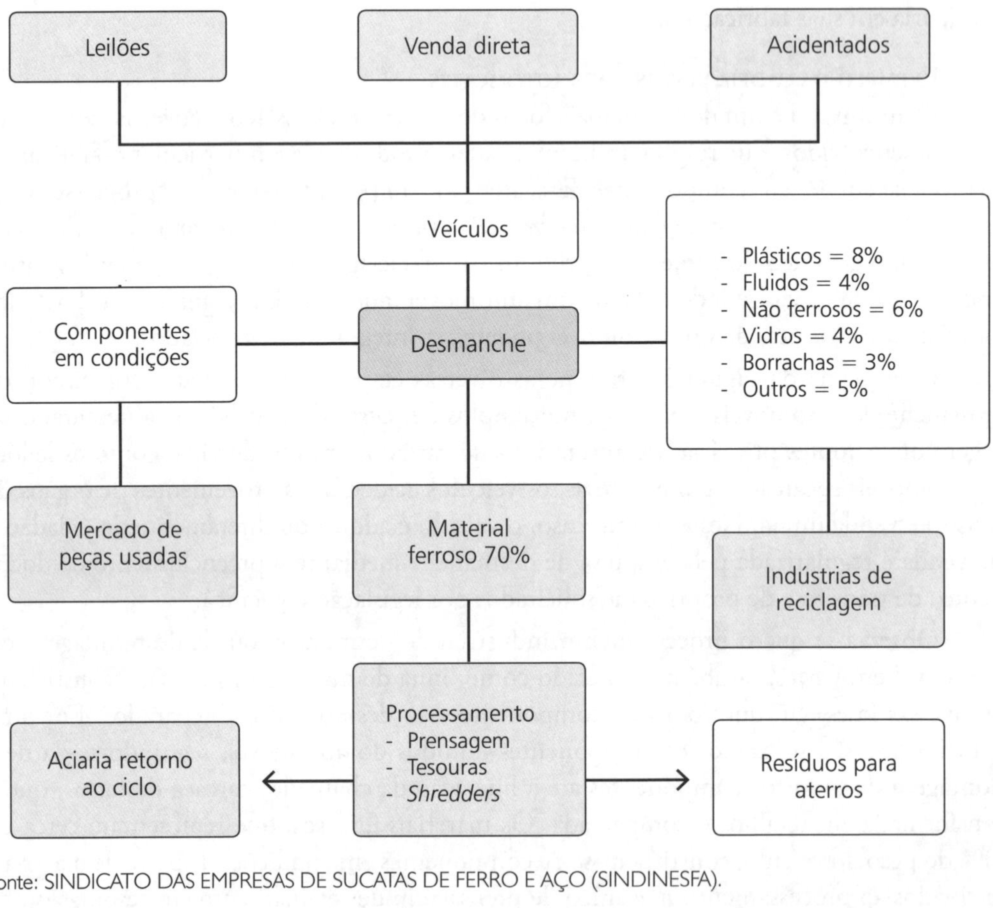

Fonte: SINDICATO DAS EMPRESAS DE SUCATAS DE FERRO E AÇO (SINDINESFA).

Esse fato, além dos cuidados desenvolvidos pelos projetos de reciclagem, permitirá valores ainda mais eficientes de reaproveitamento no caso dos automóveis e certamente auxiliará no desenvolvimento de linhas mais eficazes para outros bens duráveis, como os eletrodomésticos e eletrônicos, por exemplo.

Um estudo da legislação referente ao reaproveitamento de veículos, assim como sua regulamentação, será apresentado no Estudo de caso 10.1 – A lei do "desmanche" no Brasil.

O Logística reversa na prática 5.4 apresenta a estrutura de logística reversa de uma empresa da área de eletrodomésticos.

LOGÍSTICA REVERSA NA PRÁTICA 5.4

A fábrica de desmontagem de eletrodomésticos da Matsushita

A empresa Matsushita criou, em 2001, no Japão, a empresa Matsushita Eco Technology Center Co. (METEC) com o objetivo de reciclar produtos eletrodomésticos de sua fabricação ao atingir o final de vida útil (EOL, na sigla inglesa).

Na época, os pontos de coleta eram 47 ao longo do país, e o consumidor pagava cerca de 20 a 45 dólares para a sua coleta ou negociava pela troca de outros produtos da empresa. Em 2005 foram reciclados mais de 700 mil eletrodomésticos pela empresa. A empresa revela que o projeto se pagou a partir de 2004.

A fábrica constitui-se de quatro linhas distintas de remanufatura reversa para aparelhos de TV, máquinas de lavar, aparelhos de ar-condicionado e refrigeradores. Na linha de TV, o interesse principal é recuperar o vidro, que representa 57% do total; no caso de máquinas de lavar e dos refrigeradores, os objetivos são, principalmente, os metais e plásticos constituintes; nos aparelhos de ar-condicionado, os metais e os trocadores de calor são os principais interesses. A empresa supera todos os índices de reciclagem determinados pela legislação japonesa: 55% para TV, 50% para refrigeradores e máquinas de lavar e 60% para aparelhos de ar-condicionado.

Fonte: adaptado de *REVISTA LOGÍSTICA*, 2007.

5.6 Canais de distribuição reversos de pós-consumo de bens descartáveis

Os bens descartáveis e os semiduráveis, em alguns casos, possuem um fluxo reverso, mostrado na Figura 5.8, iniciando-se pelos três tipos de coleta utilizados para sua captação após a disponibilização: a coleta do lixo urbano, a coleta seletiva e a coleta informal.

FIGURA 5.8 Canais de distribuição dos bens descartáveis

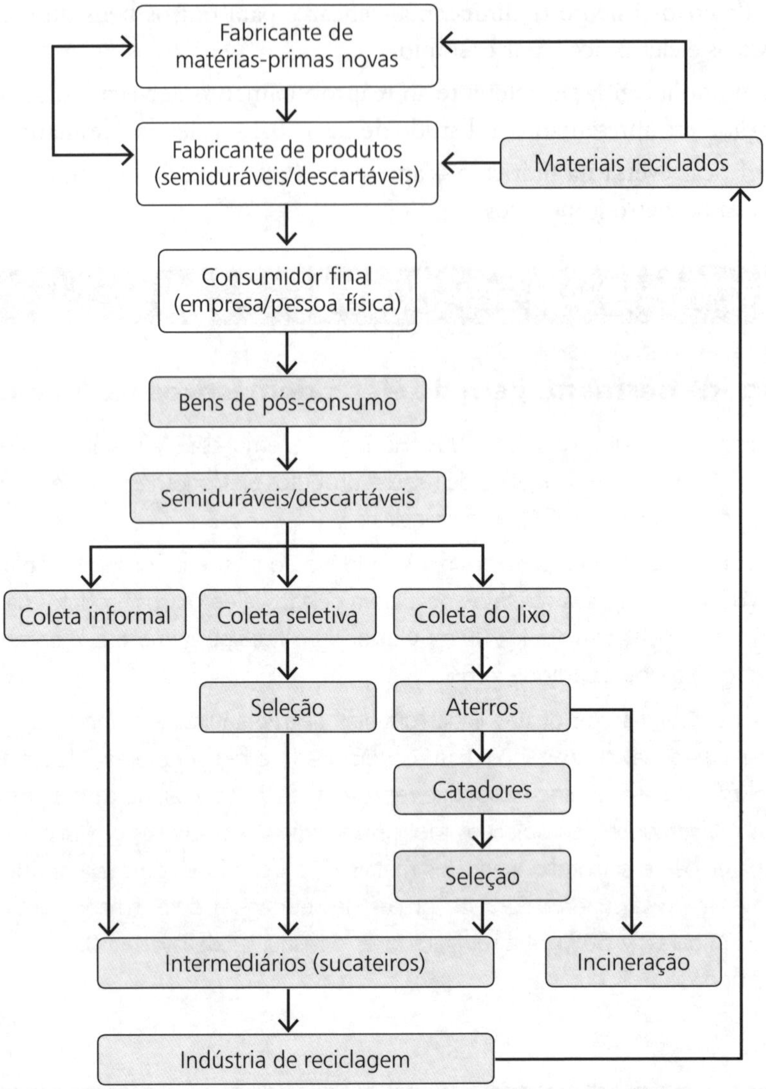

Fonte: elaborada pelo autor.

No caso de canais reversos, os produtos de pós-consumo têm como origem ou fonte primária domicílios urbanos, empresas comerciais e industriais. São disponibilizados produtos descartáveis, como embalagens feitas de diversos materiais (papel, plástico, vidro etc.), papéis de diferentes naturezas, objetos inservíveis de pequeno volume e, em indústrias, alguns componentes de embalagens e outros de uso industrial. Havendo coleta seletiva urbana, os produtos descartáveis são separados dos resíduos orgânicos domiciliares, caso contrário, são misturados a esses resíduos, conforme examinaremos a seguir.

Após os diversos tipos de coleta, pode-se observar, no esquema apresentado na Figura 5.8, que uma parcela desses materiais, no caso da coleta de lixo urbano, e a totalidade obtida nos demais tipos de coleta, são selecionadas, separadas e comercializadas com intermediários sucateiros, normalmente especializados de acordo com a natureza dos materiais constituintes, cuja principal função é consolidar e realizar a prensagem, a fim de melhorar a densidade para transporte e comercialização.

Esses materiais podem ser negociados com fabricantes de matérias-primas originais, como no caso do ferro e do aço, que são comercializados diretamente com as siderúrgicas ou aciarias fabricantes de ferro em lingotes, chapas etc., ou podem ser negociados com indústrias de reciclagem, como as de reciclagem de plástico. Nesses casos, a resina plástica é extraída do produto de pós-consumo descartado e comercializada com a indústria de transformação do material plástico, ou ainda por meio de intermediários para distribuição regional.

Os produtos reciclados geram materiais secundários, que são comercializados com as indústrias de fabricação de bens diversos ou de matérias-primas e que substituirão, em parte ou totalmente, matérias-primas novas.

5.6.1 Diversos tipos de coleta de pós-consumo

Coleta domiciliar do lixo

Embora ainda inexistente em muitas comunidades pobres do planeta, como diversas periferias das grandes cidades – fato que acarreta grande visibilidade de descarte de resíduos sólidos em córregos, rios e terrenos urbanos –, a coleta de lixo urbano domiciliar é a principal fonte primária de captação de bens descartados em comunidades onde a coleta seletiva ainda não atinge níveis adequados.

A intensificação no consumo da sociedade tende a aumentar igualmente a necessidade de coleta de lixo. Em décadas passadas, observou-se crescimento significativo desses resíduos pela substituição de embalagens retornáveis por descartáveis, pelo aumento de conteúdos de materiais plásticos nos produtos etc. Mais recentemente, o crescimento do consumo de embalagens descartáveis pode ser atribuído principalmente à diversificação de suas dimensões, pelo seu uso em novos microssegmentos de mercados, resultando em aumento no lixo urbano.

A importância do assunto tem incentivado a produção de literatura que aborda diversos aspectos dos problemas gerados pelo lixo urbano e sua deposição final. Nossa preocupação, nesta abordagem sintética dessa coleta como fonte primária principal de descartados, é mostrar alguns aspectos mais relevantes relacionados aos canais logísticos reversos.

Quando não existe outro sistema de captação de descartados, o lixo urbano é o destino "natural" de tudo o que se torna inservível no domicílio, materiais orgânicos e inorgânicos, de diferentes tamanhos, misturados e colocados à disposição dos órgãos públicos que se apropriam deles, em geral por legislação expressa.

Exemplo da coleta e disposição do lixo urbano em São Paulo

A título de ilustração, em São Paulo, de acordo com o site da prefeitura de São Paulo, a quantidade de lixo recolhida em 1985 foi de 4.450 toneladas/dia e, atualmente, essa quantidade é de 20 mil toneladas/dia, classificando-se como a terceira maior coleta de lixo do mundo. É importante observar que, até esta data, a cidade possuía algumas unidades piloto de coleta seletiva em determinados bairros, com volumes relativamente pequenos.

Essa quantidade de lixo coletada é de alta relevância se considerarmos que, em 1993, a média de lixo coletado por dia e *per capita* em São Paulo era de 0,60 kg, enquanto em Nova York era de 1,8 kg, ou seja, três vezes maior. Portanto, tudo indica que, tendo em vista que a quantidade *per capita* coletada na cidade de São Paulo atinge valores maiores que 1 kg por dia, por habitante (em 2016), os problemas inerentes à coleta tornam-se ainda mais expressivos.

A operação logística de coleta de lixo em grandes metrópoles exige um grande número de veículos de transporte, pois um caminhão de coleta normal pode transportar cerca de 10 toneladas de lixo urbano com compactação adequada. Para uma cidade com 20 mil toneladas diárias, podem ser necessários até 2 mil caminhões de coleta, dependendo do número de viagens que cada um poderá realizar e das distâncias percorridas dos bolsões de coleta aos transbordos ou aterros de destino. Esse crescimento do volume de lixo urbano pode ser justificado pelo aumento populacional da cidade, pelo acréscimo do consumo *per capita* e, em particular, pelo maior número de produtos alimentícios com embalagens descartáveis, pela significativa substituição de embalagens retornáveis por descartáveis, por bens de durabilidade cada vez menor. O fato de o crescimento percentual da produção de embalagens descartáveis ser maior que o da própria população da cidade revela a atual preferência por esse tipo de embalagem.

A tendência de mudança do conceito de bens duráveis para semiduráveis, com ciclos de vida curtos e rápida obsolescência de recursos, para os quais o conserto deixa de ser interessante pelo preço dos serviços, também parece contribuir intensamente para esse crescimento. Esta é, sem dúvida, uma das origens do "lixo eletrônico" que se observa atualmente nas grandes capitais em todo o mundo.

No caso da cidade de São Paulo, embalagens, materiais plásticos, aparelhos eletrodomésticos pequenos e papéis de toda natureza descartados no lixo perfazem mais de 40% do peso total dos resíduos sólidos residenciais. Essa quantidade ocupa maior volume que o lixo orgânico pela sua densidade muito baixa, gerando condições ainda mais exigentes em sistemas de logística reversa e seus custos.

A logística reversa do lixo urbano em São Paulo apresenta níveis de destinação com pouca evolução ao longo do tempo, observando-se que cerca de 90% do lixo urbano coletado é levado diretamente aos aterros sanitários, sendo uma pequena parcela destinada às usinas de compostagem e uma, menor ainda, à incineração.

A população da cidade de São Paulo possui hábitos peculiares de desperdício de alimentos, embora isso seja bastante variável de uma comunidade para outra. Na Tabela 5.3 são observadas as mudanças na constituição do lixo ao longo dos anos. Pode-se notar um crescimento no percentual de plásticos durante o período indicado, confirmando uma tendência ao uso desses materiais em embalagens descartáveis, ao passo que observa-se alteração mínima nos hábitos relativos aos materiais orgânicos.

TABELA 5.3 Constituição do lixo na cidade de São Paulo

CONSTITUINTE	ANO 2000	ANO 2014
Orgânicos	52%	58%
Papéis	29%	11%
Plásticos	2%	17%
Vidros	2%	2%
Metais	7%	2%
Outros	8%	10%

Fonte: adaptada de PMSP; LIMPURB, 2014.

Aterros sanitários e lixões

Após a coleta de lixo urbano domiciliar, não havendo escoamento reverso formal e estruturado suficiente, qualitativa e quantitativamente, via coleta seletiva, as quantidades descartadas, tanto de materiais orgânicos como de recicláveis, são dispostas e acumulam-se nos aterros urbanos e em outros locais menos adequados, conhecidos como lixões.

O aterro sanitário é um sistema de disposição de lixo projetado para esse fim, no qual são utilizadas técnicas de engenharia sanitária de recobrimento do material em camadas, sistemas de escoamento de líquidos e emanação de gases produzidos pelos materiais orgânicos, impermeabilização do solo, entre outras, visando evitar principalmente a contaminação de lençóis freáticos e a degradação ambiental nas regiões vizinhas. A Figura 5.9 ilustra esse tipo de disposição final.

FIGURA 5.9 Aterro sanitário: forma correta de destinação do lixo

Fonte: acervo da ECOURBIS AMBIENTAL, 2016.

Trata-se, portanto, de um sistema tecnicamente projetado para certa vida útil, ou seja, para suportar certa quantidade de lixo, e que, ao atingir a saturação, deve ser substituído por outro local. Em centros urbanos com alta densidade populacional, esses aterros devem localizar-se em regiões que permitam otimizar os custos de coleta e de disposição final. Uma vez que a coleta domiciliar tem um alto custo, é interessante que estejam localizados o mais próximo possível da área urbana.

Com velocidade crescente de saturação, em razão do aumento da quantidade de lixo, os aterros sanitários têm vida útil reduzida, e novos projetos são localizados em regiões mais afastadas, gerando custos operacionais logísticos crescentes.

A disposição do lixo em terrenos não preparados tecnicamente, os chamados lixões, é largamente utilizada no Brasil, por motivos econômicos. Grande parte dos municípios brasileiros dispõe a maior parte do lixo em lixões e uma parte menor em aterros sanitários satisfatórios ou aterros controlados (semissanitários), ou seja, locais não apropriados para esse fim (Figura 5.10). A PNRS estabelece a extinção de aterros dessa natureza, podendo alterar positivamente essa situação.

Embora apresentando diferenças entre si, esses sistemas de disposição do lixo têm custos diretos considerados baixos, quando comparados aos sistemas de incineração e compostagem; por outro lado, originam outros custos e problemas de natureza social e ecológica nas regiões vizinhas. Possibilitam a propagação de doenças devido à proliferação de insetos. Geralmente atraem uma legião de pessoas, os chamados catadores, que selecionam diversos materiais não orgânicos: plásticos, vidros, papéis, latas, brinquedos, utensílios domésticos etc., para venda ao elo seguinte da cadeia reversa, os sucateiros, ou às empresas de beneficiamento de sucata. Como dito anteriormente, a Figura 5.10 mostra o descarte de lixo em locais indevidos, prática tão comum em países pobres e regiões subdesenvolvidas. Neles, a seleção de materiais segundo sua natureza é feita com todos os tipos misturados, o que acarreta enormes dificuldades e custos para o reaproveitamento deles, do ponto de vista técnico e econômico, e gera problemas sanitários e sociais, como já mencionado.

FIGURA 5.10 Aterro sanitário: formas incorretas de destinação do lixo

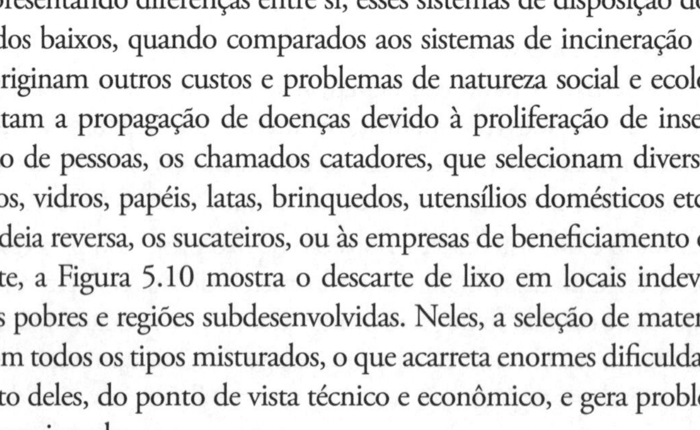

© Picturesd

© ThinkStock

O catador que trabalha nos aterros ou lixões é o primeiro selecionador dessa cadeia reversa, ao separar os materiais por sua natureza mais evidente: papéis, vidros, plásticos, metais etc. Trata-se de um trabalho informal, realizado por pessoas que praticamente vivem nessas áreas, fugindo à proposta deste livro tecer outros comentários sobre essa terrível atividade subumana.

O sucateiro ou a empresa de beneficiamento de sucata é, portanto, o elo seguinte dessa cadeia logística reversa de grande importância, pois, apresentando certa especialização na identificação da natureza dos materiais, realiza a seleção por tipo. Há também os que trabalham com materiais de diversas naturezas, geralmente intermediários de menor porte empresarial. É importante lembrar que as empresas de beneficiamento de sucata normalmente possuem como fonte de suprimento de materiais, além do lixo urbano, os resíduos industriais e as fontes informais urbanas, conforme pôde ser observado no fluxo geral proposto na Figura 5.1.

O sistema de aterros, sanitários ou não, além dos inconvenientes citados, apresenta dificuldade de expansão, pela exaustão de disponibilidade de terrenos adequadamente localizados nas grandes cidades e pelo crescimento dos volumes de lixo urbano provocado pelo adensamento populacional. As áreas possíveis para novos aterros sanitários tornam-se distantes dos centros de captação domiciliar, aumentando os custos de transporte, criando a necessidade de entrepostos de consolidação de cargas e a administração correspondente, entre outros problemas.

Manifestações e regulamentações legislativas de muitos países condenam o aumento do número desses depósitos de lixo. Já nos referimos a alguns estados norte-americanos nos quais os novos aterros são proibidos, gerando um verdadeiro comércio de lixo entre essas áreas.

A solução da compostagem para resíduos orgânicos tem sido defendida por ser uma verdadeira reciclagem dos materiais e resultar em produtos com certo valor agregado.

A solução da incineração, principalmente para resíduos sólidos, tem encontrado dificuldade para ser implantada devido aos altos investimentos e à discutida emissão de gases na atmosfera. Os custos diretos dessa solução mostram-se superiores aos dos aterros sanitários.

Com a multiplicidade de fatores em jogo (financeiros, sociais, ecológicos e políticos), os verdadeiros custos de cada solução são altamente discutíveis e variáveis de uma comunidade para outra, de país para país etc. Assim, a solução de separar as coletas de lixo orgânico e de materiais passíveis de serem reciclados, por meio da coleta seletiva, torna-se cada vez mais atraente econômica e socialmente, e sua obrigatoriedade passa a ser exigida legalmente em muitas comunidades desenvolvidas, como condição de cidadania.

Coleta seletiva domiciliar

A denominação "coleta seletiva" normalmente é reservada à operação que compreende a coleta seletiva de porta em porta, tanto em domicílios como no comércio, a realizada nos chamados pontos de entrega voluntária (PEV), remunerada ou não, e a efetuada em locais específicos, dirigida principalmente a produtos descartáveis. A rigor, qualquer coleta que contenha uma prévia seleção do material a ser captado ou que seja dirigida a determinado material pode ser considerada seletiva.

A coleta seletiva domiciliar, que compreende tanto os domicílios particulares como as atividades comerciais, caracteriza-se por selecionar, no próprio domicílio ou comércio, os produtos descartáveis não orgânicos, evitando que sejam recolhidos pela coleta de lixo urbana. Desse modo, grande parte desses produtos – em geral constituídos de materiais plásticos, vidros, papéis e latas, que sobrecarregariam a coleta de lixo e que são potencialmente recicláveis – já estaria inicialmente separada, sem se misturar com os orgânicos, o que economizaria trabalho e melhoraria a qualidade dos resíduos.

Ao evitar que esses produtos se misturem ao lixo urbano, a coleta seletiva domiciliar satisfaz ao aspecto de qualidade dos resíduos captados; ao desviar as quantidades que iriam para os aterros ou outra deposição final, propicia uma oferta de resíduos muito superior à obtida por meio da seleção feita pelos catadores nos aterros, permitindo atividades empresariais subjacentes com melhor eficiência operacional e econômica.

Esse sistema de coleta tem contribuído, em diversas comunidades, para maior equilíbrio entre o que é produzido de um material ou produto e o que é efetivamente reintegrado ao ciclo produtivo; esse índice é chamado nível ou taxa de reciclagem de um material e mede indiretamente a estruturação e a organização desses canais reversos.

Portanto, quando realizada de porta em porta, essa coleta caracteriza-se pela prévia separação dos produtos descartados não orgânicos no domicílio familiar, recolhidos por um sistema de coleta, com veículo de transporte e frequência específica, independentemente da coleta de lixo urbana (Figura 5.11). Nesses casos, a coleta resultará em uma miscelânea de produtos de diferentes naturezas, como vidros, plásticos, papéis etc.

FIGURA 5.11 Coleta seletiva em cidade brasileira

© Gaultier Willaume

Não é comum a realização de uma separação por natureza de matéria constituinte no próprio domicílio, embora existam registros de vários outros níveis de separação: jornais e outros periódicos muitas vezes são separados para serem comprados por peso; algumas comunidades no Japão, por exemplo, chegam a separar até 32 categorias diferentes de produtos nessa fase.

Essa coleta, quando realizada em escritórios de grandes metrópoles, revela-se um excelente meio de captação de papéis. Mesmo quando não se dispõe de coleta seletiva em grande escala, observa-se um nível de captura informal importante nas regiões de escritórios da cidade, provocando um desvio de captura, benéfico sob o ponto de vista ambiental, em relação ao lixo urbano.

A coleta seletiva em PEV constitui a operação de recolhimento de diversos tipos de embalagens originadas da deposição voluntária da população em recipientes separados e dispostos em locais próximos a pontos de venda de grande movimento. Essa devolução pode se dar de maneira remunerada, em certos casos, de modo a incentivar a reciclagem, sendo habitualmente separados os quatro tipos de descartáveis: vidros, plásticos, latas e papéis, o que evita a necessidade de separação no processamento posterior desses materiais.

Os produtos coletados dessas diversas maneiras são enviados a uma central de seleção ou a centros de triagem, nos quais são separados conforme a natureza do material constituinte, se necessário, sem preocupação com relação aos diversos tipos de vidros, plásticos ou outros critérios.

Após a separação em grandes categorias, os produtos são embalados para adensamento de carga, visando à economia no transporte, e comercializados diretamente com as indústrias de reciclagem ou com empresas reutilizadoras, que realizarão a escolha e a separação final dos materiais por tipo de vidro, plástico, papel etc., normalmente também especializadas por natureza de material. Essas empresas, denominadas empresas de sucata ou simplesmente "sucateiras", constituem-se em um dos elos mais importantes dos canais reversos, por serem as principais compradoras de materiais de diversas fontes primárias.

Economias e custos do sistema

A composição do lixo urbano examinada no tópico anterior permite visualizar os níveis de descarte de alguns materiais, por peso, na cidade de São Paulo, sendo possível observar que, se houvesse uma taxa de captação total dos materiais com potencial de serem reciclados, antes de seu encaminhamento para a disposição final em aterros ou incineração, por meio da coleta seletiva, haveria uma porcentagem de desvio do lixo urbano de cerca de 30% em São Paulo. Trata-se de uma "taxa de desvio" muito alta, mas possível de ser alcançada!

O sistema de coleta seletiva tem sido apresentado não só como uma das melhores soluções para a redução do lixo urbano mas também como uma excelente alternativa para a captação dos descartáveis em geral. Os descartáveis de plástico e vidro seriam captados com taxas melhores em relação aos outros sistemas, nos quais concorrem com materiais que apresentam melhor relação preço-volume (no caso dos plásticos) ou preço-peso (no caso dos vidros). Por essa mesma ótica, os ganhos seriam menores no caso dos descartáveis constituídos de alumínio e outros metais, pois já apresentam maiores possibilidades de captura informal ou espontânea pelo alto valor da sucata.

Isso evidencia diferentes interesses dos setores industriais na coleta seletiva urbana, o que torna sua adoção pelas comunidades uma decisão de difícil acordo econômico entre os diversos agentes que intervêm nas cadeias produtivas diretas e reversas.

Existem divergências quanto às vantagens, à viabilidade e, principalmente, aos custos associados a esse sistema de coleta, pois a complexidade de fatores que podem ser considerados não encontra uma só resposta, justificando uma boa quantidade de livros e artigos técnicos que chegam a conclusões bastante diversas, dependendo da posição de análise.

Até poucos anos atrás, essas divergências seriam consideradas de cunho acadêmico; no entanto, atualmente, tornam-se de vital importância para a sociedade, na medida em que a quantidade de lixo urbano cresce e as soluções tradicionais de aterro sanitário ou incineração revelam-se mais difíceis, como já foi discutido anteriormente.

As soluções e encaminhamentos variam em cada país ou comunidade, de acordo com as prioridades e pressões da sociedade. Países como a França têm adotado o sistema de incineração, acreditando ser o mais indicado para o lixo doméstico, embora mais recentemente, na cidade de Paris, a instalação de novos projetos de incineração esteja sendo questionada em benefício de programas de coleta seletiva.

LOGÍSTICA REVERSA NA PRÁTICA 5.5

Coleta seletiva no Brasil

GRÁFICO 5.4 Composição média do lixo na coleta seletiva (% em peso) nas cidades com coleta seletiva

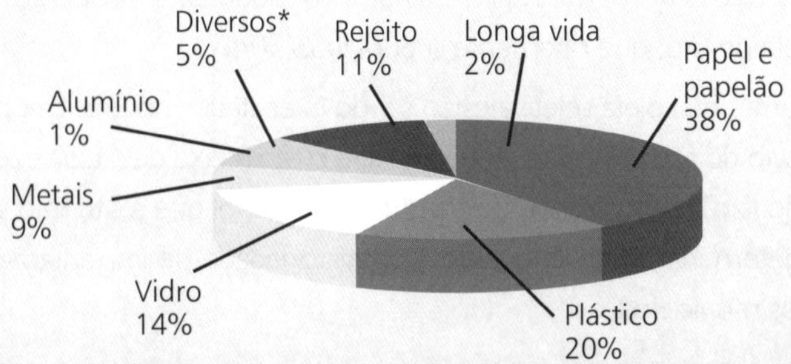

* Inclui outros tipos de materiais recicláveis: baterias, pilhas, borracha, madeira, livros (reutilização) etc.

Fonte: PLASTIVIDA, 2008.

As principais vantagens apresentadas pelo sistema de coleta seletiva podem ser resumidas conforme segue:

- O sistema porta a porta domiciliar apresenta alta taxa de captura de materiais de embalagens e descartáveis em geral, quando comparado a outras formas, principalmente no caso de plásticos e vidros. Apresenta também taxa de captura de até 90% quando existe grande sensibilização da comunidade ou no caso de coletas seletivas urbanas por lei expressa (mais de 40% dos casos nos Estados Unidos e 100% em países europeus como Bélgica, Holanda, Alemanha).
- Permite aumento nas quantidades de descartáveis coletadas, melhorando a constância nas quantidades e na qualidade dos materiais para os elos seguintes de reciclagem e outros reaproveitamentos que receberão esses produtos. Essa constância e qualidade garantem que as atividades tenham melhor economia de escala e desempenho empresarial em todo o sistema de canais reversos.
- Há uma melhor qualidade dos materiais coletados, uma vez que não ocorre mistura com resíduos orgânicos.
- A redução da quantidade, e principalmente do volume da coleta de lixo urbana, alivia os sistemas de aterros e incineração, com suas já comentadas repercussões sociais.
- Economias diversas são obtidas com a substituição de matérias-primas novas por materiais reciclados – sem dúvida, a mais importante vantagem do ponto de vista econômico.

No entanto, o grande desafio para a implantação dessa coleta é o custo operacional para o agente, normalmente a prefeitura local, para o qual a operação só apresenta resultados financeiros positivos quando a escala de atividade é alta, o que a tornaria inviável em grande parte das comunidades menores.

Valores publicados em diversos meios especializados variam entre US$ 50/t a US$ 300/t, dependendo dos custos dos componentes e, principalmente, da escala de atividade. Observe-se que, mesmo com os valores mais baixos, ainda é considerada uma operação de coleta cara em relação à coleta de lixo, que raramente supera US$ 50/t.

Poucos programas de coleta seletiva estão sendo executados no Brasil, normalmente com nível baixo de desvio do lixo principalmente pelo alto custo (cerca de 4 a 5 vezes mais caro em relação à coleta do lixo). Com o advento da PNRS é possível que a situação seja modificada, visto que existe determinação na lei quanto à obrigatoriedade de implantação de programas dessa natureza nos municípios.

Como se pode observar, uma vez que a quantidade de lixo urbano "desviada" ainda é muito pequena, não apresenta economia de escala conveniente que permita autossustentação quando examinada somente pelos seus custos visíveis. Sabemos que os demais custos incidentes possibilitarão melhores conclusões sobre o sistema de coleta seletiva. Especialistas acreditam que os custos, em cidades como São Paulo, com escalas adequadas de atividade, poderão chegar a menos de US$ 70/t.

Esses custos visíveis, calculados como uma coleta adicional à coleta do lixo, acrescidos dos custos de processamento e diminuídos da receita auferida com a venda dos materiais, têm sido contestados por não se considerarem as economias proporcionadas pela substituição das matérias-primas originais na reintegração dos materiais reciclados ao ciclo produtivo.

A contabilidade levaria em conta, além das despesas/receitas citadas anteriormente, as economias de matérias-primas substituídas, das diversas formas de energia usadas na produção e a redução de custos correspondentes à coleta normal do lixo, e de custos ocorrida em razão da menor poluição gerada etc.

Parece que a verdadeira contabilidade, que leva em conta todos os impactos dos produtos sobre o meio ambiente, ainda não está sendo usada para definir a escolha do sistema de coleta seletiva em muitas comunidades. Sob essa ótica, existem desequilíbrios de ganhos entre os agentes envolvidos no canal de distribuição reverso de bens descartáveis: produtores, sociedade e governo, os quais, quando equacionados, permitirão a adoção mais intensa desse tipo de coleta seletiva urbana, evitando que a perda de muitos represente o ganho de poucos.

LOGÍSTICA REVERSA NA PRÁTICA 5.6

Outros sistemas de coleta

Coleta em depósito voluntário

Poucos são os conhecidos sucessos desse programa no mundo inteiro. Um deles é o depósito voluntário de garrafas de vidro no norte europeu, que funciona corretamente. Várias empresas e governos instituem programas de depósito voluntário de produtos descartáveis, mas a efetividade do sistema é muito baixa. No Brasil, tenta-se, mais como forma de defesa ou garantia de imagem corporativa, instituir alguns locais de coleta voluntária sob diferentes formas de retorno ao consumidor. Alguns sistemas sofisticados para reconhecer as cores das garrafas PET e as de vidro são empregados em postos de devolução, sendo a moagem subsequente feita para garantir condições de transporte adequadas. No entanto, o nível de coleta desse sistema é extremamente baixo para ser entendido como solução nacional ou de uma região maior, levando-nos a reforçar a ideia de que somente sistemas que promovam resultado de lucratividade para todos os agentes da cadeia reversa vingarão.

Coleta informal

Esse tipo de coleta é característico de países menos desenvolvidos, pois se constitui em uma captação manual dos bens de pós-consumo, de modo primitivo e em pequenas quantidades, dirigida aos materiais de melhor valor de revenda e que constituem um meio de vida para os catadores. Os materiais são vendidos ao elo seguinte: o sucateiro.

Esse tipo de comércio ainda é bastante observado em grandes metrópoles, como São Paulo, e os que trabalham nele são denominados garrafeiros ou carroceiros. Nos Estados Unidos, a atividade é denominada *littering*. Em virtude da modernidade, essa atividade está agora mais estruturada na Grande São Paulo. Com o uso de caminhões que coletam papéis nas principais regiões de escritórios, essa coleta tem reduzido significativamente o montante de papéis na coleta do lixo na cidade.[3]

Pelo volume desse tipo de coleta no Brasil, trata-se de uma atividade de relevância, pois desvia grande parte do que eventualmente iria saturar os aterros sanitários. No entanto, deve-se observar que se trata dos materiais de maior valor, como sucata, que merecem a atenção dos catadores. Assim, os papéis, metais, garrafas PET, equipamentos eletrônicos, entre outros, merecem atenção pelo valor de mercado do produto ou de seus componentes, sendo que os plásticos comuns, embalagens longa vida, garrafas de plástico comum são pouco coletados.

A organização adequada dessa atividade está prevista na PNRS, com a intenção de torná-la gradativamente voltada para as fases seguintes da cadeia reversa, com o devido cuidado social, e para a implantação de coletas seletivas domiciliares.

3 LEITE, 1998b.

5.7 Canais de distribuição reversos de pós-consumo de resíduos industriais

As indústrias disponibilizam materiais residuais de seus processos, que se constituíram em sobras não utilizáveis em reciclagens internas eventualmente existentes, materiais inservíveis considerados como sucatas e bens duráveis de seus ativos, além de produtos secundários de fabricação.

Embora, em muitos casos, apresentem importância relevante para a economia do processo industrial, não serão examinados aqui os materiais residuais que apresentam revalorização interna na empresa. No entanto, em alguns casos, as quantidades recicladas internamente são maiores que as adquiridas no mercado de materiais secundários. Um exemplo que evidencia a importância da reciclagem interna é o setor industrial do ferro, no Brasil, que reintegra cerca de 40% a 50% de matéria-prima secundária na produção total de ferro – aproximadamente a metade é proveniente de sucata interna (dos processos industriais) e a outra metade é proveniente de compra externa no mercado de reciclados.

Talvez até inapropriadamente denominados "pós-consumo", os resíduos industriais constituem-se em uma categoria especial de bens de pós-consumo devido à sua forma organizada de comercialização, por geralmente apresentarem melhor qualidade que as demais fontes de pós-consumo, pela disponibilização de quantidades relativamente constantes, por serem habitualmente separados e selecionados, tanto pela natureza dos materiais como por sua categoria, e por serem habitualmente embalados para transporte. Essas características e, principalmente, sua constância, permitem previsões de sua utilização como fonte de matéria-prima secundária de maior confiabilidade, aspectos difíceis de serem observados nas cadeias reversas em geral e importantes para rentabilizar os negócios na economia reversa.

Trata-se de uma fonte de produtos de pós-consumo prioritariamente coletada pelos agentes dos canais reversos e que tende a se reduzir percentualmente de acordo com os progressos tecnológicos e principalmente pelos esforços de qualidade total empreendidos pelos principais fabricantes. Veremos, na perspectiva tecnológica dos canais reversos, que o projeto do produto deve conter o planejamento dos desperdícios e das etapas de revalorização após seu descarte.

Apresentamos, na Figura 5.12, um esquema do fluxo específico para esse canal de distribuição reverso, no qual se observa que os resíduos industriais são comercializados diretamente com as indústrias de reciclagem ou com os intermediários sucateiros e que estes, quando primeiros possuidores, realizam o processamento de consolidação e preparação para a comercialização com a indústria de reciclagem ou com um outro agente do canal reverso.

FIGURA 5.12 Canais de distribuição reversos dos resíduos industriais

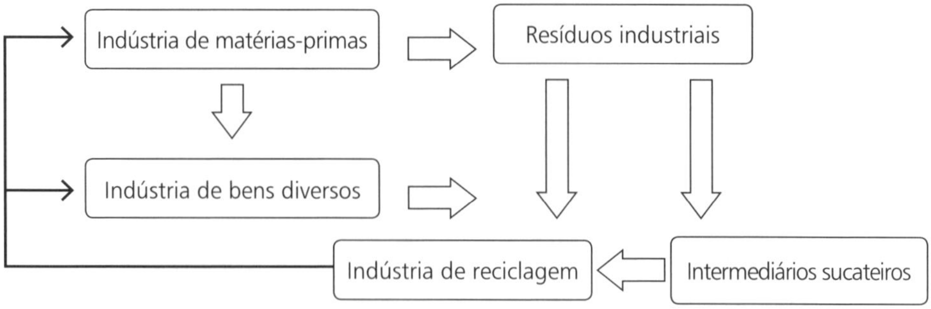

Fonte: elaborada pelo autor.

5.7.1 Etapas seguintes à coleta do bem de pós-consumo

Observamos anteriormente que as três fases que se seguem no fluxo dos materiais e produtos nos canais de distribuição reversos estão presentes no fluxo da maioria dos materiais, pois, a partir da coleta e dos primeiros processos, os materiais seguem etapas com objetivos semelhantes, porém com peculiaridades e tecnologias diferentes, de acordo com a natureza de cada um. Dadas essas diferenciações e peculiaridades, as fases reversas de separação, adensamento e consolidação, assim como as do processo industrial de reciclagem industrial e de reintegração ao processo produtivo, serão analisadas com maior profundidade no **Capítulo 11**.

5.7.2 Seleção, separação, adensamento e consolidação

Nessa etapa, os materiais de pós-consumo, originados de diferentes fontes primárias e de diversas formas de coleta, são separados por natureza, caso seja necessário; os diversos tipos de uma mesma natureza selecionados são adensados para melhorar sua transportabilidade e consolidados em quantidades convenientes para a comercialização, conforme ilustra a Figura 5.13, na qual se observa a fase de separação ou triagem dos produtos descartados.

Essa etapa é realizada, em parte ou totalmente, por um sucateiro ou processador, que se constitui em uma empresa comercial ou industrial que beneficia os materiais de pós-consumo para sua comercialização ao elo seguinte da cadeia reversa. À medida que o processo logístico de coleta e consolidação dos materiais se realiza, observa-se uma especialização por natureza do material constituinte (ferro, papel, plástico, vidro etc.), ou seja, normalmente o último processador que comercializa o material com a indústria é um especialista em um tipo específico de material. O elo seguinte na cadeia reversa pode ser uma indústria de reciclagem ou uma empresa integrada verticalmente em reciclagem, que reintroduzirá o material ao ciclo produtivo.

FIGURA 5.13 Etapas de seleção e separação

© ThinkStock

5.7.3 Processo industrial de reciclagem

Constitui-se no processo industrial de separação ou extração dos materiais de interesse do produto de pós-consumo, eliminação de eventual contaminação e preparação dos reciclados na forma física e segundo as especificações técnicas para sua reintegração ao ciclo produtivo.

A viabilidade técnica e econômica do processo de reciclagem é um dos aspectos mais importantes na estruturação dos canais reversos, sendo, em alguns casos, o motivo principal da dificuldade em organizá-los.

O projeto do produto muitas vezes contribui de forma decisiva para a viabilidade técnica e econômica desse processo, conforme será examinado em detalhes no **Capítulo 11**, pois os custos de desmontagem e reaproveitamento dos produtos dependem de seu projeto construtivo.

5.7.4 Reintegração ao ciclo produtivo

Essa fase é a última dos canais de distribuição reversos de pós-consumo, em que os materiais reciclados são utilizados em substituição às matérias-primas virgens ou novas, por apresentarem algum tipo de vantagem para a empresa utilizadora.

No ciclo fechado de estruturação dos canais reversos, as empresas fabricantes do bem original têm interesse em garantir o domínio das quantidades coletadas e da qualidade dos materiais reciclados desde a coleta do pós-consumo, estruturando, diretamente ou por meio de associações com terceiros, a captação desses materiais, incentivando a coleta e preservando o meio ambiente. Um exemplo ilustrativo é o das latas de alumínio utilizadas como embalagem de bebidas e o das baterias de veículos em geral, conhecidas redes reversas de elevada organização e estruturadas que têm a logística reversa como parte integrante de sua estratégia empresarial, responsável pela viabilidade econômica dos negócios.

A utilização desses reciclados está condicionada a algumas vantagens que possam apresentar em relação à matéria-prima original:[4]

4 IPEA/CEMPRE. *Economia da reciclagem*. Workshop Rio de Janeiro, 1995. p. 1.

- menores preços de mercado;
- ocasiões de escassez da matéria-prima nova;
- economias de consumo de energia elétrica, vapor, água etc.;
- presença de ligas em sua constituição que permitam economia de insumos de qualquer natureza;
- apresentação de subsídios especiais a seu uso;
- apresentação de vantagem competitiva mercadológica na venda do produto final e para melhorar a imagem da empresa.

Em geral, os materiais reciclados têm certa vantagem em relação à matéria-prima nova, principalmente pelas condições de disponibilidade de quantidades suficientes e garantidas ou por outras razões de ordem técnica. Mesmo no caso dos metais, que em geral apresentam alta reciclabilidade do ponto de vista técnico, possibilitando utilização total dos reciclados, eles não existem em quantidades suficientes para suprir toda a indústria, uma vez que constituem bens duráveis com ciclo de vida longo.

RESUMO DOS PRINCIPAIS TÓPICOS

Os canais de distribuição diretos, constituídos pelas diferentes maneiras de entregar fisicamente os produtos fabricados ao consumidor final, estabelecem o que denominamos "fluxo logístico direto de mercadorias".

Os canais reversos de pós-consumo constituem-se nos diferentes modos de retorno dos produtos após seu uso, podendo apresentar serventia a novos consumidores – caracterizando-se canais de reúso dos bens de pós-consumo – ou não ter condições de reutilização, sendo destinados então aos canais reversos de reciclagem de produtos ou de seus materiais constituintes. Chamamos de "fluxos logísticos reversos" os fluxos de retorno ao ciclo produtivo ou de negócios dos diferentes produtos e materiais.

Distinguem-se duas categorias de fluxos reversos de pós-consumo: os fluxos reversos abertos, nos quais os materiais constituintes têm sua origem em diferentes produtos de pós-consumo, e os fluxos reversos fechados, nos quais os materiais constituintes são extraídos de um produto de pós-consumo e usados para fabricar produtos da mesma natureza.

Os bens duráveis, quando transformados em bens de pós-consumo e sem condições de serem reutilizados, poderão ser enviados diretamente ao lixo urbano, desmontados nos canais reversos de desmanche ou diretamente enviados ao canal reverso de reciclagem. No caso de apresentarem condições de utilização, são comercializados nos canais reversos de segunda mão.

Os bens descartáveis normalmente não têm condições de reutilização e podem ser dirigidos aos canais reversos do lixo urbano ou reciclagem, por meio dos diferentes modos de coleta: coletas de lixo urbano, coletas seletivas ou coletas informais, seguindo diferentes canais reversos; caso não sejam coletados, constituirão uma das formas modernas de poluição urbana.

Os resíduos industriais constituem importantes quantidades de materiais dirigidos aos canais de reciclagem ou reúso. Por suas características técnicas e logísticas, são uma das melhores fontes de matéria-prima de produtos para a indústria de reciclagem.

Observa-se, em alguns casos, que a quantidade dos fluxos reversos equilibra os fluxos diretos, havendo, portanto, reaproveitamento dos materiais constituintes. Em outros casos, esse equilíbrio não é alcançado, ocasionando excesso de materiais de pós-consumo, que contribuem para a poluição nas regiões urbanas.

QUESTÕES PARA DISCUSSÃO

1. Quais são as possibilidades de revalorização de produtos e materiais de pós-consumo?
2. Descreva um exemplo de fluxo direto e um de fluxo reverso de produtos ou materiais.
3. Como se caracteriza a relação entre os fluxos reversos e diretos das baterias de automóvel?
4. Por que a comparação entre os fluxos reversos e diretos é apresentada de diferentes modos, dependendo do tipo de bem de pós-consumo considerado?
5. Cite produtos ou materiais com altos e com baixos níveis de retorno ao ciclo produtivo.
6. Qual é o interesse em distinguir os fluxos reversos fechados e abertos? Exemplifique casos de cada tipo de fluxo.
7. Justifique o fato de que os canais reversos de ciclo fechado apresentam melhor equilíbrio entre os fluxos reverso e direto do que os canais reversos de ciclo aberto.
8. Descreva os canais reversos possíveis para o automóvel.
9. Descreva as possibilidades de retorno de uma embalagem descartável.
10. Analise os principais aspectos do mercado de produtos remanufaturados, observando as características de competição.
11. Empresas que utilizam a remanufatura como estratégia devem planejar o retorno dos produtos incluindo-os em sua cadeia de suprimentos. Analise esses casos.
12. Caracterize os canais reversos de um produto semidurável e compare-o com os demais tipos de bens.
13. Qual é a relação existente entre o lixo urbano e a logística reversa de pós-consumo?
14. Analise, sob a ótica logística, os custos das diferentes formas de coleta de pós-consumo.

15. Sob o ponto de vista logístico, quais são as vantagens da coleta seletiva domiciliar em relação aos demais tipos de coleta dos bens de pós-consumo?

16. Elabore razões que dificultem ou auxiliem o retorno dos bens de pós-consumo ao ciclo produtivo.

17. Pesquise na internet e faça o que se pede a seguir:

    a. Identifique um produto ou material que tenha alta taxa de retorno ao ciclo produtivo.

    b. Qual é o índice de reciclagem dos eletroeletrônicos?

    c. Os índices de reciclagem de materiais entre os países é muito diferente? Dê exemplos.

Parte III

OS OBJETIVOS ESTRATÉGICOS OU DIRECIONADORES DA LOGÍSTICA REVERSA DE PÓS-CONSUMO E A ORGANIZAÇÃO DAS CADEIAS PRODUTIVAS REVERSAS

O exame da tipologia característica dos canais de distribuição reversos de diferentes tipos de bens de pós-consumo permitiu que visualizássemos a diversidade de agentes que intervêm nesses canais. Veremos, nesta parte do livro, como se organizam as cadeias reversas de diferentes materiais e produtos, as características dominantes que elas apresentam e os fatores que interagem para justificar maior ou menor sucesso nessa organização.

Visto que a logística reversa de pós-consumo é a área da logística empresarial que planeja, opera e controla o fluxo físico e as informações correspondentes do retorno dos bens de pós-consumo ao ciclo produtivo e de negócios, agregando-lhes valor de alguma natureza, os capítulos seguintes são dedicados ao exame detalhado das diferentes maneiras de revalorizar os bens de pós-consumo.

Serão abordados, separadamente e em sequência didática, as diferentes perspectivas de revalorização e as possíveis estratégias empresariais objetivadas na implementação da logística reversa de pós-consumo.

Embora com a dificuldade natural da prática empresarial, podem-se identificar os objetivos estratégicos ou direcionadores econômicos, de prestação de serviços, de defesa ou reforço de imagem, ecológicos e legais como os principais motivadores da implementação da logística reversa de pós-consumo nas empresas ou nos setores empresariais. Conforme observaremos, esses objetivos devem se apoiar em condições logísticas culturais e tecnológicas das empresas envolvidas, cujos impactos também serão analisados em capítulos específicos.

Estudaremos as condições em que os fluxos reversos de pós-consumo se desenvolvem, justificando a implementação da logística reversa e identificando como esses objetivos influenciam a organização, a estruturação e o dinamismo das correspondentes cadeias produtivas reversas, examinando as características das empresas e dos mercados que as constituem e identificando a formação de redes de organizações de *reverse supply chain* (cadeia de suprimentos reversa). Analisaremos, ainda, a importância das ideias modernas de sustentabilidade ambiental como "pano de fundo" do crescimento da implantação de programas de logística reversa, gerando oportunidades de negócios nos canais reversos de pós-consumo e possibilitando às empresas vencer desafios.

A sequência dos capítulos adotada na exposição desta parte segue a ideia de que, dentre os diversos fatores de influência examinados, destacam-se os que se constituem em objetivos estratégicos motores e os que se destacam como contributivos e inibidores dos fluxos reversos de pós-consumo. Dessa forma, examina-se de que maneira esses diversos aspectos se transformam em direcionadores de programas de logística reversa em empresas e como atuam os inibidores dessas cadeias reversas.

6 PERFIL EMPRESARIAL E FATORES DE INFLUÊNCIA NA IMPLEMENTAÇÃO DA LOGÍSTICA REVERSA DE PÓS-CONSUMO

NESTE CAPÍTULO VOCÊ IRÁ:

1. avaliar as diferenças entre as empresas da cadeia direta e da cadeia reversa;
2. identificar as razões de diferentes desempenhos no equilíbrio entre os fluxos direto e reverso de produtos de pós-consumo;
3. perceber a influência da estratégia de integração reversa das empresas nas quantidades de produtos e materiais de pós-consumo que retornam ao ciclo produtivo;
4. identificar outros fatores de importância vital para o retorno dos bens e materiais de pós-consumo, além dos fatores puramente econômicos;
5. conhecer como os fatores de influência interagem de modo a modificar as condições "naturais" de mercado dos bens de pós-consumo;
6. distinguir os aspectos contributivos e inibidores das cadeias reversas de pós-consumo.

6.1 Características das empresas nas cadeias produtivas reversas

Conforme mencionamos, a logística reversa de pós-consumo, contrariamente à logística reversa de pós-venda, na qual o fluxo reverso se processa através de elos da cadeia de distribuição direta, possui uma estrutura própria de canal, formada por empresas especializadas em suas diversas etapas reversas, que constituem o *reverse supply chain*. Essa especialização refere-se tanto ao tipo de atividade desempenhada como à natureza do material ou produto de pós-consumo trabalhado.

O modelo de distribuição reversa de pós-consumo apresentado na Figura 6.1 simboliza a estrutura típica: as empresas e os agentes da cadeia reversa são apresentados no fluxo reverso de bens de pós-consumo como componentes de uma série de etapas reversas. Embora com diferentes tipos de integração, conforme veremos adiante, essa estrutura inicia-se com a primeira posse do bem de pós-consumo, sua coleta e sua primeira consolidação. Essa primeira consolidação, o varejo reverso, geralmente representa a comercialização de produtos provenientes de uma região geográfica, englobando poucos bairros e apenas efetuando a seleção e a separação inicial dos materiais.

Da primeira até a última consolidação, os produtos de pós-consumo são comercializados com distribuidores-processadores de maior porte empresarial, com mais recursos tecnológicos e especializados na natureza do material constituinte, reunindo quantidade e qualidade de separação suficiente para a comercialização com as indústrias de remanufatura ou de reciclagem. Estas processam os produtos de pós-consumo, extraindo deles os componentes, industrializando-os na forma de remanufatura ou preparando os que são de interesse na forma e na qualidade adequadas para a reintegração ao processo produtivo.

Nem sempre é fácil calcular o valor econômico de uma cadeia reversa; contudo, nos casos em que existe reaproveitamento pela remanufatura ou substituição de matérias-primas primárias por matérias-primas secundárias ou recicladas, pode-se inferir o valor econômico da cadeia reversa como uma parcela da cadeia direta correspondente. Essa parcela econômica será definida em função da relação entre os fluxos reversos e diretos dos materiais e produtos correspondentes em determinado canal reverso ou, mais precisamente, da relação entre as quantidades retornadas ao ciclo produtivo por meio da cadeia reversa e as quantidades produzidas pela cadeia produtiva direta.

Vimos que a remanufatura é uma das atividades de importância econômica em diversos países e que a representatividade dessa economia equivale à de setores empresariais importantes no cenário atual. Em muitos casos, o reaproveitamento por esse processo possibilita custos correspondentes a 20% dos custos originais e preços altamente competitivos.

FIGURA 6.1 Empresas da cadeia produtiva reversa de pós-consumo

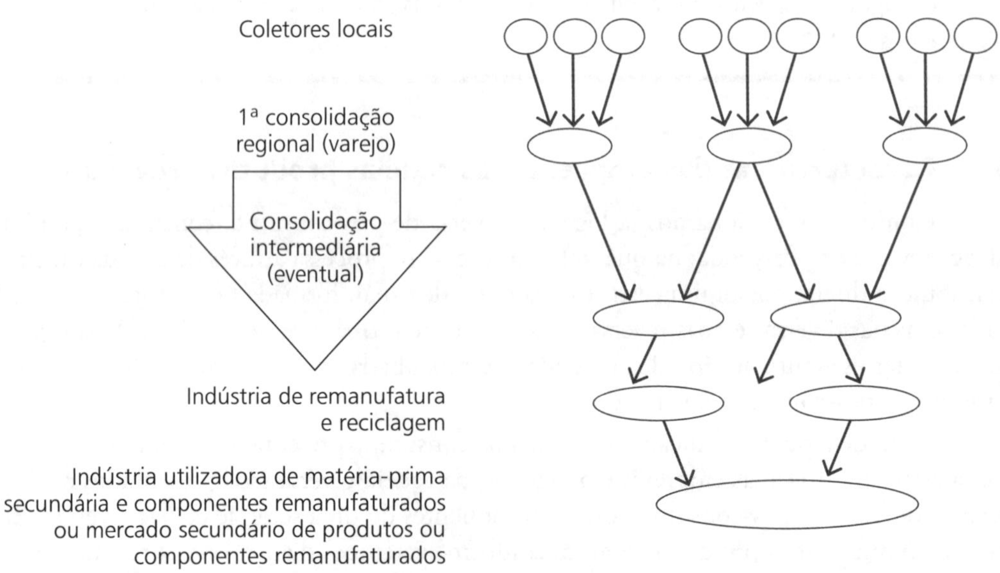

Fonte: elaborada pelo autor.

Em alguns casos de reciclagem, como o das latas de alumínio de bebidas no Brasil, a economia reversa chega a representar cerca de 70% da economia direta quando há substituição de matérias-primas primárias por secundárias, ou seja, do total de latas de alumínio fabricadas e comercializadas na cadeia de distribuição direta, 70% correspondem a materiais que retornam, no prazo de 30 dias, ao ciclo produtivo, após reciclagem da liga de alumínio constituinte.

No canal de distribuição reverso de reciclagem de baterias de veículos em geral, a parcela da economia reversa, partindo do mesmo raciocínio, representa mais de 80% da economia direta, ou seja, do total da produção de baterias comercializadas na cadeia de distribuição direta, 80% das matérias-primas são substituídas por matérias-primas secundárias ou recicladas na cadeia produtiva reversa, retornando ao ciclo produtivo após o período de dois a três anos.

As cadeias reversas de alguns metais apresentam parcelas menores em relação à economia direta, pelo fato de geralmente eles constituírem produtos duráveis, de longa vida útil, e de não haver disponibilidade de produtos de pós-consumo. Entretanto, em geral as quantidades envolvidas nos fluxos reversos são altas, equivalendo a valores monetários expressivos. É o caso da cadeia reversa dos materiais ferro e aço, em que a parcela da economia reversa representa 30% da economia direta, e o da cadeia reversa do material alumínio, em que a economia reversa representa cerca de 20% da economia direta.

Embora muitas vezes possam representar importantes parcelas da economia direta, as empresas que constituem as diversas cadeias produtivas reversas de pós-consumo apresentam, em geral, alta dispersão geográfica e, em consequência, porte muito inferior ao das empresas das cadeias produtivas diretas. Um dos principais motivos dessas características é de natureza logística, conforme examinaremos em detalhes mais adiante, pois o retorno dos bens de pós-consumo se dá pela coleta em pontos dispersos e sucessivas consolidações até chegar à fase de reaproveitamento em um processo de remanufatura ou à reintegração do material reciclado.

Essa importante diferença de porte de empresas e de concentração econômica, em face de uma dispersão geográfica e econômica observada entre as cadeias produtivas direta e reversa, característica de muitos casos de canais reversos, justifica a existência, em muitos casos pesquisados, de mercados de materiais secundários ou reciclados com características de monopsônios ou oligopsônios, estabelecendo-se uma relação normalmente desproporcional na barganha comercial entre empresas dessas cadeias.

O exemplo apresentado na Tabela 6.1, de uma pesquisa de Lund, revelava algumas características desse setor importante da logística reversa, evidenciando a enorme dispersão dessas empresas que geram quantidades significativas de empregos e economias relevantes. De acordo com dados mais recentes da United States International Trade Commission (USITC), o setor não apresentou grandes alterações em suas características básicas quanto ao tamanho médio de empresas, revelando tendência de crescimento. O interesse do setor pode ser evidenciado pelos diversos órgãos associativos pelo mundo e, em particular, no Brasil, a Associação Nacional dos Remanufaturadores de Autopeças (ANRAP), demonstrando um novo momento para essas atividades e prevendo-se um futuro de desenvolvimento.

TABELA 6.1 Características da indústria de remanufatura nos Estados Unidos

Número total de empresas de remanufatura	73 mil empresas
Vendas anuais da indústria de remanufatura	53 bilhões de dólares
Empregos diretos gerados	480 mil empregos
Faturamento médio anual	2,9 milhões de dólares
Número de empregos médio por empresa	24 empregos
Número de setores pesquisados	46 setores empresariais

Fonte: LUND, R. T. *The remanufacturing industry*: Hidden giant. Boston: Boston University Techology, 1996.

6.2 Níveis de integração empresarial nas cadeias reversas de pós-consumo

6.2.1 Integração empresarial em cadeias reversas de remanufatura

Enquanto muitas empresas realizam negócios de remanufatura diretamente ou por meio de terceirização, de forma visível e com resultados compensadores, ao mesmo tempo observam-se empresas com dificuldades estratégicas para fazer o mesmo, operando com riscos estratégicos de competição não dominada. Companhias como Canon, Xerox, IBM, Kodak, Cummins, Deere & Co., entre outras, denominadas Original Equipment Manufacturers (OEM), integram essa atividade em seus negócios. Ganhos de 40% a 60% nos custos são reportados por empresas que utilizam remanufatura de componentes utilizando somente 20% do esforço de fabricação de um produto novo.

Giuntini e Gaudette[1] apresentam algumas razões para o baixo nível de utilização da remanufatura por parte das empresas, resumidas na falta de consciência do potencial de benefícios e dos desafios envolvidos.

Devem-se destacar os benefícios da economia de recursos de diversas naturezas, a redução nos preços dos produtos comercializados, as possíveis garantias equivalentes dos produtos originais etc. No entanto, torna-se necessário às empresas que adotam a integração da remanufatura em suas atividades atentar para o projeto dos produtos visando à sua desmontagem e ao reaproveitamento de componentes, à integração da remanufatura no marketing, à adaptação dos meios de produção e seus controles logísticos, à modificação de sistemas contábeis de depreciação, entre outros aspectos.

1 GIUNTINI, R.; GAUDETTE, K. Remanufacturing: the next great opportunity for boosting US productivity. *Business Horizons*, p. 41-42, nov.-dez., 2003.

A atividade de remanufatura pode ser desenvolvida por empresas fabricantes originais dos produtos duráveis (OEM), por empresas especializadas terceirizadas da OEM e por empresas de remanufatura independentes. Elas podem concorrer ou trabalhar em cooperação nas diferentes etapas no mercado, desde a fase de captação dos produtos de pós-consumo (carcaças) até sua redistribuição ao mercado de produtos remanufaturados, justificando, dessa forma, a preocupação com o papel da logística reversa em suas estratégias.

As empresas OEM, em diferentes setores industriais, têm visões diferenciadas de como competir em face das atividades de remanufatura. Em alguns casos, colocam-se prioritariamente como adversárias das empresas que remanufaturam seus produtos e travam verdadeiras guerras competitivas com elas, enquanto outras preferem integrá-las à sua estratégia empresarial. Ações reconhecidas dessa guerra competitiva são evidenciadas por modificações constantes nos modelos, captação e destruição dos produtos de pós-consumo, restrições de serviços aos clientes, entre outras estratégias.

Christensen e Raynor[2] descrevem os riscos de ruptura de mercados (denominada por eles como "disruptura de mercado") quando produtos de valor e qualidade equivalentes são apresentados ao mercado, por meio de aproveitamento de produtos ou matérias-primas, substituindo os produtos originais. Muitas vezes isso ocorre por falta de percepção estratégica dos fabricantes dos produtos originais, podendo custar a perda de mercados importantes. Uma das alternativas deles é a evolução tecnológica rápida, com mudanças frequentes dos produtos. O exemplo dado pelos autores é o caso das miniusinas de ferro nos Estados Unidos, que, com a indiferença estratégica das grandes siderúrgicas naquele país, redundaram em perda gradativa de parcelas de mercado.

- ***Empresas não integradas:*** compram suas carcaças ou "*core*" de distribuidores que se encarregam de coletar esses produtos diretamente no mercado quando descartados. Em geral, nenhum processamento é realizado por esses intermediários, salvo a consolidação e o transporte (Figura 6.2A).
- ***Empresas integradas***: desenvolvem a coleta dos produtos em suas regiões de descarte, realizando, portanto, o transporte das peças usadas diretamente para sua atividade de reaproveitamento (Figura 6.2C).

6.2.2 Integração empresarial em cadeias reversas de reciclagem

As empresas que utilizam materiais reciclados apresentam diferentes níveis de integração vertical, ou seja, podem executar algumas das fases reversas ou comprar seus materiais reciclados diretamente do mercado. A seguir, distinguimos pelo menos três possibilidades de verticalização nas cadeias reversas, para os dois tipos principais de cadeias reversas: a remanufatura e a reciclagem.

2 CHRISTENSEN, C. M.; RAYNOR, M. E. *O crescimento pela inovação*. Rio de Janeiro: Campus, 2003. p. 47-53.

FIGURA 6.2 Empresa não integrada, semi-integrada e integrada em sua logística reversa

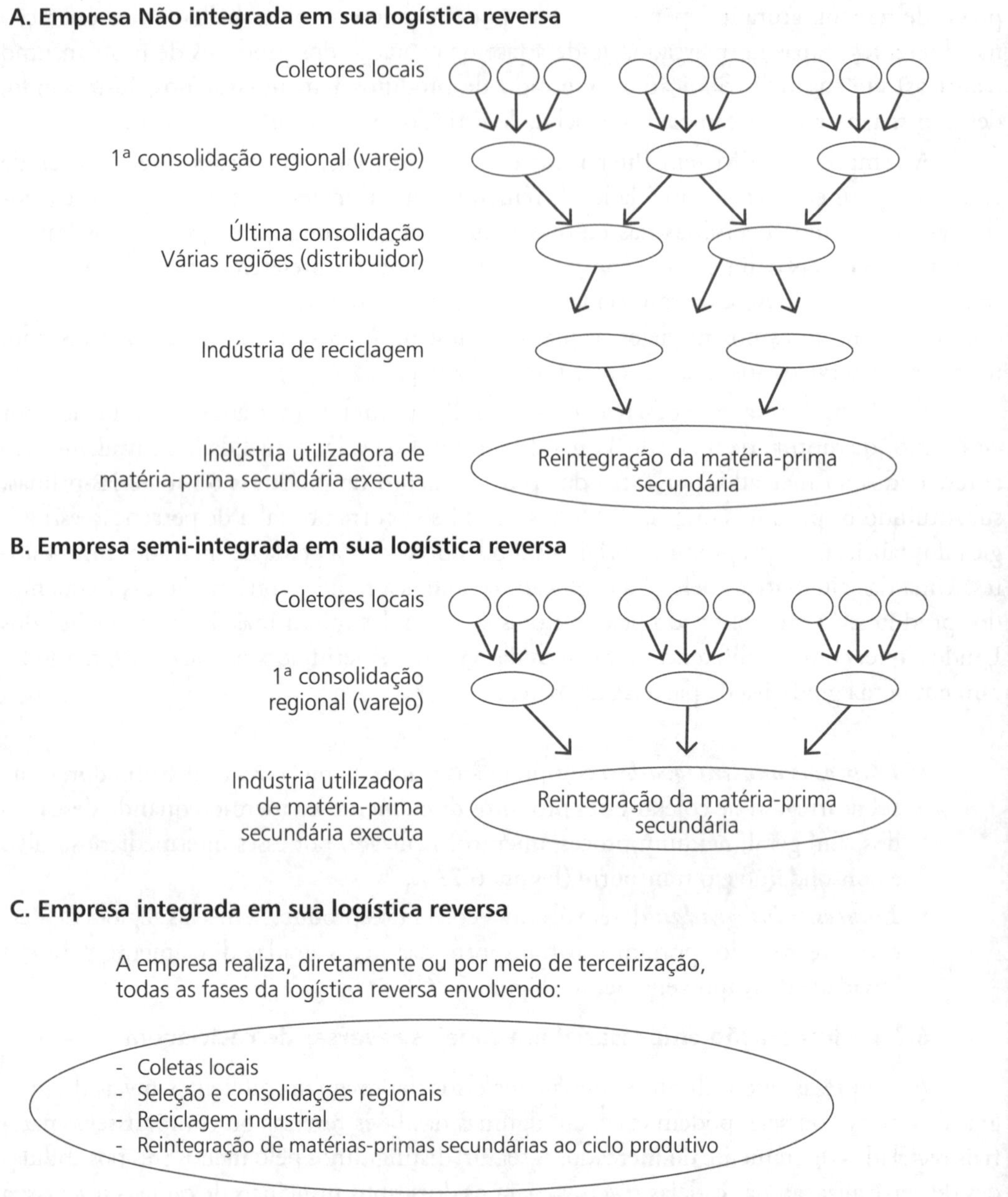

- ***Empresas não integradas em reciclagem***: compram os materiais reciclados da indústria de reciclagem ou de agentes distribuidores. Nesse caso, os materiais estão em condições técnicas de ser reintegrados ao processo industrial, substituindo matérias-primas virgens (Figura 6.2A).

- ***Empresas semi-integradas em reciclagem***: compram seus materiais previamente beneficiados por intermediários processadores ou sucateiros com certo nível de adensamento de carga e seleção dos materiais e executam o processamento industrial de reciclagem como atividade empresarial antes da reintegração do material ao processo (Figura 6.2B).
- ***Empresas integradas em remanufatura ou reciclagem***: compram seus materiais da fonte primária de resíduos sólidos, ou seja, realizam a coleta dos produtos de pós-consumo diretamente ou por meio de parcerias, realizando o adensamento e a seleção, e o processamento industrial de reciclagem para posterior reintegração desses produtos ao ciclo produtivo (Figura 6.2C).

EMPRESAS DE CADEIAS REVERSAS DE CICLO REVERSO FECHADO DE RECICLAGEM

Uma característica observada nesse tipo de canal reverso, em que os materiais são extraídos de determinado produto de pós-consumo e reintegrados em produtos de mesma natureza, é a tendência de integração entre a cadeia direta e a reversa. Isso se deve ao fato de que o domínio das ações nas diferentes fases da cadeia reversa desses materiais específicos é economicamente estratégico para as empresas da cadeia direta de fabricantes do produto. Estas organizam, sozinhas ou em parceria, as diversas etapas de suas cadeias reversas e nelas atuam fortemente, incentivando a coleta dos produtos, ativando programas de reciclagem e melhorando as condições técnicas deles, entre outras atitudes.

São exemplos típicos dessa estrutura de cadeia produtiva reversa os canais reversos das latas de alumínio para embalagem, das baterias de veículos e dos óleos lubrificantes.

EMPRESAS DE CADEIAS REVERSAS DE CICLO REVERSO ABERTO DE RECICLAGEM

Ao contrário da situação anterior, no caso de canais reversos, em que os materiais são extraídos dos produtos de pós-consumo de diversas naturezas e são reintegrados em produtos que também têm diferentes naturezas, as empresas da cadeia produtiva reversa revelam menor tendência à integração nas diversas etapas reversas, em função da origem diversificada de seus materiais. Nesses casos, a cadeia produtiva direta é compradora de materiais secundários ou reciclados, prontos para serem reintegrados ao processo produtivo.

6.3 Fatores de influência e direcionadores na organização das cadeias reversas

Nos exemplos de implantação da logística reversa nos canais de distribuição reversos de pós-consumo apresentados em capítulos anteriores, pudemos observar que materiais e produtos revelam diferentes organizações e quantidades em seus fluxos reversos. Salientamos que alguns deles apresentam alta porcentagem de fluxos reversos – quando relacionados com os fluxos diretos correspondentes, e organização elevada em suas cadeias produtivas reversas – enquanto outros apresentam baixa porcentagem de fluxos reversos e, consequentemente, baixa organização. Os capítulos a seguir aprofundam a análise dos diversos aspectos que interferem nessa organização e estruturação e, em consequência, no equilíbrio entre as quantidades de bens de pós-consumo que são descartadas e as que são reintegradas ao ciclo produtivo e que justificam o grau de inserção da logística reversa na estratégia empresarial.

Destacamos a seguir alguns autores seminais que examinam a logística reversa sob diferentes dimensões visando à explicação de sua eficiência e que justifiquem motivações e restrições nas diferentes de seu uso nas cadeias reversas. Kopicki et al.[3] destacam que os programas empresariais, com objetivos de reúso e de reciclagem, são frequentemente motivados por legislações regulatórias, pelos próprios funcionários e por pressão da sociedade. Fuller e Allen[4] definem os *drivers* para o desenvolvimento de mercados de produtos reciclados: o comprometimento da sociedade com preceitos ecológicos; o aumento dos custos ambientais nos negócios, o clima político-legal-regulatório, os avanços em tecnologia e o desenho de produtos como forma de melhorar as condições de seu reaproveitamento, a localização adequada de origem e destino dos produtos de retorno.

Stock[5] destaca a redução de custos das operações de retorno de produtos propiciada pelos serviços prestados aos clientes, sugere o impacto direto e indireto das legislações em programas de logística reversa e cita as manifestações de responsabilidade social que podem influir em programas de retorno de produtos.

Rogers e Tibben-Lembke[6] sugerem alguns motivadores de competitividade para a implantação de programas de logística reversa: cidadania corporativa, obrigações legais, benefícios financeiros pela recaptura de valor econômico e proteção de margens de lucro empresarial.

Dowlatshahi[7] distingue os fatores estratégicos e os operacionais nos sistemas de logística reversa. Analisa cinco fatores estratégicos: custos estratégicos que indicariam a eficiência na utilização dos recursos, dos métodos e das tecnologias correspondentes; qualidade nos produtos obtidos nos reaproveitamentos; serviço aos clientes no sentido de satisfazer às suas necessidades; meio ambiente, no sentido da responsabilidade de fabricantes sobre o impacto dos produtos; e legislações que influem em programas de logística reversa.

Fleischmann[8] distingue direcionadores econômicos, de marketing e legais, entendendo como marketing as diversas possibilidades de sua utilização na logística reversa.

De Brito[9] destaca a dimensão "Por que retornam?" (*Why returning? drivers*) subdividida em três motivadores que justificariam programas de logística reversa: *drivers* econômicos, quando existe algum tipo de lucro obtido; *drivers* legislativos, quando a empresa precisa

---

3 KOPICKI et al. 1993.

4 FULLER, D. A.; ALLEN, J. Reverse channel system. In: POLONSKY, J. et al. (Ed.). *Environmental marketing*: strategies practice, theory and research. New York: Haworth Press, 1995.

5 STOCK, J. R. *Reverse logistics programs*. Illinois: CLM, 1998.

6 ROGERS, D. S.; TIBBEN-LEMBKE, R. S. *Going backwards*: reverse logistics trends and practices. Reno: University of Nevada, 1999.

7 DOWLATSHAHI, S. Developing a theory of reverse logistics. *Interfaces*, v. 30, n. 3, p. 143-155, 2000.

8 FLEISCHMANN, M. *Quantitative models for reverse logistics*. Berlin: Springer, 2001.

9 DE BRITO, M. P. Managing reverse logistics or reversing logistics management? *Erim PhD Series Research in management*, n. 35. Roterdam: Erasmus University Roterdam, 2004.

realizá-los; e *drivers* de cidadania corporativa, quando a empresa é impelida socialmente a realizá-los.

No esquema apresentado na Figura 6.3 pode-se observar um resumo dessas ideias, que, complementadas por pesquisas no Brasil realizadas pelo autor deste livro, apresentam os canais de distribuição reversos de pós-consumo como o suporte mercadológico que permite o fluxo de materiais e produtos em sua forma de pós-consumo até a reintegração ao ciclo produtivo como novo produto remanufaturado, matéria-prima secundária ou o retorno do bem utilizado ao mercado. Nesse esquema é identificada a possível atuação dos diversos fatores que, de alguma maneira, podem influenciar a organização dos fluxos reversos por meio da logística reversa dos diferentes materiais e produtos, a relação entre a quantidade reintegrada ao ciclo produtivo de fluxo reverso e a quantidade disponível de pós-consumo de fluxo direto.

FIGURA 6.3 Fatores de influência na organização dos canais reversos de pós-consumo

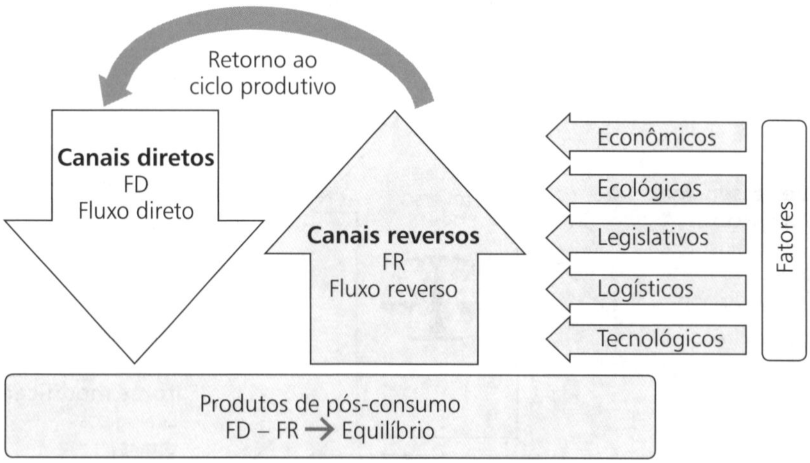

Fonte: elaborada pelo autor.

O equilíbrio desses fluxos é regido pela atuação de diversos fatores, que examinaremos a seguir, e que constituem os objetivos para implementação da logística reversa nos setores ou empresas, em cada caso.

O modelo de relacionamento apresentado na Figura 6.4, resultado das pesquisas do autor sobre cadeias reversas de diversos setores industriais brasileiros, resume a relação de dependência entre esses fatores e os níveis de organização e dinamismo dos canais de distribuição reversos. Esse modelo admite que as condições essenciais para que a reintegração dos produtos de pós-consumo se dê de forma correta são baseadas em ideias econômicas de rentabilidade e de mercado, o que pode ser discutível. Por outro lado, distingue alguns fatores que influem positiva ou negativamente na eficiência das cadeias de retorno de pós-consumo, ou seja, que garantem interesses empresariais satisfatórios e consequentes níveis de organização nas cadeias reversas. Denominamos "fatores modificadores de organização e estruturação dos canais de distribuição reversos" os fatores que alteram as condições naturais de mercado, nas diversas etapas reversas, permitindo que novas condições de equilíbrio sejam estabelecidas. Essa nova condição de mercado oferece novas oportunidades e interesses empresariais que afetam as organizações preexistentes, bem como seus níveis de fluxos reversos.

Nos próximos tópicos deste capítulo desenvolveremos sinteticamente as principais ideias desse modelo relacional, que serão examinadas em detalhes posteriormente.

6.4 Condições essenciais de organização e implementação da logística reversa em um canal reverso

O modelo da Figura 6.4 destaca em primeiro plano as condições essenciais para que o fluxo reverso se estabeleça, conforme será descrito a seguir.

FIGURA 6.4 Modelo para a logística reversa de pós-consumo

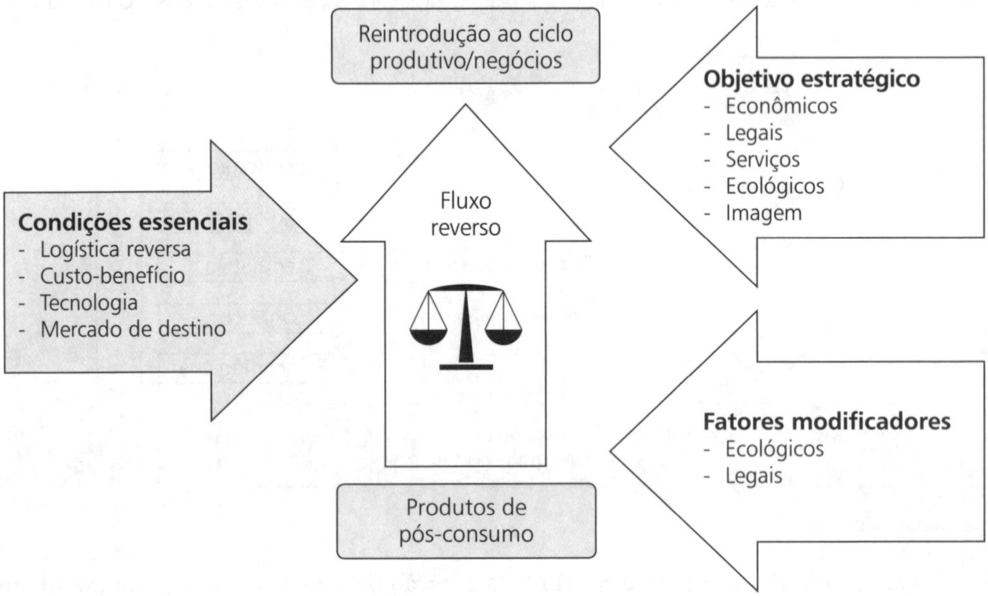

Fonte: LEITE, 1999.

6.4.1 Lucratividade em todas as etapas reversas

A lucratividade obtida ao longo de cada fase reversa deve satisfazer aos interesses econômicos dos diversos agentes, com custos agregados que permitam preço de venda dos produtos remanufaturados e dos materiais reciclados inferior ou compatível com os produtos e as matérias-primas virgens que eles substituirão. Portanto, é necessário que propiciem interesse econômico pelos produtos remanufaturados nos quais as matérias-primas foram reintegradas e que possuam condições de mercado satisfatórias. Sem essa condição, a cadeia não se consolida.

Além desse importante aspecto, é necessário haver quantidades de reciclados e/ou remanufaturados, ou de outros reaproveitamentos, suficientes para sua concretização econômica, assim como constância no tempo, de modo que sejam garantidas atividades em escala econômica e empresarial. Uma das maiores dificuldades nas cadeias reversas é a obtenção da constância de fornecimento do pós-consumo e em quantidade satisfatória, permitindo economia na atividade e níveis de investimentos adequados.

Em outras palavras, não haverá lucratividade nas fases reversas se o lucro do reaproveitamento não remunerar toda a cadeia reversa. Nesses casos é necessário modificação nas condições do mercado.

6.4.2 Logística reversa organizada

O equacionamento de retorno dos produtos e materiais, por meio de um sistema de logística reversa organizado e eficiente, é essencial para que a cadeia reversa seja economicamente viável e se obtenha o desempenho em termos de quantidade e eficiência adequadas. O sistema de reintegração ao ciclo produtivo deve garantir que produtos ou materiais estejam em condições satisfatórias de reutilização pelos clientes. O uso adequado dos recursos de transportes, armazenagem e inteligência logística na rede reversa garantirá condições econômicas para a cadeia reversa. A forma de coleta, os processamentos preliminares e a qualidade dos materiais serão importantes para os resultados. As contaminações com materiais de outra natureza podem inviabilizar a utilização do reciclado.

6.4.3 Tecnologia em todas as fases da cadeia reversa

Parece evidente a necessidade de haver tecnologia adequada desde a coleta dos produtos usados, a fim de preservar suas características, separar os componentes que for necessário, estabelecer a ordem de carregamento e de destino dos produtos. Da mesma forma, é de total interesse que as condições de pré-processamento, caso haja necessidade, sejam adequadas, por exemplo, no caso de enfardamento de materiais para transporte, na separação dos resíduos por tipo etc.

No entanto, a fase mais importante para efeito de tecnologia é evidentemente a fase industrial de reaproveitamento, em que ela terá papel fundamental para garantir a condição econômica e que a cadeia reversa seja completada. É necessário classificar, mesmo de maneira simples, as tecnologias de reaproveitamento em um contínuo de sofisticação tecnológica, de um nível elementar ao mais elaborado. Assim, a desmontagem de equipamentos eletroeletrônicos pode ser realizada manualmente ou por equipamento de alta *performance*, a reciclagem de plásticos comuns pode ser realizada por equipamentos de diferentes níveis de *performance* em suas diversas fases, entre outros exemplos. No entanto, existem produtos usados que requerem processos industriais mais complexos, exigindo níveis de investimentos tecnológicos mais avançados, como as embalagens longa vida, as garrafas PET, as lâmpadas de mercúrio, entre outros.

O que o modelo quer deixar claro é que o nível de tecnologia empregado dará ou não condições para a concretização satisfatória de uma cadeia reversa. Trata-se, portanto, de se ter uma tecnologia adequada para viabilizar economicamente a cadeia reversa. O caso dos pneumáticos apresentado no Logística reversa na prática 6.1 esclarece essa necessidade, pois enquanto não havia tecnologia de reaproveitamento deles, a cadeia reversa não se concretizava satisfatoriamente. A questão de falta de tecnologia de maior desempenho no reaproveitamento de produtos eletroeletrônicos usados no Brasil será discutida em tópico específico deste livro.

6.4.4 Mercado para os produtos remanufaturados e reciclados

Evidentemente, a existência de mercado para os produtos reaproveitados é fator fundamental para a existência de qualquer cadeia de suprimentos, direta ou reversa. No caso das cadeias reversas é necessário haver, quantitativa e qualitativamente, mercado para os produtos remanufaturados ou com conteúdo de reciclado. No caso dos remanufaturados, a aceitação estará condicionada à qualidade, à sua atualidade tecnológica e ao envolvimento dos fabricantes originais. No que se refere aos reciclados, além da qualidade intrínseca, é necessário que o mercado aceite produtos dessa natureza, sem preconceitos, mas por intermédio de garantias de certificações.

Preconceitos podem ser entendidos como a recusa ou restrição ao uso de produtos, componentes, matérias-primas reaproveitadas, ou, ainda, produtos com certo conteúdo de reciclados, seja pela indústria ou pelo consumidor final. Considerar esse aspecto é de vital importância, caso contrário, o mercado atual não acompanhará o mercado dos produtos que foram consumidos. Percebe, leitor, que com níveis cada vez maiores de produtos sendo descartados com menor tempo de uso necessário, faz-se ter uma indústria de reaproveitamento e um mercado que acompanhe esse crescimento?

Com exceção dos metais em geral, ainda existem restrições técnicas e preconceituais ao processamento e ao desempenho final de produtos ou materiais reaproveitados. Isso faz com que a matéria-prima secundária seja utilizada em proporções diferentes, variando de acordo com o tipo de aplicação do produto final. No Brasil, sacos plásticos de lixo são feitos com resina plástica 100% reciclada, ao passo que na fabricação de papéis com conteúdo de reciclados as proporções de uso são variáveis, de acordo com o tipo e o uso do produto. No caso de garrafas de refrigerante da resina PET existia proibição legal da utilização de resina reciclada em garrafas para a indústria alimentícia, restando ao setor encaminhar o reciclado para outros tipos de produtos, situação revista pelos órgãos de saúde do país no sentido da permissão de uso desde que não entre diretamente em contato com conteúdo, existindo técnicas capazes de cumprir essa restrição. Essas atitudes certamente possibilitarão o crescimento dos negócios e dos índices de reciclagem desse material.

É muito comum observar dificuldade de aceitação de uso de produtos reaproveitados ou com conteúdo de material reaproveitado, inclusive verdadeiros antagonismos setoriais entre aqueles que produzem o produto original e aqueles que o reaproveitam. Espera-se dos originais fabricantes maior entendimento dessa nova realidade e esforços para verticalizar-se nesse sentido ou terceirizar com competência o reaproveitamento, criando áreas novas de lucratividade para suas empresas. Dos industriais independentes responsáveis pelo reaproveitamento espera-se que tendam à obtenção de qualidade e garantias de *performance* que permitam seus produtos serem utilizados parcimoniosamente pelo mercado. Várias são as modificações no cenário necessárias para ultrapassar esses preconceitos. Além das ações anteriormente propostas, é preciso a dedicação de líderes de mercado no sentido de dar o exemplo no uso desses produtos.

6.5 Fatores de influência na organização de um canal de distribuição reverso de pós-consumo

Para satisfazer às condições de eficiência e de organização da cadeia reversa de acordo com o modelo relacional da Figura 6.4, é necessária a influência de um ou de mais fatores (já mencionados) conjugados. Em cada caso de canal reverso examinado, as condições de atuação dos fatores econômicos, tecnológicos e logísticos diferem, pela intensidade e predominância de um sobre os demais ou pelo sentido de atuação, como "motor" ou "inibidor" dos fluxos reversos.

6.5.1 Fatores econômicos

São as condições que permitem a obtenção dos valores necessários à reintegração das matérias-primas secundárias ao ciclo produtivo, os que financiam a remuneração adequada aos agentes da cadeia produtiva reversa.

6.5.2 Fatores tecnológicos

É necessário que a tecnologia esteja disponível para o tratamento econômico dos resíduos em seu descarte, em sua captação como pós-consumo, na desmontagem, na separação dos diversos materiais constituintes, na reciclagem propriamente dita ou no processo de transformação dos resíduos em matérias-primas recicladas que substituirão as novas e se reintegração ao ciclo produtivo.

6.5.3 Fatores logísticos

Dizem respeito à existência de condições de organização, localização e sistemas de transporte entre os diversos elos da cadeia de distribuição reversa: fontes primárias de captação, centros de consolidação e adensamento de cargas dos materiais de pós-consumo, processadores intermediários, centros de processamento de reciclagem e usuários finais desses materiais reciclados. A característica logística dos materiais de pós-consumo e, em particular, a transportabilidade deles, revelam-se de enorme importância na estruturação e na eficiência dos canais reversos.

6.6 Fatores modificadores da organização de um canal de distribuição reverso

Apresentam-se, ainda no modelo da Figura 6.4, na última parte, à direita, dois fatores de influência, que denominamos modificadores das condições naturais de mercado, visto que sua influência tem sido observada recentemente como forma de reação às condições "naturais" preexistentes em certos tipos de canais de distribuição reversos. Esses fatores podem se tornar verdadeiros motores ou incentivadores da organização das cadeias reversas, em razão da crescente sensibilidade ecológica da sociedade, das necessidades de regulamentações legislativas e da conscientização crescente dos custos intangíveis associados à imagem corporativa e marca das empresas modernas.

Sem a lucratividade em todas as fases, a cadeia reversa não deve existir de forma plena, mas apenas de forma regional ou em pequenas quantidades. Dessa maneira, caso exista interesse em que a cadeia se complete, será necessário "induzir" efeitos, que normalmente são alcançados por legislações ambientais aplicadas à logística reversa, ou eventualmente aspectos ecológicos. A Figura 6.5 resume essas ideias citando alguns exemplos de cadeias reversas em cada caso.

FIGURA 6.5 Fluxos reversos naturais e induzidos

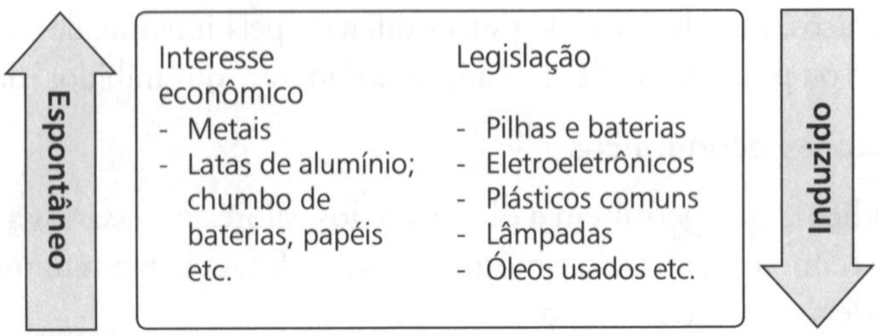

Fonte: elaborada pelo autor.

6.6.1 Fatores ecológicos

Denominamos fatores ecológicos modificadores das condições de um *reverse supply chain* aqueles que são motivados pela sensibilidade ecológica e de sustentabilidade ambiental de um dos agentes: governo, sociedade ou empresas. Iniciativas do próprio governo, pressões sociais que induzem o governo à intervenção, a seletividade ecológica da sociedade no consumo de bens e a preocupação e responsabilidade ambiental das empresas poderão modificar as condições de um canal reverso.

Esses novos comportamentos, principalmente em países mais desenvolvidos, nos quais se tornaram mais visíveis nos últimos anos, passam a exigir posições estratégicas inovadoras das empresas com relação ao impacto de seus produtos e processos industriais no meio ambiente, justificando novas e importantes motivações de implementação da logística reversa, de modo que se mantenham competitivas.

6.6.2 Fatores legislativos

Os fatores modificadores por intervenção governamental, visando à regulamentação, à promoção, à educação e ao incentivo à melhoria do retorno dos produtos ao ciclo produtivo, podem ser motivados como alternativa de redução de custos governamentais, para a satisfação de pressões de grupos sociais ou políticos ou para desbloquear fases do processo reverso, a fim de melhorar seu desempenho, justificando inúmeros casos de implementação de logística reversa em empresas atualmente.

O nível de intervenção ou omissão dos governos, por meio de legislação adequada, pode influir nessa organização dos canais reversos. O subsídio às matérias-primas ou à energia elétrica, por exemplo, fato relativamente comum, deve reduzir o interesse no material reciclado, por baixar seus preços; a responsabilidade em relação aos níveis de reciclagem de determinado setor de bens deve intensificar a organização dos canais de distribuição reversos; e a coleta seletiva obrigatória certamente melhora a eficiência dos canais reversos dos produtos descartáveis.

Supõe-se que os governos devam intervir e regular as atividades na medida em que não existam condições de autorregulamentação do mercado; caso contrário, a intervenção torna-se um subsídio para alguns participantes da cadeia reversa.

No Brasil, como já mencionado, a Política Nacional de Resíduos Sólidos (PNRS) estabelece, à semelhança das legislações europeias, a responsabilidade compartilhada dos agentes da cadeia de suprimentos, fabricantes e comerciantes, no equacionamento do retorno de produtos de pós-consumo diversos. Essa legislação bastante geral deverá modificar fortemente as condições de mercado e viabilizar diversas cadeias reversas que até então não se completavam pelas condições naturais de mercado devido à falta das condições essenciais já descritas. No **Capítulo 10** essa legislação, dada a sua importância no cenário brasileiro, será apresentada mais detalhadamente.

6.6.3 Fatores de imagem corporativa ou de marca

É crescente a preocupação das empresas com a manutenção de sua reputação e de suas marcas no mercado. Os custos intangíveis associados à piora de imagem tornam-se mais visíveis aos executivos. Atualmente é inconcebível perder clientes, pois sabe-se que reconquistá-los é muito mais caro que mantê-los; erros no tratamento de questões ambientais custam muito para serem remediados pelas empresas. É relativamente fácil ter sua imagem comprometida, mas é muito difícil recuperá-la.

Já abordamos a grande preocupação empresarial de manter inserções constantes nas mídias em geral com o objetivo de expor suas atividades de sustentabilidade ambiental e social, demonstrando a consciência dos citados custos intangíveis relativos às suas marcas e imagem, tornando-se questão de competitividade no mercado atual. Pode-se dizer que os custos intangíveis gradativamente se tornam extremamente tangíveis, desde que a empresa saiba mensurá-los e tenha reputação a cuidar.

Os exemplos a seguir, no Logística reversa na prática 6.1, apresentam a influência dos diversos fatores examinados neste capítulo.

LOGÍSTICA REVERSA NA PRÁTICA 6.1

O exemplo do canal reverso do alumínio

O caso da cadeia reversa das latas de alumínio no Brasil revela um índice de reciclagem que evoluiu, desde seu início, em 1989, para em torno de 96% nos dias atuais, ou seja, a uma relação fluxo reverso/fluxo direto (FR/FD) = 96%, conforme relatório anual da Associação Brasileira de Alumínio. Grandes esforços empresariais estão envolvidos na captação das latas de

►

pós-consumo, principalmente por meio de uma rede de sucateiros cuja principal fonte primária é a coleta informal. A elevada eficiência nesse canal reverso também tem sido comprovada nos Estados Unidos, no Japão, na Suíça e em outros países.

É importante observar a atuação de fatores econômicos, tecnológicos e logísticos na estruturação e na implementação da logística reversa nesse canal reverso. O fator econômico é justificado pela elevada economia gerada com a reintegração de alumínio secundário (reciclado) ao processo produtivo, economizando 95% da energia elétrica, quando comparado ao processo com matéria-prima nova, além da economia da própria matéria-prima bauxita, o que permite um alto preço à lata de alumínio de pós-consumo. O fator "oferta" justifica-se pela introdução da lata de alumínio como embalagem (descartável), de baixo ciclo de vida, desde a produção até a reintegração do material constituinte ao processo produtivo, atualmente estimado em menos de 30 dias.

Por outro lado, o canal reverso da matéria-prima alumínio nos demais setores da indústria, cujas principais fontes de captação são a obsolescência e os resíduos industriais, apresenta índices de reciclagem mais baixos. A limitação de reintegração de reciclados desses canais deve-se à falta de oferta de sucata em quantidade ou qualidade suficientes.

Embora apresente índices de reciclagem diferentes nesses segmentos do alumínio, a sucata existente é totalmente comercializada e reintegrada ao ciclo produtivo, demonstrando que a influência do fator econômico é de grande importância na organização desse canal reverso de pós-consumo.

O exemplo do canal reverso dos plásticos de embalagens

Se examinarmos o caso do canal reverso dos plásticos de embalagens veremos que, no Brasil, o nível médio de reciclagem é de 17%, considerado baixo em relação ao de outros materiais, mas não muito diferente de outros países, mesmo os mais desenvolvidos. Esse índice tem se mantido estável ao longo do tempo, e uma das principais razões apontadas para essa baixa eficiência é a relação preço-volume desfavorável no caso dos plásticos em geral, do ponto de vista econômico e logístico, pois encarece processamentos de adensamento e de transporte, sendo preterido em favor de outros materiais de maior interesse.

Relata-se que grande quantidade desses produtos não é reaproveitada, transformando-se em sobras que podem ser vistas em lixões e outros locais não apropriados. Considerando que o aumento da produção dos plásticos de embalagens é significativo, conclui-se que será necessária a ocorrência simultânea de diversos dos fatores mencionados para melhorar o equilíbrio desse canal reverso. Esse material é um dos que mais se beneficiariam com o sistema de captação pela coleta seletiva domiciliar.

O exemplo do canal reverso de pneus no Brasil

Até pouco tempo, a cadeia reversa de pneus usados em todo o mundo, e em particular no Brasil, demonstrava pouca eficiência e taxas de reaproveitamento muito baixas e, embora não apresentasse nocividade ao meio ambiente, exceto pelo fato de mais recentemente ter se tornado um problema sanitário pelo acúmulo de água e por se constituir em criadouro de mosquitos, gerava poluição por excesso. Era possível encontrar pneus usados em pistas de corrida, ancoradouros e outros locais que, mesmo com interesse local, não apresentavam consumo suficiente para absorver as quantidades descartadas.

Em 1999, o Conselho Nacional do Meio Ambiente (Conama) publicou uma legislação na qual responsabiliza os fabricantes, importadores e distribuidores pela coleta e reciclagem dos pneus usados de uma forma gradativa ao longo de quatro anos, condicionando sua produção ou comercialização à posse de certificados de reciclagem. Inicialmente, a cada quatro pneus produzidos ou comercializados, deveria constar o certificado de um pneu reciclado, sendo essa quantidade aumentada anualmente até a condição de quatro pneus para cinco certificados de reciclagem. Essa legislação deu origem à organização de um *pool* empresarial para o equacionamento do retorno por meio da instalação de postos de coleta, consolidação e operações industriais de reciclagem, bem como a destinação ao mercado de reciclagem energética pela incineração em fornos com sistema de filtros tecnicamente adequados ao processo. A eficiência da cadeia reversa aumentou significativamente, apresentando bons resultados, atingindo níveis de 85% de taxa de reciclagem, de acordo com o Compromisso Empresarial para a Reciclagem (CEMPRE) de 2016.

Observa-se, dessa forma, que o fator tecnológico, traduzido pela autorização de incineração com filtração adequada, e o fator legislativo, responsabilizando os fabricantes e importadores de pneus pelo equacionamento do retorno e reciclagem de pneus usados, modificaram de forma significativa as condições de mercado, aumentando o valor do produto de pós-consumo e melhorando as quantidades recicladas.

RESUMO DOS PRINCIPAIS TÓPICOS

O sistema de coleta e consolidação logística da logística reversa de pós-consumo favorece um sistema descentralizado de operações das empresas constituintes do *reverse supply chain*. Essas empresas são, em grande número, de pequeno porte e geograficamente dispersas, o que muitas vezes caracteriza mercados de matérias-primas secundárias em regime de oligopsônio, volátil na quantidade e na qualidade.

Diferentes modos de integração referentes às operações reversas estão presentes nos diversos setores empresariais reversos: empresas totalmente integradas, que adquirem os produtos de pós-consumo e executam todos os processos para a reintegração dos materiais ao ciclo produtivo; empresas semi-integradas, que adquirem os materiais em uma fase intermediária do processo reverso; empresas não integradas, que adquirem seus materiais como matérias-primas secundárias, em condições de integrá-las ao processo produtivo. Observa-se uma tendência das empresas que trabalham em sistemas reversos fechados a serem totalmente integradas, de modo que dominem melhor todo o processo.

Nota-se que fatores econômicos, ecológicos, legais, logísticos, tecnológicos e de imagem corporativa influem na organização das cadeias reversas de pós-consumo, com intensidade e sentido diferentes de um caso para outro. Estabeleceu-se um modelo relacional entre os diferentes fatores de influência, o que permite distinguir as condições essenciais de existência de um canal reverso e as condições modificadoras que alteram as condições "naturais" dos mercados, possibilitando novas organizações e um desempenho de retorno ao ciclo produtivo.

Como condições essenciais à existência de um canal reverso de pós-consumo foram relacionados quatro aspectos: remuneração em todas as etapas reversas; escala econômica de atividade; organização da logística reversa; e a fundamental existência de mercado para os produtos reaproveitados, remanufaturados ou com conteúdo de reciclados.

Essas condições essenciais são obtidas por meio dos fatores ditos necessários: econômico, tecnológico e logístico. Caso essas condições naturais não ocorram, fatores ecológicos ou legais podem alterar as condições de mercado e modificar as relações de troca e custos, reorganizando a cadeia reversa.

QUESTÕES PARA DISCUSSÃO

1. Explique as principais diferenças entre as empresas dos canais de distribuição direta e as dos canais de distribuição reversos de bens de pós-consumo.
2. Justifique as condições logísticas dessas diferenças.
3. Que razões podem justificar a tendência de um mercado de matérias-primas secundárias em regime de oligopsônio?
4. Exemplifique empresas integradas e sua logística reversa.
5. Quais são as vantagens de integração vertical reversa para uma empresa?
6. O que denominamos condições essenciais à existência de organização em uma cadeia de distribuição reversa de pós-consumo?
7. Desenhe o modelo relacional entre os diferentes fatores de influência na organização dos canais de distribuição reversos de pós-consumo.
8. Pesquise na internet ou em outro meio de informação e faça o que se pede a seguir:
   a. Demonstre a existência de fatores necessários em um caso real.
   b. Demonstre a existência de fatores modificadores em um caso real.

ESTUDO DE CASO 6.1

Logística reversa de pós-consumo do plástico

Este caso setorial tem sua origem em uma pesquisa conduzida pelo autor deste livro que evidencia as principais características do perfil empresarial em logística reversa de pós-consumo, permitindo a identificação das diferenças entre as estruturas empresariais da distribuição direta e reversa, estudadas neste capítulo, em um setor de grande importância econômica, familiarizando-o aos diversos aspectos dos canais de distribuição reversos.

Os dados aqui examinados foram obtidos de documentos cedidos pela Associação Brasileira da Indústria do Plástico (Abiplast), principalmente dos anuários de 2014.

Caracterização do material plástico

A cadeia produtiva do plástico no Brasil está dividida em três fases ou gerações industriais, após a extração do petróleo e seu refino. Na primeira geração estão as centrais de matérias-primas, na qual são fabricados produtos básicos, como eteno, propeno etc. Esses produtos são transformados em resinas termoplásticas pelas empresas de segunda geração: polietilenos, polipropilenos e outros. A cadeia produtiva e de distribuição direta se completa com mais de 5 mil indústrias de transformação dessas resinas em produtos diversos.

Produção do setor de transformadores de plásticos no Brasil

De 2007 a 2014, o crescimento do setor no Brasil ficou estabilizado em torno de 6 a 7 milhões de toneladas, conforme observado no Gráfico 6.1, embora as aplicações dos plásticos continuem a crescer. Mantém-se no mundo e no Brasil as preocupações ambientalistas, em razão dos índices de reciclagem do setor, que ainda são baixos. O consumo aparente dos plásticos é definido pela produção nacional somada às importações, sendo as exportações excluídas nesse caso.

GRÁFICO 6.1 Consumo de plásticos no Brasil (milhões de toneladas)

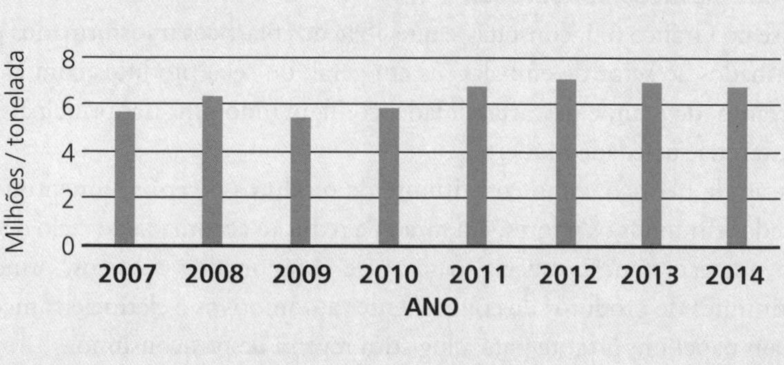

Fonte: ASSOCIAÇÃO BRASILEIRA DE PLÁSTICOS (ABIPLAST). *Anuário estatístico*. São Paulo: Abiplast, 2014.

Consumo aparente por tipo de resina

Destaca-se, no Gráfico 6.2, a distribuição de consumo por tipo de resina plástica, de modo que caracterize a grande variedade de tipos existente, sua difusa utilização na cadeia produtiva e as possíveis consequências do fato para a cadeia reversa desses materiais, principalmente traduzidas pela necessidade de seleção de diversos tipos existentes.

GRÁFICO 6.2 Consumo dos diversos tipos de resina plástica no Brasil

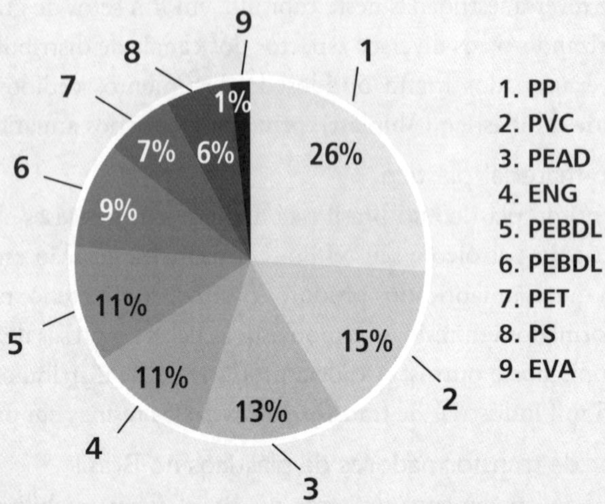

Fonte: ABIPLAST, 2014.

Cerca de 80% do consumo está concentrado nos tipos PEAD e PEBD (polietilenos de alta e de baixa densidade, respectivamente), PVC (polivinílico) e PP (polipropileno), constituindo as categorias mais importantes dos plásticos. Os plásticos PS (poliestireno) e PET (politereftalato) apresentam baixa participação no total, tanto na cadeia direta como na reversa.

Aplicação dos plásticos por setores

Com base no Gráfico 6.3, constata-se que 55% dos plásticos transformados pela indústria são destinados ao setor de embalagens em geral, ou seja, produtos com ciclo de vida curto e, portanto, de grande descartabilidade, configurando uma das principais preocupações ambientais da sociedade moderna.

A aplicação de plástico como constituinte de produtos diversos aumentou muito nas últimas décadas em todos os setores, em razão da redução acentuada do ciclo de vida deles. No entanto, merece atenção especial o setor de componentes técnicos, principalmente como constituintes de produtos de componentes automotivos e eletroeletrônicos, em que desempenham papel importante para a logística reversa de pós-consumo.

GRÁFICO 6.3 Aplicações das resinas plásticas

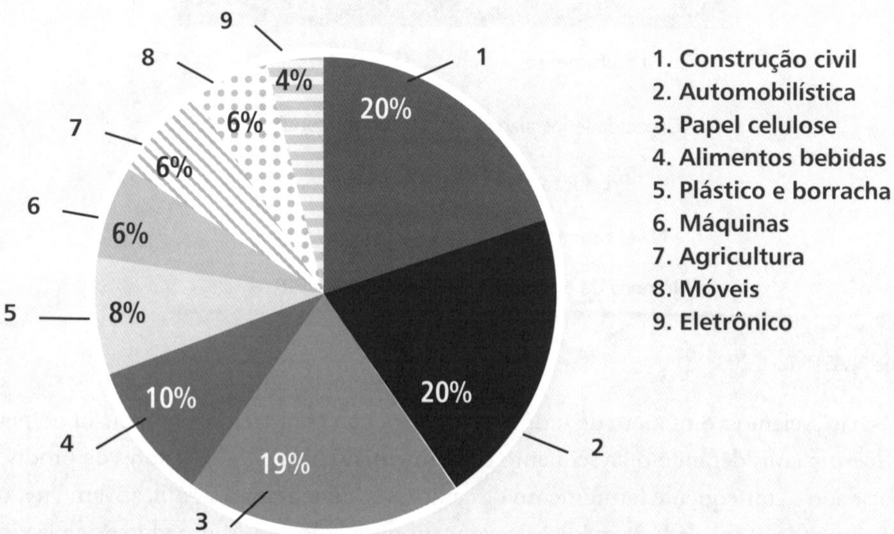

Fonte: ABIPLAST, 2016.

Podem-se resumir os dados do perfil do setor de transformação de plásticos no Brasil em 11.500 empresas, cada uma com 30 funcionários, em média, em 2014. O tamanho médio das empresas do setor revela muito pouca alteração nesse panorama de distribuição de funcionários por empresas, mantendo-se como um setor de elevada dispersão de tamanhos industriais, predominantemente de indústrias de pequeno porte.

Observa-se a grande dispersão de empresas do setor de transformação de plásticos, no qual possivelmente boa parte das menores empresas utiliza reciclados como matérias-primas mais baratas e relacionadas aos dois perfis apresentados: o das empresas da cadeia direta e o das empresas da cadeia reversa, que será apresentada mais adiante.

Perfil do setor de reciclagem de plásticos

No Brasil, este setor é caracterizado por empresas de pequeno porte e em número não muito grande. Concentradas na região Sudeste, trabalha principalmente em processos de reciclagem mecânica de materiais plásticos no Brasil, raramente superando níveis e produção de 200 mil toneladas/ano, o que resulta em uma taxa de reciclagem nacional muito baixa. O Quadro 6.1 retrata uma situação de 2008, que não teve alteração significativa nos últimos anos.

QUADRO 6.1 Reciclagem mecânica no Brasil

NÚMERO DE EMPRESAS	512
Faturamento	R$ 1,6 bilhão
Capacidade instalada	1.280 mil toneladas/ano
Produção	767,5 mil toneladas/ano
Nível operacional	60,9%
Número de empregos	17.548

Fonte: PLASTIVIDA, 2008.

Senão, vejamos: o número de indústrias que operam com reciclagem reduziu no período, mesmo considerando o crescimento experimentado pelo país, os valores de produção, capacidade e consequente faturamento das empresas aumentaram significativamente, tendo o resultado se igualado às médias do setor produtivo dos transformadores de plásticos.

Nota-se, portanto, uma importante mudança nesse setor de reciclagem no Brasil, com maior concentração de empresas de maior porte. Algumas razões podem ser aventadas, porém devem ser confirmadas: identificação da necessidade de economia de escala no tratamento das indústrias de baixo valor agregado, maior nível de integração vertical e maior inclusão da resina de PET no cenário, o que requer tecnologia e economia de escala em suas atividades e propicia produtos de reaproveitamento de maior valor agregado.

O setor adota o conceito de reciclador como sendo aquele que tem como atividade principal a compra de aparas/resíduos ou de plásticos de diferentes tipos com o objetivo de transformá-los novamente em matéria-prima, por meio de processos mecânicos de reciclagem, o que coincide com a definição dada neste livro.

As fontes desses materiais de pós-consumo são basicamente os resíduos industriais, as poucas coletas seletivas, os sucateiros e os catadores de lixões e de rua. Os sucateiros representam a grande fonte de obtenção de materiais de pós-consumo do setor.

O setor é muito seletivo quanto ao tipo de plástico trabalhado, às fontes de captação e à qualidade dos materiais. Habitualmente são processados três tipos de plástico, por apresentarem condições tecnológicas semelhantes e o mesmo mercado-alvo para os produtos reciclados e produtos finais produzidos.

Tipos de plástico reciclados

A Tabela 6.2 foi elaborada visando evidenciar a evolução que se processou no cenário de reciclagem do Brasil a partir de 1998, época em que se observa expressivo crescimento da reciclagem de PET em detrimento das demais resinas plásticas. Muito dessa evolução se deve às diferenças de preço obtidas pelos produtos reciclados correspondentes. Como observado ao longo deste capítulo, existe "concorrência" na coleta dos produtos de pós-consumo.

TABELA 6.2 Evolução da taxa de reciclagem dos plásticos no Brasil

TIPO DE RESINA /ANO	1998	2012
PET	16%	53%
PEAD	65%	16%
PVC	29%	5,5%
PEBD/PELBD	22%	10%
PP	51%	9,5%
PS	31%	12,5%
Outros	6%	14%

Fonte: PLASTIVIDA, 2012.

No esquema da Figura 6.6 são resumidas as cadeias direta e reversa do material plástico, detalhando-se o fluxo logístico dos bens simultaneamente em ambas.

FIGURA 6.6 Cadeia direta e reversa do setor

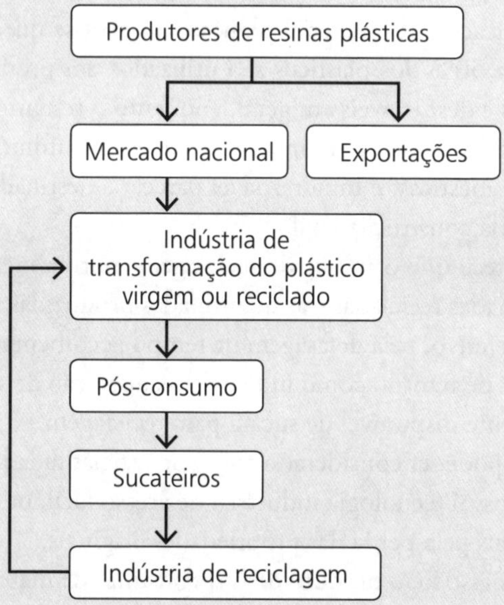

Fonte: elaborada pelo autor.

Análise do caso do setor de plásticos

O setor de plásticos é caracterizado pela apresentação de canais reversos de sistema aberto, no qual as matérias-primas de interesse são extraídas de diversos produtos de pós-consumo e utilizadas indistintamente em outros produtos. Observa-se, pelos dados analisados, que tanto na distribuição direta quanto na distribuição reversa o setor tem um perfil caracterizado por um número bastante grande de empresas de pequeno ou médio porte. Constata-se, por esses dados, que uma grande proporção das indústrias de transformação de plásticos revela média de faturamento, número de funcionários e produções equivalentes à do setor reverso.

No perfil empresarial direto e reverso do setor, observa-se um grande número de empresas de pequeno porte e a predominância do setor de embalagens. Essa dispersão empresarial permite distinguir uma característica específica nesse caso, ou seja, um mercado de livre oferta e procura de materiais, contrastando com a característica oligopsônica dos mercados reversos, observada em outros setores.

Evidencia-se, também, a concentração de produtores de resinas de plástico, o que é natural pela economia de escala requerida, caracterizando um mercado de oligopólio concentrado no comércio de resinas e, portanto, com alto poder de barganha junto a um setor disperso de pequenas indústrias de transformação.

Esses dois aspectos – o setor de resinas concentrado e o setor de transformadores de plástico disperso – não contribuem para uma melhor organização da logística reversa nesse setor, que não apresenta um bom equacionamento dos aspectos logísticos, principalmente na fase de coleta dos materiais de pós-consumo, etapa-chave no fluxo reverso desses materiais.

De acordo com aplicações do material plástico, observa-se que, considerando o setor inteiro, cerca de 40% a 50% dos plásticos são utilizados em produtos de baixo ciclo de vida, como embalagens e descartáveis em geral, enquanto o restante é aplicado em produtos de médio ciclo de vida, como componentes técnicos de automóveis, eletroeletrônicos, calçados e utilidades domésticas, e uma razoável parcela é destinada a produtos de longo ciclo de vida, como os da construção civil.

Por esses dados, parece que o índice de reciclagem, normalmente entendido como a relação entre as quantidades recicladas e as quantidades produzidas no período, não reflete o índice de reciclagem efetivo, pela defasagem de tempo já comentada. Pode-se, em alguns casos, tratar esses dados de retorno como índice de recuperação de sucatas, o qual se refere à quantidade efetivamente disponível de sucata para reciclagem.

O material plástico pode ser considerado como de reciclabilidade mediana sob o ponto de vista técnico, pois possui tecnologia industrial de acesso fácil, porém existem limitações ao número de reciclagens pela perda das propriedades originais.

Do ponto de vista logístico, o produto de pós-consumo de material plástico, constituído por embalagens rígidas ou flexíveis, utilidades domésticas, brinquedos etc., apresenta uma relação peso-volume muito baixa, que dificulta o transporte, obrigando normalmente a processos de adensamento regionais.

Desse aspecto logístico decorre um dos principais fatores de restrição às quantidades recicladas desses materiais, que apresentam índices considerados baixos quando comparados aos de outros. O custo de transporte deles, a localização de fontes, a consolidação e o adensamento de cargas não permitem uma correta remuneração dos agentes da cadeia reversa, regionalizando e dispersando a estrutura de empresas do setor.

O fator legal é considerado pelo setor como de alta influência, como restrição às quantidades recicladas de plásticos, em razão da falta de legislação tributária, que melhoraria a relação de preços relativos ao longo da cadeia reversa, criaria isenções a certas atividades econômicas, obrigaria a reutilização em alguns casos etc. Torna-se necessária, portanto, a intervenção de fatores modificadores legislativos, que permitam equacionar melhor a logística reversa desse setor.

Em virtude da facilidade de se encontrar produtos de pós-consumo desse setor em rios, lagos, praias, terrenos baldios etc., as empresas que nele atuam estão submetidas ao grande risco de verem sua imagem corporativa comprometida junto aos consumidores, na medida em que uma maior consciência ecológica venha a se instalar no Brasil. Por outro lado, as oportunidades de associações entre empresas do setor e órgãos públicos certamente permitiriam retornos importantes em imagem às empresas.

QUESTÕES SOBRE O CASO

1. Sugira algumas alternativas para equacionar melhor o setor estudado.
2. Discuta a influência dos fatores econômicos, ecológicos e legais nesse caso.
3. Explique o impacto da tecnologia e da logística nesse caso.

O OBJETIVO ECONÔMICO DA LOGÍSTICA REVERSA DE PÓS-CONSUMO

7

NESTE CAPÍTULO VOCÊ IRÁ:

1. compreender o papel da logística reversa como suporte aos objetivos estratégicos da empresa;
2. identificar as oportunidades de revalorização econômica em diferentes tipos de produto;
3. entender as diferenças entre as taxas de reciclagem ou de retorno ao ciclo produtivo entre produtos ou materiais;
4. observar a agregação de valor dos produtos e materiais de pós-consumo;
5. entender a verdadeira medida da economia reversa;
6. relacionar as diversas variáveis econômicas que contribuem para o interesse na implantação da rede reversa de um produto ou material.

7.1 Visão econômica nos canais reversos

O objetivo econômico da implementação da logística reversa de pós-consumo pode ser entendido como a motivação para obter resultados financeiros por meio de economia nas operações industriais, principalmente pelo aproveitamento de componentes ou de matérias-primas secundárias, provenientes dos canais reversos de remanufatura ou de reciclagem, ou de revalorizações mercadológicas nos canais reversos de reúso.

Preços menores de matérias-primas secundárias ou recicladas reintegradas ao ciclo produtivo, redução no consumo de insumos energéticos de processo e nos diferenciais de investimentos normalmente exigidos nas operações de utilização de matérias-primas secundárias em relação às primárias permitem que as empresas e os setores correspondentes obtenham economias suficientes para garantir, como veremos, rentabilidade satisfatória aos agentes comerciais e industriais em todas as etapas dos canais reversos.

Nos casos em que o produto apresenta condições de utilização por um novo dono, o objetivo econômico da logística reversa é a comercialização do bem de segunda mão na condição em que se apresenta. Nos casos em que o produto ou um componente dele ofereça condições tecnológicas de remanufatura, o objetivo de implementação da logística reversa é sua revalorização.

O objetivo estratégico econômico da implementação da logística reversa justifica a consideração anteriormente feita sobre o valor da economia reversa, quando se compara o valor produzido com matérias-primas primárias e secundárias, diferentemente do modo tradicional de avaliação, pelo valor do produto de pós-consumo.

7.2 Revalorização econômica dos bens de pós-consumo

A história e as pesquisas em diversos países demonstram que os canais de distribuição reversos se organizam e se estruturam, apresentando relação eficiente e equilibrada entre o fluxo reverso de materiais e produtos e a disponibilidade de bens de pós-consumo correspondentes a eles pelo fato de os agentes da cadeia reversa encontrarem, nas diversas etapas, resultados financeiros compatíveis com suas necessidades, empresas ou trabalhadores isolados.[1]

Tratando-se de uma cadeia de distribuição no sentido reverso – constituída pela coleta de pós-consumo, pelos processamentos diversos de consolidação e separação, pela reciclagem ou remanufatura industrial e pela reintegração ao ciclo produtivo (ou de negócios) de um produto aceito pelo mercado –, torna-se necessário que esses objetivos econômicos sejam obtidos em todas as etapas reversas para a existência do fluxo reverso. A falta de ganho em um ou alguns dos elos da cadeia reversa provocará interrupção desse fluxo ou simplesmente sua inexistência, resultando em desequilíbrios entre os fluxos diretos e reversos e em suas consequências, já examinadas.

Portanto, a falta de rentabilidade em um dos elos provocará o desequilíbrio entre oferta-demanda dos produtos de pós-consumo, com características estruturais ou conjunturais.

- ***Características estruturais de mercado:*** são as condições em que a cadeia reversa não consegue se completar, e muitas vezes não consegue iniciar determinada etapa reversa ou os diversos ciclos necessários, ou seja, o fluxo reverso não acontece de forma sistêmica e satisfatória ao longo do tempo por motivo de falta de satisfação financeira de seus agentes potenciais. Localização de fontes de obtenção dos produtos a serem reaproveitados, custos de transporte e valor agregado dos produtos a serem reaproveitados, entre outras razões, são exemplos de causas dessas situações.
- ***Características conjunturais de mercado:*** referem-se a condições em que a comercialização e, portanto, o fluxo reverso dos materiais reciclados ou produtos a serem reaproveitados são temporariamente interrompidos ou modificados por outros fatores que interferem em uma condição do canal de distribuição reverso, como escassez temporária de resíduos industriais ou de produtos a serem reaproveitados, melhores ofertas em mercados concorrenciais, redução de demanda dos mercados dos reaproveitados etc.

Parece claro que, por essa visão econômica, o interesse e, portanto, a consequente estruturação de uma cadeia reversa recairia sobre os materiais de melhores resultados

1 PENMAM, I.; STOCK, J. R. Environmental issues in logistics. *Contemporary issues in logistics*, 1995.

financeiros nos diversos elos, estabelecendo-se, dessa maneira, uma verdadeira concorrência entre os diferentes materiais de pós-consumo. São esgotadas inicialmente as fontes de captação de melhor acesso e de menor custo de posse, e sequencialmente se atingem outras fontes de captação de pós-consumo.[2] Esses interesses econômicos possivelmente identificam melhores oportunidades em certos produtos para os quais a extração ou o reaproveitamento são mais vantajosos, ou pelo fato de as quantidades disponíveis serem melhores, ou ainda pelo valor intrínseco comercial do material.

Não faltam exemplos de canais de distribuição reversos em que as condições naturais do mercado permitiram o estabelecimento das condições essenciais para a consecução do fluxo reverso e o desenvolvimento de expressivas economias reversas, como é o caso dos metais ferrosos e não ferrosos, de papéis, de sobras de gorduras em restaurantes, para citar alguns exemplos de casos que se desenvolvem há muito tempo e em diversos países, em função dos efetivos ganhos proporcionados aos agentes envolvidos. Devemos enfatizar que as condições naturais do mercado permitiram, nesses contextos, o estabelecimento e os ganhos adequados aos diversos agentes reversos; portanto, os fatores ecológicos e de legislação não tiveram nenhuma influência no desenvolvimento desses canais.[3]

> Mantendo constantes os demais fatores, a demanda por reciclados é função dos preços de mercado [...]. Historicamente, o desenvolvimento dos sistemas de canais reversos para pós-consumos recicláveis tem sido impedido pelos altos custos, pobres lucros projetados.[4]

Como comprovação desse desenvolvimento natural de algumas cadeias reversas, ou seja, cadeias que existem há muito tempo na sociedade, observe-se que, em 1990, nos Estados Unidos, o Institute of Scrap Recycling Industries, Inc. (ISR) revelava um total de 98,16 milhões de toneladas de materiais reciclados pela indústria norte-americana, constituídos principalmente de metais ferrosos, não ferrosos e papéis, enquanto a Environmental Protection Agency (EPA) anunciava 33,4 milhões de toneladas de materiais reciclados provenientes somente do lixo urbano. Percebe-se, por esses dados, a existência de uma enorme economia reversa, que já se processava por meio das condições naturais do mercado na ocasião.[5]

7.3 Objetivo econômico dos canais reversos de manufatura reversa

Para produtos de pós-consumo duráveis que não apresentam outra alternativa de reaproveitamento, esse canal reverso os encaminham para o desmanche ou desconstrução mediante a separação industrial organizada de seus componentes, a exemplo de produtos em fim

---

2 IPEA; CEMPRE. *Economia da reciclagem*. Workshop Rio de Janeiro, 1995. p. 1.

3 COUNCIL OF LOGISTICS MANAGEMENT (CLM). *Reuse and recycling reverse logistics opportunities*. Illinois: CLM, 1993. p. 92.

4 HENION apud FULLER; ALLEN, 1995. p. 257.

5 CLM, 1993, p. 90.

de vida útil como automóveis, eletrônicos, eletrodomésticos, produtos de informática etc. Realizada com qualidade e à luz de legislações regulatórias, a manufatura reversa separa os componentes e os encaminha para reaproveitamentos diversos, gerando, dessa maneira, lucratividade com sua venda, introduzindo-os em canais reversos de substituição de componentes ou de reciclagem de materiais. É importante relembrar que essa operação é parte de uma cadeia reversa e que todas as demais etapas da logística reversa devem ter sido realizadas, desde a coleta dos produtos usados até a venda dos produtos reaproveitados.

7.4 Objetivo econômico dos canais reversos de remanufatura

O objetivo principal de um canal reverso de remanufatura é reaproveitar parte de um produto, por meio da coleta de conjuntos de pós-consumo, denominados no mercado "*core*" ou "carcaça", substituindo industrialmente outros componentes de forma a tornar o produto remanufaturado capaz de cumprir as mesmas funções do original do qual deriva. As partes não inteiramente aproveitadas são recicladas e, muitas vezes, constituem-se em elementos novos que são acrescidos aos produtos remanufaturados, reduzindo-lhes ainda mais os custos e os consequentes preços de mercado.

O uso dessas carcaças possibilita economizar energia de execução e contribui para economias importantes no reaproveitamento de algumas partes do produto original. Ganhos de 40% a 60% no custo são reportados por empresas que utilizam a remanufatura de componentes, exigindo somente 20% do esforço de fabricação de um produto novo. Esses reaproveitamentos permitem redução no preço de venda do produto remanufaturado de 30% a 50% em relação ao original.

De forma geral, pode-se dizer que as cadeias reversas de remanufatura, em sua grande maioria, são regidas por objetivos dessa natureza em razão da grande economia na reutilização e no reaproveitamento de componentes de produtos como motores elétricos em geral, motores de combustão, rolamentos de grande porte, embreagens de veículos, amortecedores e cartuchos de impressoras, citando-se apenas os mais comuns. Essas cadeias reversas existem há muito tempo e têm altos retornos financeiros, justificando os volumes enormes dos mercados de produtos e componentes remanufaturados.

Vimos, na apresentação dos canais reversos de pós-consumo, a importância dos canais de remanufatura por meio de exemplos como o de motores de combustão e de copiadoras, realizados pelos próprios fabricantes desses produtos. No entanto, o número de exemplos é muito maior. Lembrando que esse canal propicia altas remunerações e enormes benefícios ao meio ambiente, certamente uma maior orientação estratégica empresarial nesse sentido, o estabelecimento de normas técnicas e de sistemas de auditoria para sistemas independentes e o combate ao preconceito empresarial e da sociedade no que se refere a essa questão permitirão ainda melhores resultados econômicos e ecológicos a essas atividades.

7.5 Objetivo econômico nos canais reversos de reciclagem

O principal objetivo de um canal reverso de reciclagem é reintegrar os materiais constituintes dos bens de pós-consumo, seja como substitutos de matérias-primas primárias na fabricação de outras matérias-primas – como a sucata de ferro, que entra na fabricação da matéria-prima do ferro e do aço –, seja na fabricação de outros produtos, por exemplo, um artefato de plástico pela indústria de transformação do plástico.

Nos tópicos a seguir serão analisadas as diversas e principais fontes de economia de revalorização possíveis nos canais reversos de reciclagem.

7.5.1 Economias obtidas com o diferencial de preços entre as matérias-primas primárias e as secundárias

Com variações e algumas peculiaridades próprias a cada canal de distribuição reverso, o preço do material reciclado será formado pelo encadeamento de suas diversas etapas de comercialização ao longo da cadeia reversa, descritas a seguir:

Etapa da coleta

Custo da coleta (Cc) = custo de posse (Cp) + custo de beneficiamento inicial (Cb)
Preço de venda ao sucateiro = Cc + lucro do coletor (Lc)

Etapa do sucateiro

Custo para o sucateiro = Cc + Lc + custo próprio (Cs)
Preço de venda do sucateiro = Cc + Lc + Cs + lucro do sucateiro (Ls)

Etapa de reciclagem

Custo do reciclador = Cc + Lc + Cs + Ls + custo próprio (Cr)
Preço de venda do reciclador = Cc + Lc + Cs + Ls + Cr + lucro do reciclador (Lr)

O preço de um material reciclado é, portanto, formado pela soma dos diversos custos com os lucros respectivos dos diversos agentes que intervêm nas etapas do canal reverso, desde a primeira posse do pós-consumo até sua reintegração ao ciclo produtivo. Eventuais subsídios ou impostos de várias naturezas nas etapas do canal reverso estarão incluídos nos custos dessas diversas etapas.

Para materiais comercialmente recicláveis e em condições normais de mercado, o preço do material reciclado deve se manter abaixo do preço da matéria-prima que ele substitui, possibilitando interesse em sua utilização.[6]

Uma diferença percentual entre esses preços parece ser mantida como regra de mercado, fazendo com que os preços do material reciclado variem de acordo com as variações

6 PENMAM; STOCK, 1995.

do preço da matéria-prima que substitui. Penman e Stock[7] citam estudos que indicam que essa diferença é, em média, de 25%. As exceções a essa regra se devem a eventuais subsídios, que se constituem de fatores não diretamente econômicos, mas propulsores da estruturação desses canais reversos.

Morris[8] demonstra em pesquisa regional nos Estados Unidos, em um acompanhamento de dez anos, que a diferença de preços entre os lingotes de alumínio e as latas de pós-consumo se manteve em torno de US$ 500/t, representando entre 25% e 30% do valor da matéria-prima virgem, com um coeficiente de correlação de 0,92, o que indica que 85% da variação dos preços das latas pode ser explicada pela variação dos preços do alumínio em lingotes, conforme o Gráfico 7.1.

Historicamente, as diferenças se mantém a exemplo dos números apresentados no Gráfico 7.1, no entanto, em razão de variação dos momentos econômicos, essas relações podem se modificar momentaneamente. Em geral, a relação de Morris é verdadeira e torna-se, portanto, muito interessante utilizar material reciclado. Lembre-se ainda que depende da região, pois as condições tributárias variam fortemente e oferecem um impacto importante, conforme se observará em alguns estudos de caso neste livro.

GRÁFICO 7.1 Preço do alumínio em lingote e da sucata de latas de alumínio

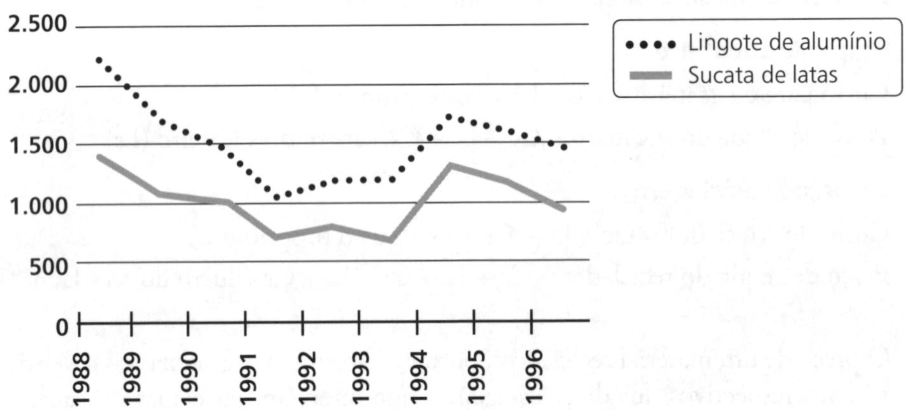

Fonte: adaptado de SOUND RESOURCE MANAGEMENT GROUP, Resource Recycling, 1998.

Em outros acompanhamentos semelhantes, obteve-se, em cinco anos, 0,84 de coeficiente de correlação e 71% de explicação estatística entre o papelão corrugado e a matéria-prima virgem, e 0,78 de correlação e 61% de explicação entre o plástico rígido PEAD (polietileno de alta densidade) e sua resina virgem. Esses estudos permitem predizer os preços

7 PENMAM; STOCK, 1995.

8 MORRIS, J. There must be 50 ways to pick a number. *Resource Recycling*, may 1998.

dos reciclados de acordo com os preços do material virgem, conforme observado nos Gráficos 7.2 e 7.3, com exceção dos fatores conjunturais já citados.

GRÁFICO 7.2 Relação de preços do papel virgem e sucata de papel (médias anuais)

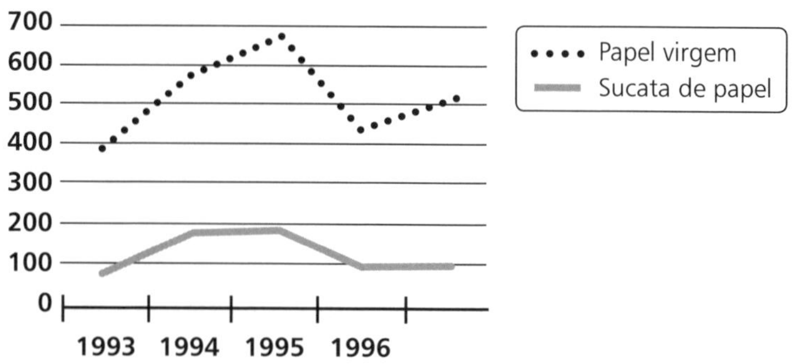

Fonte: adaptado de SOUND RESOURCE MANAGEMENT GROUP; Resource Recycling, 1998.

GRÁFICO 7.3 Relação de preços entre o plástico virgem e sucata em fardos (médias anuais)

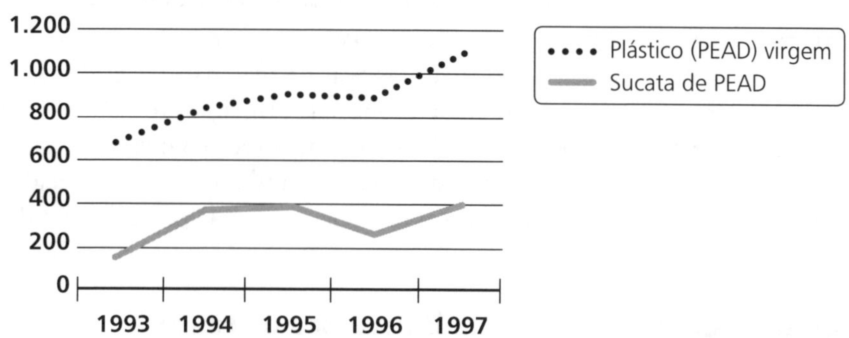

Fonte: adaptado de SOUND RESOURCE MANAGEMENT GROUP; Resource Recycling, 1998.

7.5.2 Economias obtidas com a redução no consumo de insumos

A substituição de matérias-primas virgens por recicladas permite, além da economia obtida pelo diferencial dos preços entre elas, a obtenção de uma série de outras economias, que serão analisadas a seguir.

ECONOMIA NA QUANTIDADE DE ENERGIA ELÉTRICA, ENERGIA TÉRMICA E OUTRAS MODALIDADES DE ENERGIA UTILIZADAS NA FABRICAÇÃO

Essa economia se sustenta pelo fato de essas energias já terem sido gastas na primeira fabricação do material.

O alumínio primário, por exemplo, caracteriza-se por ter um custo muito alto de energia elétrica em sua fabricação – economizada quando se utiliza o alumínio secundário ou reciclado. De acordo com dados da Associação Brasileira do Alumínio (Abal), a produção de alumínio primário consome 15 kWh/kg de energia elétrica, enquanto a fundição dele para a obtenção dos lingotes reciclados consome 0,75 kWh/kg, ou seja, há uma economia de 95% de energia elétrica. Esses valores são expressivos e justificam, em grande parte, o sucesso das cadeias reversas desse material. Em geral, os metais possibilitam economias expressivas pelo conteúdo de energia elétrica em seus custos.

O material plástico apresenta um consumo de 6,74 mil kWh/t para a produção da resina virgem e de 1,44 mil kWh/t em caso de reciclagem, ou seja, uma economia de 80%. A produção da matéria-prima papel requer, em média, 4,98 MWh/t, enquanto a produção a partir de aparas recicladas consome 1,47 MWh/t; portanto, há uma economia de 70%.[9]

Economia de componentes que entram na composição da matéria-prima virgem

Diversas economias de componentes são obtidas pela substituição de matérias-primas virgens por recicladas, dentre as quais se destacam as que resultam do uso de ligas de determinado material em ciclos reversos fechados, que são expressivas. A liga de chumbo utilizada nas baterias de veículos e a liga de alumínio usada nas latas de alumínio para embalagem de bebidas são exemplos característicos desse tipo de economia de componentes.

Economias obtidas pela diferença entre os investimentos em fábricas de matérias-primas primárias e de matérias-primas recicladas

De maneira geral, os investimentos em fábricas de materiais reciclados são menores que os correspondentes em fábricas de matérias-primas primárias, tornando-se, portanto, fonte de economia de custos importantes. Citemos como exemplo o caso do alumínio, em que o investimento em uma fábrica nova é de cerca de 5 mil dólares por tonelada produzida, enquanto o investimento em uma fábrica de reciclagem é de cerca de 350 dólares por tonelada produzida.

7.6 Objetivo econômico nos canais reversos de reúso

A revalorização de produtos e componentes realizada nesses canais reversos de reúso é de grande relevância, e bastante variável de um caso para outro, apresentando elevado interesse para a logística reversa. O diferencial de preço obtido no comércio secundário desses bens justifica um comércio importante de veículos, máquinas operatrizes, computadores e copiadoras, assim como seus componentes, além da reutilização de embalagens, entre outros exemplos.

Depreende-se dessa análise que os fatores puramente econômicos, como, aliás, em qualquer outra atividade, são importantes molas-mestras para a implementação da logística reversa e consequente organização e estruturação dos canais de distribuição reversos

9 CALDERONI, S. *Os bilhões perdidos no lixo*. São Paulo: Humanitas, 1998. p. 211, 226.

de pós-consumo. Contudo, a realização efetiva dos resultados econômicos aqui mencionados está condicionada à existência simultânea de outros fatores, os quais examinaremos nos próximos capítulos.

RESUMO DOS PRINCIPAIS TÓPICOS

O objetivo econômico da implementação da logística reversa de pós-consumo é entendido como a possibilidade de revalorização financeira do produto de pós-consumo por meio do reaproveitamento de seus materiais constituintes e das economias advindas de sua utilização, bem como pela revalorização dos produtos em condições de uso, diretamente ou após remanufatura.

As economias nos canais de reciclagem provêm da substituição das matérias-primas virgens por matérias-primas secundárias ou recicladas, que normalmente apresentam preços mais baixos e exigem menores quantidades de insumos energéticos para sua fabricação. A essas economias somam-se aquelas devidas à diferença de investimentos entre fábricas para a produção de matérias-primas primárias e fábricas para a produção de matérias-primas secundárias, que geram menores custos de depreciação. Da mesma forma, observam-se economias importantes nas atividades de reutilização, manufatura reversa e de remanufatura dos produtos retornados, que garantem economias e, portanto, novos negócios nas atividades independentes ou de terceirização na área de logística reversa de pós-consumo.

QUESTÕES PARA DISCUSSÃO

1. Discuta as possibilidades de revalorização econômica dos produtos e materiais de pós-consumo.
2. Que condições devem existir para que seja viável a implantação da logística reversa com objetivo econômico?
3. Explique a diferença de preços entre as matérias-primas virgens e as secundárias.
4. De que modo a economia de energia favorece a substituição de materiais virgens por reciclados?
5. Exemplifique as revalorizações econômicas nos canais de reúso e de remanufatura.

ESTUDO DE CASO 7.1

Logística reversa de pós-consumo do setor de alumínio no Brasil

Este caso setorial tem origem em pesquisa conduzida pelo autor deste livro, a qual evidencia o objetivo estratégico econômico em logística reversa de pós-consumo. Permite a identificação dos diversos aspectos econômicos envolvidos no aproveitamento de matérias-primas secundárias, as diferenças entre as cadeias de distribuição direta e reversa em setor de grande importância econômica, de modo que sejam comprovadas as principais ideias deste livro e que você possa ter maior familiaridade com os canais de distribuição reversos.

Os dados aqui examinados foram obtidos de vários documentos cedidos pela ABAL, principalmente dos anuários de 2016.

História do alumínio

A história do alumínio data das mais recentes entre as descobertas de minerais e, em meio a várias razões, porque o alumínio não se encontra em estado nativo. A bauxita, jazida que deu nome ao minério de alumínio, foi identificada pela primeira vez em 1821, na localidade de Les Baux, sul da França, por Berthier, em uma época em que o metal alumínio ainda não existia para o mundo civilizado, pois só foi isolado em 1825 pelo químico Oersted, enquanto a primeira obtenção industrial do alumínio por via química foi realizada por Sainte-Claire Deville, em 6 de fevereiro de 1854.[10]

As primeiras referências à bauxita no Brasil encontram-se nos anais de 1928 da Escola de Minas de Ouro Preto, e a primeira utilização desse minério para a produção de alumina/alumínio em escala industrial foi feita pela Elquisa (hoje Alcan) no ano de 1944, durante a Segunda Guerra Mundial.

No Brasil, duas iniciativas concorreram para implantar a produção de alumínio: a da Elquisa, Eletroquímica Brasileira S/A, de Ouro Preto (MG), e a da Companhia Brasileira de Alumínio (CBA), de Mairinque (SP). A Elquisa teve dificuldades de comercialização em razão do excesso de produção mundial de alumínio e somente em 1938, com o apoio do governo Vargas, começou decisivamente a produção do metal em Ouro Preto.

A CBA foi fundada em 1941, e a unidade industrial para a produção de alumínio primário, que deveria usar as reservas de bauxita de Poços de Caldas, acabou se localizando na área de Rodovelho, próximo a Sorocaba, onde a disponibilidade de energia elétrica e de combustível (lenha) era maior.

A Alcan Alumínio do Brasil Ltda. foi a primeira empresa multinacional a participar do mercado brasileiro, com a aquisição da Elquisa em 1950, produzindo não só o alumínio primário mas também produtos transformados de alumínio.

▶

10 Associação Brasileira do Alumínio (Abal).

A Aluminium Company of America (Alcoa), empresa norte-americana líder mundial do setor, estabeleceu representação no Brasil em 1915 e iniciou operações comerciais somente em 1940. A empresa voltou a se interessar pelo mercado brasileiro no início da década de 1960, quando adquiriu a Companhia Geral de Minas, detentora de jazidas de bauxita em Poços de Caldas (MG).

A quarta empresa produtora de alumínio primário no Brasil foi a Valesul Alumínio S/A. Iniciando suas operações em janeiro de 1982, por iniciativa da Companhia Vale do Rio Doce (CVRD), empresa estatal de mineração de ferro, e da Billiton Metais S/A, então subsidiária do Grupo Shell, a Valesul viria a amenizar as importações brasileiras de alumínio, em crescimento acentuado naquela época.

Em 1981, a Billiton Metais S/A engajou-se no projeto Alcoa, transformando-o no Consórcio de Alumínio do Maranhão, Alumar, que iniciou suas operações somente em 1984 (fabricação de alumina em maio de 1984 e redução da alumina em julho de 1984).

O Projeto Albras, composto do consórcio japonês Nippon Amazon Aluminium Co. Ltd. (Naac) e da CVRD, por meio de sua subsidiária Vale do Rio Doce Alumínio S/A (Aluvale) realizou estudos de viabilidade, contratos de tecnologia e de financiamento, construção de Tucuruí etc. O início de operação da Albras deu-se em 1985.

É importante dizer que a estrutura do setor de alumínio no Brasil tem sofrido grandes alterações em decorrência das diversas fases econômicas vivenciadas pelo mundo em 2008 e as recentes dificuldades econômicas locais. O objetivo deste livro não é detalhar todas essas transformações.

Perfil do setor de alumínio

O consumo aparente do alumínio, traduzido pela equação "quantidade produzida menos quantidade exportada mais quantidade importada", aumentou no Brasil a partir de 1993, aumento acompanhado pelo consumo correspondente de sucata no mesmo período.

Tradicionalmente, as principais fontes de sucata do setor foram o processamento industrial e de obsolescência, que não é muito expressivo no Brasil, em razão da maior durabilidade do material e do fato de o alumínio ser um material relativamente novo no país. A partir de 1991, ano marcado pela introdução das latas de alumínio no país, observou-se uma mudança importante nas quantidades de sucata transformadas.

A relação entre a sucata recuperada e o consumo doméstico é maior que 34% no Brasil, contra uma média mundial de 30%. Isso se deve ao elevado índice de reciclagem de latas de alumínio em nosso país, um dos melhores índices mundiais. A Tabela 7.1 apresenta uma comparação entre 2013 e 2014 do perfil do setor de alumínio no Brasil.

TABELA 7.1 Perfil do setor no Brasil

COMPOSIÇÃO	2013	2014
Empregos (31/12)	513.862	505.988
• Diretos	124.678	122.839
• Indiretos[a]	389.184	383.149
Faturamento (R$ bilhões)[b]	52,4	54,6
• Participação no PIB (%)	1,0	1,0
• Participação no PIB industrial (%)	4,9	4,9
Investimentos (R$ bilhões)[c]	4,1	4,2
Impostos pagos (R$ bilhões)[d]	10,4	11,0
Produção de alumínio primário (1.000 t.)	1.304	962
Consumo doméstico de transformados de alumínio (1.000 t.)	1.513	1.430
Consumo per capita (kg/hab./ano)	7,5	7,0
Exportação (1.000 t.) – peso alumínio	530	457
Importação (1.000 t.) – peso alumínio	333	636
Balança Comercial da Indústria do Alumínio (US$ milhões FOB)[e]	3.575	3.941
• Exportações	1.346	2.009
• Importações	2.229	1.932
• Saldo		
Participação das exportações de alumínio nas exportações brasileiras (%)	1,5	1.932,0

a Inclui estimativa de pessoas envolvidas na coleta e preparação das sucatas de alumínio.
b Estimativa com base em dados do IBGE (Pesquisa Industrial Anual-PIA 2012).
c Estimativa com base na taxa de reinvestimento de 1/3 do PIB calculada para a média de 2011 e 2012 segundo a PIA IBGE.
d Estimativa a partir da carga tributária de 20,1% do faturamento bruto em 2012, segundo dados da PIA IBGE.
e Inclui bauxita e alumina.

Fonte: ABAL.

Consumo do alumínio por setor

Dentre as principais aplicações do alumínio destacam-se as áreas de embalagens, construção civil e transportes (Gráfico 7.4). O setor de embalagens é responsável principalmente pelas descartáveis, com grande importância para o total do consumo e, portanto, para a formação de sucata dessa matéria-prima, ao passo que os demais setores apresentam sucata de obsolescência. O uso de sucata de alumínio cresce nitidamente no país, acompanhando o crescimento do uso do material em todas as suas aplicações.

GRÁFICO 7.4 Aplicações do alumínio nos produtos finais

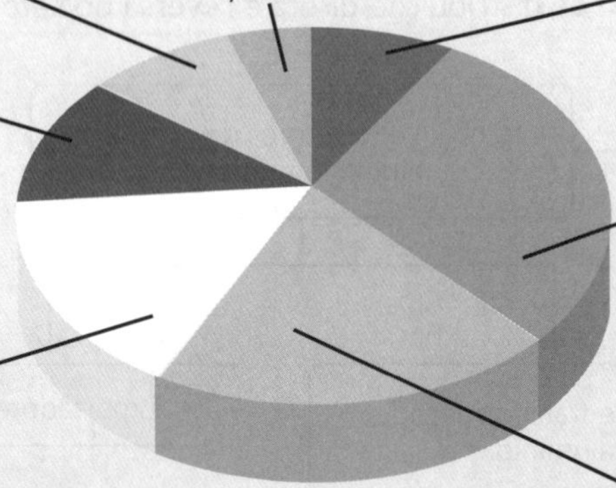

Fonte: ABAL.

Aplicação industrial do alumínio

TABELA 7.2 Produtos intermediários fabricados com alumínio

Unidade: 1.000 toneladas

TIPOS DE PRODUTOS	2012	2013	2014
Chapas	506,8	542,9	585,9
Folhas	87,0	87,2	85,2
Extrudados	332,1	357,8	318,7
Fios e cabos	134,9	138,9	131,6
Fundidos e forjados	232,4	223,9	165,2
Pó	39,9	33,8	28,4
Usos destrutivos	41,4	40,8	40,4
Outros	23,8	25,6	26,2
TOTAL	1.398,3	1.450,9	1.381,6

Fonte: ANUÁRIO ESTATÍSTICO ABAL, 2016.

A Figura 7.1 foi elaborada com base nas informações obtidas no Anuário Estatístico da Abal de 2016 e mostra alguns aspectos do fluxo físico dos bens simultaneamente nas cadeias direta e reversa do alumínio. A matéria-prima virgem alumina alimenta as indústrias de transformação aqui generalizadas, e quando as condições o permitem a exportação de alumina. Produtos diversos são elaborados com o alumínio primário e ao mesmo tempo recebem cerca de 30% de sucata a ser incorporada. Os produtos de pós-consumo podem ser obtidos como sucata de obsolescência, apresentando-se mais recentemente como sucata de latas de alumínio, de extrema importância atualmente para o setor, sucatas em geral e eventuais exportações de alumínio secundário.

FIGURA 7.1 Cadeia de distribuição direta e reversa do setor

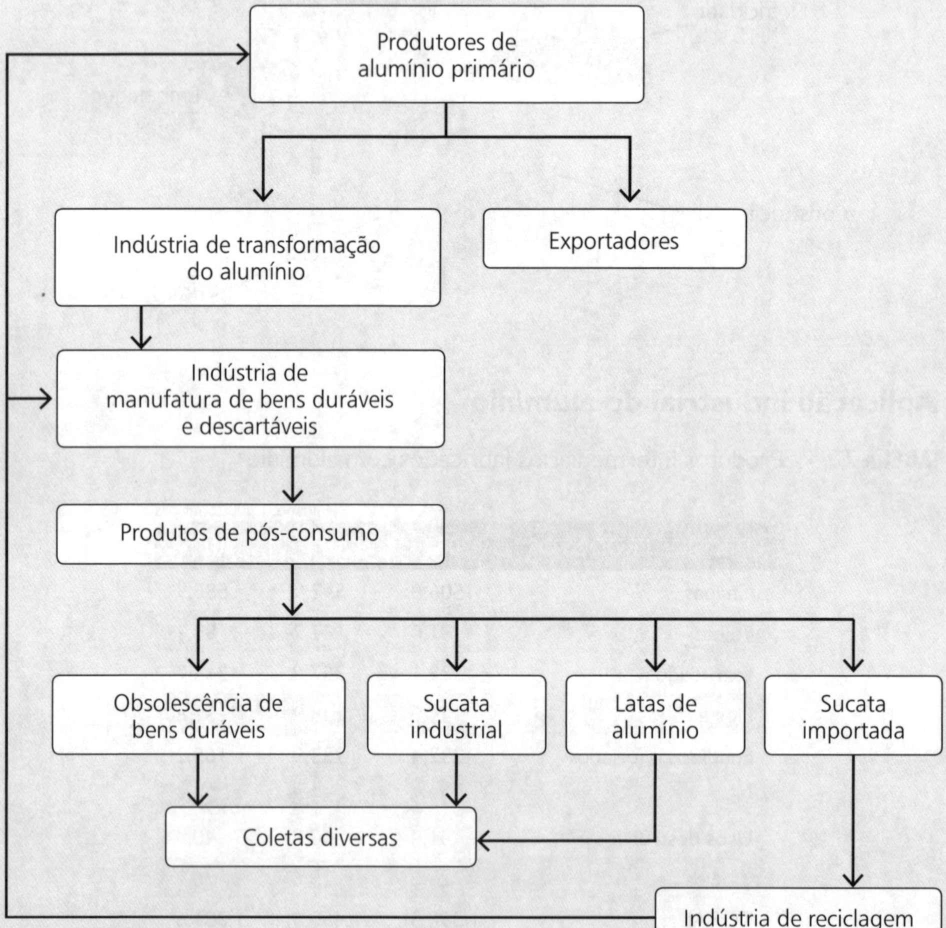

Fonte: elaborada pelo autor.

Índice de reciclagem comparativo do setor ao redor do mundo

Os níveis brasileiros são próximos da média mundial (Figura 7.2), mas deveríamos apresentar índices melhores se o país estivesse se desenvolvendo mais, o que resultaria em índices de geração de sucata maiores.

FIGURA 7.2 Índices comparativos de reciclagem mundial de alumínio

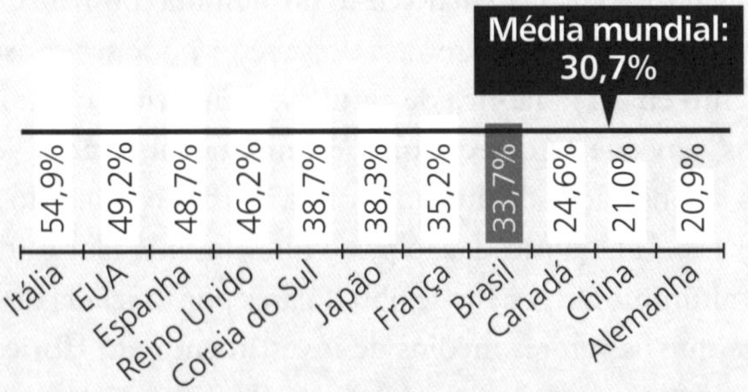

Fonte: ABAL, 2016.

Objetivos estratégicos da logística reversa do setor e outros fatores de influência

O canal de distribuição reversa do alumínio apresenta-se como um dos mais eficientes em termos de estrutura reversa, quando se observam os níveis de reciclagem apresentados pelo setor, ou seja, praticamente todo o material de obsolescência e de processamento industrial é reciclado, e tem aumentado a quantidade de latas de alumínio recicladas do setor. Considerando-se a estimativa do setor de uma perda de 10% na sucata de origem de obsolescência e de processamento industrial, e o índice atual de reciclagem oficial do setor, de 98% no ano de 2015 das latas de alumínio, pode-se calcular em 2% o percentual de sucata não reciclada pelo setor, constituindo-se em um dos melhores índices entre os diversos setores examinados no Brasil.

O objetivo estratégico econômico da logística reversa das empresas constituintes do setor é comprovado pelas economias geradas com a reintegração de matérias-primas secundárias no ciclo produtivo e pelo seu alto valor intrínseco, o que permite uma excelente remuneração aos diversos agentes da cadeia reversa.

A economia gerada pela reintegração do material reciclado, em substituição às matérias-primas novas, constitui-se na principal fonte de economia, seguida pela economia gerada pela diferença entre os investimentos em novas fábricas de alumínio primário e em fábricas de reciclagem (fundições de alumínio). Consequentemente, as empresas do setor apresentam condições de remunerar, de maneira suficiente e atrativa, os diversos agentes de seus canais de distribuição reversos.

A importância do fator econômico do reaproveitamento dos materiais usados no caso do setor do alumínio é notável. O processo de reciclagem de alumínio economiza o correspondente a 95% da energia elétrica utilizada para a fabricação de alumínio primário, ou seja, são gastos 15 kWh (quilowatt-hora) para fabricar um quilo de alumínio primário, ante 0,75 kWh para fabricar um quilo de alumínio reciclado, que possui as mesmas características técnicas e de qualidade do primeiro. Esse valor é expressivo quando se considera que a energia elétrica representa 70% do custo de fabricação do alumínio primário; portanto, ao reciclar alumínio, economiza-se, por esse insumo, em torno de 66,5% do custo do alumínio primário.

O objetivo econômico da logística reversa desse setor pode ser constatado pela diferença entre o investimento em uma fábrica de alumínio primário e o feito na correspondente fábrica de reciclados, em que se detecta uma economia substancial. Como mencionado anteriormente, para a construção de uma fábrica de alumínio primário são investidos cerca de 5 mil dólares por tonelada fabricada, ao passo que em uma fábrica de reciclados de alumínio (fundição de alumínio) investem-se 350 dólares por tonelada de alumínio reciclado.

Considerando-se que os valores médios de investimento em fábricas de reciclagem de alumínio, com uma correta escala econômica de produção, giram em torno de 20 milhões de dólares, podendo-se inferir que elas têm capacidade para produzir cerca de 60 mil toneladas por ano, e que isso corresponderia a investimentos de 300 milhões de dólares em uma fábrica de alumínio primário, evita-se um investimento de 280 milhões de dólares e seus correspondentes custos de depreciação sobre o produto.

Considerando-se que o preço de venda do alumínio primário é alto, o investimento em fábricas de reciclagem de alumínio torna-se atrativo, demonstrando o objetivo estratégico econômico como motor principal da implementação da logística reversa desse setor.

O impacto dos fatores tecnológicos e logísticos contribui fortemente para a eficiência no equilíbrio entre os fluxos direto e reverso desse material, pois, do ponto de vista tecnológico, existe a possibilidade de ser refundido inúmeras vezes sem que suas qualidades principais se alterem, podendo ser classificado como de alta reciclabilidade técnica. O fator logístico contribui favoravelmente em razão do elevado valor intrínseco do material, permitindo transporte sem grandes restrições e, portanto, localização de unidades de reciclagem com economia de escala favorável.

QUESTÕES SOBRE O CASO

1. Explique o excelente desempenho de reciclagem das empresas desse setor.
2. Compare as condições desse setor com as de outro setor, identificando contrastes que justifiquem diferentes organizações e desempenhos.

O OBJETIVO ECOLÓGICO E DE SUSTENTABILIDADE AMBIENTAL NA LOGÍSTICA REVERSA DE PÓS-CONSUMO

8

NESTE CAPÍTULO VOCÊ IRÁ:

1. compreender o crescimento da conscientização ecológica e de sustentabilidade ambiental nas empresas modernas com relação aos impactos de seus produtos no meio ambiente;
2. entender a crescente influência do fator ecológico na implementação da logística reversa nas empresas;
3. avaliar as oportunidades e os riscos oferecidos às empresas que promovem a criação de redes reversas em suas atividades;
4. perceber a importância da utilização de ferramentas como a análise do ciclo de vida útil dos produtos;
5. desenvolver uma visão racional do problema ecológico e de sua inclusão na reflexão estratégica empresarial perante os riscos de imagem institucional;
6. comparar as diferentes críticas ambientalistas à cultura do consumo e as consequentes teorias econômicas que levam em consideração os custos ecológicos dos impactos dos produtos no meio ambiente;
7. avaliar de que modo a implementação de programas de marketing ambiental utiliza a logística reversa como área de realização desses programas.

8.1 Revalorização ecológica dos bens de pós-consumo

Analisamos, em capítulos anteriores, a ideia de poluição por excesso de produtos de pós-consumo que não retornam ao ciclo produtivo. A primeira consequência desse evento, para a sociedade, é o custo de destinação final desses excessos e, para as empresas, o custo da repercussão negativa em sua imagem corporativa. Em uma análise mais aprofundada, como veremos adiante, os custos ultrapassam essas duas dimensões, tanto para a sociedade como para as empresas. Constituem os chamados custos ecológicos, provocados pelo impacto dos produtos no meio ambiente.

A revalorização ecológica de um bem em fim de vida é entendida como a eliminação ou a mitigação desse somatório de custos dos impactos no meio ambiente provocados pela ação de produtos nocivos à vida humana ou pelo excesso desses bens. Agrega-se valor ecológico ao bem de pós-consumo por meio do equacionamento de sua logística reversa, de modo a recapturar o valor correspondente a esses custos, nem sempre plenamente tangível, como veremos nos itens a seguir.

As pressões e as críticas ambientalistas ao consumo, sem uma equivalente responsabilidade empresarial, geram novas teorias econômicas que propõem a introdução desses custos ecológicos na contabilidade empresarial e, quando envolvem todas as parcelas de degradação do meio ambiente, também atingem a contabilidade nacional do país. Embora ainda não sejam contabilizados oficialmente, vêm sendo incluídos gradativamente nas reflexões estratégicas das empresas responsáveis em relação ao meio ambiente, como forma de ação proativa para a conservação ou promoção de sua imagem corporativa e perenização de seus negócios.

Diversas pesquisas realizadas nos Estados Unidos atestam que os consumidores mostram-se cada vez mais sensíveis aos problemas ecológicos, dispostos a pagar mais por produtos concebidos e produzidos de maneira a causar menos impacto ao meio ambiente, ou mesmo contribuir mais para preservá-lo. Ao mesmo tempo, os exageros cometidos em nome dos "produtos verdes", o uso indiscriminado de "rótulos verdes", de termos como *biodegradável, reciclável*, entre outros, de significado nem sempre claro, fizeram os consumidores se colocarem sob reserva.[1] Por outro lado, as empresas procuram adequar-se às novas condições e exigências desses consumidores, buscando preservar sua imagem corporativa e aproveitando as oportunidades que surgem por meio de uma nova estratégia de marketing, a qual se traduz em uma sensibilidade ecológica que impulsionará os canais reversos, entre outras atitudes ecológicas empresariais.[2]

Pesquisas realizadas no Brasil, em 1998, pela Confederação Nacional da Indústria (CNI), pelo Serviço Brasileiro de Apoio às Micro e Pequenas Empresas (Sebrae) e pelo Banco Nacional de Desenvolvimento Econômico e Social (BNDES) revelam que 90% das grandes empresas e 35% das pequenas e microempresas realizaram investimentos ambientais, independentemente de legislação, com propósitos de melhoria de competitividade em exportações, de serviço aos clientes, de atendimento às comunidades e a organizações não governamentais e de melhoria da imagem corporativa.[3] Esse cenário se manteve ao longo do tempo, possivelmente com crescimento das intenções empresariais em realizar investimentos nessas áreas devido ao impacto cada vez maior dessas ações na competitividade empresarial.

A intensificação da sensibilidade ecológica na sociedade é decorrência da visibilidade dos excessos de disposições indevidas de produtos descartáveis nos centros urbanos em geral, dos quais as embalagens constituem grande parcela. Existe certa relação entre essa sensibilidade da população e o tamanho da cidade, que produz diferentes atitudes por

1 COUNCIL OF LOGISTICS MANAGEMENT (CLM). *Reuse and recycling reverse logistics opportunities*. Illinois: CLM, 1993. p. 26.
2 MILES, M.; MUNILLA, L. S. The eco-marketing orientation: an emerging business philosophy. In: POLONSKY, J. et al. (Eds.). *Environmental marketing*: strategies practice, theory and research. New York: Haworth Press, 1995. p. 23.
3 ANDRADE, R. O. B.; TACHIZAWA, T.; CARVALHO, A. B. *Gestão ambiental*. São Paulo: Makron Books, 2002. p. 214.

parte do consumidor, implicando a adoção voluntária de atitudes ecológicas em relação às embalagens.[4]

8.2 Meio ambiente: uma preocupação crescente

O conhecido autor Ansoff,[5] em uma de suas primeiras obras, revelou preocupação com o tema dos impactos dos processos e produtos no meio ambiente, salientando que, desde a doutrina do *laissez-faire*, de Adam Smith, ou da livre iniciativa, origem das ideias da cultura do consumo, as empresas têm procurado responder às reações da sociedade nesse sentido.

Essas reações manifestam-se pelo comportamento do consumidor ou por legislações restritivas, com o fim de minimizar os impactos nocivos de processos ou produtos industriais à sociedade ou ao meio ambiente, refletindo em parte a ideia de Peter Drucker, citada em Ansoff e McDonell:[6] "A empresa se tornou vítima de seu próprio êxito". No entanto, segundo o autor, não se observa o efeito dessas restrições no crescimento dessas empresas, mas se exige delas constantes redefinições de seu papel em relação ao ambiente.

Ansoff[7] menciona ainda os consumidores dos países mais ricos: "Eles se tornam cada vez mais exigentes, demandando informação cada vez mais completa sobre suas compras, exigindo responsabilidade após a venda por parte do fabricante, tornando-se cada vez menos dispostos a aceitar a poluição do ambiente como subproduto".

A sensibilidade ecológica, tanto da sociedade como das organizações empresariais, tem se transformado recentemente devido à crescente visibilidade dos citados efeitos, seja por se mostrarem realmente evidentes às pessoas ou por elas terem informações sobre suas consequências, percebidas nos desastres ecológicos. Sheth e Parvatiyar[8] justificam o novo "imperativo ecológico" por meio da interdependência entre a economia global e a ecologia global.

Algo aconteceu no fim dos anos 1980. Em muitos países, as pessoas começaram a se sentir infelizes ao ver como o ser humano estava tratando seu planeta. Passaram a reclamar mais da poluição do ar e da água, da destruição da floresta úmida, do desaparecimento de espécies da fauna e da flora, do buraco na camada de ozônio e do efeito estufa.[9]

O crescente interesse de organizações em se filiar aos "movimentos verdes" parece indicar essa maior preocupação com o meio ambiente. De acordo com Cairncross,[10] essas inscrições passaram de um total de 475, em 1971, para 3.944, em 1990, na Inglaterra, e de 2.845, em 1970, para 9.534, em 1990, nos Estados Unidos.

4 CORNWELL, T. B.; SCHWEPKER, C. H. Ecologically concerned consumers and their product purchase. In: POLONSKY, J. et al. (Eds.). *Environmental marketing*: strategies practice, theory and research. New York: Haworth Press, 1995. p. 119.

5 ANSOFF, H. I. *Strategic management*. London: The Macmillan Press, 1978. p. 23.

6 ANSOFF, H. I.; MCDONNEL, E. J. *Implantando a administração estratégica*. São Paulo: Atlas, 1993. p. 238.

7 ANSOFF, 1978, p. 30.

8 SHETH, J. N.; PARVATIYAR, A. Ecological imperatives and the role of *marketing*. In: POLONSKY, J. et al. (Eds.). *Environmental marketing*: strategies practice, theory and research. New York: Haworth Press, 1995. p. 5.

9 CAIRNCROSS, F. *Meio ambiente*: custos e benefícios. São Paulo: Nobel, 1992. p. 15.

10 CAIRNCROSS, 1992, p. 16.

Essa percepção e a crescente sensibilidade com relação ao meio ambiente tornaram-se obrigatórias em declarações de missões empresariais. As estratégias de gestão de meio ambiente passaram a constituir a reflexão empresarial, pelo menos nas empresas líderes consideradas excelentes em seus setores. O consumidor mais sensível precisa de informações sobre os impactos dos produtos e processos no meio ambiente.

Entre as diferentes variáveis que afetam o ambiente dos negócios, a preocupação ecológica da sociedade tem ganhado um destaque, tendo em vista sua relevância para a qualidade de vida das populações.[11]

A descoberta de um novo nicho de interesse e de oportunidades de marketing, a chamada "primeira onda do verde", que caracterizou os anos 1970, criou, em poucos anos, certo exagero no uso de argumentos ambientais em publicidade, de veracidade nem sempre comprovada, levando o consumidor a desconfianças justificadas, além de acarretar a teoria do limite do crescimento.[12]

A "segunda onda do verde", que caracterizou os anos 1990, abandonou parte do romantismo anterior e trouxe à luz ideias do desenvolvimento sustentável e outras concepções mais objetivas, que permitem a convivência entre o desenvolvimento econômico e o meio ambiente.[13]

Mais recentemente, essa visibilidade tem sido ressaltada pelas dificuldades das sociedades em equacionar o desembaraço dos bens produzidos em larga escala, com ciclos de vida cada vez mais curtos e com valores residuais que não despertam o interesse em consertá-los. Segundo Leite: [14]

> eletrodomésticos, automóveis, computadores, embalagens, telecomunicações etc. têm seus custos reduzidos e uma obsolescência acelerada, gerando produtos de ciclo de vida cada vez mais curtos. A descartabilidade entra em um momento histórico no fim de nosso século.

Essa dificuldade em equacionar as quantidades produzidas com as quantidades ambientalmente desembaraçadas tem gerado excessos residuais de bens de pós-consumo em locais não apropriados, como rios, córregos, ruas, terrenos baldios, destinando-se, por fim, à disposição final de todos os resíduos: o lixo urbano.

Justificam-se, pois, as preocupações crescentes com os impactos que produtos e processos industriais provocam no meio ambiente, com a procura de soluções para equacionar esses desequilíbrios, as quais poderão conduzir a uma melhor estruturação e organização dos canais de distribuição reversos.

---

11 DONAIRE, D. *Gestão ambiental na empresa*. São Paulo: Atlas, 1999. p. 28.

12 LOZADA, H. R.; MINTU-WIMSATT, A. T. Green-based innovation: sustainable development in product management. In: POLONSKY, J. et al. (Eds.). *Environmental marketing*: strategies practice, theory and research. New York: Haworth Press, 1995. p. 186.

13 LOZADA; MINTU-WIMSATT apud POLONSKY et al., 1995, p. 182.

14 LEITE, 1998a.

8.3 Teoria do desenvolvimento sustentável

O relatório *The limits to growth* (Os limites do crescimento), de 1972, citado por Cairncross,[15] afirma que: "se as atuais tendências mundiais de crescimento da população, industrialização, poluição, produção de alimentos e escassez de recursos continuarem inalteradas, os limites de crescimento neste planeta serão alcançados nos próximos cem anos".

Previsões desse tipo são sempre temerárias, pois ignoram avanços científicos e tecnológicos, além de melhorias de produtividade na utilização dos recursos em geral. Normalmente, é nos momentos de crise que a humanidade se move para realizações. Evidentemente, não teríamos feito enorme economia de energia nem grandes modificações na administração dos materiais se não tivesse ocorrido o expressivo aumento do preço do petróleo em 1973.[16]

A melhor definição de desenvolvimento sustentável parece ser a da Comissão Mundial sobre o Meio Ambiente e Desenvolvimento, constituída pela ONU em 1991 e citada por Calderoni:

> [...] aquele que atende às necessidades presentes sem comprometer a possibilidade de as gerações futuras atenderem às suas próprias necessidades. [...] Desenvolvimento sustentável é um processo de transformação no qual a exploração de recursos, a direção dos investimentos, a orientação do desenvolvimento tecnológico e a mudança institucional se harmonizam e reforçam o potencial presente e futuro, a fim de atender às necessidades e aspirações humanas.[17]

Para melhor avaliar sua política de desenvolvimento sustentável, os governos deveriam introduzir em suas contas nacionais a valorização dos recursos naturais. Países como Noruega, França e Canadá já apresentam contas de estoques de recursos naturais, sendo que a França dispõe até mesmo do balanço do patrimônio natural de cada região do país.[18]

A ideia principal baseia-se na conservação do estoque de recursos naturais de uma comunidade ou país. Entre algumas dificuldades para a aplicação do conceito de desenvolvimento sustentável estão a avaliação dos estoques dos bens naturais e sua transformação como entradas e saídas. Além disso, como adverte Cairncross,[19] nem todos os países podem se dar ao luxo de fazer essas escolhas. Para um país pobre, será difícil trocar o plantio de hoje por uma conservação de riqueza de solo amanhã.

Indiscutivelmente, o princípio da teoria do desenvolvimento sutentável é de plena aceitação na época atual. Contudo, cada agente envolvido – empresas, governo e sociedade –

15 CAIRNCROSS, F. *Meio ambiente*: custos e benefícios. São Paulo: Nobel, 1992.
16 SCHONBERGER, R. J. *Técnicas industriais japonesas*. São Paulo: Pioneira, 1982. p. 5.
17 CALDERONI, S. *Os bilhões perdidos no lixo*. São Paulo: Humanitas, 1998. p. 54.
18 CAIRNCROSS, 1992.
19 CAIRNCROSS, 1992.

terá uma visão no que se refere à maneira de valorização e aplicação da teoria em diferentes países. A ideia de responsabilidade ética com as gerações futuras e a tentativa de conciliação do desenvolvimento econômico com o aspecto ambiental são bastante convenientes, porém é necessário ainda desenvolver ferramentas mais objetivas para sua perfeita avaliação.

8.4 Críticas ambientalistas à cultura do consumo

A cultura do consumo caracteriza-se pela ideia do ciclo "compre-use-disponha". Adotada como padrão pela sociedade até recentemente, sem questionamentos, privilegia inovações e altas taxas de lançamento de produtos, gera forças de mercado que criam necessidades adicionais de consumo e tornam comum a posse de bens de mesma natureza em grandes quantidades, privilegiando a moda e o *status* em detrimento da utilidade do bem.

Mackoy, Calantone e Dröge [20] definem a cultura do consumo considerando três aspectos principais:

- clara divisão entre a produção e o consumo, em que é ressaltado o importante papel das vendas;
- a produção e o mercado de massa, envolvendo grande número de consumidores;
- a proliferação de novos produtos, valorizando mais os aspectos de novidade e de moda do que de durabilidade e utilidade.

Mais recentemente, têm-se observado o surgimento de uma nova cultura, que pode ser caracterizada pelo ciclo "reduza-reúse-recicle" e que se convencionou denominar "cultura ambientalista". Esta cultura privilegia uma responsabilidade maior da sociedade e das organizações empresariais em relação aos impactos dos processos e produtos no meio ambiente.

Adicionando-se a essa mudança individual do consumidor as mudanças que acontecem nas cadeias de suprimentos, como forma de fidelização dos clientes e de encantá-los de modo a reduzir o risco de perdê-los, pode-se admitir o gradativo aparecimento de um novo cliente e consumidor, como mostra a Figura 8.1. Esse novo cliente e consumidor exigirá, gradativamente, maior responsabilidade empresarial, demonstrada de maneira efetiva pelas empresas, maior rigor em legislações ambientais e estratégias que privilegiem o favorecimento do retorno de produtos e o equacionamento desse retorno de maneira organizada.

Ainda, as legislações serão dirigidas às empresas, e não mais aos governos, e os clientes poderão optar por empresas que se enquadrem nessas novas condições. A logística reversa insere-se na reflexão estratégica empresarial de forma a garantir sua sustentabilidade econômica por meio da competitividade no mercado e da salvaguarda de sua imagem corporativa.

---

20 MACKOY, R. D.; CALATONE, R.; DRÖGE, C. Environmental *marketing*: bridging the divide between the consumption culture and environmentalism. In: POLONSKY, J. et al. (Eds.). *Environmental marketing*: strategies practice, theory and research. New York: Haworth Press, 1995. p. 39.

FIGURA 8.1 Mudança na cultura de consumo e suas consequências

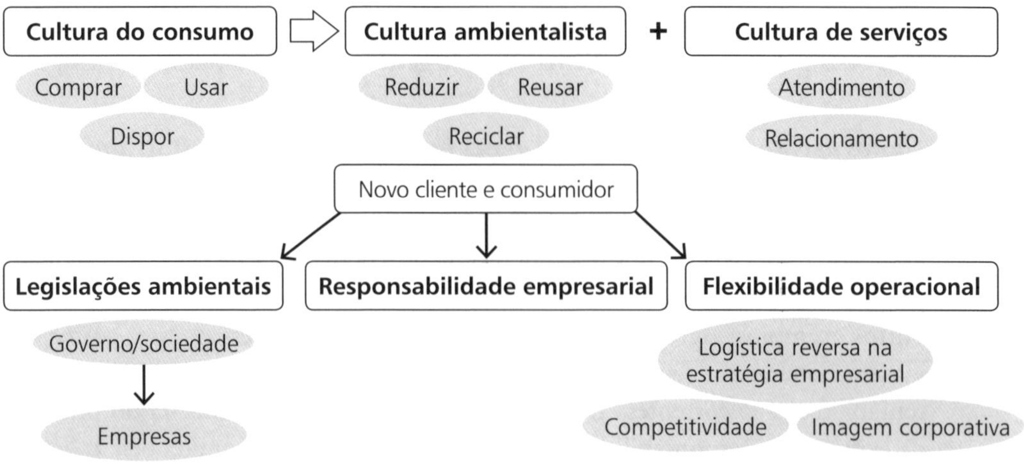

Fonte: elaborada pelo autor.

Diversas correntes de pensamento partidárias da cultura ambientalista criticam a cultura do consumo por não privilegiar sobretudo a melhor utilização dos recursos naturais, a responsabilidade das empresas para com a sociedade, os custos relacionados ao descarte dos bens, a preservação do sistema ambiental para as gerações futuras, entre outros aspectos.[21]

Uma análise dessas críticas, mesmo que breve, permitirá a distinção entre as diversas correntes e, acima de tudo, estabelecerá comparações de pontos de vista, já que existe, no senso comum, certa predominância de críticas à cultura do consumo, nem sempre muito objetivas, motivadas possivelmente por diferentes percepções e sentimentos pessoais que o tema suscita. São apresentadas a seguir, de forma sistematizada e resumida por Mackoy, Calantone e Dröge,[22] essas diversas correntes de pensamento, compiladas por diversos autores, permitindo a apreciação das diferentes percepções do problema.

8.4.1 Crítica puritana

Analisa o fato de que a cultura do consumo desvia a atenção do indivíduo do verdadeiro significado do meio ambiente para os falsos objetivos e significados dos bens de consumo e, ao mesmo tempo, provoca a destruição de florestas, fauna, água e ar do planeta. Esse tipo de crítica, com conteúdo espiritual e romântico em sua essência, parece não contribuir de maneira significativa para melhor compreensão do equilíbrio entre os interesses econômicos e ambientais característicos da sociedade moderna.

21 MACKOY; CALATONE; DRÖGE apud POLONSKY et al., 1995, p. 39.
22 MACKOY; CALATONE; DRÖGE apud POLONSKY et al., 1995, p. 40.

8.4.2 Crítica quaker

O foco da atenção não se encontra no consumo em si, mas nos resíduos a ele associados. Destacam-se duas fontes de custo que não são levadas em consideração na análise de custos dos bens produzidos pelo sistema atual de gestão empresarial, descritos a seguir.

- ***Custos devidos à disposição final desses bens após uso.*** Esses custos, intencionais ou não, estão associados aos custos de disposição final do lixo urbano em aterros sanitários, via coleta seletiva ou pela incineração dos produtos descartados; aos custos de "embalagem" dos resíduos atômicos e perigosos e de sua estocagem; aos gases nocivos na atmosfera; à ineficiência de processos industriais, entre muitos outros exemplos. Agregados ao custo dos produtos e processos, esses custos certamente onerariam seus preços e modificariam suas condições de mercado e as rentabilidades decorrentes. Trata-se de uma ideia crítica, precursora do princípio da extensão da responsabilidade do produto (EPR), a ser assumida pela cadeia de distribuição, pelos impactos causados ao meio ambiente, evitando que os prejuízos sejam imputados à sociedade e que os lucros sejam auferidos pela cadeia produtiva.
- ***Custos de reposição dos recursos utilizados.*** Referem-se aos custos não considerados dos recursos renováveis ou não, que foram efetivamente utilizados na produção de bens.

Essa crítica também considera que a cultura do consumo propicia incentivo à pouca durabilidade e utilidade dos bens consumidos. Mais racional entre as críticas abordadas, porém, utiliza uma argumentação que a aproxima de um novo conceito científico; os produtos são analisados sob a perspectiva da soma de seus custos provocados ao ambiente, desde a extração das matérias-primas até sua disposição final, "do berço ao túmulo do produto".[23] Recentemente, esse conceito foi sistematizado pelas normas ISO 14000, publicadas em 1997, sob a denominação "análise do ciclo de vida útil dos produtos".

Entre as críticas examinadas, essa é a que apresenta a introdução dos custos de disposição e dos recursos naturais como alternativa compensatória e prática para equilibrar os aspectos econômicos e ambientais.

8.4.3 Crítica republicana

Examina os conceitos sociais e cívicos de responsabilidade da sociedade e das organizações empresariais, referindo-se ao momento atual e ao futuro das próximas gerações. Essa visão coincide com a da teoria do desenvolvimento sutentável, analisada anteriormente. Parece tratar-se de

---

23 FULLER, D. A.; ALLEN, J. Reverse channel system. In: POLONSKY, J. et al. (Eds.). *Environmental marketing*: strategies practice, theory and research. New York: Haworth Press, 1995. p. 259.; CHEHEBE, J. R. Análise do ciclo de vida de produtos. *Revista, Materiais & Mineração*, São Paulo, 1998.; KRÜGER Consult A/S. Report from Expert Workshop at Hanko. Norway on LCA. mar. 1995.

uma visão que poderá funcionar como base filosófica para um mundo mais consequente, sem pretensão de propor soluções de equilíbrio entre o econômico e o ambiental.

8.4.4 Crítica aristocrática

Tem sua argumentação centrada na perda estética provocada pela destruição da natureza, sendo, portanto, aparentemente ainda mais romântica do que a crítica puritana, referindo-se a valores, na maior parte das vezes, difíceis de mensurar.

8.4.5 Crítica marxista

Trata-se de uma crítica política à cultura do consumo, pois remete à ideia de que existiria a exploração dos recursos naturais nos países pobres para alimentar as empresas de países ricos e de que os resíduos desses consumos retornariam aos países pobres, parecendo caracterizar uma relação de colonialismo entre as nações. A ideia é resumida pela sigla Nimby (*not in my back yard* – não no meu quintal), citada por Mackoy, Calantone e Dröge,[24] e tem gerado discussões sobre a localização tanto das fontes de poluição quanto da disposição final dos resíduos em geral. Os exemplos de problemas ligados a essa disposição são inúmeros e consubstanciam essas críticas.

8.4.6 Crítica sistêmica

Coloca o ponto central do problema da cultura do consumo na sobrevivência do sistema planetário, e não simplesmente nos aspectos econômicos, sociais, legais ou religiosos. Parece entender que existe um limite que pode ser suportado pelo sistema terrestre.

Observa-se, pelo exposto, que as críticas puritana e marxista opõem-se radicalmente à clássica cultura do consumo pelo consumo em si, ou seja, combatem os valores básicos dessa cultura e, portanto, não aceitam a compatibilidade entre o desenvolvimento econômico e a preservação do meio ambiente. Por outro lado, as críticas quaker, republicana, aristocrática e sistêmica, oferecendo ou não alternativas para esse equilíbrio, não combatem o consumo em si, sendo, portanto, compatíveis com a teoria do desenvolvimento sustentável.

Algumas dessas reflexões ligadas aos aspectos econômicos permitiram a postulação de diversas teorias econômicas de desenvolvimento compatíveis com seus efeitos sobre o meio ambiente, as quais examinaremos no próximo item deste capítulo.

8.5 Novas teorias econômicas do meio ambiente

A questão ambiental foi introduzida na teoria econômica a partir dos anos 1950, após a Segunda Guerra Mundial, principalmente devido à necessidade de reaproveitamento e reciclagem durante o conflito, mas foi a partir de 1970, com o relatório de 1972 do Clube de Roma, que as reflexões tornaram-se mais frequentes. Desse enfoque de sustentabilidade

24 MACKOY; CALATONE; DRÖGE apud POLONSKY et al., 1995, p. 44.

que preserva o aspecto econômico e o ambiental surgiram diversas correntes de pensamento abordadas por Donaire,[25] algumas das quais serão apresentadas a seguir.

8.5.1 Corrente ecodesenvolvimentista

Baseada na teoria do desenvolvimento sustentável, essa corrente considera que a poluição é consequência do modelo de desenvolvimento e, portanto, prevê a necessidade de mudanças no desenvolvimento econômico por meio de regulamentações claras relativas à responsabilidade social das empresas, incluindo multas para aquelas poluidoras.

O modelo a ser combatido, de acordo com essa corrente, é a tendência dos países desenvolvidos e de suas multinacionais de procurar transpor seus hábitos de consumo e suas estruturas econômicas e sociais para os países pouco desenvolvidos, originando desequilíbrios. Seus defensores observam que uma hipotética extrapolação dos níveis de consumo dos países ricos, que representam menos de 25% da população mundial, para os mais pobres, que representam mais de 75% da população do planeta, revelaria não haver condições de sustentabilidade na demanda de insumos básicos, como proteínas, gorduras, papel, aço, metais etc.

Nesse modelo, de acordo com Sunkel apud Donaire,[26] os principais aspectos que caracterizam esse estilo de consumo são: a implantação de estratégias em nível mundial, que padronizam os hábitos de consumo e a substituição da cultura nacional pela cultura multinacional sem levar em conta a estrutura econômica e social do país, a excessiva utilização de uma fonte única de energia (o petróleo) e a intensa utilização do automóvel com seus efeitos poluidores.

Deve-se observar que essa teoria se inspira nas mesmas ideias da crítica marxista, apresentada anteriormente, e preconiza a regulamentação das atividades industriais poluidoras, de modo que sejam restringidas a patamares compatíveis com a capacidade de absorção dos sistemas ou que as empresas sejam obrigadas a arcar com os custos dos danos causados, por meio do princípio do poluidor-pagador.

8.5.2 Corrente pigouviana

Defende a ideia de que os sistemas de preços atuais não refletem os danos causados pelos impactos no meio ambiente, havendo, portanto, necessidade de internalizar esses custos. Desse modo, evita-se, de acordo com essa corrente, a otimização dos lucros por meio da socialização dos problemas ecológicos. Seus defensores acreditam que as empresas não adotarão voluntariamente essas medidas e que será necessário implementar taxas aos poluidores, o que coincide com o princípio do poluidor-pagador da teoria ecodesenvolvimentista.

A base teórica dessa corrente é que a curva da oferta se desloca quando os custos dos impactos causados por produtos e processos são internalizados, mudando o equilíbrio do mercado e reduzindo proporcionalmente a taxa de agressão ao meio ambiente. Essa teoria corrobora a

25 DONAIRE, 1999, p. 41-49.
26 DONAIRE, 1999.

ideia do modelo relacional de atuação dos fatores de influência nos canais de distribuição reversos apresentado neste livro, por meio do qual a atuação de fatores modificadores ecológicos e legais constitui novo incentivo à implementação da logística reversa.

8.5.3 Corrente neoclássica

Os neoclássicos propõem a privatização do meio ambiente, tornando-o propriedade da sociedade, que, de alguma maneira, deve ser compensada pelos impactos ecológicos e sociais das atividades empresariais em geral.

Entre as diversas sugestões para se compensar a utilização dos recursos naturais, a sociedade exerceria seu direito de propriedade sobre os recursos utilizados pela cessão do direito de poluir ou de usá-los, visto como um verdadeiro adicional de insalubridade cobrado das empresas poluidoras, ou por meio de subsídios às empresas que controlam a poluição.

Essas ideias ou correntes econômicas, analisadas de modo resumido, revelam algumas tendências comuns, embora expressas de maneiras diferentes: internalização dos custos decorrentes das agressões ao meio ambiente ocasionadas por produtos e processos, transferindo o ônus de seu pagamento da sociedade para o produtor ou para a cadeia produtiva correspondente, por meio do princípio do poluidor-pagador.

Certamente, o maior desafio dessas correntes econômicas está no modo e na medida de internalização e agregação desses custos aos produtos e processos, devido à complexidade de sua obtenção e contabilização. Veremos, no item a seguir, uma das ferramentas mais utilizadas e atualmente em grande desenvolvimento metodológico, que visa a essas medições no âmbito dos produtos.

8.6 Análise do ciclo de vida útil dos produtos

A análise do ciclo de vida útil dos produtos estuda o impacto ambiental gerado pelos produtos desde o momento da extração das matérias-primas e outros insumos utilizados em sua fabricação – de alguma maneira já contabilizando os recursos naturais utilizados, os impactos causados pelo transporte para a internalização dos insumos e para a distribuição direta dos produtos e reversa dos pós-consumo – até sua disposição final, motivo pelo qual também é conhecida como "análise do produto do berço ao túmulo".

As recentes normas ISO 14000 sobre sistemas de gestão ambiental contemplam essa técnica nos capítulos referentes ao inventário, à avaliação do impacto e à interpretação do ciclo de vida dos produtos.

A ideia fundamental é que se tenha um instrumento de medição capaz de determinar o nível de impacto ambiental de um produto ao longo de sua vida, para comparar essas medidas em diferentes produtos e processos e buscar alternativas para reduzir as agressões ambientais. Altamente científica e complexa, essa metodologia poderá tornar mais objetiva a escolha clássica entre as alternativas de embalagem retornável ou descartável em diversos casos. Sob o ponto de vista de uma avaliação puramente econômica, analisaríamos os custos de cada alternativa para uma produção de mesmo volume envasado, os custos logísticos integrados, os custos administrativos relativos ao retorno ou não das embalagens, os eventuais ganhos financeiros mercadológicos na apresentação delas etc., entre algumas das variáveis de custos tradicionais.

Na metodologia da análise do ciclo de vida seriam examinadas, por exemplo, as quantidades de matérias-primas e outros insumos consumidos em cada uma das embalagens no mesmo período de análise, as quantidades de resíduos nos dois casos, a energia e outros consumos efetuados durante os diversos transportes, considerando-se que as embalagens descartáveis são mais leves, não exigem transporte de retorno e a administração dele, os custos de disposição final que terão sobre as retornáveis com vida mais longa etc., entre as diversas possibilidades de contabilização.

Além das decisões entre alternativas de produtos, que poderiam tornar os produtos e os processos mais amigáveis e contribuir com as empresas em suas estratégias nesse sentido, essa metodologia propiciaria decisivamente o estabelecimento de rótulos e denominações como biodegradável, reciclável, produto verde, produto amigável, entre outros.

8.7 Responsabilidade empresarial com o meio ambiente

As empresas estão se defrontando com um ambiente externo em grande transformação, que ocorre a cada dia com maior velocidade. Dentre as principais alterações observadas nas últimas décadas, como já mencionado, observa-se o crescimento de uma nítida consciência por parte dos consumidores relacionada aos impactos dos produtos no meio ambiente, devido a um nível maior de informação ou a uma intensidade e proximidade dos problemas advindos dessas agressões. Os acionistas de empresas ou de fundos de investimentos em ações têm procurado investir em empresas consideradas éticas em suas relações com a sociedade e o meio ambiente.

Ao mesmo tempo, pesquisas revelam maior conscientização dos executivos de empresas no que se refere ao valor da ética empresarial como fator de diferenciação competitiva e seus funcionários reivindicam que elas assumam um comportamento ético. Dessa maneira, surge uma noção emergente de empresa cidadã, definida do seguinte modo: dentro do quadro de uma percepção clara de seu interesse a longo termo, encontra-se a vontade de a empresa agir da maneira mais responsável possível em suas interações com o meio ambiente, em sentido amplo.[27]

A variável ambiental, tanto quanto a social, é introduzida na reflexão estratégica de empresas líderes como um diferencial competitivo, por meio da percepção de que o posicionamento e o reforço de sua imagem corporativa permitirão a perenização de seus negócios em um ambiente em que essa diferenciação é extremamente difícil de ser obtida por meio de outras variáveis mercadológicas. Os reflexos positivos e objetivos desse posicionamento responsável e ético têm se traduzido em apreciáveis ganhos financeiros para essas empresas.

A 3M, por exemplo, dá grande incentivo ao lançamento de novos e criativos produtos amigáveis ao meio ambiente, seguindo sua tradição de empresa inovadora. A DuPont e a

---

27 Tradução livre de "Dans le cadre d'une percepction claire de son intérêt à long terme, c'est la volonté de l'entreprise d'agir de la manière la plus responsable possible dans ses interactions avec l'environnement au sens large" em : HABBARD, C.; FORTHMME, C. Des relations avec l'environnement à l'ecoentreprise in Dossier Citoyenneté. *L'Expansion Management Review*, 1996.

NEC desenvolveram sua logística reversa e tecnologias de redução, reúso e reciclagem de seus produtos e processos industriais a tal ponto que essas atividades se tornaram novas divisões especializadas que atualmente vendem serviços e geram lucros com consultoria e projetos nesse campo. A Procter & Gamble (P&G) publicou, em 1993, as economias obtidas na Europa com a substituição de uma matéria-prima em seu sabão em pó para máquina de lavar roupa que o tornou menos poluente ao meio ambiente: 386 mil toneladas de matéria-prima, 48 mil toneladas de matérias-primas das embalagens, 40 mil viagens de caminhão, 25 mil megajoules de energia elétrica.[28]

Empresas responsáveis, em termos ambientais, antecipam ações que reduzem os impactos causados por seus produtos e processos ao meio ambiente, implantando sistemas de gerenciamento ambiental, sistemas de certificação ISO 14000 e outras ferramentas empresariais nesse sentido, antes mesmo de surgirem legislações expressas. Algumas empresas procuram alianças com movimentos ambientalistas, as chamadas "alianças verdes", melhorando sua visão crítica nesse sentido ou atenuando as pressões desses movimentos.[29]

Diversos autores ou instituições de logística caracterizam as atitudes ou fases empresariais relativas ao meio ambiente, entre os quais o Council of Logistics Management (CLM),[30] que em uma pesquisa junto a 17 empresas, na década de 1990, constatou três principais atitudes empresariais de comprometimento nesse sentido: atitude reativa, atitude proativa e atitude de busca de valor.

Empresas em fase reativa em relação ao meio ambiente caracterizam-se pelo cumprimento da legislação, por regulamentos e adequação às pressões externas da sociedade, revelando uma visão introspectiva que não inclui os impactos de seus produtos ou processos no meio ambiente em suas reflexões estratégicas. Para se desembaraçarem de seus resíduos, utilizam a venda ou a simples retirada desses produtos, evitando custos de disposição final, tendo como motivação principal o retorno sobre o investimento e soluções de curto prazo. Desse modo, a organização empresarial não prevê atividades especiais para a gestão do meio ambiente e nenhum comprometimento da hierarquia superior.

Empresas em fase proativa apresentam a vantagem de se antecipar às novas regulamentações e até influir nelas, criando uma imagem satisfatória junto ao público. Na pesquisa do CLM, verificou-se que a maior parte das empresas nessa categoria era de varejo, portanto bem próximas do público em geral.

Empresas que revelam a visão empresarial proativa em relação à responsabilidade ambiental apresentam razoável comprometimento da hierarquia superior com os problemas ambientais. Em sua organização, existem áreas especializadas para o equacionamento dos problemas ligados à gestão ambiental, visando se antecipar aos regulamentos e legislações, adquirindo experiência em sua especialidade setorial e colaborando eventualmente com os

28 CHEHEBE, 1998.
29 STAFFORD, E.; HARTMAN, C. Quand industriels et écologistes s'allient. Dossier Citoyenneté. *L'Expansion Management Review*, França, 1996.
30 COUNCIL OF LOGISTICS MANAGEMENT (CLM). *Reuse and recycling reverse logistics opportunities. Illinois*: CLM, 1993. p. 53.

poderes públicos na elaboração dessas legislações. Estabelecem programas e diretrizes de gestão de resíduos e desenvolvem suas redes logísticas reversas, evitando os impactos negativos de seus produtos e processos no meio ambiente. Desenvolvem vantagem competitiva por meio de *performance* superior no cumprimento das legislações existentes e de modificações em seus produtos, tornando-os menos agressivos ao meio ambiente.

Empresas em fase de busca de valor revelam grande comprometimento com o meio ambiente, integrando-o à sua reflexão estratégica como diferencial competitivo; utilizam a análise de ciclo de vida do produto tendo em vista os impactos causados ao meio ambiente; projetam produtos que possam ser facilmente desmontados ou reciclados e criam uma rede de comprometimento com o meio ambiente em suas redes de suprimento e de distribuição.

Empresas que se estão na fase de agregar valor aos seus produtos, processos e serviços, por meio da responsabilidade ética com a sociedade e o meio ambiente, caracterizam-se por desenvolver as atividades com uma visão sistêmica em sua cadeia produtiva, ou seja, desenvolvem a capacidade empresarial de agregar valor aos seus produtos e serviços na medida em que se mostrem efetivamente perceptíveis aos clientes e à sociedade, por meio de uma cultura empresarial comprometida com esses valores. Essa cultura, permeada ao longo de todos os níveis hierárquicos, garante elevado grau de satisfação e orgulho por parte dos colaboradores, que se traduz em maior criatividade em suas funções e em processos de melhoria constantes.

Dessa maneira, empresas nessa fase de desenvolvimento organizacional elaboram suas estratégias tendo uma visão holística do novo ambiente empresarial, obtendo retornos em reduções de custos operacionais, ganho de competitividade e reforço de imagem corporativa. Entre suas principais ações estratégicas nesse sentido, incentivam as diversas áreas especializadas na concepção e operação de redes de distribuição reversas, de sistemas de reciclagem internos e em parcerias nas cadeias reversas, além de outras atividades relacionadas. As empresas que apresentaram essa visão estratégica, segundo essa pesquisa, são as que têm melhor *performance* e em geral são líderes em seus setores de negócios, tendo como principais metas a criação de imagem diferenciada e de novas oportunidades de lucros, por meio da introdução das preocupações ambientais em sua reflexão estratégica corporativa, e a busca constante de produtos e processos de menor impacto ao meio ambiente, de acordo com os princípios do desenvolvimento sustentável.

Selecionamos algumas atitudes típicas dessas empresas líderes que buscam agregar valor a suas atividades empresariais por meio dessa visão ética e responsável quanto ao impacto de seus produtos no meio ambiente.

8.7.1 Avaliação dos produtos e processos por meio da análise do ciclo de vida ambiental

Conforme examinado no item anterior, a análise do ciclo de vida útil dos produtos estuda o impacto ambiental deles, desde a extração das matérias-primas para sua fabricação, seus insumos, o transporte, a distribuição direta e reversa, o uso e a manutenção até sua disposição final.

Essas mesmas técnicas têm sido empregadas, mais recentemente, por organismos oficiais, visando esclarecer definições e classificações ambientais dos produtos e processos, de maneira a regulamentar a utilização de rótulos ou selos ambientais, tendência crescente no mercado global.

Essas empresas utilizam-se dessa metodologia para melhor projetar novos produtos e adaptar aqueles já existentes às novas condições de competição de acordo com as normas internacionais sobre os rótulos e denominações de produtos, como os selos verdes, os produtos amigáveis, entre outros.

8.7.2 Concepção dos produtos visando reduzir impactos no meio ambiente e facilitar o ciclo reverso do pós-consumo (*design for recycling*)

O projeto dos produtos é o momento ideal para a consideração de seus impactos e de seus materiais constituintes no meio ambiente, prevendo a facilidade de desmontagem, separação dos materiais constituintes e identificação. O projeto das linhas de desmontagem de automóveis, computadores, eletrodomésticos etc. permite grande economia e diminuição dos impactos ambientais. A redução dos dez tipos de plástico para um único tipo na construção dos computadores pela empresa IBM e o sistema de um parafuso de desmontagem utilizado nos computadores japoneses permitem facilidade nas linhas reversas de desmontagem. Isso corresponde a desenvolver e a modificar produtos e serviços que satisfaçam às novas exigências dos consumidores de maior sensibilidade ecológica.

A Tabela 8.1 apresenta as diversas características das empresas nas diferentes fases empresariais relativas aos objetivos, atividades, organização e recursos utilizados em relação às preocupações com o meio ambiente.

TABELA 8.1 As três fases empresariais de redução de resíduos

FASE	OBJETIVOS	ATIVIDADES	ORGANIZAÇÃO	RECURSOS
Reativa	Segue as leis. Busca economias.	• Recicla papéis e frascos. • Utiliza a imagem de recicláveis.	• Não existe organização formal.	Mínimos.
Pró-ativa	Antecipa-se às legislações. Adquire vantagem competitiva pelo cumprimento mais eficiente das leis.	• Define políticas de meio ambiente. • Realiza auditoria ambiental. • Compra materiais reciclados. • Recicla e reúsa *pallets*, plásticos e produtos defeituosos, e processa refugos. • Projeta produtos e serviços verdes. • Assume responsabilidade pelo reúso e a reciclagem por meio de parcerias e programas de distribuição reversa.	• Comprometimento do presidente e da diretoria. • Alto grau de comunicação em todos os níveis. • Um ou dois programas novos.	Modestos. Procura evitar custos por intermédio de parcerias e *joint-ventures*.

continua »

» *continuação*

FASE	OBJETIVOS	ATIVIDADES	ORGANIZAÇÃO	RECURSOS
À procura de valor	Integra atividade ambiental na estratégia da empresa. Operação da empresa visa a reduzir os impactos sobre o meio ambiente.	• Usa análise do ciclo de vida para avaliar produtos e embalagens. • Projeta produtos para desmontagem, reciclagem ou reúso. • Cria vantagem competitiva em programas de distribuição reversa. • Solicita aos fornecedores comprometimento com os objetivos de redução de resíduos. • Usa terceirização na cadeia de distribuição reversa. • Desenvolve incentivos internos. • Realiza a revisão crítica de processos, produtos e processos.	• Presidente e diretoria estabelecem forte comprometimento. • Ações interdepartamentais para buscar soluções e progressos. • Possui gerentes de redução de resíduos e refugos. • Cada departamento contribui com novas ideias.	Os programas tornam-se parte da operação empresarial.

Fonte: CLM, 1993.

8.7.3 Criação de vantagem competitiva por meio da logística reversa

Utilizando relações de parceria e constituindo o verdadeiro *reverse supply chain*, essas empresas líderes e de grande responsabilidade ética têm obtido excelente retorno mercadológico e de imagem corporativa com a criação das redes de distribuição reversas (*take back products programs*) de bens duráveis ou de seus componentes e por meio de diferentes maneiras de montagem das redes reversas de semiduráveis e descartáveis. São conhecidos os exemplos de empresas como a DuPont e a Xerox, nos Estados Unidos, e diversos casos de empresas bem-sucedidas nas áreas de descartáveis, como embalagens de latas de alumínio, óleos lubrificantes, papel de imprensa, entre outros.

Essas empresas também antecipam-se às legislações e restrições impostas pela sua regulamentação, participando de sua concepção e responsabilizando-se pela coleta e tratamento de seus produtos e materiais, finda sua utilidade inicial, evitando os impactos ambientais negativos.

8.7.4 Extensão dos conceitos de responsabilidade ambiental

Empresas com esse posicionamento estratégico exigem comportamento ético e de responsabilidade ambiental de seus parceiros de negócios, rede de fornecedores e clientes. Tratando-se de uma atitude empresarial de demonstração de cultura de qualidade total, além da certificação ISO 14000, as empresas devem se apresentar com essas características na disputa pela competitividade nos mercados globais.

LOGÍSTICA REVERSA NA PRÁTICA 8.1

Preservação da imagem corporativa: caso McDonald's

FIGURA 8.2 Programa McRecycle USA

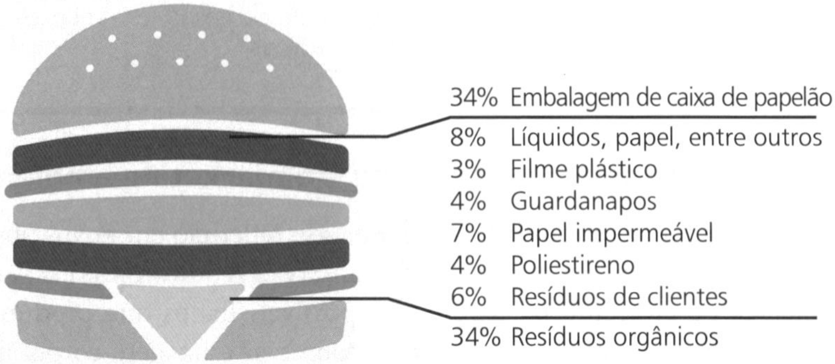

Fonte: ENVIRONMENTAL DEFENSE FUND STUDY, 1990.

Em 1988, os ecologistas fizeram uma campanha contra os resíduos da cadeia McDonald's, principalmente a caixa de poliestireno na qual os sanduíches eram vendidos. Enquanto o grupo McDonald's defendia a opção pelo poliestireno, por apresentar menor peso e maior poder de isolamento, havia restrições devido ao longo tempo (séculos) para a decomposição desse material nos aterros sanitários, ao seu peso antieconômico na reciclagem e à produção de CFC durante sua fabricação, que prejudica a camada de ozônio. No entanto, um estudo de análise de ciclo de vida do produto foi realizado por uma empresa especializada e concluiu-se que o plástico, além de ser reciclável, exigia menores recursos de matérias-primas em comparação com o papel e que este contribuiria para a destruição de florestas.

Para manter o poliestireno em uso, perante as críticas de organizações ambientalistas, o grupo McDonald's iniciou um processo de reciclagem interno e de eliminação do CFC na fabricação do plástico. Em 1990, o grupo lançou o programa McRecycle USA e estabeleceu uma parceria com o Environmental Defense Fund (EDF), empresa ambientalista criada em 1967 para o estudo de todas as condições ambientais do grupo.

Diversas diretrizes foram adotadas para a utilização de materiais para embalagem, para o sistema de compostagem de resíduos, a reutilização de contêineres e a eliminação de incineração nas lojas, além de outras soluções. As embalagens de poliestireno foram substituídas gradativamente por um complexo de papel e polietileno com menores custos ambientais.

▶

O programa do grupo McDonald's envolve objetivos de redução, reutilização e reciclagem. Do ponto de vista de reutilização, o produto *ketchup* é transportado em contêineres reutilizáveis e incentiva os fornecedores a usar *pallets* reutilizáveis também. No aspecto reciclagem, o grupo exige que seus fornecedores empreguem caixas com uma parcela de material reciclável.

Esses programas tiveram resultados não somente do ponto de vista financeiro, com economias importantes para a empresa, mas também e principalmente do ponto de vista da imagem corporativa, que inicialmente fora questionada pela imprensa especializada. Esse tipo de aliança serviu como modelo para outras, e o procedimento do grupo teve reflexos em outros concorrentes, de modo que se manteve a competitividade.[31]

8.8 Uma nova estratégia de marketing – o marketing ambiental

As novas condições de sensibilidade ambiental se refletirão em novos posicionamentos estratégicos nas organizações, por instinto de conservação ou voluntarioso espírito proativo. Em ambientes de crescente percepção dos possíveis danos que produtos e processos produzem no meio ambiente, é fundamental conservar a imagem corporativa, mesmo quando não existe perigo iminente de risco ecológico grave.[32]

Ao mesmo tempo, não é possível admitir um avanço do desenvolvimento sustentável sem que haja participação do governo por meio de regulamentações. Para confirmar isso, citamos um trecho de Cairncross[33] "Confiar exclusivamente na força do mercado, ainda que controlado com muita habilidade, para limpar o ambiente é tão ingênuo quanto confiar apenas na intervenção governamental". É nesse quadro que as empresas desenvolverão uma nova visão de marketing verde ou marketing para o desenvolvimento sustentável.

De acordo com Miles e Munilla,[34] alguns indicadores caracterizam empresas com orientação ecológica: embalagens em recipientes recicláveis; embalagens fabricadas com materiais recicláveis; a empresa ter um ativo programa de reciclagem e estar comprometida em adquirir artigos que tenham certo conteúdo de materiais recicláveis; variáveis ambientais em suas reflexões estratégicas; o abandono da obsolescência planejada; e a procura de modificações ambientais por meio de inovações.

Para as empresas, a transposição de um estágio organizacional corrente e atual para um novo ambiente de estratégia sustentável parece equivalente à transposição pela introdução das novas ideias de qualidade total, quando ainda dominava no mundo ocidental o conceito de que a qualidade aumentava o custo da empresa. A perseverança japonesa, com

31 STAFFORD; HARTMAN, 1996.

32 MILES; MUNILLA apud POLONSKY, J. et al., 1995, p. 23.

33 CAIRNCROSS, 1992, p. 25.

34 MILES; MUNILLA apud POLONSKY et al., 1995, p. 29.

o auxílio dos professores norteamericanos, desmentiu o falso paradigma ocidental, conforme Schonberger[35] e Sheth e Parvatiyar.[36]

Sheth e Parvatiyar[37] propõem um modelo para uma estratégia de marketing sustentável dividida em dois aspectos: a estratégia corporativa, que analisando os aspectos internos à organização, e a ação governamental, na forma de intervenção do governo, descrita na Figura 8.3.

Figura 8.3 Estratégias para o marketing sustentável

Fonte: POLONSKY et al., 1995, p. 10.

A estratégia de marketing corporativa ou empresarial deveria ser orientada para quatro tipos de esforços, os quatro "Rs": reconsumo, redirecionamento das necessidades dos consumidores, reorientação do *mix* de produtos e reorganização.

- ***Reconsumo:*** implica considerar a possibilidade de reutilização do produto, em parte ou totalmente, por vários ciclos de vida ou gerações, fazendo que a fabricação, o uso e o modo de desembaraço e sua reutilização sejam mais compatíveis com as ideias de desenvolvimento sustentável.
- ***Redirecionamento das necessidades dos consumidores:*** envolve pesquisar novos hábitos de consumo e comportamento, para satisfazer a essas novas necessidades ou promovê-las quando necessário.
- ***Reorientação do mix de produtos:*** visa identificar oportunidades de redução dos impactos das diversas fases.
- ***Reorganização:*** exprime a aplicação de técnicas de conscientização requeridas nas mudanças de paradigmas nas organizações.

O modelo é complementado pelo imprescindível papel do governo, na citada visão de Cairncross,[38] para o alcance das condições de sustentabilidade à estratégia de marketing, dividido em quatro aspectos de intervenção: regulação, reforma, promoção e participação.

35 SCHONBERGER, 1982, p. 99.
36 SHETH; PARVATIYAR apud POLONSKY et al., 1995. p. 8.
37 SHETH, J. N.; PARVATIYAR apud POLONSKY et al., 1995, p. 10.
38 CAIRNCROSS, 1992.

- ***Regulação:*** por meio de normalizações e do estabelecimento de padrões de *performance* em tecnologia e produtos.
- ***Reforma:*** no sentido de legislar sobre as atitudes industriais e investir em educação ambiental, gerando mudanças de hábitos.
- ***Promoção:*** no sentido de incentivar a tecnologia, o sistema tributário, créditos, imposição de taxas ou sua retirada para produtos considerados limpos pelos padrões estabelecidos anteriormente.
- ***Participação:*** no sentido de dar preferência, em suas aquisições, a materiais ou produtos de acordo com o desenvolvimento sustentável, de apoiar a pesquisa de empresas com estratégias limpas e negócios empresariais internacionais.

Por essa abordagem, uma nova estratégia de marketing, baseada em modificações internas na organização, apoiadas por corretas intervenções governamentais, caracterizaria empresas com visão de responsabilidade ambiental e as conduziria a um nível de competitividade, mediante a diferenciação e a inovação em todos os aspectos citados.

RESUMO DOS PRINCIPAIS TÓPICOS

A revalorização ecológica dos produtos de pós-consumo é entendida como uma maneira de a empresa recapturar valor, por meio da logística reversa, reduzindo o impacto de seus produtos no meio ambiente. Ela revela um posicionamento de responsabilidade empresarial relativo ao meio ambiente, conhecido atualmente pela expressão *extended product responsability*, segundo o qual a empresa continua responsável por seu produto, estendendo o ciclo de vida dele além da entrega ao mercado de consumo como uma maneira moderna de manter sua imagem corporativa e perenizar seus negócios. Como citamos anteriormente, os objetivos estratégicos de implementação da logística reversa não são independentes entre si e, em geral, ações com objetivo ecológico resultam em ganhos econômicos e outros benefícios.

A teoria do desenvolvimento sustentável prega a necessidade de encontrar maneiras de alcançar o desenvolvimento econômico, preservando as condições ambientais adequadas às novas gerações. A origem da ideia do limite do crescimento deve-se ao fato de que, se o nível de consumo de energia e matérias-primas em geral, nos países de primeiro mundo, fosse ampliado para toda a humanidade, não haveria recursos naturais para todos. Assim, serão necessários avanços de todas as ordens – tecnológicos, de redução de uso, de reaproveitamento, entre outros – para que todos possam usufruir dos recursos naturais.

Uma nova cultura ambientalista, voltada para as ideias de reduzir, reusar e reciclar (os denominados 3Rs) contrapõe-se à cultura do consumo, com o lema comprar, consumir e dispor. Essa contraposição de culturas é consubstanciada por críticas ambientalistas à cultura do consumo que até o momento predominam na sociedade em geral, por meio de diferentes conotações filosóficas e políticas. Dentre as mais importantes, destacam-se as críticas puritana, quaker, republicana, aristocrática, marxista e sistêmica.

Dentre as novas teorias econômicas, a ecodesenvolvimentista, a pigouviana e a neoclássica se sobressaem; estabelecem uma nova visão para o desenvolvimento econômico da sociedade, com premissas e proposições distintas, mas de certa maneira coincidindo na ideia de contabilizar os custos dos impactos do desenvolvimento econômico aos custos empresariais.

Pode-se inferir o custo dos impactos ao meio ambiente causados pelos produtos pela análise do ciclo de vida (também conhecida como análise do berço ao túmulo). Essa técnica é de grande valia e tem sido cada vez mais adotada por empresas, para dirimir dúvidas e escolher alternativas de modificações, e também por órgãos oficiais para rotulagem de produtos ambientalmente corretos.

As empresas posicionam-se diferentemente quanto às suas preocupações ambientais, apresentando distintos níveis de responsabilidade empresarial. Distinguimos o posicionamento ou a fase reativa, a fase proativa e, finalmente, a fase em que se agrega valor ao produto e aos serviços por meio de uma visão ambiental moderna. Algumas atitudes caracterizam empresas na fase de agregar valor ao produto e aos serviços: avaliação dos produtos e processos por meio da análise de ciclo de vida ambiental; concepção dos produtos visando reduzir impactos ao meio ambiente e facilitar o ciclo reverso do pós-consumo (*design for recycling*); criação de vantagem competitiva por meio da logística reversa e pela extensão dos conceitos de responsabilidade ambiental.

Todos os conceitos novos e os tópicos examinados neste capítulo podem ser utilizados em uma nova visão mercadológica na empresa, estendendo o marketing tradicional e introduzindo metodologias para atender às novas demandas dos consumidores. Um dos modelos de implementação do marketing ambiental prevê modificações internas e governamentais. No âmbito interno, as filosofias de reconsumo, reorientação, redirecionamento e reorganização, e, no âmbito de iniciativas de governo, ações de regulamentação, promoção, reforma e participação.

QUESTÕES PARA DISCUSSÃO

1. Como se entende a revalorização ecológica sob o ponto de vista da logística reversa?
2. Discuta os custos de impactos ambientais que o objetivo ecológico da logística reversa procura recapturar.
3. Quais são os argumentos contrários que você oferece à afirmação: "Os custos dos impactos dos produtos ao meio ambiente são intangíveis e, portanto, não oferecem riscos empresariais"?
4. Cite evidências que comprovem que a consciência ecológica dos consumidores está aumentando.
5. O que se entende por *extended product responsability*?
6. De que maneira a ética gerencial tem se envolvido com a questão ambiental nas empresas?

▶

7. Descreva situações em que podem existir riscos importantes à imagem empresarial pelo não equacionamento de sua logística reversa.
8. Desenvolva ideias que defendam uma nova visão racional das correntes ambientalistas.
9. Em sua opinião, existem condições de desenvolvimento sustentável no planeta?
10. Quais são as dificuldades principais para que o desenvolvimento sustentável seja uma realidade no planeta?
11. Explique a cultura do consumo e a cultura ambientalista, exemplificando com casos reais.
12. Descreva as diversas críticas ambientalistas à cultura do consumo.
13. Estabeleça relações entre as críticas ambientalistas à cultura do consumo e as novas teorias econômicas com visão ambientalista.
14. Existe algum tipo de convergência entre as teorias econômicas com visão ambientalista? Identifique-o.
15. Identifique as preocupações e a aplicabilidade da análise do ciclo de vida de um produto.
16. Explique as diferentes fases empresarias relativas à preocupação com os impactos de seus produtos no meio ambiente.
17. Associe os diversos objetivos estratégicos da logística reversa a essas fases.
18. Qual é a ideia da expressão *design for recycling*?
19. Desenvolva a ideia de implantação do marketing ambiental em uma empresa e como a logística reversa pode dar suporte a ela.
20. Pesquise casos na internet em que a ecologia funcionou como mola propulsora de alterações empresariais.

ESTUDO DE CASO 8.1

Logística reversa de pós-consumo do setor de latas de alumínio no Brasil

Este caso setorial tem sua origem em pesquisa conduzida pelo autor deste livro sobre a implementação da logística reversa de pós-consumo com objetivos estratégicos, econômicos e ecológicos ao mesmo tempo. Você observará que, além dos excelentes resultados econômicos obtidos por um setor altamente eficiente em sua logística reversa, ainda são alcançados expressivos resultados de imagem corporativa, por meio da recaptura do valor ecológico das embalagens de bebida.

O caso do setor de latas de alumínio para embalagem apresenta importantes peculiaridades de logística reversa, por se tratar de um canal reverso fechado e apresentar muitas das principais ideias desenvolvidas nos capítulos deste livro, permitindo maior familiaridade com uma multiplicidade de aspectos dos canais de distribuição reversos.

Caracterização e histórico do produto

A lata de alumínio é uma aplicação relativamente nova do alumínio na área de alimentação e em particular como embalagem de bebidas. Data de 1963 a primeira fabricação nos Estados Unidos, pela Reynolds Metals Co., e, no Brasil, em 1990, pela sua subsidiária brasileira, a Latas de Alumínio S/A (Latasa).

Como embalagem de contenção ou primária, a lata de alumínio apresenta excelentes qualidades, como a possibilidade de ser mantida durante longo tempo em estoque, preservando a integridade dos produtos embalados; além disso, tem baixo nível de isolamento térmico, o que permite refrigeração rápida, quando comparada com o de outras embalagens. Há ainda as qualidades logísticas, como o baixo peso, de 13,5 g para 350 ml de produto, o que significa baixo custo de transporte na distribuição direta; a facilidade de empilhamento, que possibilita a utilização de reduzido espaço para armazenagem, entre outras. Dessa maneira, essas características a transformaram na embalagem que registrou o maior crescimento na década, conforme poderá ser observado nos dados documentais deste caso.

Podemos observar uma apreciável modificação no cenário de fabricação de latas de alumínio no Brasil desde o início de sua produção no país, constatando-se que essa produção cresceu bastante desde o seu lançamento, chegando a patamares atuais mais moderados de crescimento.

A reciclagem das latas de alumínio segue o sistema tradicional dos canais de distribuição reversos de coleta e preparação para transporte. O processo industrial de reciclagem é um processo de limpeza e fundição das latas, obtendo-se os lingotes, que entram na etapa de reintegração ao ciclo produtivo, nesse caso, a fabricação da chapa de alumínio que será utilizada na produção de uma nova lata. Trata-se, portanto, de um exemplo típico do denominado "ciclo fechado de canal reverso".

Índices de reciclagem

O índice oficial de reciclagem do setor é a relação entre as quantidades reciclada e produzida. Esse índice tem apresentado expressivo crescimento desde o lançamento do produto no mercado brasileiro. O Brasil apresenta índices próximos daqueles do Japão, considerados os melhores mundialmente, porém por razões distintas, pois parece haver uma ampla consciência ecológica dos japoneses, enquanto em nosso país a existência de coleta informal justifica em grande parte o sucesso dessa cadeia reversa. A inexistência da coleta informal até esta data parece justificar os índices menores de regiões mais desenvolvidas.

A Figura 8.4 foi elaborada com base nas informações obtidas e mostra o fluxo físico dos bens simultaneamente nas cadeias direta e reversa do alumínio. Os quadros com fundo cinza representam as principais etapas desse fluxo, enquanto os quadros de fundo branco correspondentes a eles contêm dados adicionais, fruto de informações apresentadas ao longo do texto.

FIGURA 8.4 Cadeia de distribuição de latas de alumínio Brasil

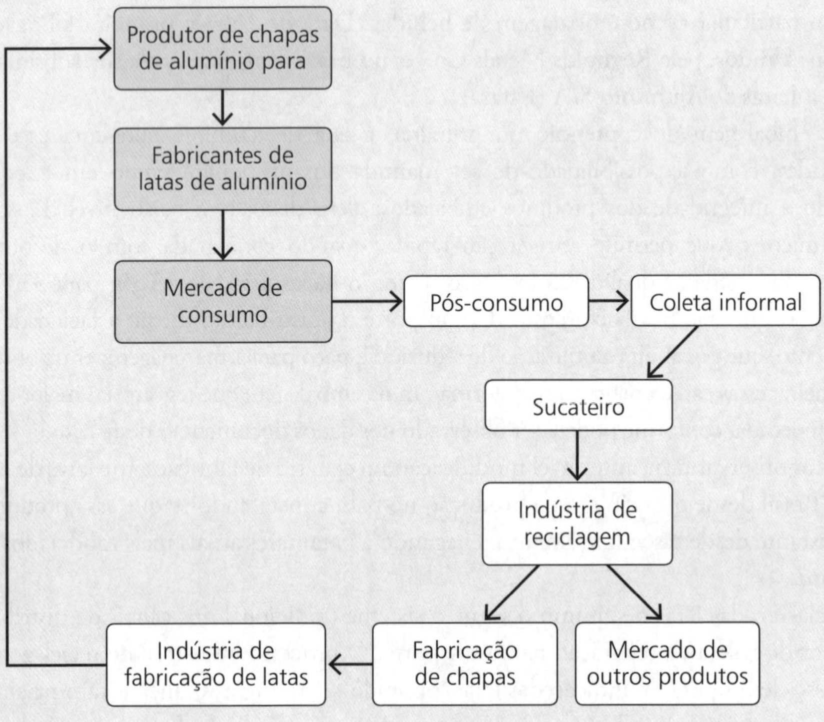

Fonte: elaborada pelo autor.

Cadeias direta e reversa do setor

Objetivos estratégicos da logística reversa do setor e outros fatores de influência

A Figura 1 mostra que, no Brasil, toda a produção de reciclagem é retornada para uma empresa para ser reintegrada ao ciclo produtivo. Essa característica revela que o setor de reciclagem de latas de alumínio é constituído por empresas de grande porte também nos seus canais reversos e constitui um exemplo único dentre os casos estudados.

O caso das latas de alumínio para embalagem revela característica de alta eficiência nas quantidades recicladas de pós-consumo sobre as quantidades produzidas (equilíbrio entre os fluxos direto e reverso), podendo ser classificado como o melhor exemplo de alta reciclabilidade, em seu sentido amplo. Pode-se constatar que contribuem para esse sucesso diferentes fatores examinados em nosso modelo relacional anteriormente apresentado. Os objetivos estratégicos, econômicos e ecológicos da logística reversa desse setor, suportados por condições tecnológicas e logísticas fundamentais, garantem a este caso alta eficiência com equilíbrio entre fluxos logísticos.

Os objetivos econômicos estão relacionados à matéria-prima constituinte, uma liga de alumínio reaproveitada integralmente em sua cadeia reversa fechada, que garante economias ainda maiores do que o alumínio puro (com a lucratividade auferida pelos diversos elos da cadeia reversa, economia de investimento em reciclagem, economia na reciclagem do tipo de alumínio requerido para latas, mas também pelo ciclo de vida do produto, que permite rápido giro do material, economizando estoques nas cadeias direta e reversa). O valor da sucata do produto possibilita remunerar toda a cadeia reversa, desde o catador de latas até a indústria.

O objetivo ecológico desse caso consiste no aumento de competitividade empresarial pela melhora da imagem de marca corporativa demonstrada aos consumidores. São empresas que se revelam amigáveis em relação ao meio ambiente, trabalhando com materiais de alta reciclabilidade, demonstrando responsabilidade pelo produto fabricado mesmo após seu descarte pelo consumidor e equacionando sua rede reversa para garantir o equilíbrio dos fluxos logísticos.

A implementação da logística reversa de ciclo fechado e em particular a montagem da rede reversa do retorno das latas de alumínio de pós-consumo – desde os diversos tipos de coleta, a localização de fontes, o destino dos pontos de coleta e de tratamento industrial de reciclagem das latas de pós-consumo, bem como o fator econômico já comentado – pode ser entendida como uma das principais causas de sucesso deste caso.

O setor tem se organizado em todos os elos da cadeia produtiva (usinas siderúrgicas, fabricantes de latas, coletores e processadores de latas, indústrias de reciclagem de latas), a fim de encontrar soluções para melhorar a eficiência de reciclagem da cadeia reversa.

Observa-se, pelos dados deste caso, que a relação de faturamento por empregado nas cadeias diretas e reversas é quatro vezes maior que a da cadeia reversa, justificando as ideias deste livro. Por outro lado, pode-se também observar que a revalorização do produto usado (a lata de alumínio) é expressiva, tendo-se uma diferença de cinco vezes entre o valor da lata usada e o valor da venda da lata reciclada. Este fato justifica o interesse de domínio da cadeia por parte dos utilizadores desse material, conforme a teoria apresentada.

QUESTÕES SOBRE O CASO

1. Comente os objetivos estratégicos da logística reversa do caso tratado.
2. Quais considerações adicionais você pode fazer sobre os impactos dos fatores tecnológicos e logísticos deste caso?
3. Existiriam, a seu ver, condições de sucesso na logística reversa desse setor se as localizações das empresas do *reverse supply chain* fossem muito distantes? Explique.
4. Analise, sob o ponto de vista logístico, a coleta empreendida pelo setor.
5. Quais economias de matéria-prima o setor realiza por meio da logística reversa?
6. Em sua opinião, qual seria o impacto de uma legislação favorável à coleta seletiva de embalagens nesse setor?

ESTUDO DE CASO 8.2

Logística reversa de pós-consumo do setor de óleos de cozinha usados no Brasil

Os óleos denominados "de cozinha" são utilizados na indústria de alimentação, no comércio de alimentação em geral e nos domicílios. O óleo de cozinha ou comestível é uma das substâncias mais antigas utilizadas pelo homem, e são muitas as variedades existentes. Distinguem-se, de acordo com a Oil World (The Independent Forecasting Service for Oilseeds, Oils & Meals – Serviço Independente de Previsão de Oleaginosas, Óleos e Refeições), os principais tipos cultivados: soja, algodão, amendoim, girassol, canola, gergelim, palmiste, copra, linhaça e mamona. O óleo vegetal é uma gordura obtida das plantas, especialmente das sementes, e pode ser usado como óleo de cozinha, lubrificante, na fabricação de produtos químicos, na pintura e como combustível. O vegetal de origem varia em função do país ou região. Depois de usado, o óleo comestível tem um índice de contaminação do meio ambiente equivalente ao de óleos lubrificantes, podendo, portanto, danificar tubulações e impedir vida aquática quando em rios ou lagos, entre outros impactos. ▶

A quantidade de produtos lançados no mercado é significativa, destacando-se o óleo de soja como o mais utilizado no Brasil.

O óleo usado pode ser reaproveitado como matéria-prima de glicerina e sabões sob diferentes apresentações, como biodiesel combustível, entre outras. Como os demais produtos de pós-consumo, caso não haja proximidade geográfica, o estabelecimento de uma cadeia reversa eficiente torna-se mais difícil por questão econômica, dado que seu valor como produto usado é relativamente baixo.

O Brasil tem condições geográficas privilegiadas, que lhe garantem oferta abundante dos mais variados recursos naturais, além de instituições que desenvolvem pesquisas e tecnologias de ponta, o que permite alcançar níveis de produtividade crescentes.

Em um acaso de utilização virtuosa do óleo de cozinha usado, observou-se no Brasil uma cadeia reversa de alta relevância para uma rede de lojas de sanduíches (ilustrada na Figura 8.5). O óleo usado nas lojas é coletado por um operador logístico que usa os mesmos veículos que abastecem a loja, transportando produto para uma empresa que o transforma em biodiesel. Esse óleo biodiesel é utilizado como combustível da frota que distribui produtos para as lojas, tornando o circuito extremamente atraente e ecologicamente compensador.

FIGURA 8.5 Fluxograma do processo da logística reversa

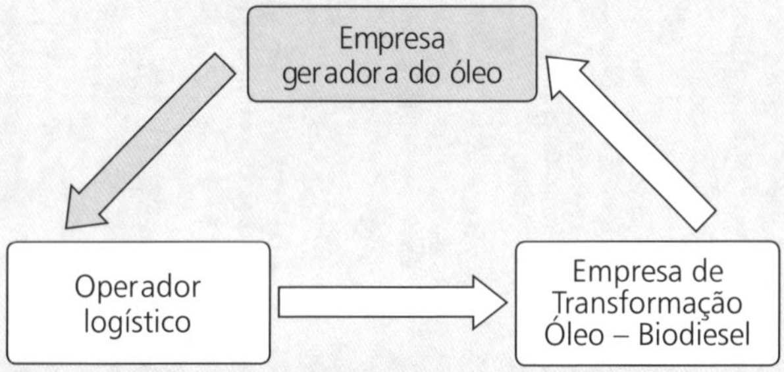

Fonte: elaborada pelo autor.

Parece, portanto, possível a ampliação de redes de reaproveitamento dessa forma, desde que as distâncias permitam economia nos processos e transportes em prazos e custos adequados. Fica aqui a sugestão para outras redes de lojas que utilizam intensamente óleos de cozinha, pois um dos problemas da logística reversa é neste caso favorecido pelo acúmulo dos produtos usados em alguns pontos de origem, distintamente da coleta domiciliar, que certamente apresenta dificuldades maiores, já tratadas em outros tópicos deste livro.

QUESTÕES SOBRE O CASO

1. Proponha uma alternativa para generalizar soluções como esta em outras empresas geradoras de óleo de cozinha usado.
2. Examine na internet as possibilidades do aproveitamento de biodiesel.
3. Quais as condições de sucesso deste caso?
4. Examine este caso sob o ponto de vista das condições essenciais do modelo para a logística reversa do **Capítulo 6**.
5. Como seria uma solução para os óleos de cozinha usados gerados por domicílios?

9 O OBJETIVO LEGAL NA LOGÍSTICA REVERSA DE PÓS-CONSUMO

NESTE CAPÍTULO VOCÊ IRÁ:

1. entender as diversas maneiras de intervenção governamental nas cadeias reversas;
2. identificar as diferenças entre as legislações em diferentes regiões;
3. avaliar as tendências das legislações ao longo do planeta;
4. relacionar a ação de legislações com a logística reversa;
5. compreender as vantagens que a implantação de programas de logística reversa poderá proporcionar às empresas;
6. avaliar os riscos que as cadeias produtivas e suas empresas correm ao não se anteciparem às legislações ambientais.

9.1 O fator modificador legal

Alguns canais reversos estruturam-se naturalmente pelas leis de mercado, pelo fato de sua comercialização e reutilização apresentarem condições econômicas, tecnológicas e logísticas que garantem rentabilidade aos agentes envolvidos em seus diversos elos, nos quais a implementação da logística reversa depende exclusivamente das empresas do setor.

Em alguns casos, no entanto, os custos somados desde a coleta dos produtos de pós-consumo até a reintegração deles ao ciclo produtivo superam as vantagens econômicas de reutilizá-los em substituição às matérias-primas originais ou de nova utilização dos bens ainda em condições de uso, sendo necessário criar condições para desbloquear uma das fases reversas para que esses canais reversos se estruturem e apresentem rentabilidade operacional em todas essas fases.

Essas condições a serem estabelecidas, que denominamos "fatores modificadores nos canais reversos", em nosso modelo relacional, são identificadas como as de intervenção governamental que alteram as condições naturais de equilíbrio do mercado. O objetivo dessa modificação é melhorar a oferta de quantidades de pós-consumo disponíveis e recicladas, além de regular o destino final dos resíduos ou as condições de mercado dos produtos confeccionados com materiais secundários, propiciando a implementação da logística reversa nas empresas do setor.

As legislações ambientais sobre resíduos sólidos geralmente têm suas origens em uma reação aos impactos que os excessos desses resíduos produzem no meio ambiente, seja pelas dificuldades crescentes de desembaraçar-se deles até a disposição final, seja pelo efeito negativo no meio ambiente, em decorrência do desequilíbrio entre a oferta e a demanda que provocam. Essas legislações têm sido promulgadas em diversos países, visando intervir em fases reversas, de modo a reduzir esses desequilíbrios por meio de modificações nas condições da oferta de materiais reciclados de determinado grupo de produtos e de mercado desses materiais, ou de seus produtos finais.

Exemplos de legislações mal aplicadas ou imperfeitas, em alguns casos, permitem avaliar os cuidados que devem ser tomados para não produzir desequilíbrios de outra natureza, evitar favorecer um elo ou um setor de etapa reversa, provocar defasagem de preços de materiais reciclados no mercado, entre outras consequências possíveis. A experiência, em diversos países, tem mostrado que as melhores soluções são encontradas quando o governo, a sociedade e as empresas trabalham em conjunto, por meio da conscientização de seus diversos segmentos, e que a regulamentação governamental revela-se útil principalmente na definição de padrões e normas gerais, deixando ao mercado a liberdade de buscar seu equilíbrio natural.

As legislações eficazes devem responsabilizar de alguma forma todos os agentes da cadeia direta, desde produtores, distribuidores, varejistas, consumidores, assim como os da cadeia reversa, ou seja, coletores e processadores, até o reaproveitamento dos produtos ou materiais. São inúmeros os exemplos de legislações sem essa abrangência de responsabilidade que se tornam inócuas e comprovam essa ideia.

9.2 Revalorização legal dos bens de pós-consumo

Os governos, em todos os níveis, têm representado importante papel no desenvolvimento de alguns canais de distribuição reversos, pois a correção de situações de desequilíbrio entre os fluxos reversos e diretos muitas vezes desonera de custos o próprio governo e, em consequência, a sociedade. No capítulo anterior, vimos que as novas teorias econômicas, que levam em consideração os custos ambientais provocados pelo impacto dos produtos no meio ambiente, preconizam a mudança do pagamento do ônus desse impacto da sociedade para os causadores (o princípio do poluidor-pagador), sendo o governo o agente dessas mudanças.[1]

Uma nova distribuição de custos nas diversas etapas de determinado canal reverso pode criar condições de viabilidade econômica em etapas reversas de um material ou de um grupo de materiais de pós-consumo que impediam o correto equilíbrio entre os fluxos direto e reverso. O aumento do fluxo reverso gerado pela legislação poderá propiciar melhores

1 PICKETT; KANGUN; GROVE, 1995.; LEITE, P. R. Canais de distribuição reversos: a coleta domiciliar do lixo. *Revista Tecnologística*, São Paulo, nov. 1998.; FULLER, D. A.; ALLEN, J. Reverse channel system. In: POLONSKY, J. et al. (Eds.). *Environmental marketing*: strategies practice, theory and research. New York: Haworth Press, 1995. p. 244.

condições de implementação da logística reversa, organizando os canais de distribuição reversos e estabelecendo novas relações de interesse econômico e parcerias entre as empresas no *reverse supply chain* (cadeia de suprimento reversa) desses produtos.

Será sempre discutível o nível de intervenção governamental no livre mercado. Contudo, nos casos em que as associações de classe de fabricantes e de outros integrantes da cadeia industrial direta não se anteciparem nem colaborarem com a busca de soluções para os problemas desses desequilíbrios causadores de impactos no meio ambiente, a intervenção governamental poderá ser necessária. Identifica-se um risco e, ao mesmo tempo, uma oportunidade de as empresas anteciparem-se às legislações e mesmo contribuírem para sua regulamentação, preparando sua organização interna e incluindo a logística reversa em suas reflexões estratégicas.

A revalorização legal dos bens de pós-consumo, operacionalizada pela logística reversa, é entendida como o equacionamento das condições dos canais reversos, de modo que se garanta o retorno ao ciclo produtivo ou de negócios dos bens em fim de vida de acordo com as leis vigentes. Empresas fabricantes de produtos que, de alguma maneira, impactem negativamente o meio ambiente serão certamente afetadas por legislações que de algum modo restrinjam suas operações, contabilizando novos custos de origem ecológica aos seus produtos, em cumprimento às novas regulamentações.

Os exemplos, em diversos países, têm mostrado que as empresas que se antecipam a essas intervenções, conforme examinado no tópico sobre responsabilidade empresarial com o meio ambiente, no capítulo anterior, frequentemente se beneficiam com a adoção antecipada de ações em suas organizações e estratégias empresariais, modificando as características de seus produtos, introduzindo o "projeto do produto" para reciclagem, estabelecendo parcerias para constituir suas redes logísticas reversas etc.

9.3 Natureza e tendências das regulamentações ambientais

Contrariamente às primeiras legislações do início dos anos 1970, que tendiam a responsabilizar os governos locais pelo impacto ambiental dos resíduos sólidos, uma das ideias básicas que orientam as legislações atualmente é responsabilizar os fabricantes, direta ou indiretamente, pelo impacto de seus produtos no meio ambiente, por meio de leis dirigidas às etapas de reciclagem ou, indiretamente, por meio de proibições de disposição em aterros sanitários, de uso de certos tipos de embalagens plásticas, até a devida estruturação dos canais reversos etc. Essas legislações têm sua origem nas ideias da filosofia denominada *extended product responsability* (EPR).

O chamado princípio EPR, citado em Wilt e Kincaid,[2] apoia a ideia de estender a toda a cadeia industrial direta a responsabilidade de reduzir os impactos de seus processos e produtos no meio ambiente, tanto na distribuição direta como na reversa.

---

2 WILT, C.; KINCAID, L. There auto be a law: end-of-life vehicle recycling policies in 21 countries. *Resources Recycling*, mar. 1997.

Dentre os vários tipos de legislações sobre resíduos sólidos não perigosos encontrados na literatura atual em diversos países desenvolvidos, destacamos algumas orientações gerais, sem a pretensão de categorizá-las juridicamente e muito menos de exaurir todos os aspectos abordados, mas agrupando-as pelo tipo de atuação visada.

9.3.1 Legislações relativas a coletas e disposição final

Legislações sobre proibições de aterros sanitários e incineradores. Essas legislações têm sido muito utilizadas em diversos países para impedir a criação de novos aterros sanitários e incineradores. Baseiam-se na ideia de que a sociedade em geral não deseja ter em suas vizinhanças os problemas causados por essas instalações: doenças decorrentes da exalação de gases e seus odores, da contaminação de lençol freático, da presença de animais e pássaros indesejados, entre outros inconvenientes. Com a localização dessas instalações cada vez mais distante dos centros urbanos e os custos decorrentes para o governo, criam-se condições de legislações restritivas às novas unidades.

Legislações sobre implantação de coleta seletiva. Como forma de reduzir as quantidades que chegam aos aterros e para incineração, o governo intervém por meio de legislação, tornando obrigatória a coleta seletiva domiciliar e comercial. Na maioria dos casos estudados, essas intervenções, quando bem elaboradas, criam condições para o estabelecimento de inúmeras novas atividades empresariais nas comunidades e grande quantidade de parcerias entre empresas.

Legislações relativas à responsabilidade do fabricante sobre o canal reverso de seus produtos *(product take back).* Nesses casos, a legislação é dirigida, via de regra, a produtos duráveis e suas embalagens. Visa, em geral, catalisar ações da cadeia produtiva desses bens, para equacionar seus produtos, suas embalagens e sua logística reversa, de modo a permitir o retorno após o término de sua vida útil. Novamente, observam-se aqui aspectos bastante positivos da legislação, possibilitando importantes progressos no *reverse supply chain.* Veremos, neste capítulo, alguns exemplos dessas legislações que têm dominado as direções legislativas ambientais na União Europeia sobre setores como o de automóveis, o de embalagens na cadeia de suprimentos, o de eletrodomésticos e o de eletrônicos, entre outros.

Legislações sobre proibição de disposição em aterros sanitários de certos produtos. Trata-se de mais uma das formas legislativas encontradas para reduzir a quantidade de resíduos sólidos nos aterros sanitários, generalizada em grande parte das metrópoles mundiais. As proibições são dirigidas principalmente a produtos que contêm substâncias danosas à saúde ou empregadas em grande volume. São comuns as proibições de baterias de automóveis, óleos lubrificantes, pilhas de certas categorias, eletrodomésticos, móveis etc. Evidentemente, essas proibições, se bem aplicadas, devem ser complementadas com legislações de *take back*, mencionadas no item anterior, evitando acúmulo desses produtos em locais impróprios.

Legislações sobre valor monetário depositado na compra de certos tipos de embalagens. Essas legislações visam geralmente a dois objetivos: instituir o pagamento antecipado dos custos de disposição final dos bens ou um depósito efetuado no ato da compra, a ser restituído na devolução da embalagem, garantindo seu retorno para a coleta seletiva.

Legislações sobre índices mínimos de reciclagem. Trata-se de um caso menos comum de legislação, no qual é exigida, para certos produtos, determinada quantidade de constituintes reciclados.

9.3.2 Legislações relativas ao marketing

Legislações de incentivo ao conteúdo de reciclados nos produtos. Normalmente são utilizadas por entidades governamentais junto a seus fornecedores, como exemplo de cidadania.

Legislações sobre proibição de venda ou uso de certos produtos. Na impossibilidade de controle e melhoria no equilíbrio dos fluxos reverso e direto de certos produtos, o governo promulga lei que impede sua comercialização ou seu uso.

Legislações sobre proibição de embalagens descartáveis. São utilizadas principalmente na área de embalagens de produtos e, sob a mesma argumentação do caso anterior, os governos exigem que sejam retornáveis, para evitar os excessos de pós-consumo.

Legislações sobre "rótulos" ambientais. Visam normatizar os diversos tipos de rótulos de produtos, tais como biodegradável, amigável, reciclável etc.

Legislações sobre incentivos fiscais. Podem versar sobre isenções com relação à utilização de produtos de pós-consumo, incentivo à produção por meio de tributação diferenciada para produtos com conteúdo de reciclados, eliminação de incentivos tributários a certas matérias-primas, eliminação de tarifas subsidiadas para a produção de determinadas matérias-primas, além de outros aspectos observados em diferentes regiões.

Legislações relativas à redução na fonte. São legislações de incentivo de diversas naturezas para as empresas que reduzem o consumo de recursos não renováveis ou que modificam produtos para condições menos impactantes ao meio ambiente.

9.4 Legislações em diversos países

Descreveremos a seguir as principais legislações de diferentes países, ainda sob a visão da logística reversa, ou seja, com relação aos aspectos que podem modificar as cadeias reversas de pós-consumo e propiciar sua implementação.

9.4.1 Principais legislações nos Estados Unidos

Nos Estados Unidos, destacam-se três grandes grupos de regulamentações legislativas: leis que versam sobre a disposição final dos produtos e sistemas de coletas; leis relativas ao incentivo de mercado para produtos com certo conteúdo de reciclados, à estruturação de canais reversos pelas empresas produtoras sobre uso de rótulos verdes ou ambientais, a incentivos financeiros; e leis relativas à redução dos resíduos na fonte e interdição da fabricação de produtos altamente impactantes ao ambiente.

Com uma tendência diferente, até o momento, dos países europeus, de maneira geral, o país tem se revelado muito atuante e intervencionista no que se refere à legislação sobre resíduos sólidos, acreditando intensamente na reciclagem como solução e orientando legislações que responsabilizem sobretudo os governos locais pela solução dos problemas.

Grande parte dessas legislações restringe a criação de novos aterros, forçando a redução dos resíduos sólidos domiciliares, a redução na concepção dos bens e de suas embalagens, a reciclagem ou a incineração dos materiais, visando evitar os custos sociais impostos pelo crescimento das quantidades desses resíduos domiciliares.[3]

O número de leis sobre resíduos sólidos é abundante e constantemente regulamentado. Para se ter uma ideia da carga legislativa, entre os anos de 1988 e 1991 foram promulgadas cerca de 400 novas leis e regulamentações sobre resíduos sólidos e reciclagem no país, em parte devido à independência entre os diversos estados norte-americanos, provocando significativa modificação na estruturação e na organização dos canais reversos. Às alterações relativas ao suprimento de materiais de pós-consumo seguiram-se outras visando aos aspectos da procura por materiais de pós-consumo, incentivando sua adoção.[4]

Legislações de intervenção sobre os aterros sanitários

Todo esse movimento legislativo para melhorar as condições de coleta (captação) dos materiais de pós-consumo deveu-se à famosa crise dos aterros sanitários norte-americanos dos anos 1980. Durante a crise, cerca de 70% desses aterros foram considerados saturados ou impedidos de receber certos tipos de produtos de pós-consumo, como pneus, baterias, listas telefônicas, móveis velhos, entre outros (produtos de pós-consumo de bens duráveis não eram aceitos há muito tempo).

Como consequência dessas leis sobre aterros sanitários e coletas seletivas obrigatórias, o número de programas de coleta seletiva aumentou de mil, em 1988, para 5.404, em 1992, e possivelmente é bem maior hoje. Essas legislações alteraram bastante as quantidades "desviadas" da coleta de lixo em todo o país; as quantidades líquidas de resíduos sólidos destinadas aos aterros foram reduzidas em cerca de 25%.

Esse aumento expressivo de coletas seletivas em todo o país redundou em disponibilidade considerável de materiais reciclados de todos os tipos, objetivo principal da legislação, mas desequilibrou a oferta e a demanda, ocasionando turbulência nos preços do mercado. Observe-se, no entanto, que essas quantidades foram de certo modo ainda menores do que poderiam ser caso não ocorresse maior conscientização da sociedade.

Essas novas escalas econômicas de negócios, movimentando grandes quantidades de materiais descartáveis, como plásticos, papéis, vidro e metais, modificaram e reestruturaram os diversos aspectos logísticos e tecnológicos nas diversas fases dos canais de distribuição reversos, dando origem a novas parcerias e alianças entre empresas, instalando-se o verdadeiro *reverse supply chain management*, adaptando-os às novas condições.

---

3 GLENN apud FULLER; ALLEN, 1995, p. 252.

4 COUNCIL OF LOGISTICS MANAGEMENT (CLM). *Reuse and recycling reverse logistics opportunities*. Illinois: CLM, 1993. p. 28.

LOGÍSTICA REVERSA NA PRÁTICA 9.1

O *reverse supply chain* nos Estados Unidos

As legislações sobre produtos duráveis foram dirigidas principalmente aos fabricantes, demandando maior responsabilidade empresarial por meio de programas de *take back*. Os fabricantes passam a ser responsáveis pela organização dos canais reversos dos produtos após seu ciclo de vida, organizando a coleta, o desmanche e a reciclagem ou o reúso dos componentes. São produtos como automóveis, eletrodomésticos em geral, mobiliário, baterias elétricas de toda natureza, pneus, listas telefônicas, óleos lubrificantes etc.

Vários sistemas são utilizados pela rede de distribuição direta dos produtos a fim de incentivar esses canais, desde o depósito monetário obrigatório na compra do bem, como modo de garantir a devolução após o uso, até taxas monetárias para fundos de pesquisa de reciclagem acrescidas ao preço de venda do produto, entre outros. No caso específico dos plásticos, uma série de legislações surgiu no país, relativas à redução de peso das embalagens, ao número mínimo de reutilização delas, às embalagens com conteúdo crescente de reciclados etc.

As empresas norte-americanas empreendem parcerias que lhes possibilitam cumprir as novas legislações com a implementação da logística reversa, surgindo alianças entre grandes empresas de coleta de lixo e de coleta seletiva com as que utilizam esses materiais. São exemplos as alianças entre uma das maiores empresas no ramo de coleta de resíduos sólidos – Waste Management, Inc. – com as empresas de embalagem Stone Containe e American Can e com a empresa Eastman Chemical Co.; a parceria da Browning Ferris, também uma das grandes empresas de coleta de lixo, com a Wellman, maior fabricante de fibras de poliéster a partir de resíduos de pós-consumo de garrafas e de filmes de PET.

A conhecida DuPont desenvolve uma rede de parcerias com empresas recuperadoras de prata, presente nos filmes radiográficos descartados após o uso, para a coleta de filmes de PET que servem como suporte, montando uma cadeia reversa de coleta. Essa atividade transformou-se em um novo negócio estratégico da empresa, que fornece atualmente serviços especializados em *reverse supply chain* a outras empresas para vários tipos de materiais.

O aproveitamento de sinergias logísticas na montagem dos canais reversos gera associações entre empresas que compartilham etapas reversas, parcerias com empresas especializadas em logística de distribuição direta para a conversão dos sistemas em reversos, entre outras. Criam-se nesses setores as condições de *reverse supply chain*, algumas vezes por iniciativa das próprias empresas, como forma de responsabilidade ambiental.

São bons exemplos de montagem de *reverse supply chain*, por conta própria ou por terceirização dos serviços, o da Xerox, no caso das copiadoras, o da empresa de medicamentos Bristol-Myers Squibb, o da Hewlett-Packard e os de empresas automobilísticas.

Legislações de intervenção no mercado

As principais legislações de regulamentação de mercado nos Estados Unidos referem-se a selos ou rótulos ambientais e ao conteúdo de reciclados dos produtos. Normalmente dispõem sobre certa porcentagem mínima desses reciclados no produto final e estão presentes em grande parte dos estados norte-americanos, principalmente no caso do papel de imprensa e, em menor escala, das sacolas de plástico, dos vasilhames de plástico e de vidro, das listas telefônicas, entre outros itens.

O caso do papel de imprensa nos Estados Unidos é interessante, pois, com a legislação de aumento do conteúdo do papel reciclado nos jornais norte-americanos, ocorreu um enorme crescimento da rede de fábricas especializadas na eliminação de tintas de papéis de pós-consumo para reciclagem. Quando foram promulgadas as primeiras leis nos estados de Connecticut e Califórnia, em 1989, havia nove fábricas especializadas nesse tipo de operação e, em 1992, esse número havia aumentado para 27, com projetos de mais 12 novas unidades em curso naquele ano (CLM).[5]

Observa-se, portanto, que o fator legal influencia de maneira positiva esse canal reverso, propiciando o surgimento de novos negócios e investimentos que se agregam à economia reversa.

O uso indiscriminado de etiquetas ambientais nos produtos foi muito difundido no início dos anos 1970, provocando certa dificuldade para o consumidor final distinguir mensagens mercadológicas verdadeiras e falsas na época. Várias organizações norte-americanas, como a Environmental Protection Agency (EPA) e a Federal Trade Commission (FTC), e alguns estados e organizações ambientalistas, procuram definir padrões e termos como "reciclável", "reutilizável", "ambientalmente correto", "biodegradável", "com conteúdo reciclado" etc., a fim de melhor orientar o mercado. Os padrões das diretrizes WEEE e RoHS, descritos em Logística reversa na prática 9.2 e 9.3, demonstram claramente uma nítida evolução das regulamentações dessas legislações em todo o planeta.

9.4.2 Principais legislações na Europa Ocidental

De maneira geral, as legislações europeias evidenciam uma tendência de procurar atribuir a responsabilidade aos produtores e demais integrantes empresariais das cadeias de distribuição direta na implementação da logística reversa e na estruturação e organização dos canais de distribuição reversos de produtos.[6]

Contrariamente aos Estados Unidos, onde o ônus sobre os programas de coleta seletiva e seleção dos materiais coube aos governos locais (no caso de coleta seletiva do lixo), subsidiados por incentivos federais, na Europa Ocidental esses programas e toda a legislação sobre resíduos sólidos impõem o ônus da criação e organização dos canais de distribuição

5 CLM, 1993, p. 46.
6 WILT; KINCAID, mar. 1997.

reversos diretamente aos fabricantes dos produtos, conforme constataremos em alguns exemplos de alguns países apresentados a seguir.

Essas preocupações são relativamente antigas na Europa. Logo no início da década de 1990, visando harmonizar as diversas legislações dos países da União Europeia, foi publicado um documento denominado *New approach standard.*[7] Este é um renomado instituto de padronização em diversas áreas do marketing, para reutilização e reciclagem, voltado principalmente para embalagens. Ele adota objetivos de reciclagem e de níveis de captura de resíduos sólidos, etiquetas ecológicas, regras de incineração, entre outros.

Logística reversa na prática 9.2 e 9.3 mostram as novas condições propostas em legislações na Comunidade Europeia, evidenciando um avanço importante das ideias da EPR.

LOGÍSTICA REVERSA NA PRÁTICA 9.2

Organização do retorno de embalagens ao longo da cadeia de suprimentos

Como resultado do crescente aumento de lixo, provocado por embalagens ao longo da cadeia de suprimentos na Europa, atingindo valores de mais de 1,5 kg/dia de lixo descartado (com 25% a 30% de materiais de embalagem), o Parlamento europeu editou, em 1994, a legislação chamada Packaging Directive 94/62/EC, fixando objetivos de coleta e reaproveitamento de embalagens a todos os países-membros da União Europeia em torno de 50% a 60%.

Em 1995 foi criada a entidade Pro Europe (Packaging Recovery Organization Europe), com sede em Bruxelas, com a finalidade de difundir as ideias entre os diversos países da Europa. Entre suas principais atribuições está a certificação do selo Green Dot (Ponto Verde), que permite aos produtores de embalagens beneficiar-se da coleta, transporte e reaproveitamento das embalagens por meio de associações de empresas criadas nos diversos países com essa finalidade. Em 2016, havia por volta de 31 países associados ao Pro Europe e 170 registrados com o Green Dot. O país associado à Pro Europe credencia-se ao uso do Green Dot e deve constituir empresa regulamentada pelo governo, com as atribuições principais de coordenar a coleta, a separação e a reciclagem das embalagens usadas, celebrando contratos com operadores de coleta municipais ou privados e com empresas, encaminhando-as à recuperação ou reciclagem.

Em 2004, entrou em vigor a Diretiva 2004/12/EC, que propôs novos níveis a serem atingidos e criou algumas exceções a países que ainda não apresentavam condições.

Em 2006, foi criada a diretriz WEEE (*waste electrical and electronic equipment*), com o objetivo de regulamentar e auxiliar as empresas europeias na condução e equacionamento da logística reversa desses produtos devido ao enorme crescimento do que convencionou chamar de "lixo eletrônico", conforme se observa em Logística reversa na prática 9.3.

7 NEW APPROACH STANDARD. Disponível em: <http://www.newapproach.org/Directives/DirectiveList.asp>. Acesso em: 26 set. 2016.

LOGÍSTICA REVERSA NA PRÁTICA 9.3

Diretrizes europeias WEEE e RoHS

As diretrizes *waste electrical and electronic equipment* (WEEE – resíduos de equipamentos elétricos e eletrônicos, em português) e *restriction on the use of hazardous substances* (RoHS – restrições sobre o uso de substâncias perigosas, em português) foram editadas, respectivamente, em janeiro e julho de 2006 na Comunidade Europeia, utilizando as ideias do princípio do poluidor-pagador, responsabilizando os fabricantes, distribuidores, comerciantes e importadores de eletroeletrônicos pelo ciclo de vida desses produtos e seus componentes. Trata-se de um reflexo das quantidades exponencialmente crescentes de produtos eletroeletrônicos, cujo retorno não recebia cuidado suficiente, os quais acumulavam, no ano de 2004, 10 milhões de toneladas somente na Europa Ocidental, com previsões otimistas de dobrar a cada dez anos. Constituem o lixo eletrônico cerca de 40% de eletrodomésticos descartados, produtos de informática em geral, produtos elétricos e de automação etc.

A diretriz WEEE refere-se ao equacionamento da logística reversa de retorno dos produtos desde a fase de coleta até seu destino adequado, sob responsabilidade e custos das empresas envolvidas, estabelecendo níveis mínimos de retorno em função do número de habitantes da região. A diretriz RoHS estabelece limites às quantidades de materiais danosos ao meio ambiente. A diretriz WEEE institui especificamente as principais responsabilidades do produtor.

- Preparar-se para o ciclo de vida do produto após seu descarte.
- Responsabilizar-se pelo lixo eletrônico histórico.
- Identificar os produtos.
- Treinar a rede de distribuição e informar clientes.
- Fornecer informações às recicladoras sobre conteúdo e tratamento adequado.
- Privilegiar o reúso dos materiais componentes e dos produtos.
- Atingir a meta de 4 kg/ano/habitante.
- Garantir a devolução dos produtos domésticos sem custos para o cliente.
- Estabelecer penalidades.
- Usar o *ecodesign* no sentido de adaptar seus produtos para menor impacto ao meio ambiente.

A diretriz RoHS estabelece como principais responsabilidades do produtor a redução e eliminação de elementos como chumbo, cádmio, mercúrio, cromo IV, bem como os retardantes químicos, entre outras providências.

▶

▶ Algumas empresas da Comunidade Europeia já tomaram algumas iniciativas por meio de associações como a ERP, como Sony, Braun, Electrolux, Hewlett-Packard, e a Repic (Recycling Electrical Producers Industry Consortium – consórcio das indústrias produtoras de eletricidade reciclada), como Alba, Hoover Candy, Philips e Whirlpool.

9.4.3 Legislações ambientais específicas na Alemanha

Após a reunificação da Alemanha constatou-se que grande parte dos resíduos sólidos, perigosos ou não, anteriormente enviados para serem tratados na Alemanha Oriental, encontrava-se em aterros sem nenhum tratamento. Em consequência disso, foi promulgada uma série de leis visando, em um primeiro momento, à reciclagem de embalagens e, posteriormente, de produtos duráveis.

Legislação alemã sobre embalagens

A legislação alemã de 1991 sobre embalagens notabilizou-se pela forte intervenção governamental, como consequência das condições encontradas após a reunificação, e atribuiu às indústrias a responsabilidade sobre o retorno e a reciclagem das embalagens.

As leis obedeceram a um programa com objetivos progressivos, a fim de dar tempo aos agentes para organizar a logística reversa nos respectivos canais reversos. Inicialmente, a partir de 1991, as leis sobre embalagens envolviam a responsabilidade de fabricantes e varejistas pela reciclagem das "embalagens de transporte" dos bens em geral; em 1992, passou a ser obrigatória a reciclagem de "embalagens secundárias", aquelas que envolvem as embalagens primárias ou de contenção dos produtos; e, em 1993, passou a ser obrigatória a reciclagem de embalagens primárias em geral.

Em linhas gerais, a responsabilidade envolvia todos os fabricantes e demais participantes da cadeia direta de distribuição, exigindo que aceitassem o retorno das embalagens de transporte, como os *pallets* e as caixas de papelão; os distribuidores deviam aceitar as embalagens secundárias; os varejistas, as embalagens primárias de seus clientes e, como todos os outros, providenciar a rede reversa correspondente.

Em razão dessas novas condições, cerca de 400 grandes empresas nacionais e multinacionais, como a Coca-Cola, a PepsiCo, a Nestlé, a Unilever e a Wilkinson Sword, entre outras, formaram, em 1992, uma empresa de coleta seletiva, de capital privado, com o objetivo de reciclar até 80% de embalagens até 1993, iniciando sistemas de parcerias em um novo *reverse supply chain* desses materiais. Criou-se então o Duales System Deutschland (DSD) para organizar a rede logística reversa e a reciclagem. Um selo colocado na embalagem, previamente pago pelo fabricante, com valor variando de acordo com o princípio do poluidor-pagador, permitia que seu produto fosse incluído na coleta e reciclagem contratada de terceiros especializados. A legislação alcançou um resultado muito bom, apresentando um índice de reciclagem de embalagens de 86% sobre todas as embalagens no ano de 1997, índice extremamente alto quando comparado àquele dos Estados Unidos na época, que atingia apenas 25%.

De maneira idêntica ao que ocorreu nos Estados Unidos, devido à crise dos aterros sanitários, também na Alemanha as quantidades disponíveis de plásticos de embalagens para reciclagem excederam a capacidade momentânea do país, o que desequilibrou o mercado de reciclados em toda a Europa. Paralelamente, ocorreu um aumento no uso de embalagens retornáveis de cerca de 10% no período de 1991 a 1995, como meio de evitar os descartáveis.

9.4.4 Algumas legislações em países escandinavos

Observa-se, em muitos países da região, uma tendência à proibição do uso de embalagens descartáveis em geral, como modo de reduzir as quantidades descartadas nos aterros sanitários e encaminhadas para incineração.

Na Dinamarca, por exemplo, as embalagens de bebidas devem ser retornáveis, sendo proibidas as descartáveis em geral. Na Holanda, além da mesma proibição, não são permitidas as sacolas plásticas em supermercados para uso de clientes e consumidores.

9.4.5 Legislações ambientais no Japão

O Japão destaca-se como um dos países líderes em reciclagem de materiais, pela falta de espaço e escassez de recursos naturais. A intervenção governamental para a obtenção de altos índices de reciclagem de materiais em geral é baixa, de acordo com o CLM.[8]

No setor automobilístico, foram promulgadas legislações em 1991 e 1997 visando à transferência de responsabilidade de reciclagem de automóveis no país.[9]

Considerado um dos líderes em reciclagem de todos os tipos, apesar da baixa intervenção governamental, o país foi conduzido – pela educação e pelo respeito às normas, características de seu povo – a altas taxas de reciclagem, com média de mais de 60% da maioria dos materiais recicláveis, como embalagens, papéis, baterias etc.

9.4.6 Legislações ambientais no Brasil

As legislações brasileiras relativas ao equacionamento do retorno organizado, por meio da logística reversa, dos produtos de pós-consumo, foram até 2010 bastante dispersas entre as diferentes esferas de governo brasileiro. Mesmo quando se analisam legislações emanadas por um mesmo órgão de governo observam-se distintas filosofias de aplicação das leis.

Como exemplo, podemos citar a legislação de retorno de embalagens de produtos defensivos agrícolas, a legislação de pneumáticos, a de óleos lubrificantes, entre outras emanadas do mesmo órgão. No primeiro caso, observa-se (conforme apresentado em detalhe no Estudo de caso 9.1) uma legislação com explícita determinação de compartilhamento de responsabilidade de toda a cadeia produtiva; no segundo, a legislação requer atestado de reciclagem para a produção de novos bens; no terceiro caso, nenhuma dessas características estavam presentes. Após longa tramitação de mais de 20 anos no Congresso brasileiro, a

8 CLM, 1993, p. 46.

9 WILT; KINCAID, 1997.

Política Nacional de Resíduos Sólidos (PNRS), estudada detalhadamente no **Capítulo 10**, devido à sua importância para o Brasil, foi editada em agosto de 2010, na esperança de dirigir as ações de forma mais harmoniosa, ditando "diretrizes gerais" sobre os diversos aspectos do retorno de resíduos sólidos de alguns produtos. Espera-se que ainda seja completada por uma série de outros produtos não atingidos diretamente pela atual edição da lei.

RESUMO DOS PRINCIPAIS TÓPICOS

Quando as condições naturais do mercado não propiciam eficiente equilíbrio entre os fluxos reversos e os fluxos diretos, faz-se necessária a intervenção de legislação governamental, de modo que sejam alteradas as condições e que seja permitido melhor equacionamento do retorno dos bens de pós-consumo e de seus materiais constituintes.

A revalorização legal dos bens de pós-consumo se dará por meio da obediência às leis ambientais relativas ao impacto dos produtos no meio ambiente. A experiência tem mostrado que a atuação proativa de empresas líderes permite a antecipação de ações de adequação às novas condições, a colaboração com o governo no estabelecimento de uma legislação, o ganho em competitividade e a resposta aos anseios de seus acionistas. A implementação da logística reversa é uma das estratégias utilizadas pelas empresas nesse sentido.

Empresas e governos devem, tanto quanto possível, trabalhar juntos na adoção de regulamentações, evitando a criação de novas situações que alterem as condições de mercado de forma não isonômica. A regulamentação governamental deve se basear em experiências empresariais de toda a cadeia produtiva direta e reversa, justificando sua proatividade às legislações potenciais no setor.

Existe clara tendência de as legislações sobre o impacto dos produtos no meio ambiente utilizarem o princípio EPR, segundo o qual a responsabilidade sobre o produto vendido ao mercado não termina com a venda, mas deve se estender até seu destino final.

As legislações sobre os impactos dos produtos no meio ambiente têm sido promulgadas visando controlar os excessos de lixo urbano destinados a aterros sanitários ou à incineração, por meio de legislações relativas a coletas e disposição final: proibições de novos aterros sanitários e incineradores; implantação de coleta seletiva; responsabilização do fabricante sobre o canal reverso de seus produtos (*product take back*); proibição de disposição de certos produtos em aterros sanitários; e exigência de valor monetário depositado na compra de certos tipos de embalagens. Outra categoria de legislações visa estabelecer condições para a comercialização e para o marketing: índices mínimos de reciclagem; incentivos ao conteúdo de reciclados nos produtos; proibição de venda ou uso de certos produtos; proibição de embalagens descartáveis; normatização de rótulos ambientais; incentivos fiscais de diversas naturezas; e redução de resíduos na fonte.

Analisamos diversos tipos de legislações ao redor do planeta e diferentes níveis de intervenção entre os diversos países. Dentre os exemplos mais expressivos de alterações provocadas por legislação estão os da generalização de coletas seletivas nos Estados Unidos e o programa alemão de retorno de embalagens.

Em especial, foram analisadas as legislações brasileiras e a PNRS, que tornam muito mais relevantes o entendimento e a aplicação da logística reversa nas empresas do Brasil.

QUESTÕES PARA DISCUSSÃO

1. Exemplifique, com casos reais, situações de revalorização legal de produtos de pós-consumo.
2. Quais são os objetivos das legislações relativas ao impacto de produtos no meio ambiente?
3. Quais são os tipos de legislações ambientais que visam à redução das quantidades de lixo urbano?
4. Em sua opinião, quais vantagens teriam as empresas que se antecipam às legislações ambientais?
5. Qual é a tendência das legislações ambientais atuais? Relacione as teorias econômicas ambientalistas a essa tendência.
6. Exemplifique possíveis consequências adversas da má aplicação de legislações ambientais.
7. Discorra sobre as legislações ambientais vigentes nos Estados Unidos e na Alemanha.
8. Pesquise na internet legislações ambientais recentes em diferentes países.

ESTUDO DE CASO 9.1

Caso dos recipientes plásticos de defensivos agrícolas

Os defensivos agrícolas são, em parte, embalados em recipientes plásticos de diferentes dimensões, apresentando riscos de contaminação de solo se descartados sem os cuidados necessários, como acontecia até pouco tempo no Brasil. O setor fitossanitário ou de defensivos agrícolas vem trabalhando junto às entidades técnicas e de controle ambiental, desenvolvendo processos-piloto de tratamento dessas embalagens desde 1992, possibilitando melhor conhecimento dos processos técnicos e logísticos envolvidos.

Em 2000, foi promulgada a Lei Federal n. 9.974/00, que levou em consideração os avanços do conhecimento adquirido pelo setor, que tem como princípio a distribuição de responsabilidades aos diversos elos da cadeia reversa, fabricantes, importadores, distribuidores e agricultores. O agricultor deve realizar uma lavagem tríplice nas embalagens, inutilizá-las (evitando o reaproveitamento), armazená-las temporariamente em sua propriedade, entregá-las na unidade de recebimento dentro do prazo de um ano e manter comprovantes de entrega por mais um ano. Ao distribuidor cabe indicar o local de entrega das embalagens vazias na própria nota fiscal, disponibilizar e gerenciar o local de recebimento, emitir comprovante de entrega, orientar e conscientizar o agricultor. Ao fabricante cabe recolher as embalagens vazias das unidades de recebimento, dar a destinação final correta, de reciclagem ou incineração, orientar e conscientizar o agricultor.

De forma a organizar e gerir as ações de logística reversa que envolvem a coleta das embalagens vazias, consolidação, segregação, reciclagem e redistribuição dos produtos reaproveitados, foi criado em 2001 um *pool* de empresas sob a denominação de Instituto Nacional de Processamento de Embalagens Vazias (inpEV), que iniciou suas atividades em 2002. Atualmente, compõem o quadro de associados mais de 100 empresas fabricantes de defensivos agrícolas e dez entidades de classe do setor. Paralelamente, trabalhos de educação e divulgação de ações e iniciativas são realizados no sentido de conscientizar os diversos *players* do sistema.

O orçamento apresentado pelo instituto oferece a seguinte estrutura de custos: 64% relativos às atividades operacionais básicas de logística reversa propriamente dita, somados aos processos industriais de reciclagem e destinação das embalagens, 28% de custos administrativos necessários e 8% às atividades de conscientização, educação e divulgação.

A Figura 9.1 resume os processos realizados pelo inpEV.

FIGURA 9.1 Gestão do processo de destinação de embalagens vazias de produtos

Fonte: INPEV, 2008.

Os postos de recebimento realizam a primeira etapa da cadeia reversa, à semelhança de postos de devolução de embalagens, pois é o consumidor final que efetua a entrega nesses postos, conforme visto, por imposição legal no prazo de um ano a contar da venda do produto. Esses postos recebem e classificam as embalagens vazias entre lavadas e não lavadas, encaminhando-as às centrais de recebimento.

Essas centrais, geridas por terceiros ou em parceria com o inpEV, recebem as embalagens dos postos, dos agricultores e de outros, realizam nova classificação, fazendo a separação por tipo de material constituinte, adensando o material, se necessário, e enviando-o à reciclagem ou incineração, cuidando, ainda, dos documentos propostos na legislação.

A Tabela 9.1 mostra a distribuição de centrais e postos de recebimento por estados.

TABELA 9.1 Número de centrais e postos de recebimentos por estado

ESTADO	SP	PR	MG	RS	MT	SC	GO	MS	Demais
Número de centrais	15	14	11	8	10	6	8	8	31
Número de postos	59	58	52	38	12	15	12	8	21

Fonte: INPEV, 2008.

Na fase de reciclagem e incineração, o instituto estabelece parceria com dez empresas em cinco estados da federação, que se ocupam do destino correto das embalagens a eles destinadas. A reciclagem de embalagens dará origem a diversos produtos, tais como barricas de papelão, tubos para esgoto, conduíte corrugado, vasilhame para embalagem de óleo lubrificante, caixa de bateria automotiva, cruzeta de poste de energia, barrica plástica para incineração, duto corrugado, sacos plásticos para descarte e incineração de lixo hospitalar. As tampas de embalagens de defensivos agrícolas são recicladas e reutilizadas.

A localização das centrais de recebimento e de tratamento estão logisticamente distribuídas pelo país em razão da distribuição direta dos defensivos agrícolas. As empresas recicladoras têm aumentado ao longo do Brasil devido ao crescimento das quantidades retornadas.

O transporte realizado por modal rodoviário entre as centrais e as empresas recicladoras utilizou, no ano de 2007, um total de 6.807 caminhões (equivalentes *truck*). Com o avanço em tecnologia de transporte, treinamento e adensamento de carga, a média transportada passou de 7.040 kg por caminhão equivalente *truck*, em 2002, para 10.621, em 2007, ou seja, transportou-se 50% a mais que no início das operações. Observa-se, portanto, que a empresa mantém-se em evolução em suas operações constantemente.

Operações itinerantes de coleta de embalagens em regiões mais distantes e que apresentam maior volume são realizadas sob controle especial. Atualmente, 98,3% das remessas das centrais de recebimento são realizadas pelo sistema de entrega-retorno, utilizando os modais de ida para retornar as cargas de retorno, com as vantagens conhecidas de redução de custos e garantia de qualidade no transporte de produtos perigosos.

Como sinergia da operação, o instituto desenvolveu a coleta de produtos obsoletos com validade expirada ou fora de condições de rastreabilidade-padrão.

Os números que envolvem o recolhimento em todo o Brasil são expressivos, tendo atingido o nível de 91,6% e retorno de embalagens vazias, sendo cerca de 50% de plástico PEAD (polietileno de alta densidade), com tendências de crescimento. Esses resultados tornam essa atividade um *benchmark* internacional e o melhor programa realizado no mundo atualmente.

As quantidades recicladas têm apresentado crescimento uniforme ao longo dos anos, conforme a Tabela 9.2.

TABELA 9.2 Quantidade reciclada de embalagens vazias de agrotóxicos

ANO	QUANTIDADE RECICLADA POR TONELADA
2002	3.700
2010	31.200
2015	45.500

Fonte: INPEV, 2016.

Para tanto, foram desenvolvidos um total de 400 unidades de recebimento, 264 postos e 111 centrais, o que praticamente alcançou a produção nacional de defensivos agrícolas, sendo necessário daqui para adiante um crescimento correspondente ao mercado desses produtos.

ESTUDO DE CASO 9.2

Logística reversa de pós-consumo do setor de óleos lubrificantes no Brasil

Este estudo de caso tem a finalidade de demonstrar as dificuldades logísticas envolvidas em certas cadeias reversas. Os dados históricos permitem entender a influência logística e a atualização com dados mais recentes. Certamente propiciarão a reflexão a cerca da influência simultânea do fator legislativo neste setor.

Este caso setorial tem sua origem em pesquisa conduzida pelo autor deste livro sobre a implementação da logística reversa de pós-consumo com objetivos estratégicos legais, econômicos e ecológicos ao mesmo tempo. O caso suscita interesse principalmente pelo fato de o produto óleo lubrificante ser considerado danoso à saúde e, em consequência, ter legislação específica, que condiciona a implementação da logística reversa. Os principais dados secundários apresentados foram obtidos junto ao Sindicato Nacional da Indústria do Rerrefino de Óleos Minerais.

Caracterização do produto

Os óleos lubrificantes representam cerca de 5% do volume total do petróleo refinado, sendo obtidos na destilação do petróleo pelas refinarias. São produtos denominados "óleos básicos", destinados à indústria de mistura e envasilhamento, que adicionam os componentes aditivos em função de necessidades tecnológicas para cada tipo de aplicação.

Os óleos lubrificantes acabados, que contêm cerca de 90% de óleos básicos e 10% de aditivos, são produzidos pelas principais e maiores indústrias de derivados de petróleo mundiais e distribuídos aos setores automotivos (70% do total) e industriais (30% do total) por nove empresas de distribuição (conhecidas como as "nove irmãs" do setor petroleiro). Utilizados como lubrificantes de motores de veículos de todas as espécies (automóveis, tratores, máquinas agrícolas etc.), de equipamentos industriais em geral e nas misturas com borracha, após certo tempo de vida útil perdem alguns componentes importantes e precisam ser substituídos por novo óleo, gerando os óleos lubrificantes usados. Esses produtos de pós-consumo são considerados perigosos pela legislação mundial e pela brasileira (classificação ABNT NBR 10.004).

Os principais impactos produzidos por eles no meio ambiente devem-se ao fato de conterem diversos metais pesados em sua fórmula, que podem se infiltrar e contaminar lençóis de água e rios, e à possibilidade de sobrenadarem nos lagos e mares, pela baixa densidade, impedindo a oxigenação dos seres vivos e a passagem dos raios solares.

A reciclagem dos produtos de pós-consumo de óleos lubrificantes é a única alternativa de disposição controlada, sendo evitada a queima devido à emanação de gases de metais pesados. O processo de reciclagem, denominado "rerrefino", é de alta *performance* técnica, com baixo índice de rejeitos de processo, e garante qualidade similar à do produto novo, mesmo quando reciclado várias vezes, além de resultar em um produto de alta reciclabilidade técnica.

Fases históricas da legislação de reciclagem dos óleos lubrificantes no Brasil

Em 1963, o Conselho Nacional do Petróleo (CNP) regulamentou a atividade de rerrefino no Brasil, devido ao interesse do governo na redução da importação de petróleo, fonte de matérias-primas dos óleos lubrificantes. A redução da importação significaria uma diminuição na oferta de óleos lubrificantes, a ser reposta então pela reciclagem dos óleos usados. A partir dessa data e até 1975, diversas legislações regulamentaram as fontes geradoras dos óleos usados, sua coleta e os padrões de qualidade do óleo rerrefinado, com tecnologia que permitia alcançar especificações equivalentes às dos óleos novos. Em vista dessa qualidade, as companhias envasilhadoras, grandes empresas de distribuição de óleos, iniciaram a compra e a implantação da logística reversa dos óleos usados (matéria-prima secundária), obtendo os resultados das economias correspondentes pelo uso dos óleos rerrefinados. Nesse período, verificou-se um aumento da produção de óleos rerrefinados de 30 milhões de litros para 200 milhões de litros por ano.

Até 1988, a legislação previa uma tributação incentivadora à logística reversa dos óleos usados, por meio de um imposto único (*ad valorem*) sobre os óleos rerrefinados, que permitia a coleta financiada pelo próprio rerrefinador e remunerava convenientemente a fonte geradora dos óleos usados – os postos de serviços –, os quais, com o montante arrecadado, pagavam os salários dos funcionários. O atrativo econômico funcionava melhor do que qualquer tipo de fiscalização.

Em 1988, o governo decretou o fim do imposto único, ocorrendo uma súbita perda de interesse na operação de reciclagem do óleo lubrificante para a cadeia reversa e, em particular, para o rerrefinador. Desde então, as margens de lucro dos diversos elos da cadeia reversa foram reduzidas e as etapas de coleta e rerrefino de empresas localizadas fora do eixo Rio-São Paulo passaram a não ser convenientemente remuneradas, em razão dos custos de transporte e consolidações, inviabilizando a maioria das 32 empresas de rerrefino da época, o que resultou no fechamento de grande parte delas, restando apenas oito no citado eixo geográfico.

Essa inviabilidade está relacionada principalmente com o aspecto logístico do transporte de insumos e de óleo usado para as indústrias fora do eixo Rio-São Paulo, pois as empresas compradoras do óleo rerrefinado localizam-se no Rio de Janeiro e a principal área de coleta de óleos usados localiza-se na região Sudeste. Fica evidente, portanto, o impacto do fator logístico do transporte de óleos usados e outros insumos para as regiões Nordeste, Norte e Centro-Oeste do Brasil. Como consequência da redução de empresas e da área de coleta coberta pela rede reversa, observou-se uma redução das quantidades coletadas nessa nova fase do setor, de 250 milhões de litros para 140 milhões de litros por ano.

Em 1992, o governo brasileiro concedeu um subsídio tributário ao setor, denominado fundo uniforme de preço (FUP), visando melhorar a relação entre os fluxos reversos e diretos por meio do restabelecimento de condições de transporte e coleta de óleos usados em regiões mais distantes do eixo Rio-São Paulo. Em 1997, uma nova legislação governamental eliminou o FUP dos óleos usados e atribuiu a responsabilidade pela organização da logística reversa e pela reciclagem industrial às empresas produtoras dos óleos lubrificantes novos, ou seja, à cadeia de distribuição direta dos óleos.

Essa regulamentação do governo previa um período inicial de adaptação às novas condições, até o final de 2000, durante o qual ele arcaria com as despesas de coleta e de transporte do óleo usado. Após essa data, a responsabilidade pela organização da logística reversa e de toda a cadeia reversa dos óleos usados seria dos produtores de óleos novos. A regulamentação previa ainda índices de reciclagem a serem cumpridos pelo setor, aumentados gradativamente ao longo do tempo, iniciando com um índice de 20% no primeiro ano, aumentando para 25% no segundo ano e para 30% no terceiro ano.

Reciclagem dos óleos lubrificantes no Brasil

O setor concluiu o acordo setorial dos óleos lubrificantes usados em 2010, de acordo com a PNRS de agosto de 2010. Os valores históricos de comercialização e coleta de óleos lubrificantes usados por região, com base em dados de 2008 a 2014, comprovam que as quantidades coletadas pelo Brasil ainda são relativamente baixas. No entanto, quando comparadas com dados mais antigos, observa-se uma alteração de interesse para esse caso de logística reversa, pois, contrariamente ao que ocorria em décadas anteriores, observa-se certa hegemonia nas taxas relativas de coleta. A Tabela 9.3 exibe valores aproximados que permitem essa avaliação.

TABELA 9.3 Valores médios aproximados de comercialização e coleta de óleos usados no Brasil (milhões de litros)

REGIÃO	COMERCIALIZAÇÃO	COLETA	TAXA APROXIMADA
Total Brasil	1.300	400	30%
Sudeste	700	250	35%
Centro-Oeste	120	40	33%
Nordeste	170	50	30%
Norte	90	20	20%

Fonte: SINIR, 2016.

Portanto, as condições que dificultavam sistemas de coleta mais agressivos em todas as regiões do Brasil, devido aos custos da logística reversa, aparentemente foram superadas por força da PNRS, o que nos parece uma conquista para esse setor tão importante na vida moderna.

Considerando que o óleo lubrificante é utilizado pelo menos oito vezes sem perder suas principais qualidades originais, e, também, que seu índice de extração de 5% do petróleo bruto – ou seja, de cada 5 litros de óleo reciclado –, o país deixa de importar 100 litros de petróleo bruto.

A Figura 9.2 foi elaborada com base em informações obtidas e mostra o fluxo físico dos bens simultaneamente nas cadeias direta e reversa do alumínio. Observe-se que os fabricantes de óleos básicos são grandes refinarias que os fornecem para empresas distribuidoras de produtos de petróleo, fabricantes e distribuidoras de óleos novos.

FIGURA 9.2 Cadeia direta e reversa do setor de distribuição dos óleos lubrificantes

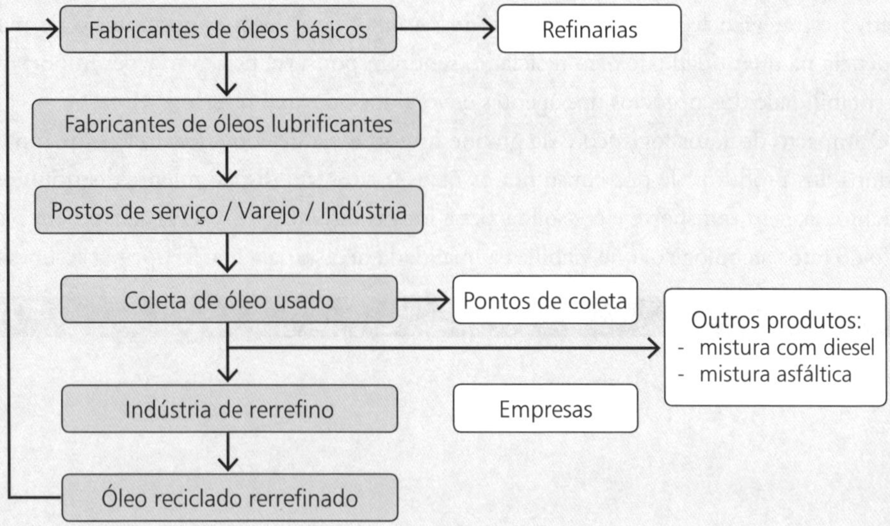

Fonte: elaborada pelo autor.

Após o consumo do óleo, inicia-se a cadeia reversa do setor, normalmente em postos de serviço, por meio da coleta em pontos de coleta no país. O setor de óleos lubrificantes revela-se um exemplo de alto interesse, apoiando uma série de ideias desenvolvidas neste capítulo e em outras partes do livro, e identificando diversos objetivos estratégicos de revalorização de produtos de pós-consumo por meio da logística reversa. A influência do fator legislativo, modificando as condições de mercado, alterando fortemente o equilíbrio entre os fluxos reversos e diretos, também pode ser observada.

O canal de distribuição reverso dos óleos lubrificantes apresenta características típicas em suas diversas fases históricas, desde 1963, quando foi regulamentado pelo governo brasileiro até por volta de 2016. Desde então, tem sido influenciado pela legislação vigente no país. O fator econômico, ou seja, as vantagens auferidas pelos elos da cadeia produtiva, justifica até certo momento histórico as grandes quantidades de fluxo reverso nos canais.

No momento em que a legislação vigente restringiu os ganhos econômicos, as quantidades de materiais reciclados sofreram enorme retração, inclusive com a redução drástica de empresas operando no setor, evidenciando uma fase típica de predominância de fatores econômicos.

Análise do caso dos canais de distribuição reversos de óleo lubrificante

Mais recentemente, a legislação passou a privilegiar o aspecto ecológico de proteção ambiental, voltado para a proteção dos mananciais de água. Classificou como altamente contaminantes os óleos usados e atribuiu às empresas da cadeia direta de distribuição a responsabilidade pela organização de sua rede reversa, predominando, dessa maneira, o objetivo estratégico legal nessa nova fase do setor. O fator legal é, portanto, o de maior influência na quantidade de óleo reciclado, sendo responsável pelas variações importantes na rentabilidade dos negócios dos agentes envolvidos no canal reverso.

O impacto do fator logístico é de grande importância devido à localização de fontes e destinos dos produtos de pós-consumo; os óleos usados são dispersamente distribuídos e, portanto, exigem transporte e consolidações a longas distâncias. Observa-se também o impacto do fator tecnológico, que viabiliza a qualidade necessária à matéria-prima secundária.

A POLÍTICA NACIONAL DE RESÍDUOS SÓLIDOS (PNRS) NO BRASIL E SEU IMPACTO NO CENÁRIO BRASILEIRO

10

NESTE CAPÍTULO VOCÊ IRÁ ENTENDER:

1. os principais aspectos e impactos desta legislação de pós-consumo;
2. as ideias de compartilhamento de responsabilidades das empresas que levam os produtos ao mercado;
3. a importante e nova definição de resíduos sólidos;
4. o papel fundamental da logística reversa nesta área;
5. os principais aspectos da regulamentação desta política e seus efeitos;
6. o papel da logística reversa nesta legislação.

10.1 Principais aspectos das determinações da PNRS

Em geral, os produtos de pós-consumo, com exceção de embalagens descartáveis, apresentam um tempo relativamente longo, de meses a anos normalmente, entre a sua colocação no mercado ou da posse do produto até o seu "fim de vida útil". E, consequentemente, até de certa forma natural, torna-se pouco "visível" às empresas que os levaram ao mercado.

A "responsabilidade estendida da cadeia de suprimentos", que se tornou mais evidente nas últimas décadas, ainda não tem sido praticada por muitas empresas, certamente pela maior parte delas. Esse "distanciamento" é muito mais nítido em países menos desenvolvidos, por diversas causas, sendo uma delas, e não a única, a difusa responsabilidade entre os agentes industriais e comerciais que inseriram os produtos no mercado ao ocorrer o fim de vida do produto.

Então é necessária a edição de legislações que tornem, entre outros aspectos, mais claras as responsabilidades das empresas envolvidas com a fabricação, distribuição e comercialização dos produtos com vida útil expirada.

Observe-se que, embora a PNRS trate de outros aspectos do retorno, a essência da legislação é direcionada para a implantação da logística reversa para diversos produtos, contaminantes ou não.

Em grandes linhas, as principais determinações da PNRS, de maior importância e impacto para o mercado e cadeias produtivas, podem ser resumidas em três principais aspectos, cuja inspiração, comentada anteriormente, são as regulamentações europeias, observando-se que esses novos conceitos trazidos pela PNRS transformam significativamente as condições de mercado de produtos usados:

1. ***Responsabilização da implantação da logística reversa.*** A imposição da lei é originária do "princípio do poluidor-pagador", assim denominado pelas ideias ambientalistas, que desloca o ônus da responsabilidade do equacionamento do retorno dos produtos do governo para as empresas constituintes das cadeias de suprimentos que produzem e comercializam produtos no mercado.

Essa modificação é de vital importância para essa legislação e sua justificativa é bastante plausível se observarmos que à medida que os custos incorridos com o retorno dos produtos forem incluídos no custo dos produtos vai se obter o verdadeiro custo empresarial retratado. Evidentemente, esses custos poderão ser mitigados por meio de organizações de gestão centralizadas (*pool* de empresas) que os diluirão pela escala da atividade.

2. ***Compartilhamento de responsabilidade.*** Como já abordado, esse aspecto da lei revela alta relevância pela necessidade de uma visão sistêmica em cadeia de suprimentos por parte das empresas responsáveis pela fabricação e comercialização dos produtos.

Observe-se que essa visão sistêmica envolve modificação cultural importante nas empresas envolvidas, mesmo que regidas por legislação, pois a otimização individual de cada uma delas não garante o sucesso do sistema.

3. ***Diferenciação entre "resíduo e rejeito".*** Esse é um dos aspectos extremamente importantes contidos na PNRS, pois distingue e identifica como "resíduo" todo produto usado que, de alguma forma, possa ser reaproveitado por diferentes processos e meios, do conceito de "rejeito" constituído pelas sobras que não podem ser reaproveitadas.

Essa inclusão amplia significativamente a quantidade de produtos a serem incluídos nos programas de logística reversa e os recursos e meios a serem utilizados nesses programas.

Para o mercado de reaproveitamento, essa nova diretriz traz a necessidade de melhorias em tecnologias .de reaproveitamento, além do aumento das atividades das cadeias reversas em geral.

10.2 A origem da PNRS

Embora existam diversas legislações específicas no Brasil, estaduais e municipais, um grande marco legislativo no país, sob a ótica de diretrizes gerais, foi dado pela aprovação da PNRS.

Com um tempo de tramitação bastante longo, permitindo aperfeiçoamentos diversos, tais como a introdução de capítulos destinados à logística reversa de pós-consumo, e certamente ainda com algumas falhas, a PNRS foi sancionada pelo governo federal em 2 de agosto de 2010. As legislações anteriores tiveram de se adequar a essa lei federal. Dessa forma, as demais leis promulgadas nesse sentido do equacionamento do retorno de produtos usados deverão ser adaptadas para se enquadrar à PNRS.

Em linhas gerais, como o próprio nome diz, trata-se de uma "política" ou, em outras palavras, de "diretrizes gerais" que envolvem os diversos aspectos do retorno de resíduos sólidos de alguns produtos, a serem regulamentados posteriormente, no sentido de garantir processos exequíveis por parte dos diversos agentes das cadeias diretas e reversas envolvidas com cada tipo ou categoria de produto.

A PNRS, conforme informado neste capítulo, tem como inspiração os modelos europeus, nos quais a responsabilidade pelo equacionamento do retorno dos produtos usados, denominados "resíduos sólidos" na lei, é atribuída às empresas que os geram, assim como às demais entidades comerciais que os levaram ao mercado.

A PNRS relaciona, ainda, uma série de planos que envolvem necessariamente a logística reversa, tais como: Planos Estaduais de Resíduos Sólidos (PERS), Planos Municipais de Gestão Integrada de Resíduos Sólidos (PMGIRS) e Plano de Gerenciamento de Resíduos Sólidos (PGRS).

Para satisfação daqueles que difundem, trabalham, buscam ou desenvolvem as melhores práticas em logística reversa, a PNRS torna explícita a necessidade de sua aplicação e de todos os serviços especializados em logística reversa no conteúdo de todos os planejamentos envolvidos. A lei apresenta suas próprias definições de "logística reversa de pós-consumo" e de "responsabilidade compartilhada", que somente se aproximam das definições adotadas neste livro.

Dessa forma, a definição expressa na PNRS[1] resume-se no capítulo XII da lei:

> [...]
> XII – logística reversa: instrumento de desenvolvimento econômico e social caracterizado por um conjunto de ações, procedimentos e meios destinados a viabilizar a coleta e a restituição dos resíduos sólidos ao setor empresarial, para reaproveitamento, em seu ciclo ou em outros ciclos produtivos, ou outra destinação final ambientalmente adequada.

10.3 A logística reversa e a PNRS

A logística reversa constitui a essência da PNRS, aspecto tratado pelo artigo 30 da lei, transcrito a seguir, que explicita um dos mais importantes aspectos da PNRS (da mesma forma que as legislações europeias): a responsabilidade compartilhada das empresas da

1 BRASIL. Lei n. 12.305, de 2 de agosto de 2010. Institui a Política Nacional de Resíduos Sólidos; altera a Lei n. 9.605, de 12 de fevereiro de 1998; e dá outras providências. Disponível em: <http://www.planalto.gov.br/ccivil_03/_ato2007-2010/2010/lei/l12305.htm>. Acesso em: 18 ago. 2016.

cadeia de suprimentos que levou o produto ao mercado, observando-se a independência em relação aos órgãos públicos.

> Art. 30. É instituída a responsabilidade compartilhada pelo ciclo de vida dos produtos, a ser implementada de forma individualizada e encadeada, abrangendo os fabricantes, importadores, distribuidores e comerciantes, os consumidores e os titulares dos serviços públicos de limpeza urbana e de manejo de resíduos sólidos, consoante as atribuições e procedimentos previstos nesta Seção.

O artigo 33 é de importância especial para a área de logística reversa, e, ao mesmo tempo limita, em um primeiro momento, os setores ou produtos explicitamente envolvidos pela PNRS. A citação explicita que alguns produtos de maior impacto negativo ao meio ambiente poderão ser estendidos a outros produtos que deverão ser incluídos gradativamente, voluntária ou explicitamente, na visão dos principais especialistas da área.

> Art. 33. São obrigados a estruturar e implementar sistemas de logística reversa, mediante retorno dos produtos após o uso pelo consumidor, de forma independente do serviço público de limpeza urbana e de manejo dos resíduos sólidos, os fabricantes, importadores, distribuidores e comerciantes de:
> I – agrotóxicos, seus resíduos e embalagens, assim como outros produtos cuja embalagem, após o uso, constitua resíduo perigoso, observadas as regras de gerenciamento de resíduos perigosos previstas em lei ou regulamento, em normas estabelecidas pelos órgãos do Sisnama, do SNVS e do Suasa, ou em normas técnicas;
> II – pilhas e baterias;
> III – pneus;
> IV – óleos lubrificantes, seus resíduos e embalagens;
> V – lâmpadas fluorescentes, de vapor de sódio e mercúrio e de luz mista;
> VI – produtos eletroeletrônicos e seus componentes.
> § 1º Na forma do disposto em regulamento ou em acordos setoriais e termos de compromisso firmados entre o poder público e o setor empresarial, os sistemas previstos no **caput** serão estendidos a produtos comercializados em embalagens plásticas, metálicas ou de vidro, e aos demais produtos e embalagens, considerando, prioritariamente, o grau e a extensão do impacto à saúde pública e ao meio ambiente dos resíduos gerados.
> § 2º A definição dos produtos e embalagens a que se refere o § 1º considerará a viabilidade técnica e econômica da logística reversa, bem como o grau e a extensão do impacto à saúde pública e ao meio ambiente dos resíduos gerados.

> § 3º Sem prejuízo de exigências específicas fixadas em lei ou regulamento, em normas estabelecidas pelos órgãos do Sisnama e do SNVS, ou em acordos setoriais e termos de compromisso firmados entre o poder público e o setor empresarial, cabe aos fabricantes, importadores, distribuidores e comerciantes dos produtos a que se referem os incisos II, III, V e VI ou dos produtos e embalagens a que se referem os incisos I e IV do **caput** e o § 1º tomar todas as medidas necessárias para assegurar a implementação e operacionalização do sistema de logística reversa sob seu encargo, consoante o estabelecido neste artigo, podendo, entre outras medidas:
> I – implantar procedimentos de compra de produtos ou embalagens usados;
> II – disponibilizar postos de entrega de resíduos reutilizáveis e recicláveis;
> III – atuar em parceria com cooperativas ou outras formas de associação de catadores de materiais reutilizáveis e recicláveis, nos casos de que trata o § 1º.
> [...]

Os tópicos a seguir transcritos examinam as atribuições de cada entidade da cadeia de suprimentos envolvendo até o consumidor final. Observe-se que o consumidor final estará em condições de efetuar a sua atribuição na medida em que as condições de conveniência logística lhe for oferecida.

> [...]
> § 4º Os consumidores deverão efetuar a devolução após o uso, aos comerciantes ou distribuidores, dos produtos e das embalagens a que se referem os incisos I a VI do **caput**, e de outros produtos ou embalagens objeto de logística reversa, na forma do § 1º.
> § 5º Os comerciantes e distribuidores deverão efetuar a devolução aos fabricantes ou aos importadores dos produtos e embalagens reunidos ou devolvidos na forma dos §§ 3º e 4º.
> § 6º Os fabricantes e os importadores darão destinação ambientalmente adequada aos produtos e às embalagens reunidos ou devolvidos, sendo o rejeito encaminhado para a disposição final ambientalmente adequada, na forma estabelecida pelo órgão competente do Sisnama e, se houver, pelo plano municipal de gestão integrada de resíduos sólidos.
> § 7º Se o titular do serviço público de limpeza urbana e de manejo de resíduos sólidos, por acordo setorial ou termo de compromisso firmado com o setor empresarial, encarregar-se de atividades de responsabilidade dos fabricantes, importadores, distribuidores e comerciantes nos sistemas de logística reversa dos produtos e embalagens a que se refere este artigo, as ações do poder público serão devidamente remuneradas, na forma previamente acordada entre as partes.
> § 8º Com exceção dos consumidores, todos os participantes dos sistemas de logística reversa manterão atualizadas e disponíveis ao órgão municipal

competente e a outras autoridades informações completas sobre a realização das ações sob sua responsabilidade.
[...]

Uma das mais acentuadas críticas à PNRS é o fato de se referir somente a alguns produtos, entre os quais alguns que já possuem legislações específicas e cadeias reversas bem constituídas. Nessa visão, ter-se-ia perdido a oportunidade de envolver outros produtos com cadeias reversas ainda pouco eficientes.

Dos seis setores e produtos enunciados pela PNRS, destaca-se o caso dos agrotóxicos, que apresenta cadeia reversa bem organizada e funciona com eficiência, e a cadeia de retorno dos pneus (que aparentemente também já funciona de forma eficiente), enquanto outras da relação nem sempre apresentam cadeias reversas eficientes.

Essas designações podem ser entendidas como estabelecidas por prioridade e como pilotos de organização de cadeias reversas, que podem servir de modelo para extensões futuras a outros setores e produtos.

As escalas econômicas que advirão dessa legislação permitirão novas e grandes oportunidades de negócios empresariais para todos os prestadores de serviços de logística reversa: novas tecnologias, *joint ventures*, fusões empresariais, novos serviços, consultorias especializadas, além do aumento de demanda de serviços de transportes, operadores logísticos, conserto e reparos, reciclagem, recondicionamento e remanufatura, armazenagem, destinação de rejeitos.

10.4 A regulamentação da PNRS

O que antes poderia ser um problema transforma-se em uma oportunidade de ganhos de diversas naturezas quando a logística reversa é adequadamente planejada e executada. Empresas inovadoras e estrategicamente perspicazes já destinam recursos e a atenção devida para esses ganhos. Em uma visão empresarial, torna-se solução para atingir benefícios econômicos, de prestação de serviços, de adequação às legislações, defender a imagem empresarial etc.

É notório o enorme impacto que a PNRS tem produzido no mercado em geral, e em particular nas atividades da logística reversa, ampliando as oportunidades de prestação de serviços de todas as categorias e especialidades e de negócios em geral e envolvendo o equacionamento do retorno de produtos, desde então sob a responsabilidade da cadeia produtiva deles.

A inclusão da logística reversa em capítulos específicos nessa lei, mesmo que com definições próprias, demonstra a importância dada à operacionalização e ao equacionamento logístico desse retorno, revelando sua complexidade e tornando-a parte integrante dos diversos planos de resíduos a serem editados pela Federação, estados, municípios e pelas empresas envolvidas na geração deles.

Ao longo dos últimos anos, temos observado empresas no Brasil que buscam integrar novas atividades no campo da logística reversa realizando *joint ventures*, buscando novas tecnologias de reaproveitamento de produtos e especializando-se em atividades típicas de logística reversa; outras têm procurado investir nas áreas de negócios promissores; e ainda há outros movimentos empresariais. Pode-se dizer que existe certa "corrida" para melhor se preparar para essa avalanche de negócios que está se concretizando.

Embora a PNRS envolva especificamente os produtos usados (pós-consumo, na terminologia apropriada), o fato de alguns dos segmentos de produtos e embalagens identificados nessa legislação apresentarem alto grau de obsolescência ou de duração mercadológica, alta exigência de assistência técnica, entre outras razões, faz que a logística reversa de pós-venda (que se ocupa do retorno de produtos ainda não consumidos ou em condições de assistência técnica) também esteja diretamente envolvida com essa legislação. Por exemplo, um equipamento de informática que precise de assistência técnica poderá ter alguns componentes trocados ou ser destinado a processos de reaproveitamentos como produto de pós-consumo.

Em 23 de dezembro de 2010, foi editado o Decreto n. 7.404,[2] que regulamenta essa legislação, definindo os ministérios e as secretarias do governo envolvidos em sua aplicação por meio da criação do Comitê Interministerial da Política Nacional de Resíduos Sólidos e do Comitê Orientador, bem como estabelecendo as funções deles. Em linhas gerais, pode-se entender que o Comitê Interministerial (art. 3º) responderá pela implementação da logística reversa e que o Comitê Orientador (art. 33) terá um papel consultor ao definir metodologias, critérios e avaliar os sistemas de logística reversa apresentados. Ambos os comitês terão a possibilidade de convidar representantes da sociedade empresarial e de entidades afins para criar corpos técnicos específicos.

De forma geral pode-se entender esse decreto como uma fase de planejamento dos sistemas de implantação da logística reversa que deverão ser efetivados no país nos próximos anos. Ele explicita a preocupação justificável em definir com muita precisão os diversos sistemas de implementação e operacionalização da logística reversa que poderão ser adotados pela cadeia produtiva do produto ou embalagem, setores empresariais ou empresas. Distingue, para tanto, os seguintes sistemas (art. 15): "acordos setoriais", "regulamento expedido pelo Poder Público" e "termos de compromisso".

O Capítulo III, do Título III, do Decreto detalha os diversos tipos de implementação da logística reversa. O sistema, segundo o acordo setorial, é um ato contratual em uma cadeia produtiva (entre fabricantes, importadores, distribuidores ou comerciantes) dos produtos e embalagens visando à implementação da logística reversa, sendo a iniciativa da cadeia produtiva ou do poder público. Constitui-se basicamente dos principais aspectos de um programa de implantação de logística reversa, ou seja: definição de produtos e embalagens, participação dos diversos elos da cadeia produtiva (inclusive do consumidor), informações necessárias ao longo dos processos, coletas, armazenamento, transportes, reaproveitamentos e destinações finais, penalizações, entre

2 BRASIL. Decreto n. 7.404, de 23 de dezembro de 2010. Regulamenta a Lei n. 12.305, de 2 de agosto de 2010, que institui a Política Nacional de Resíduos Sólidos, cria o Comitê Interministerial da Política Nacional de Resíduos Sólidos e o Comitê Orientador para a Implantação dos Sistemas de Logística Reversa, e dá outras providências. Disponível em: <http://www.planalto.gov.br/ccivil_03/_ato2007-2010/2010/decreto/d7404.htm>. Acesso em: 18 ago. 2016.

outros detalhamentos. O sistema "regulamento expedido pelo Poder Público" é uma iniciativa do governo, e os "termos de compromisso" são acordos específicos que podem ser considerados casos de exceções de acordos setoriais.

A análise do Decreto permite uma série de reflexões e observações, que propomos a seguir:

- Tem característica pragmática, depositando confiança nos atores das cadeias produtivas diretas e reversas na implantação da logística reversa. A organização desses projetos e sua execução operacional necessitarão da participação de fabricantes, distribuidores, varejistas, consumidores e de prestadores de serviço de logística reversa de natureza diversas, transportes, armazenagem, processamentos prévios, atividades de reaproveitamento em geral (reparos, consertos, remanufatura, manufatura reversa, reciclagem, destinação final etc.), além de consultorias de meio ambiente, de logística reversa, entre outros.
- Não estabelece metas de qualquer natureza, deixando aos setores ou empresas o estudo e apresentação de seus projetos de logística reversa.
- Propõe-se a avançar na área fiscal e tributária referente aos produtos reaproveitados e aos serviços correspondentes, o que certamente está na direção correta, pois muitos são os entraves nessa área à logística reversa eficiente.
- Salienta incentivos a financiamento em novas tecnologias de reaproveitamento bem como em pesquisas nas diversas áreas, que, se concretizadas, auxiliarão muito a eficiência da logística reversa.
- A previsão do concurso de especialistas de diversas áreas nos comitês permitirá a adoção de soluções com maior imparcialidade de julgamento e, se bem escolhidos os componentes, de agrupar o melhor das diversas áreas no equacionamento da logística reversa.
- Menos pragmática é a penalização prevista no Decreto para o consumidor em caso de não cumprimento de segregação ou disponibilização dos produtos. Claro está que as condições de localização logística e as demais condições de logística reversa estabelecidas precisam ser adequadamente oferecidas para se ter efetividade nessa ação.
- A dispensa de licitação governamental para a contratação de serviços, prevista em alguns casos do Decreto, poderá dar margens, como a experiência tem mostrado, a desvios éticos e trazer algumas dificuldades aos programas de logística reversa.

Como temos afirmado, o avanço nas decisões do PNRS trará ao Brasil grande evolução em todas as atividades relacionadas à logística reversa, propiciando crescimento das quantidades a serem tratadas nas diversas cadeias produtivas e, em consequência, grandes oportunidades empresariais e profissionais nessas diversas áreas. Figurativamente, pode-se dizer que muitas são as "avenidas de negócios" que se abrem no Brasil e é necessário aproveitar esse momento!

10.5 O papel da logística reversa segundo a legislação

É importante destacar que o retorno de produtos é uma tarefa complexa, que exige técnicas peculiares e capacitação profissional adequada. O fluxo reverso é composto resumidamente de etapas de entrada do produto na cadeia reversa por meio de sua coleta; armazenagem de consolidação, com ou sem processamento para garantir condições de transporte; seleção e destinação dos produtos para o processamento industrial de reaproveitamento; remanufatura ou reciclagem dos materiais; e, evidentemente, redistribuição ao mercado consumidor. Esses passos constituem a logística reversa operacional, como características específicas para cada tipo de produto (peso, densidade, geometria, embalagem etc.), tais como a localização de fontes e a origem deles, transporte e uso de sistemas de informação adequados a cada caso, entre outros aspectos.

O retorno eficiente dos produtos exige um mercado para esses produtos ou seus materiais reaproveitados, investimento em instalações de reaproveitamento, tecnologias adequadas, garantia de remuneração de todos os elos da cadeia reversa e a implantação de uma rede logística reversa com instalações em locais apropriados nas diversas fases do retorno, bem como as demais decisões logísticas de transporte e de informações.

A Europa tem sido fonte de inspiração para os principais modelos utilizados pelo resto do mundo e, no Brasil, por força de leis anteriores, existem diversos modelos de programas de logística reversa que poderão servir de *benchmarking* (busca das melhores práticas para melhoria do desempenho), salientando-se sempre a necessidade de adaptação às características próprias de cada tipo de produto e, sem dúvida, à existência de sistemas de coleta informal (catadores).

Em todos os modelos conhecidos de retorno de produtos sob "condições catalisadas" por legislações, o custo da logística reversa é garantido pela cadeia direta por meio de diferentes sistemas de participação do consumidor final. Como já salientado anteriormente, alguns modelos preconizam o pagamento de uma taxa no momento da compra do produto; outros usam o chamado selo verde, que é subsidiado pela cadeia produtiva em função de sua produção; e há, ainda, os que usam sistemas mistos. Admitindo-se que ocorra participação representativa das empresas do setor, não haverá desbalanceamento na concorrência de preços. O consumidor final arcará indiretamente com os custos, porém os benefícios para a sociedade serão muitos.

Pelo exposto, pode-se perceber que a execução e eficiência dos programas de logística reversa previstos na PNRS devem considerar as condições expostas e que sua implantação é gradativa. Da parte das associações de produtos, envolvidas ou não pela legislação atual, espera-se a mobilização e a utilização da inteligência existente no mercado, no sentido de se preparar para esse novo cenário que se abre no Brasil.

A inteligência de mercado em logística reversa deve potencializar redes logísticas reversas com o que denominamos "sinergias transversais", ou seja, a cooperação entre os diversos setores envolvidos. Dessa forma, será possível a ampliação do sistema setorial para "sistemas de redes reversas", otimizando os processos de diferentes cadeias reversas individuais por meio da redução de custos e da escala de atividades.

O plano setorial solicitado pelos Comitês Interministeriais, criados pela PNRS para esse fim, exige das empresas, industriais e comerciais, o entendimento e o equacionamento de todos os aspectos analisados, que envolvem as diversas etapas da logística reversa. Isso deve resultar no levantamento de importantes dados para a segmentação logística dos produtos, na criação de grupos de trabalho, na escolha e adaptação de modelos, no plano de implantação, entre outros.

À medida que os programas forem implantados, aumentarão as quantidades de produtos usados a serem reaproveitados e, como consequência, teremos, ainda, maiores oportunidades de negócios em logística reversa: operadores logísticos; remanufaturadores; recicladores; transportadores; empresas especializadas na seleção e no destino de produtos retornados, na gestão de resíduos sólidos, em aterros sanitários, entre outras oportunidades. Além disso, novas tecnologias para o tratamento de maior quantidade de produtos serão necessárias. Simultaneamente, teremos ainda um crescimento de oportunidades de carreira e de consultorias nessas áreas.

Observa-se atualmente um movimento de grupos empresariais verticalizando ou terceirizando suas operações, empresas abrindo novas frentes de trabalho para esse novo cenário e grupos de investimento entrando no mercado. Com certeza, esse novo cenário da logística reversa de pós-consumo no Brasil crescerá gradativamente, modificando de forma apreciável a economia das cadeias reversas. Exemplo típico desse movimento em curso é a tendência de empresas de aterros industriais verticalizarem suas atividades para atividades de manufatura reversa (desmanche) ou reciclagem de materiais. Esse fato se deve evidentemente à gradativa redução das quantidades de materiais a serem depositadas em aterros.

10.6 A PNRS e a implantação de programas de logística reversa[3]

A experiência tem mostrado que, de maneira geral, fica explícita a responsabilidade das empresas da cadeia de suprimentos ao tratarem de retorno de produtos ainda não consumidos, como produtos com defeitos, destinados à assistência técnica, produtos relacionados em *recall*, produtos que exigem redistribuição dos estoques etc. Por outro lado, observa-se nitidamente que essa responsabilidade para retorno de produtos já usados (fim de vida útil, obsoletos, descartáveis em geral etc.) é naturalmente difusa.

As condições peculiares do retorno de produtos usados, ou da logística reversa de pós-consumo, justificam de certa forma essa diferença de comportamento. Algumas delas podem ser destacadas:

- O tempo decorrido entre a transação de venda e o retorno do produto usado no fim de sua vida útil é em geral longo para produtos duráveis.
- Os produtos ou matérias-primas recuperadas concorrem no mercado, direta ou indiretamente, com os produtos ou matérias-primas originais, evidenciando conflitos de interesses de intensidade variada dependendo do setor. Em outras palavras, a

3 LEITE, P. R. Desafios da logística reversa de pós-consumo no Brasil. *Revista Tecnologística*, maio 2014, p. 64-67. Disponível em: <http://www.clrb.com.br/site/noticias.asp?id=218>. Acesso em: 29 set. 2016.

empresa de resinas plásticas sofrerá concorrência das reaproveitadas, os fabricantes de bens em geral sofrerão concorrência com os produtos remanufaturados, e assim por diante. Essa concorrência poderá ser mitigada se os fabricantes incluírem em sua estratégia empresarial os reaproveitamentos.

- A responsabilidade pelo equacionamento da logística reversa do retorno dos produtos é "difusa" entre o fabricante, importadores, distribuidores e varejistas.
- O retorno de produto usado que possui componente de valor agregado alto tem interesse diferenciado daquele que não o possui, gerando condições de retorno radicalmente diferentes. No primeiro caso, o retorno se dará pela remuneração natural dos participantes das cadeias reversas, mesmo que não organizado eficientemente, de maneira formal ou informal.
- O retorno de produtos usados cujo valor agregado de um de seus componentes não justifica economicamente uma cadeia reversa organizada requer um fator modificador de mercado, geralmente uma legislação.
- Os custos das operações de retorno de produtos usados costumam ser relevantes, pelas características dos produtos, pela rede logística reversa que não aproveita a sinergia da rede de ida para o mercado, pela necessidade de processamentos intermediários ou embalagens especiais, pela eficiência operacional baixa, entre outros motivos.

A "difusa responsabilidade" entre os agentes envolvidos com a logística reversa de pós-consumo, assim como o impacto causado no mercado pelos produtos ou matérias-primas reaproveitados, parece justificar a demora observada na implantação de alguns programas organizados de logística reversa no país, mesmo após a edição da PNRS, que coloca o ônus do equacionamento da logística reversa dos produtos usados sobre as empresas das cadeias de suprimentos que levam os produtos ao mercado, enfatizando um dos aspectos acima mencionados: o compartilhamento de responsabilidades.

Dos produtos relacionados na PNRS – agrotóxicos; pilhas e baterias; pneus; óleos lubrificantes, seus resíduos e embalagens; lâmpadas fluorescentes, de vapor de sódio e mercúrio e de luz mista; produtos eletroeletrônicos e seus componentes –, somente os dois últimos não apresentavam legislação própria à época da promulgação da PNRS. Para todos esses produtos foi prevista na lei a obrigação de retorno de suas embalagens.

Deixar às empresas e seus órgãos associativos a organização dos planos setoriais de logística reversa, transformados posteriormente em acordos setoriais, foi a solução adotada, no entanto a heterogeneidade de produtos a serem logisticamente tratados e a experiência acumulada diferem entre os diversos setores.

Vale lembrar que os setores de agrotóxicos, pneus e óleos lubrificantes, com programas de logística reversa implantados há mais de dez anos, embora com desempenhos diferentes entre si, apresentam avanços interessantes. O caso das embalagens de agrotóxicos pode ser considerado um *benchmark* nacional e internacional, caracterizando-se por uma legislação específica em seu acordo setorial que o distingue pela participação de todos os elos da cadeia.

De uma forma geral, os desafios da logística reversa da PNRS são relevantes pelas características dos produtos retornados e pelas condições gerais de heterogeneidade dos produtos, que determinam soluções logísticas adequadas a cada caso. Citemos somente como lembrete a forma de coletar, transportar, armazenar, consolidar, processar industrialmente, selecionar e destinar os produtos ou materiais constituintes, que exigirão diferentes soluções.

Aspectos como localizações das fontes de entrada do produto na cadeia reversa, dimensões físicas e peso do produto; densidade; estado físico; periculosidade, fragilidade, valor agregado do produto; quantidades disponíveis nos locais de coleta; necessidade de embalagem; processamentos prévios para movimentação etc. exigirão igualmente soluções adaptadas a cada caso.

Portanto, a identificação e o equacionamento de todos esses aspectos citados, bem como as informações correspondentes entre os diversos elos das cadeias reversas, são vitais para a sua eficiência.

A execução da PNRS oferece adicionalmente desafios próprios de diversas naturezas que examinaremos sucintamente.

10.6.1 Conflitos de interesse

Duas categorias de conflito podem ser lembradas: entre empresas produtoras originais e empresas de reaproveitamento de resíduos e entre os elos das cadeias diretas.

O reaproveitamento inteligente de matérias-primas e componentes podem ser inseridos nas estratégias empresariais, evitando o que Christensen e Raynor[4] chamam de "disruptura" de mercado, ou seja, a criação de concorrentes com qualidade de produto equivalente e com preços reduzidos, gradativamente aceitos pelo mercado, pela redução de preconceitos e existência de certificações de qualidade.

Ações colaborativas, inovadoras e pragmáticas entre fabricantes, distribuidores, comerciantes e intersetoriais poderão transformar problemas de compartilhamento de responsabilidades em oportunidades de negócios.

10.6.2 A divulgação da PNRS

Pesquisas confirmam e observações preliminares constatam a escassez de notícias e informações veiculadas na mídia em geral sobre a PNRS. O público consumidor não está bem informado e, além disso, os principais agentes envolvidos com a logística reversa estão pouco informados sobre as resoluções e os objetivos principais da PNRS.

Torna-se imperativo alterar esse cenário com divulgação consistente por parte do governo e das empresas responsáveis e envolvidas na PNRS, de forma a dar ciência e permitir a consecução de ações e obtenção de resultados. Além disso, informações sobre as resoluções

---

4 CHRISTENSEN, C. M.; RAYNOR, M. E. *O crescimento pela inovação*. Rio de Janeiro: Campus, 2003.

e discussões realizadas nos comitês da PNRS devem vir a público frequentemente, para permitir que os agentes diretamente interessados nos programas futuros possam assegurar e avaliar os recursos necessários para sua consecução.

Sabe-se que ainda há muito preconceito com produtos reaproveitados ou com conteúdo de reciclados, porém, se houvesse divulgação adequada, poderiam ser bem compreendidos e aceitos, além de conseguir incentivar a certificação de qualidade desses processos e dos itens deles resultantes.

10.6.3 A importância dos transportes

O custo do transporte representa cerca de 50% do custo logístico em geral em operações normais e, portanto, influi da mesma forma nas operações de logística reversa, ressaltando-se que nos referimos somente ao transporte em si, e não nas condições específicas das operações nas cadeias reversas, que exigem maiores custos por sua peculiaridade.

A logística reversa e a PNRS sofrem as dificuldades geradas atualmente pela distorção na matriz brasileira de transporte, que tem uma predominância de mais de 60% do modal rodoviário. Como característica, os produtos de pós-consumo apresentam valor agregado e relação peso-volume baixos, exigindo modais de baixo custo. Os mais indicados nesses casos são os de cabotagem e fluviais, que são pouco disponíveis e incentivados no país. Muitos são os exemplos de cadeias reversas de produtos usados, embora com tecnologia disponível e processos dominados, que não são factíveis devido aos custos de transporte nas enormes distâncias brasileiras.

Esse cenário não será resolvido em curto prazo e será necessário conviver com ele por muito tempo, além de representar um desafio futuro.

10.6.4 Operações industriais de reaproveitamento dos produtos retornados

O parque industrial das cadeias reversas de reaproveitamento de produtos usados no Brasil caracteriza-se pela sua dispersão geográfica e por ser constituído por micro ou pequenas empresas, com intensivo uso de mão de obra e baixa tecnologia, resultando em produtividade também baixa. As estimativas mais recentes para o Brasil revelam que as capacidades existentes não serão suficientes para o tratamento das quantidades previstas pela PNRS.[5]

Processos de reaproveitamento com tecnologia e normas de trabalho adequadas, tanto quanto outros processos industriais, podem ser realizados com produtividade e sucesso empresarial. Normalmente, os produtos que tiveram sua reciclagem ou remanufatura realizadas com rigor de processos e em condições corretas apresentam custos inferiores aos produtos ou matérias-primas originais e sua reintegração ao processo produtivo é o objetivo principal da PNRS.

5 AGÊNCIA BRASILEIRA DE DESENVOLVIMENTO INDUSTRIAL (ABDI), 2012.

Deveríamos, portanto, estar presenciando um avanço importante nessa área, inclusive com incentivos de diversas naturezas, para a adequação do parque industrial de reaproveitamento no Brasil.

É necessário o aumento de escala e melhoria significativa de tecnologia para a garantia de sistemas organizados de reaproveitamento. Torna-se necessário, também, a geração de empresas de porte maior que trabalhem com normas e certificações, que possam garantir um trabalho racional e profissional na área e para se alcançar consistência de produção e qualidade nos resultados. Ainda se encontra em estágio embrionário a normatização e as certificações que possam garantir consistência em qualidade nesta área. Leite,[6] baseado em estudos brasileiros, já mencionava que, no caso dos eletroeletrônicos, as condições industriais estão aquém das necessidades futuras possíveis para o reaproveitamento, mesmo que parcial do "lixo eletrônico" brasileiro.

10.6.5 Custos gerais de logística reversa

Embora os custos de reaproveitamento, realizados com escala, qualidade e com processos adequados sejam compensadores de uma forma geral, os de logística reversa propriamente dita, ou seja, os custos operacionais de coleta, transporte, manuseio etc., são, por natureza, altos, quando comparados com a logística direta.

Nesse sentido, embora se saiba que alguns dos desafios mencionados anteriormente sejam de longo prazo, algumas oportunidades existem. Exemplos:

- A adequação dos projetos dos produtos às necessidades de reaproveitamento, reduzindo os custos envolvidos, inclusive uniformização de materiais, redução de soldas e ligações permanentes, identificação das partes, uso dos conceitos de rastreabilidade etc.
- A organização eficiente da rede de atividades da logística reversa: formas de coleta, transportes, localização dessas atividades, processamentos intermediários etc.
- O aumento das escalas de atividades em todas as áreas das cadeias reversas de pós-consumo, propiciando melhores tecnologias, consistência e qualidade nas atividades.
- A implantação de tecnologias de tratamento de resíduos sólidos com alto desempenho para escalas maiores.
- A destinação de recursos adequados para capacitação de mão de obra qualificada e recursos em equipamentos.

6 LEITE, P.R. Logística reversa e a Política Nacional de Resíduos Sólidos (PNRS). *Revista Tecnológica*, 2013.

- A adequação de soluções e incentivos governamentais para áreas industriais e comerciais que estejam envolvidas com a execução de programas de logística reversa. Esse aspecto é de vital importância na medida em que, além das conhecidas tributações redundantes que oneram muito os produtos reaproveitados e o seu uso posterior, seriam necessários incentivos em forma de financiamentos para melhorias tecnológicas, condições especiais de transporte, entre outras providências e inovações necessárias a essa área, que poderá gerar PIB de economia reversa considerável, além de apreciável quantidade de empregos.
- A inclusão desses aspectos envolvidos nessas estratégias das empresas das cadeias de suprimentos na seleção de seus fornecedores, criando a verdadeira cadeia de valor reversa.

Planos de logística reversa referentes à PNRS têm sido apresentados com certa frequência, tanto em esferas estaduais como na federal, por meio do "chamamento para compromissos setoriais", com a intenção de intensificar ações e reduzir os prazos de instalação de programas de logística reversa nas unidades da Federação. No entanto, a velocidade de implantação de programas de logística reversa ainda é baixa, até o fechamento da edição da edição deste livro.

RESUMO DOS PRINCIPAIS TÓPICOS

Pudemos observar neste capítulo a importância da edição de uma legislação específica, a PNRS, que envolve todos os participantes das cadeias diretas e reversas de diferentes produtos e que certamente contribuirá para novos e interessantes avanços nessa área no Brasil. Constatamos as novas definições de: "resíduo sólido"; produto usado em condições de reaproveitamento de alguma forma: e de "rejeito"; material que sobra dos aproveitamentos diversos, não é passível de reaproveitamento e se destina, portanto, aos aterros sanitários ou à incineração. Neste capítulo também foi abordada a regulamentação da PNRS, que se preocupa principalmente com a forma de operacionalização dessa política, estabelecendo as diversas etapas que empresas ou seus representantes setoriais deverão apresentar para chegar ao denominado "acordo setorial", o qual estabelece as diretrizes a seguir para o equacionamento da logística reversa daquela classe de produtos. Discutiu-se, ainda, o impacto que essa definição legislativa traz para o mercado, movimentando empresas na mudança de estratégias no sentido de se adaptarem a essas novas condições gradualmente importantes no cenário brasileiro.

QUESTÕES PARA DISCUSSÃO

1. Existem razões para que a PNRS se restrinja aos seis setores abordados?
2. Quais as dificuldades que você visualiza para a implantação desta política?
3. Pesquise na internet o estágio atual de aplicação de alguns dos produtos examinados na PNRS.
4. Em sua opinião, quais oportunidades de negócios a PNRS suscita?
5. Que produtos não mencionados especificamente na PNRS poderiam ser incorporados futuramente à legislação? Por que você os incluiria nessa política?
6. De forma objetiva, analise a condição de aplicação da PNRS em uma empresa que conheça bem.

ESTUDO DE CASO 10.1

A Lei do "desmanche" no Brasil

A quantidade de veículos produzidos no mundo inteiro cresce de forma significativa, no Brasil, especialmente nas últimas décadas, gerando problemas de diversas naturezas para a sociedade em geral. Em nosso país, em particular, o aspecto legal dos reaproveitamentos tem sido perseguido pelas autoridades ao longo do tempo. O problema é tão grave que o termo *desmanche* passou a significar, nesta área, algo à margem da lei.

Neste sentido, e visando melhor controle das atividades desse importante setor, o Estado de São Paulo editou uma lei estadual, a Lei n. 15.276, de 2 de janeiro de 2014,[7] objetivando dar orientação legal às atividades de reaproveitamento de veículos no Estado. Em maio do referido ano, a Federação promulgou lei equivalente, cujos principais aspectos serão examinados devido à sua importância para a logística reversa de pós-consumo. Alguns aspectos diferem entre as visões de cada uma dessas leis, porém o objetivo é o mesmo.

7 GOVERNO DO ESTADO DE SÃO PAULO. Lei n. 15.276, de 2 de janeiro de 2014. Dispõe sobre a destinação de veículos em fim de vida útil e dá outras providências. Disponível em: <http://www.legislacao.sp.gov.br/legislacao/dg280202.nsf/ae9f9e0701e533aa032572e6006cf5fd/8e9e6eb0581d5f7183257c5500399ce1?OpenDocument>. Acesso em: 18 ago. 2016.

Definições das operações e condições a serem obedecidas e observadas pelas empresas que realizam o reaproveitamento são abordadas nas leis, assim como as condições de comercialização das peças desmontadas, ressaltando-se a salvaguarda da proibição de comercialização de peças consideradas "de segurança", as condições de ambiente das empresas que operarem com veículos, entre outros posicionamentos de grande interesse para um funcionamento adequado do canal reverso de veículos usados.

Serão destinados à alienação por meio de leilão, obrigatoriamente como sucata, os veículos incendiados, totalmente enferrujados, repartidos e os demais em péssimas condições, como tais definidos em portaria, vedada a reutilização de partes e peças e respeitados os procedimentos administrativos e a legislação ambiental.

Em 20 de maio de 2014, a Lei Federal n. 12.977[8] foi editada no Brasil, após longa tramitação no Congresso:

> Art. 1º Esta Lei regula e disciplina a atividade de desmontagem de veículos automotores terrestres sujeitos a registro nos termos da Lei n. 9.503, de 23 de setembro de 1997 – Código de Trânsito Brasileiro.
>
> Art. 2º Para os efeitos desta Lei, entende-se por:
>
> I – desmontagem: a atividade de desmonte ou destruição de veículo, seguida da destinação das peças ou conjunto de peças usadas para reposição, sucata ou outra destinação final; e
>
> II – empresa de desmontagem: o empresário individual ou sociedade empresária que realize as atividades previstas nesta Lei.
>
> Art. 3º A atividade de desmontagem somente poderá ser realizada por empresa de desmontagem registrada perante o órgão executivo de trânsito do Estado ou do Distrito Federal em que atuar.
>
> Art. 4º O funcionamento e o registro de que trata o art. 3º estão condicionados à comprovação pela empresa de desmontagem dos seguintes requisitos:
>
> I – dedicar-se exclusivamente às atividades reguladas por esta Lei;
>
> II – possuir unidade de desmontagem dos veículos isolada, fisicamente, de qualquer outra atividade;
>
> III – estar regular perante o Registro Público de Empresas, inclusive quanto à nomeação dos administradores;
>
> IV – ter inscrição nos órgãos fazendários; e
>
> V – possuir alvará de funcionamento expedido pela autoridade local.
>
> [...]

8 BRASIL. Lei n. 12.977, de 20 de maio de 2014. Regula e disciplina a atividade de desmontagem de veículos automotores terrestres; altera o art. 126 da Lei n. 9.503, de 23 de setembro de 1997 – Código de Trânsito Brasileiro; e dá outras providências. Disponível em: <http://www.planalto.gov.br/ccivil_03/_Ato2011-2014/2014/Lei/L12977.htm>. Acesso em: 18 ago. 2016.

▶

Art. 7º O veículo somente poderá ser desmontado depois de expedida a certidão de baixa do registro, nos termos do art. 126 da Lei n. 9.503, de 23 de setembro de 1997 – Código de Trânsito Brasileiro.

Parágrafo único. A certidão de baixa do registro do veículo deverá ser requerida no prazo máximo de 5 (cinco) dias úteis do ato de ingresso nas dependências da empresa de desmontagem.

Art. 8º O veículo deverá ser totalmente desmontado ou receber modificações que o deixem totalmente sem condições de voltar a circular no prazo de 10 (dez) dias úteis após o ingresso nas dependências da unidade de desmontagem ou, conforme o caso, após a baixa do registro.

§ 1º A empresa de desmontagem comunicará ao órgão executivo de trânsito do Estado ou do Distrito Federal, no prazo de até 3 (três) dias úteis, a desmontagem ou a inutilização do veículo.

§ 2º A unidade de desmontagem ou, no caso de encerramento das atividades da unidade específica, a empresa de desmontagem deverá manter em arquivo, pelo prazo de 10 (dez) anos, as certidões de baixa dos veículos ali desmontados.

Art. 9º Realizada a desmontagem do veículo, a empresa de desmontagem deverá, em até 5 (cinco) dias úteis, registrar no banco de dados de que trata o art. 11 as peças ou conjuntos de peças usadas que serão destinados à reutilização, inserindo no banco de dados todas as informações cadastrais exigidas pelo Contran.

Art. 10. Somente poderão ser destinadas à reposição as peças ou conjunto de peças usadas que atendam às exigências técnicas necessárias para sua reutilização, nos termos das normas do Contran.

§ 1º As normas do Contran deverão prever, entre outros elementos:

I – os requisitos de segurança;

II – o rol de peças ou conjunto de peças que não poderão ser destinados à reposição;

III – os parâmetros e os critérios para a verificação das condições da peça ou conjunto de peças usadas para fins de reutilização; e

IV - a forma de rastreabilidade.

§ 2º As peças ou conjunto de peças que não atenderem o disposto neste artigo serão destinados a sucata ou terão outra destinação final definida no prazo máximo de 20 (vinte) dias úteis da desmontagem do veículo do qual procedam, observadas, no que couber, as disposições do art. 17 desta Lei.

§ 3º É permitida a realização de reparos ou de pintura para a adequação das peças às condições de reutilização.

§ 4º É vedada a comercialização de qualquer tipo de peça ou conjunto de peças novas pela empresa de desmontagem.

[...]

O IMPACTO DO FATOR TECNOLÓGICO NA ORGANIZAÇÃO DA LOGÍSTICA REVERSA DE PÓS-CONSUMO

11

NESTE CAPÍTULO VOCÊ IRÁ:

1. avaliar a importância do fator tecnológico nos canais reversos de pós-consumo;
2. entender a importância da introdução do projeto de reaproveitamento;
3. identificar os diferentes processos industriais de revalorização de produtos e materiais de pós-consumo;
4. compreender a complexidade de identificação dos materiais nos processos industriais de desmanche e de reciclagem;
5. relacionar os diversos fatores envolvidos no retorno dos produtos e materiais ao ciclo produtivo com o fator tecnológico.

11.1 O imperativo da tecnologia

A existência de tecnologia adequada e economicamente viável, que garanta os processamentos logísticos e industriais nas diversas etapas dos canais reversos, é uma das condições básicas de estruturação e organização das cadeias reversas de produtos e materiais, permitindo o equilíbrio entre os fluxos reversos e diretos e influenciando-os.

É necessário, portanto, existir condição técnica em todas as fases reversas, desde o projeto tecnológico de elaboração do produto original até sua reintegração ao ciclo produtivo. Referimo-nos às tecnologias dos sistemas de coleta e compactação dos produtos de pós-consumo; de desmontagem dos produtos duráveis nos canais de desmanche; de remanufatura e reúso de componentes nos canais reversos de reúso; de extração dos constituintes de interesse; e, por fim, à tecnologia de reutilização dos produtos de pós-consumo transformados em matérias-primas secundárias, como substitutos de matérias-primas novas, nos canais reversos de reciclagem.

A proposta deste capítulo é examinar, brevemente, o papel da tecnologia na implementação da logística reversa de pós-consumo, identificando as diversas possibilidades de revalorização de materiais e produtos por meio dela. Para tanto, é necessário distinguir pelo menos quatro tipos de processos industriais de revalorização dos produtos de pós-consumo: o desmanche industrial, no qual produtos de pós-consumo duráveis e semiduráveis são desmontados; a remanufatura industrial, na qual os produtos de pós-consumo processados são componentes usados ou provenientes do desmanche; e a reciclagem industrial, na qual os produtos processados são descartáveis; e os resíduos industriais.

Examinaremos a seguir, em linhas gerais, os diversos tipos de processamento de revalorização tecnológica denominados aqui "reciclabilidade tecnológica", evidenciando que a aptidão de produtos e materiais a esses processos justifica, em muitos casos, os objetivos de logística reversa no pós-consumo e influencia a viabilidade econômica de canais reversos. A tecnologia de revalorização pode se apresentar como uma condição motora das cadeias reversas de sucesso quando seus materiais constituintes apresentam alta reciclabilidade tecnológica; contudo, nem sempre essa condição é suficiente, pois o produto de pós-consumo poderá não apresentar condições para os demais processamentos anteriormente referidos.

Torna-se necessário, portanto, que as empresas realizem projetos de produtos que sejam "pensados" para o processo de revalorização posterior ao seu descarte, como forma de melhorar a reciclabilidade técnica, ou seja, projetos de produtos para a revalorização tecnológica.

11.2 Projeto de revalorização tecnológica

Uma visão integrada do fluxo completo dos produtos e de seus materiais constituintes permitirá adequar o projeto de maneira que o impacto deles no meio ambiente seja mínimo. São produtos projetados visando à desmontagem e remanufatura, bem como à reciclagem industrial de seus componentes e materiais, possibilitando condições tecnológicas compatíveis e que viabilizem economicamente as diversas etapas reversas. É, sem dúvida, o melhor momento para o planejamento da vida do produto, adaptando-o, desde sua concepção original, ao retorno ao ciclo produtivo.

Conforme já abordado, a tendência de legislações a responsabilizar os fabricantes pelo impacto de seus produtos no meio ambiente exigirá que as empresas, cada vez mais, repensem o projeto de seus produtos considerando o princípio *design for recycling*, ou pensem em um projeto para a logística reversa, aqui entendido como todas as formas de retorno dos produtos e materiais ao ciclo produtivo. O conhecimento dos canais reversos, da logística reversa e dos processos industriais posteriores ao uso dos produtos permitirá às empresas a adaptação de seus projetos.

Examinaremos a seguir uma série de orientações de projeto do produto que lhe permitirão ter ideia das enormes possibilidades de avanço, que poderão melhorar ou tornar possível o reaproveitamento do produto após finalizada sua vida útil.

11.2.1 Redução de fixações de soldas ou colas

As fixações de componentes por meio de soldas ou colas devem ser evitadas, pois dificultam o processo de desmontagem ou desmanche do produto durável. Essa orientação no projeto possibilitará a redução de tempo de desmontagem do produto e, portanto, reduzirá o custo da operação, além de aumentar o índice de reaproveitamento dos componentes e materiais.

11.2.2 Redução do uso de ligas ou mesclas de materiais

Uma das maiores dificuldades encontradas na reciclagem de produtos e de seus materiais é a separação de ligas e mesclas íntimas de materiais, que gera custos de separação que muitas vezes inviabilizam os processos. Conforme examinado em alguns casos, o aproveitamento integral da liga do material é o elemento de interesse econômico do canal reverso, constituindo uma exceção a essa orientação.

As dificuldades de seguir essa orientação são conhecidas, pois as ligas e as mesclas permitem a *performance* dos produtos que não é observada no uso individual de cada material. A mistura de plásticos de naturezas diferentes em embalagens é comum na indústria: os complexos de filmes envoltórios de embalagens e muitas embalagens rígidas são produzidos com diversas camadas de material, visando ao aumento de *shelf life* do produto (tempo de vida do produto em prateleira no mercado); ligas de alumínio são comumente usadas visando ao aumento de sua resistência mecânica, entre muitos outros exemplos.

11.2.3 Redução do número de cores

As cores em um produto, geralmente, dificultam sua reciclagem, pois o processo de sua eliminação na reciclagem industrial sofre aumento de custos. Na reciclagem de todas as embalagens plásticas, é necessária a eliminação das tintas; na reciclagem de papel, elas precisam ser eliminadas antes da reintrodução ao processo, entre outros exemplos.

11.2.4 Redução do número de plásticos constituintes

Os plásticos estão entre os materiais mais utilizados nas últimas décadas, devido às suas excelentes propriedades e custos. Pelo fato de terem diferentes características, em razão de sua natureza química, são empregados nos produtos com funções diversas, sendo possível encontrar produtos com diversos tipos de plástico. Apesar de serem convenientes para a *performance* dos produtos, é difícil fazer sua separação por tipos após o descarte, uma vez que apresentam propriedades físicas muito semelhantes, gerando custos de revalorização técnica. Uma alternativa de orientação de projeto tem sido gravar os componentes plásticos e as embalagens com símbolos normatizados para permitir sua identificação.

11.2.5 Redução de constituintes de caráter perigoso

O estudo dos impactos dos produtos no meio ambiente permite às empresas eliminar ou reduzir as quantidades de materiais nocivos à saúde, que podem ser enviados diretamente a aterros sanitários, contaminando o solo. Deve-se dar atenção especial aos metais pesados, que constituem muitos produtos atualmente, além de componentes de computadores, pilhas e baterias, produtos farmacêuticos etc.

LOGÍSTICA REVERSA NA PRÁTICA 11.1

Exemplos de projetos de produtos que visam à reciclagem

Um dos produtos que exige maior atenção, em termos de reciclagem, é o automóvel de passeio, ao qual as empresas têm se dedicado aplicando a engenharia de desmontagem (DFD – *design for disassembly*). Essa orientação busca reduzir o número de partes constituintes do ▶

▶

automóvel e promover a redução de soldas e colas nas junções de partes. Como exemplo, o número de tipos de plásticos usado foi reduzido de 150 para 20 nos carros da Ford. Esses aspectos de projeto do produto, entre outros, permitem que se obtenham, atualmente, automóveis com índices de 85% de reaproveitamento de seus componentes e materiais constituintes.

Como já abordado anteriormente, os computadores e seus periféricos representam um dos maiores desafios às empresas fabricantes, pela sua tendência à descartabilidade. Essas preocupações estão presentes na concepção dos novos e modernos produtos, visando adequar os sistemas de fixação, redução do número de tipos de plásticos componentes, cores etc. Nos computadores da empresa Siemens expressa-se essa nova preocupação empresarial de redefinição de produtos visando à sua revalorização tecnológica. Em 1993, a empresa conseguiu produzir um computador com 29 partes, em vez de 87, como nos modelos anteriores, o que resultou em economia de tempo importante, pois a montagem se faz em 7 minutos e a desmontagem em 4, ao passo que para os modelos anteriores a duração era de, respectivamente, 33 e 18 minutos.

Os produtos de embalagens de plástico descartável apresentam um grande desafio no que se refere à sua revalorização tecnológica e têm merecido revisões de projeto, a fim de melhorar sua *performance*, por meio da redução e da modificação em seus materiais constituintes, da identificação da natureza do plástico nas embalagens etc. Nas garrafas descartáveis de plástico PET, por exemplo, foram substituídas a base da garrafa de polietileno e a tampa de alumínio por PET e plástico polipropileno, respectivamente, facilitando e reduzindo o custo de reciclagem.

11.3 Processos industriais de revalorização

11.3.1 Processo de desmanche de bem durável

Os esquemas das Figuras 11.1 e 11.2 mostram as diversas fases do desmanche de automóveis. Observa-se inicialmente o processo de sangria dos fluidos, no estágio 1, no qual estes são retirados do carro-sucata e enviados para a reciclagem especializada de fluidos. As sobras que não podem ser enviadas para reciclagem são encaminhadas ao aterro sanitário ou à incineração. Em seguida, na fase de desmontagem (estágio 2), após a limpeza geral, é executada a desmontagem dos painéis e dos bancos. Segue-se o estágio 3, no qual as partes fronteiriças são desmontadas. No estágio 4, observa-se um sistema rotatório em que o veículo é girado. No estágio 5, o motor e a transmissão são retirados, passando-se finalmente ao estágio 6, no qual o veículo fica pronto para a prensagem da carcaça, destinada à reciclagem metalúrgica. Deve-se observar que, durante as diferentes etapas de desmontagem, são separados os diferentes subconjuntos e componentes para exame de reaproveitamento integral ou parcial, bem como os demais materiais constituintes do automóvel, tais como vidros, plásticos, outros metais, borrachas, entre outros, que serão enviados à reciclagem específica para cada tipo de material.

FIGURA 11.1 Desmanche de automóvel

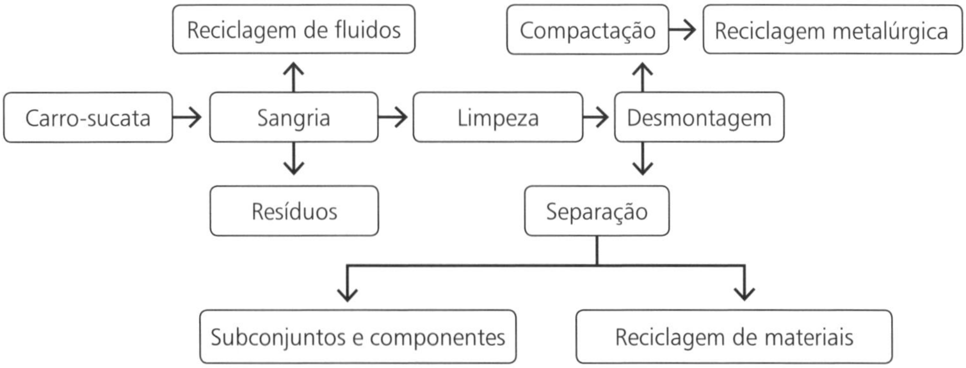

Fonte: ASSOCIAÇÃO BRASILEIRA DE ENGENHARIA AUTOMOTIVA (ABEA). Workshop *Reciclagem de veículos*. São Paulo, 1996.

FIGURA 11.2 Esquema das operações de desmanche de automóvel

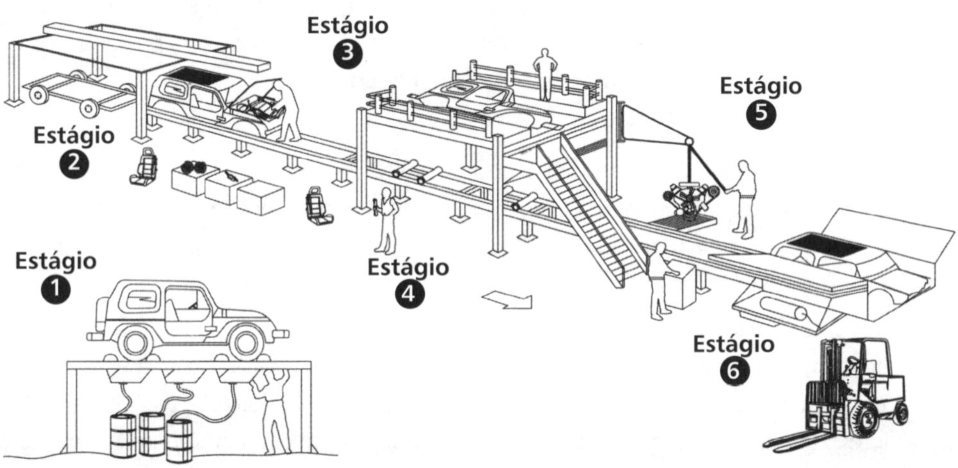

Fonte: adaptado de DE MOSSELES.

LOGÍSTICA REVERSA NA PRÁTICA 11.2

Remanufatura de componentes automotivos

A remanufatura de peças automotivas representa, como já mencionado, enorme economia energética e de custos, apresentando um montante de negócios muito importante em ▶

todas as partes do mundo. São várias as possibilidades de reaproveitamento, por intermédio da remanufatura, de motores de veículos, motores elétricos de partida e alternadores elétricos, rolamentos, embreagem, amortecedores, velas, bendix, pneus, entre outros componentes.

A seguir, trataremos dos componentes denominados "alternador" e "motor de partida veicular". Alguns desses componentes são remanufaturados.

Denomina-se "induzido" o componente do motor de partida responsável pela sua rotação. Compõe-se basicamente de bobinas de campo ou da carcaça polar e espirais de fio de cobre. Essa peça é remanufaturada, aproveitando a carcaça de ferro fundido e os demais componentes em condições de uso.

As principais peças de um alternador de veículo são o rotor e o estator.

- *Rotor:* é um dos componentes fundamentais do alternador, responsável pela formação do campo magnético que resultará na produção da corrente elétrica. Construído com aço, possui uma bobina de fio de cobre enrolada ao redor do eixo.
- *Estator:* componente do alternador que tem a função de produzir corrente elétrica. Seu núcleo é constituído por um conjunto de lâminas de aço especial, no qual ficam as bobinas de fios de cobre isoladas entre si. O estator em fase de remanufatura apresenta fios de cobre novos (reciclados) e berços isolantes também novos.

As peças automotivas que perderam a função para os usuários primários são disponibilizadas e coletadas junto às revendedoras, aos distribuidores de autopeças e aos autoelétricos. O sistema utilizado pelas empresas funciona à base de troca, e o usuário final, ao comprar uma peça remanufaturada, recebe certo desconto por deixar a peça usada.

Na recepção de peças usadas na indústria de remanufatura independente (não fabricante original), distingue-se a armazenagem e faz-se uma primeira avaliação do interesse de uso. Nessa primeira avaliação, as peças usadas são classificadas em "utilizáveis" ou "a serem recicladas". Segue-se então alguns processos para a limpeza das peças usadas com a eliminação dos vernizes protetores e isolantes, realizados em um forno, e um processo de jato de areia que realiza a limpeza final. Em seguida, os componentes são desmontados e novas classificação e avaliação são realizadas, separando-se os elementos que podem e os que não podem ser reaproveitados, sendo estes conduzidos à reciclagem. Peças não reaproveitadas por problemas de qualidade ou por questões estruturais de custos são produzidas pelo fabricante. Em seguida, todos os componentes (produzidos internamente e reaproveitados) são montados. Logo após, o produto passa por um processo de pintura, em que se utiliza um verniz impermeabilizante que protege a peça. Seguem-se os processos de envernizamento isolante dos conjuntos de fios de cobre e acabamento das peças para a embalagem e armazenagem para a venda dos produtos.

Processos de reciclagem industrial

A tecnologia do processo de reciclagem industrial de um produto ou material garante a extração e a revalorização do material visado do produto de pós-consumo em condições econômicas e de acordo com as especificações de qualidade necessárias para substituir as novas matérias-primas nos processos industriais.

Vimos que, nos ciclos reversos abertos, os materiais são extraídos de diferentes tipos de produtos de pós-consumo, ao passo que nos ciclos reversos fechados eles são retirados de determinado produto de pós-consumo e reintegrados na fabricação de um produto similar.

A primeira operação industrial necessária é a separação do produto ou dos produtos dos quais serão extraídos os materiais de interesse. Normalmente, durante a fase de coleta e subsequentes consolidações sucessivas, existem misturas com outros materiais de natureza diferente, que devem ser isolados. A tecnologia é bastante distinta em cada caso, empregando processos magnéticos, mecânicos, ópticos, químicos, entre outros. No caso da sucata de ferro, utiliza-se a capacidade de imantação desse material para separá-lo dos plásticos, vidros e outros metais que costumam acompanhar a sucata. No caso dos plásticos, empregam-se a separação visual (quando se conhece os produtos de pós-consumo), a técnica de queima dos materiais e o reconhecimento pelo odor específico de cada tipo de plástico, ou ainda modernos métodos de espectrofotometria.

A etapa seguinte é, em geral, constituída pela extração do material visado do produto de pós-consumo por meio de processos mecânicos, térmicos, químicos, entre outros, em função do tipo de material e do produto coletado. Um dos processos mais utilizados é a fusão dos constituintes do produto, como no caso de metais, plásticos, vidros etc. O processo químico é utilizado na extração da celulose, componente principal do papel, e em alguns tipos de plásticos, na recuperação de componentes da molécula.

Após a extração do material, são necessários métodos industriais de purificação, limpeza ou filtração, a fim de torná-lo utilizável nas condições de qualidade exigidas pelo processo de fabricação de novos produtos ou, em outras palavras, torná-lo uma matéria-prima secundária. Os materiais apresentam diferentes níveis de adequação aos processos de reciclagem, sendo possível definir a reciclabilidade tecnológica de um material ou de um produto como uma medida relativa desse nível de adequação. Essa medida, embora estimativa e relativa, leva em consideração algumas características que serão examinadas no próximo tópico.

FIGURA II.3 Coleta seletiva

© Senado Federal do Brasil

FIGURA II.4 Etapa de triagem

© Eletrobras Furnas/ José Lins

FIGURA II.5 Resíduos enfardados

© Pasmal/amanaimages RF

FIGURA II.6 Etapa de reciclagem industrial

© Green Energy Futures/ David Dodge

FIGURA II.7 Detalhe de instalação de reciclagem com resíduos de vidro

© Cylonphoto

II.4 Reciclabilidade tecnológica

Definimos como "nível de reciclabilidade tecnológica de um produto ou material" sua adequação técnica nas diversas fases do retorno ao ciclo produtivo. Entre as principais características que definem a reciclabilidade tecnológica podemos citar as que se seguem.

II.4.1 Facilidade de transporte dos produtos de pós-consumo

Uma das maiores restrições à eficiência dos canais reversos está relacionada à baixa densidade dos produtos de pós-consumo coletados, que tornam onerosos os custos de movimentação. A maior ou menor adaptabilidade dos produtos ao transporte define, em muitos casos, sua reciclabilidade maior ou menor.

11.4.2 Facilidade de desmontagem do produto durável

Os custos de desmontagem dos produtos duráveis (automóveis, eletrodomésticos e outros) estão diretamente relacionados à facilidade de desmontá-los. Há dificuldade de desmontagem, por exemplo, de produtos com alto nível de soldas, grande número de parafusos etc.

11.4.3 Aptidão para a remanufatura

Trata-se da característica de alguns produtos e de seus componentes que os torna mais ou menos aptos à reutilização após sua remanufatura parcial ou total. Essa aptidão será maior quanto maior for o nível de padronização dos produtos de um fabricante ou de um setor e quanto maior for a padronização dos componentes destes. Casos como o de cartuchos de impressoras e o de alguns componentes de automóveis estão entre os mais importantes canais de remanufatura atuais.

11.4.4 Facilidade de separação do produto de pós-consumo

O nível de dificuldade em separar o produto de pós-consumo alvo, após sua coleta, é um parâmetro indicador de reciclabilidade tecnológica, principalmente no caso de produtos descartáveis, como plástico, vidro, papel etc., e após o desmanche em componentes, no caso de produtos duráveis. Daí a importância de indicação clara dos constituintes dos produtos, marcada diretamente em suas partes.

11.4.5 Facilidade de extração do material constituinte dos produtos de pós-consumo

Como já vimos, os vários materiais que constituem os produtos precisam ser classificados e, dentre eles, é preciso extrair os de maior interesse por meio de processos industriais diversos. A dificuldade de reciclagem de um produto ou material poderá se originar de dificuldades técnicas inerentes ao próprio material ou de concepções de projeto que não levam em consideração sua reciclagem, mas tão somente a busca de melhor *performance* no uso original.

Uma tecnologia sofisticada e de alto custo é necessária para a identificação dos plásticos constituintes de um automóvel ou de um computador, por exemplo, o que encarece significativamente os custos de reciclagem.

O caso dos pneus de veículos em geral tem sido apresentado como um exemplo de concepção de projeto de produto que dificulta a reciclagem. A evolução técnica dos produtos tem elevado os custos de reciclagem, que, somados aos custos não menos altos de coleta e transporte, têm sido apresentados como os principais responsáveis pela baixa eficiência desse canal reverso em todo o mundo.

Alguns exemplos são as modificações de projeto que melhoram as linhas de desmontagem de veículos e a redução no número de diferentes tipos de plástico na confecção de computadores, visando à facilidade de separação deles.

A tecnologia e o teor de determinada matéria-prima podem variar em função do produto de pós-consumo utilizado, resultando em custos diferentes e orientando o mercado de pós-consumo para aqueles que se apresentem mais convenientes.

11.4.6 Conservação das propriedades originais

Essa característica diz respeito ao fato tecnológico de que muitos materiais não são totalmente reprodutíveis quando reciclados industrialmente, ou seja, não se consegue, com o nível atual da tecnologia, manter as mesmas propriedades originais do material, sendo obrigatória sua reintegração em produtos que demandem níveis diferentes dessas propriedades.

11.4.7 Número de reutilizações possíveis

Trata-se de considerar a possibilidade de várias reciclagens de um material sem que o processo se torne antieconômico ou, em outras palavras, sem que ocorra a gradativa degradação das principais propriedades requeridas. Os metais em geral podem ser refundidos inúmeras vezes sem perder suas propriedades, enquanto a maior parte dos plásticos apresenta empobrecimento de propriedades à medida que é submetida a processos sequenciais de reciclagem.

11.4.8 Nível percentual de substituição das matérias-primas novas

Essa característica está associada à capacidade de o material secundário ou reciclado substituir integral ou parcialmente a matéria-prima virgem. O nível de substituição depende do tipo de produto no qual a matéria-prima reciclada será utilizada e, em geral, da pureza exigida do material secundário.

Os metais são bons exemplos de materiais de alta reciclabilidade tecnológica, por apresentarem as características mencionadas, enquanto materiais como papel, vidro e plástico apresentam reciclabilidade tecnológica mediana. O pneumático é um exemplo de baixa reciclabilidade.[1]

Devemos lembrar o modelo relacional estudado no **Capítulo 5**, quando examinamos os diversos fatores que contribuem para o equilíbrio entre os fluxos reverso e direto de produtos e materiais. Vimos a necessidade da contribuição dos fatores econômicos, tecnológicos e logísticos e a possível intervenção de fatores modificadores (ecológicos e legais).

Conforme observamos na teoria e nos muitos casos apresentados, diversos fatores contribuem, de maneira diferente em cada caso estudado, para o nível de reciclabilidade ampla de um produto ou material. Observa-se, em vários casos, que existem condições tecnológicas adequadas ou que a reciclabilidade tecnológica é de alto nível, porém faltam

1 IPEA/CEMPRE. *Economia da reciclagem*. Workshop Rio de Janeiro, 1995. p. 18.

as demais condições para que a reciclabilidade ampla se estabeleça. Essas condições podem ser logísticas, ou seja, sistemas de coleta adequados, de localização das origens e destinos dos materiais não adequados, entre outras possibilidades que examinaremos no próximo tópico.

11.5 Problema de identificação dos materiais

Mencionamos anteriormente a dificuldade em identificar materiais e, pela sua importância nos canais reversos, oferecemos algumas explicações adicionais a esse tópico um pouco técnico para o escopo deste livro.

Antes de entrar em qualquer processo de reciclagem, os materiais precisam ser identificados em: metais, plásticos, vidros, papéis, borrachas etc. Ao longo dos anos, essa tarefa era realizada por meio do exame visual, em alguns casos era possível apenas por especialistas do respectivo setor.

Estima-se que existam centenas de tipos de metais não ferrosos, mais de uma centena de diferentes categorias de sucata de ferro e aço, milhares de tipos de ligas de ferro, pelo menos 60 categorias (ou qualidades) de papel utilizadas na prática e uma infindável categoria de substâncias plásticas.

O exame visual e o conhecimento do setor são ainda os métodos mais utilizados. O uso de identificação por espectrologia, raios X, absorção atômica, *laser*, entre outros métodos, tem sido testado em laboratórios, porém ainda é pouco adotado na prática industrial. São conhecidos os exames visuais das ligas de ferro por meio das características obtidas na faísca produzida pelo material quando atritado com pedras de rebolo e do plástico exposto ao fogo, quando se examinam a cor e o odor da chama e os gases produzidos. O conhecimento do setor, a função, a fonte e a aplicação do material auxiliam o analista na identificação dos produtos e dos materiais utilizados habitualmente.

RESUMO DOS PRINCIPAIS TÓPICOS

Uma tecnologia adequada às diversas fases dos canais reversos é fator essencial na implementação da logística reversa, desde a coleta do pós-consumo até o reaproveitamento do produto ou material de interesse.

Empresas com responsabilidade ambiental adotam soluções de projeto em seus produtos que facilitam as operações de desmanche, remanufatura e reciclagem dos materiais. Algumas atitudes, em um projeto, visam à reciclagem, como as alterações para a redução do número de materiais constituintes, permitindo sua melhor identificação durante os processos de reciclagem; a redução do custo de desmontagem dos produtos, por meio de um menor número de operações; a redução dos custos de reciclagem, evitando-se ligas e mesclas de materiais em seus produtos etc.

Os principais processos de revalorização dos bens de pós-consumo são os processos de desmanche, que podem englobar a remanufatura, e de reciclagem. Para cada fase, o projeto do produto deve satisfazer às condições de facilidade e de redução de seus custos, a fim de viabilizá-lo economicamente.

Enquanto no processo industrial de desmanche o produto é desmontado em componentes, no processo de reciclagem industrial procura-se extrair o material constituinte de interesse presente no produto de pós-consumo, coletado e selecionado previamente, e torná-lo compatível com as condições de uso para sua reintegração ao ciclo produtivo.

Denomina-se "reciclabilidade ampla" a aptidão de um produto ou material de apresentar equilíbrio entre os fluxos reverso e direto. Refere-se, portanto, a todas as fases reversas e a todos os fatores de contribuição examinados em capítulos anteriores. A reciclabilidade tecnológica diz respeito à aptidão de um material ao processo industrial de reciclagem e caracteriza-se por diversos aspectos: facilidade de transporte, facilidade de desmontagem do produto durável, aptidão para a remanufatura, facilidade de separação do produto de pós-consumo, facilidade de extração do material constituinte dos produtos de pós-consumo, conservação das propriedades originais, número de reutilizações possíveis e nível percentual de substituição das matérias-primas novas.

Neste capítulo foram discutidas, de maneira breve, as dificuldades de identificação dos produtos de pós-consumo nas fases de seleção e separação do processo de reciclagem e foram apresentadas algumas técnicas usadas, que, embora ainda aparentemente primitivas, mostram-se de grande valia na atualidade.

QUESTÕES PARA DISCUSSÃO

1. Explique o processo industrial de desmanche de um eletrodoméstico, comentando as possíveis orientações de projeto que vise à reciclagem que poderão ser adotadas.
2. Comente a ideia de revalorização tecnológica e sua importância para a logística reversa.
3. Quais orientações de projeto para a reciclagem devem ser observadas no processo industrial de reciclagem de materiais?
4. Qual é a diferença entre reciclabilidade ampla e reciclabilidade técnica de um material? Explique essa distinção.
5. Dê exemplos de casos em que o impacto do fator tecnológico é contributivo e de casos em que é restritivo ao equilíbrio entre os fluxos reverso e direto.

ESTUDO DE CASO 11.1

Logística reversa de pós-consumo do setor de ferro e aço no Brasil

Este caso setorial origina-se de pesquisa conduzida pelo autor deste livro sobre a implementação da logística reversa de pós-consumo com objetivos estratégicos e econômicos, identificando a importância do fator tecnológico nos canais reversos do setor. Você observará que o equilíbrio de fluxos reversos e diretos no setor se deve aos fatores econômicos envolvidos e à excelente tecnologia desenvolvida ao longo de muitas décadas, revelando a alta reciclabilidade do material ferro/aço por meio de uma rede logística reversa de ótimo desempenho.

História e caracterização do material

O ferro caracteriza-se pelo baixo custo, quando comparado aos demais metais. É obtido com certa abundância em toda a crosta terrestre, na forma de um óxido, seu minério. A redução do minério de ferro se processa em altos-fornos, com temperaturas superiores a 1.500º C, quando ocorre a fusão do minério e a liberação do oxigênio. Esses altos-fornos utilizam o carvão mineral, previamente tratado, denominado "coque", como combustível, consumido durante o processo.

No processo de redução, o ferro se liquefaz, sendo denominado "ferrogusa" ou "de primeira fusão". A escória dos altos-fornos, constituída de calcários, sílica e outros materiais, transforma-se em matéria-prima para a indústria do cimento. O ferro-gusa pode transformar-se em aço no processo de aciaria, no qual ainda no estado líquido é processado em fornos elétricos ou a oxigênio, constituindo-se estes os dois grandes tipos de processos de obtenção de aço. O processo seguinte é o de laminação, no qual o material líquido é trabalhado mecanicamente e transformado em diferentes tipos de produtos siderúrgicos, como chapas, vergalhões, barras etc.

Perfil da indústria siderúrgica brasileira

Como todos os setores empresariais, as empresas e conglomerados dos setores sofrem mudanças ao longo do tempo. O Quadro 11.1 apresenta a estrutura empresarial e tecnológica desse importante setor.

QUADRO 11.1 Perfil geral da indústria siderúrgica do Brasil

NÚMERO DE EMPRESAS	29 USINAS INTEGRADAS (ROTA A PARTIR DE MINÉRIO) E 14 USINAS NÃO INTEGRADAS (ROTA A PARTIR DE SUCATA = MINI MILLS)
Capacidade instalada	48,9 milhões de toneladas

continua »

» continuação

NÚMERO DE EMPRESAS	29 USINAS INTEGRADAS (ROTA A PARTIR DE MINÉRIO) E 14 USINAS NÃO INTEGRADAS (ROTA A PARTIR DE SUCATA = MINI MILLS)
Produção de aço bruto	33,9 milhões de toneladas
Consumo aparente	25,6 milhões toneladas
Faturamento	(2011) US 40 bilhões
Sucata utilizada	23% na rota não integrada
Número de funcionários diretos	122.000
Valor da indústria em relação ao PIB	4%

Fonte: INSTITUTO AÇO BRASIL, 2016.

Evolução da produção e capacidade instalada

As aciarias de forno elétrico caracterizam-se por processar apenas sucatas de ferro e aço, por força de sua concepção, da localização próxima às regiões de geração de sucatas e da escala de produção muito menor que a das siderúrgicas que fabricam a partir do minério de ferro e do carvão mineral.

Consumo por setores industriais

Pelos dados apresentados no Gráfico 11.1, podemos observar que o segmento automobilístico é o que mais contribui para a sucata de obsolescência do setor e apresenta retorno relativamente menor que o da construção civil, e que o segmento de embalagens é o que mais contribui para a sucata de descartáveis.

GRÁFICO II.I Consumo de aço por setores

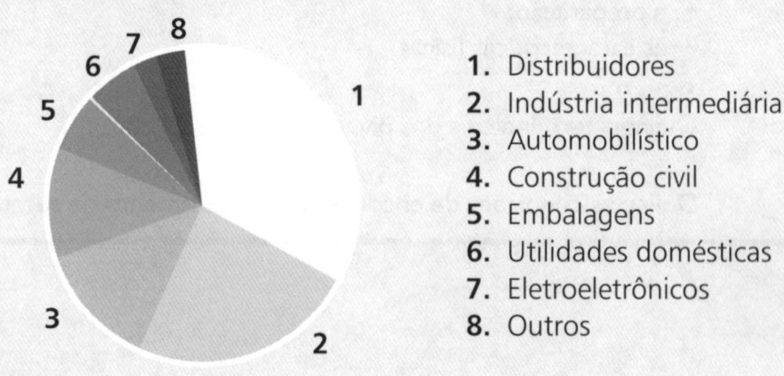

Fonte: IBS, 2016.

Perfil do setor de reciclagem de materiais ferrosos no Brasil

O setor de reciclagem de ferrosos é muito semelhante aos demais setores de reciclagem de metais, caracterizando-se por empresas em grande número, quando comparadas com siderúrgicas e aciarias, e de pequeno porte, trabalhando em função de poucas empresas compradoras de sucatas.

O índice de recuperação de sucata, ou seja, a relação entre a sucata reciclada e a disponível no mercado, é superior a 70% no mercado nacional, o que garante a existência de grande número de processadores de sucata. Esses processadores adquirem, de coletores informais, os diferentes tipos de materiais e os selecionam e beneficiam com prensagem adequada ao transporte para as aciarias ou siderúrgicas.

Normas da ABNT para sucatas de ferro

O material ferro/aço, possivelmente pela sua longa história como material de alta reciclabilidade, possui sua sucata normatizada pela ABNT. As normas relativas às sucatas de ferro permitem inferir uma série de aspectos importantes do canal reverso, como tipo, procedência, conteúdo, qualidade, sistemas de embalagem, limpeza, modo de preparação, características físicas, além de normatizar as formas de comércio do setor.

Além das normas da ABNT, as usinas compradoras de sucata, em conjunto com as empresas de preparação de sucata, definiram as Normas de classificação de sucata ferrosa, em 3 de julho de 1997,[2] demonstrando a crescente preocupação do setor com relação à qualidade e à especificação da sucata.

QUADRO II.2 Principais elementos considerados pelas normas

NBR	CARACTERÍSTICA
8.746	Classifica os diversos tipos de sucata quanto: • à procedência; • à origem; • ao teor da liga; • ao tero de impurezas; • à preparação; • às características físicas.
8.747	Define a terminologia dos diversos tipos de sucata.
8.748	Define as condições de encomenda e fornecimento de sucata de aço.

2 Normas de classificação de sucata ferrosa, 3 de julho de 1997.

Consumo de sucata de ferro

O consumo de sucata no setor de ferro/aço caracteriza-se pela utilização de sucata gerada internamente nas usinas siderúrgicas e comprada no mercado. Enquanto a quantidade de sucata gerada internamente tem diminuído, em função de melhorias no processo em geral, a quantidade comprada no mercado aumenta, em parte para compensar essa diminuição. As quantidades de sucata na economia brasileira obedecem a uma relação de 26%, ou seja, para cada 1.000 kg de ferro produzidos, utilizam-se 260 kg de sucata de ferro.

Os dados secundários documentais, a bibliografia consultada e as entrevistas realizadas permitiram construir a cadeia direta e reversa do ferro/aço, apresentada na Figura 11.8, que mostra o fluxo físico dos bens simultaneamente nas cadeias direta e reversa.

A quase totalidade dos produtos fabricados com o ferro ou o aço é de natureza durável, constituindo-se, portanto, na grande fonte de sucata futura de obsolescência, da qual uma parcela muito pequena é destinada ao setor de latas de ferro para embalagem.

A cadeia reversa desse canal de distribuição reverso tem como fontes de sucata a obsolescência e os resíduos industriais, em proporções estimadas em 70% e 30%, respectivamente.

FIGURA II.8 Cadeia direta e reversa do canal de distribuição reverso

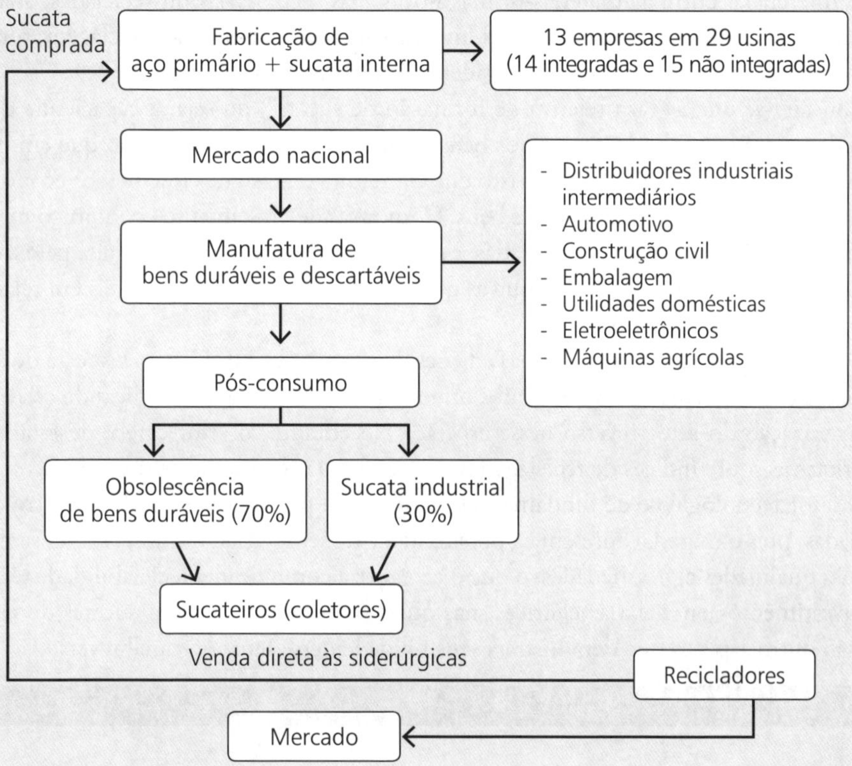

Fonte: elaborada pelo autor.

Análise do caso do setor de ferro e aço

O setor de ferro e aço é um dos mais antigos e é citado em literatura especializada[3] como um exemplo de canal reverso que nunca precisou de legislação para funcionar, ou seja, as condições naturais do mercado permitem uma remuneração suficiente e atrativa aos diversos agentes da cadeia reversa, resultando em eficiência elevada de reciclagem desse material. O estudo deste caso confirma a ideia de que as empresas das cadeias reversas são, em sua maioria, de pequeno porte em relação àquelas de produção da matéria-prima original, apresentam-se dispersas e fornecem produtos para poucas empresas compradoras, o que cria um viés de poder na cadeia reversa.

Pode-se confirmar que também no Brasil os canais de distribuição reversos do ferro/aço conseguem reciclar uma porcentagem estimada em 70% da sucata disponível, o que é expressivo em comparação com outros materiais analisados. Em outras palavras, as melhores estimativas obtidas no setor revelam que ainda se perde cerca de 30% da sucata gerada.

Os dados do setor comprovam que, como ocorre no setor do alumínio, o fator econômico é o principal motor natural da cadeia reversa, e o impacto da tecnologia é de vital importância para a viabilidade econômica.

As economias de maior relevância são equivalentes àquelas examinadas para o material alumínio, ou seja, devem-se à significativa redução no consumo de energia elétrica e ao preço diferencial entre as matérias-primas novas e as secundárias ou recicladas, além de economia de custos de depreciação nos investimentos em aciarias de reciclagem, quando comparados com os investimentos em siderúrgicas para ferro primário.

Constata-se que a "taxa relativa de formação de sucata", ou seja, a capacidade de geração de sucata pela obsolescência dos bens duráveis é menor no Brasil do que em países desenvolvidos. Isso já era esperado, visto que ela resulta da taxa de crescimento econômico do país e da vida média efetiva desses bens. Com taxas de crescimento econômico mais altas em seu histórico, nas últimas décadas, e com vida média dos bens mais alta pelo menor poder aquisitivo, pode-se concluir que as quantidades de sucatas disponíveis em relação à produção serão menores no Brasil.

Observa-se a existência de algumas edições de normas da ABNT para a sucata do setor, normatizando aspectos como qualidade, origem, tipo de embalagem, indicando certo grau de organização do setor reverso nesse aspecto. No entanto, o setor carece de estatísticas quantitativas sobre índices de reciclagem em relação ao total de sucata disponível.

O fator tecnológico é de fundamental importância para as quantidades de ferro e aço recicladas, pois o material apresenta a possibilidade de ser reciclado infinitas vezes sem perder suas qualidades e propriedades, o que o categoriza como de alta reciclabilidade técnica. Os investimentos em aciarias elétricas, nas quais são utilizadas apenas sucatas de ferro e aço, são outro aspecto que demonstra a sensibilidade desse fator no canal reverso.

3 COUNCIL OF LOGISTICS MANAGEMENT (CLM). Reuse and recycling reverse logistics opportunities. Illinois: CLM, 1993, p. 91.

ESTUDO DE CASO 11.2

Logística reversa dos pneumáticos no Brasil

Com o desenvolvimento da indústria automotiva em todas as partes do mundo, a produção de pneus experimentou crescimento equivalente, com possibilidade de reaproveitamento, até o final dos anos 1990, ainda baixa. As reutilizações de pneus não impediram esse produto de exercer, ao fim de vida, papel poluidor, em consequência das quantidades e do volume. Disposições pouco claras marcaram muitos anos da existência desse produto e um grave problema para a sociedade e os governos.

Com o desenvolvimento de tecnologia de filtração de gases provenientes da queima de pneus, foi possível a regulamentação de legislação modificadora do mercado no Brasil em 2000. Com o envolvimento de todos os agentes da cadeia produtiva de pneumáticos, o setor adotou uma política de trabalho de acordo com o modelo *pool* de empresas do setor na organização da logística reversa dos pneus inservíveis.

As primeiras regras de retorno previstas pela legislação dificultaram a captação dos produtos. Sucederam-se diversas alterações, de forma a confortar as necessidades do setor.

A Associação Nacional da Indústria de Pneumáticos (Anip) inicialmente se encarregou de organizar o retorno dos pneus inservíveis. Em 2007, foi criada a empresa Reciclanip, especialmente concebida para esse fim e sob os auspícios das principais fábricas de pneus atuantes no Brasil.

O nível de reprocessamento e reaproveitamento tem crescido no setor, admitindo-se que cerca de 94,4% de todo o parque de pneus inservíveis no país está sendo reaproveitado atualmente. O fluxograma apresentado na Figura 11.9 resume as ideias dos elos e agentes presentes na cadeia reversa dos pneus inservíveis.

FIGURA 11.9 Fluxograma dos pneus inservíveis

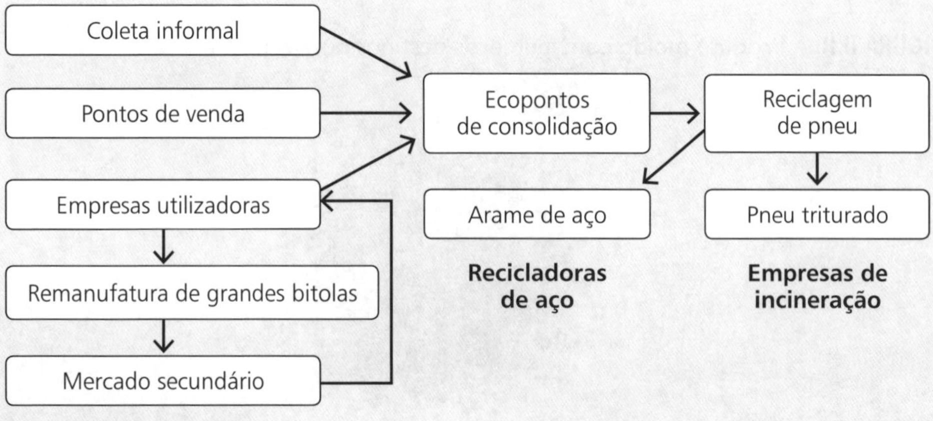

Fonte: elaborada pelo autor.

Identificam-se pelo menos três tipos de origens para os pneus inservíveis: a coleta informal, a devolução nos pontos de venda de pneus e, para pneus de grande porte (caminhões, tratores e equivalentes), um ciclo de reutilização por meio da remanufatura (recauchutagem, recapagem, entre outras denominações e técnicas utilizadas), até o fim de vida, quando é conduzido ao ecoponto. A reciclagem (as Figuras 11.10, 11.11 e 11.12 apresentam algumas fases de reciclagem), nesses casos de trituração do pneu inservível, resulta em sua desmontagem ou desmanche; as partes de aço dos fios componentes da maior parte dos pneus atuais são destinadas à reciclagem de aço e o composto de borracha ao coprocessamento, ou seja, à incineração em fornos de cimenteiras ou usinas.

Além desse emprego, que representa a grande parte de reaproveitamento de pneus inservíveis, constituem destinações de reúso do material: a fabricação de solados de sapatos, borrachas de vedação, dutos pluviais, pisos para quadras poliesportivas, pisos industriais, além de tapetes para automóveis, manta asfáltica etc.

FIGURA 11.10 Fase de moagem dos pneus após retirada dos fios de aço

FIGURA 11.11 Produto moído com inúmeros destinos possíveis

FIGURA II.12 Industrialização dos resíduos dos pneus

© Reciclanip

Os objetivos da legislação, em termos de quantidades a serem recicladas, são expressos no artigo 3 (Resolução n. 416, de 30 de setembro de 2009),[4] cujos valores foram gradativamente modificados em razão dos acordos entre o setor e o governo federal:

> [...]
>
> Art. 3° – A partir da entrada em vigor desta resolução, para cada pneu novo comercializado para o mercado de reposição, as empresas fabricantes ou importadoras deverão dar destinação adequada a um pneu inservível.
>
> § 1º – Para efeito de controle e fiscalização, a quantidade de que trata o caput deverá ser convertida em peso de pneus inservíveis a serem destinados.
>
> § 2º – Para que seja calculado o peso a ser destinado, aplicar-se-á o fator de desgaste de 30% (trinta por cento) sobre o peso do pneu novo produzido ou importado.
>
> [...]

4 CONSELHO NACIONAL DO MEIO AMBIENTE (CONAMA). Resolução n. 416, de 30 de setembro de 2009. Revoga as Resoluções n. 258/1999 e n. 301/2002. Dispõe sobre a prevenção à degradação ambiental causada por pneus inservíveis e sua destinação ambientalmente adequada, e dá outras providências. Disponível em: <http://www.mma.gov.br/port/conama/legiabre.cfm?codlegi=616>. Acesso em: 14 de mar. de 2017.

O IMPACTO DO FATOR LOGÍSTICO NA ORGANIZAÇÃO DA LOGÍSTICA REVERSA DE PÓS-CONSUMO

12

NESTE CAPÍTULO VOCÊ IRÁ:

1. entender a importância do fator logístico nas cadeias reversas de pós-consumo;
2. avaliar as peculiaridades logísticas envolvidas nas decisões da logística reversa de pós-consumo;
3. identificar os principais aspectos estratégicos e operacionais envolvidos no planejamento da rede de distribuição reversa de pós-consumo.

12.1 A importância da logística

Analisaremos, neste capítulo, de que maneira os aspectos logísticos influem no equilíbrio entre os fluxos reversos e diretos, ou seja, como as características peculiares do produto logístico de pós-consumo, a localização de origens e destinos, a organização dos diversos tipos de coleta, as peculiaridades das consolidações e os decorrentes problemas de transporte, entre outros aspectos, contribuem para a organização e a estruturação dos canais de distribuição reversos ou as restrigem, influindo, consequentemente, de maneira decisiva, na quantidade dos fluxos reversos. Essas características também tornam peculiares a implementação e as preocupações da logística reversa em relação à logística empresarial tradicional.

O equacionamento desses diferentes aspectos logísticos, implementando a logística reversa quando as condições permitem, ou conciliando os interesses entre empresas de um setor, ou entre empresas e governo, viabilizará de modo eficiente os fluxos reversos. Em outras palavras, possibilitará a revalorização logística dos produtos de pós-consumo nos canais reversos, tornando os produtos e materiais de pós-consumo acessíveis nos locais e em quantidades adequadas e resultando na viabilidade econômica das diversas etapas reversas.

Em geral, as empresas produtoras de matérias-primas novas ou virgens localizam-se perto de jazidas de minérios e outras fontes de recursos naturais: as indústrias de papel em geral encontram-se próximas das florestas; as siderúrgicas ficam perto de jazidas de minério de ferro; as usinas de alumínio, próximo das jazidas do minério; e as indústrias químicas de resinas plásticas, perto de grandes centros petroquímicos. Por outro lado, as fontes de produtos de pós-consumo e seus subsequentes tratamentos reversos costumam localizar-se próximo aos centros urbanos, exigindo equacionamento logístico para seu eficiente aproveitamento.

Observa-se atualmente, em alguns setores industriais, a tendência de aproximação entre certas unidades industriais de reaproveitamento de matérias-primas secundárias de centros urbanos, reduzindo as distâncias e os custos de transporte. Empresas do setor de papéis, em particular, de aproveitamento de papel de imprensa, aciarias elétricas de aço que trabalham com sucata pura, indústrias que utilizam plásticos, entre outros exemplos, instalam novas unidades industriais próximo aos centros urbanos.[1]

12.2 Rede de distribuição reversa de pós-consumo

O planejamento da rede de distribuição logística de uma atividade de retorno de produtos envolve aspectos estratégicos e operacionais, exigindo decisões relativas aos objetivos estratégicos da logística reversa, aos mercados finais dos produtos reaproveitados, aos níveis de integração das atividades durante as etapas reversas e à localização das instalações, bem como as características dos produtos, os transportes, os estoques, os sistemas de movimentação de materiais e o sistema de informação correspondente a eles, a fim de adequar os diversos fluxos de materiais e mercadorias em toda a cadeia logística.

A Figura 12.1 relaciona as diversas atividades logísticas e não logísticas que constituem uma rede de distribuição reversa de pós-consumo genérica, apresentando as fases reversas e as principais atividades encontradas nas cadeias reversas de pós-consumo.

Observe que a entrada de produtos na rede pode acontecer de diversas maneiras e que as características logísticas dos produtos retornados, as localizações de origem e destino, as quantidades envolvidas, entre outros aspectos peculiares, deverão ser consideradas no planejamento da rede de distribuição reversa.

A localização das etapas de consolidações quantitativas, geográficas e de processamentos necessários deverá ser alvo de decisões e orientar as quantidades de armazéns avançados e centros de distribuição reversos. Os processamentos industriais mais comuns, representados na figura por seus nomes genéricos, constituem, em geral, o destino para a transformação dos produtos de pós-consumo em novos produtos ou materiais secundários. Salienta-se também, nesse esquema, o destino final dos produtos reaproveitados, destacando-se a possibilidade de esses produtos ou materiais irem para o mercado original, secundário ou até para novos processamentos industriais complementares.

1 FULLER, D. A.; ALLEN, J. Reverse channel system. In: POLONSKY, J. et al. (Eds.). *Environmental marketing*: strategies practice, theory and research. New York: Haworth Press, 1995. p. 262.

FIGURA 12.1 Atividades na rede de distribuição reversa

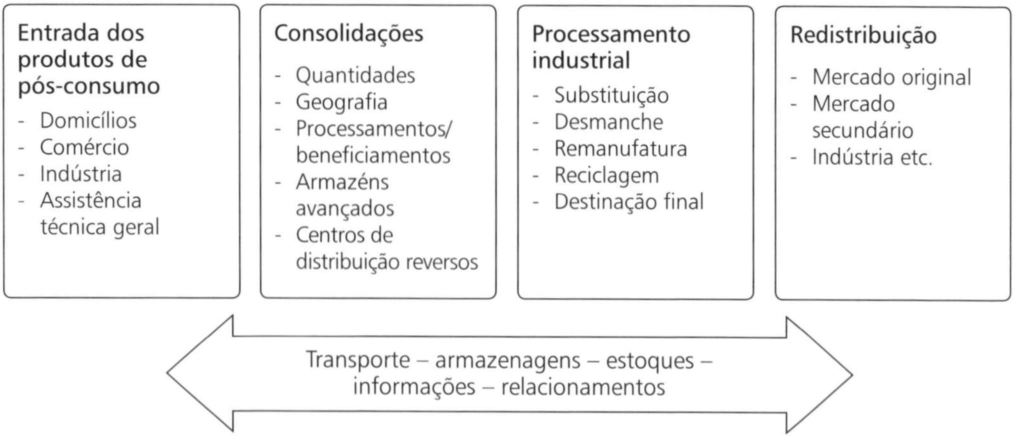

Fonte: elaborada pelo autor.

Não é o objetivo deste livro uma proposta ou um roteiro para a elaboração de projetos de rede de distribuição reversa, principalmente considerando a dificuldade de generalizações pela diversidade de casos possíveis, mas realizar uma abordagem dos aspectos peculiares da logística reversa.

12.3 Aspectos estratégicos na rede de distribuição reversa

12.3.1 Objetivos estratégicos da rede de distribuição reversa

A coerência entre a estratégia das operações e os objetivos de revalorização pretendidos pela rede reversa, conforme examinado, deverá orientar a implementação da logística reversa.

- ***Revalorização econômica:*** o principal interesse é a obtenção de economias de reutilização ou comércio secundário para o bem de pós-consumo, ou economias obtidas pela substituição das matérias-primas virgens por matérias-primas secundárias.
- ***Revalorização ecológica:*** será organizada uma rede reversa em função do interesse da empresa em ganhar imagem corporativa, protegendo a sociedade dos impactos negativos de seus produtos ao meio ambiente, antecipando-se às pressões que possam surgir e procurando adaptar-se às novas condições do mercado competitivo, no qual o marketing ambiental se torna uma estratégia empresarial.
- ***Revalorização legal:*** são casos em que as pressões ecológicas já atingiram o estágio de legislação a ser cumprida pelas empresas, sob pena de serem punidas pelo impacto negativo de seus produtos no meio ambiente.

12.3.2 Definição do mercado final para os produtos resultantes do reaproveitamento

Da mesma forma que a origem dos produtos definirá as entradas dos produtos de pós-consumo nas cadeias reversas e constituirá o início da rede reversa, o destino de consolidações intermediárias das operações industriais de reaproveitamento, seja de desmanche, seja de remanufatura ou de reciclagem, e dos mercados finais de destino desses produtos reaproveitados, deve complementar a rede reversa dessas cadeias.

É nesse contexto que a organização da logística reversa deve procurar atender aos mercados por meio da distribuição dos produtos ou materiais reaproveitados.

Torna-se necessário estudar os melhores destinos dos produtos após sua coleta e reaproveitamento, qualquer que seja o canal reverso utilizado. Qual é o mercado secundário visado para o produto de reutilização? Quais produtos serão realizados com a matéria-prima secundária e em que mercados serão vendidos? Essas são duas das perguntas que deverão ser feitas ao planejador da rede reversa.

LOGÍSTICA REVERSA NA PRÁTICA 12.1

Nível de reciclados nos produtos

As empresas Owen-Brockway e Procter & Gamble (P&G) estabeleceram uma parceria para aumentar o conteúdo de reciclados em suas garrafas de plástico, influenciadas pela legislação do estado da Califórnia. Em 1993, a empresa empregava 25% de conteúdo de reciclados em seus produtos, alterando parte de seu processo de produção para acomodar a nova tecnologia de reintegração de matérias-primas secundárias. Garrafas com dupla ou tripla camada permitiram a eliminação de odores e coloração diferente nos produtos finais.

O caso de papel de escrita com conteúdo de reciclados

No Brasil, temos diversos exemplos de empresas com produtos de papel com certo conteúdo de reciclado em sua constituição, produtos esses utilizados por muitos bancos como forma de demonstrar conscientização com relação à sustentabilidade ambiental, mesmo que os preços sejam superiores ao dos papéis sem conteúdo de reciclados.

O crescimento desse mercado com certeza reduzirá os preços e permitirá às empresas produtoras defender-se estrategicamente de uma eventual ruptura por parte de concorrentes entrantes nesses mercados, ou, em outras palavras, permitirá a elas evitar que outras empresas aproveitem a oportunidade desse mercado.

O nível de aceitação de produtos remanufaturados e reciclados, ou com conteúdo de reciclados em sua constituição, é ainda muito discutível. O fato de haver conscientização em relação a seus benefícios na maioria das vezes não significa necessariamente aceitação ou comprometimento com essas ideias. Não são poucas as empresas, em diferentes setores,

▶

que praticam o reaproveitamento de produtos com qualidade assegurada de componentes e materiais, mas nem sempre de forma transparente ao público em geral, pelo receio de provocar rejeições.

Nível de integração e tipo de rede reversa

Trata-se de uma decisão estratégica, e talvez uma das mais importantes na montagem da rede reversa, que dependerá da análise integral da estratégia empresarial, começando pelos objetivos da rede e considerando os diversos fatores de influência examinados neste livro. A terceirização de atividades especializadas tem sido muito utilizada na montagem de redes reversas, pois, em geral, as empresas, individualmente, não possuem volume de negócios que justifique sua especialização.

Entre os principais aspectos a serem considerados nessa decisão, podemos destacar o conhecimento logístico das fontes de produtos de pós-consumo, de suas características, dos seus materiais constituintes de interesse, da tecnologia necessária em todas as fases reversas, das empresas atuantes nos diversos canais reversos, das empresas prestadoras de serviços especializados, que permitirão decidir o tipo de cadeia reversa.

Tendo em vista as peculiaridades do produto de pós-consumo e os consequentes custos logísticos, deduz-se que o valor intrínseco e as quantidades disponíveis do bem de pós-consumo devam influir decisivamente na escolha do nível de integração da rede reversa.

Redes reversas de produtos de pós-consumo em canais de reciclagem, por exemplo, em que o objetivo é o aproveitamento de material constituinte de alto valor, tendem a ser planejadas e operacionalizadas como canal reverso fechado, priorizando o domínio completo das operações em todas as fases reversas. As empresas participantes e utilizadoras da matéria-prima secundária atuam, em um mercado de concorrência, nas fontes de captação desses produtos, para garantir os volumes em escala econômica de processamento empresarial, além de integrar os lucros das operações individuais em cada etapa reversa.

Nos casos em que o produto de pós-consumo é de natureza durável, em condições de reutilização e de alto valor relativo, observa-se uma tendência a soluções de ciclos fechados e totalmente integrados, para garantir a integridade e posse desses produtos, muitas vezes realizadas por contratos de devolução ou por comodato, utilizando empresas prestadoras de serviços logísticos especializados.

Por outro lado, em casos de produtos usados de pós-consumo de natureza diversa, mas de interesse econômico, como no caso dos canais de remanufatura em geral, que têm como matéria-prima carcaças ou *cores* de um produto usado com potencial de ser reaproveitado, a estratégia de captação utiliza como fontes os setores de assistência técnica e reparos desses produtos. Desta forma, torna-se necessária a montagem de uma rede de captação eficiente, tendo em vista a concorrência entre as empresas do setor. O domínio de fontes desses produtos usados é em geral a garantia estratégica-chave dos negócios dessas empresas.

▶

Nos casos de produtos de pós-consumo originados de produtos descartáveis de baixo valor e, portanto, de reduzido interesse de revalorização econômica, mas com objetivos de revalorização ecológica ou legal, a decisão tende a ser de uma rede reversa aberta com associações de empresas (*pool*) do setor.

Um dos importantes papéis da logística reversa, nesses casos, é melhorar a competência empresarial no que se refere ao planejamento das diversas alternativas de associações entre empresas ou o uso de serviços terceirizados de empresas especializadas. A contratação de serviços de empresas especializadas em planejamento e projeto, coletas e desmontagem, consolidação e separação, processo industrial de reciclagem, destinação final, entre outros, tem sido muito utilizada. Soluções por meio de operadores logísticos que se especializam nessas áreas e o estabelecimento de associações em setores empresariais, muitas vezes incluindo os poderes públicos locais, têm sido frequentes em diversos casos.

LOGÍSTICA REVERSA NA PRÁTICA 12.2

O caso de empresas de destinação final de pós-consumo

Uma das áreas de maior atividade em logística reversa atualmente é dedicada a garantir o destino correto dos produtos de alguma forma descartados pelas empresas. Por diferentes motivos e em diversos setores empresariais existe a necessidade de garantir que o produto ou suas embalagens não cheguem de forma inadequada ao mercado nem sejam indevidamente dispostos. É necessária a participação de empresas terceirizadas que garantam, por meio de certificações ambientais, esses destinos. De forma geral, as empresas não estão dispostas a ter um departamento especializado para essa finalidade e, via de regra, os volumes de trabalho não justificam a realização dessas tarefas internamente.

Soluções empresariais no estabelecimento do *reverse supply chain*

As empresas Eastman Chemical e Home Depot constituíram uma associação com a empresa de reciclagem Saturn Corporation para o aproveitamento de seus resíduos industriais. A empresa especializada em gerenciamento de resíduos Waste Management Inc. estabeleceu parceria com a Eastman Chemical Co. para operar as instalações de resíduos dessa empresa na cidade de Kingsport, Tennessee (Estados Unidos), em 1989. Essa parceria estendeu-se à comunidade, por meio da criação da Recycle America Tri-Cities, processando cerca de 50 toneladas/dia de resíduos, sendo 15 delas provenientes da Eastman Chemical e o restante, da comunidade, em instalações de 2,6 milhões de dólares.

A Xerox possui uma rede reversa, totalmente terceirizada, com cerca de 50 centros de distribuição reversos, em parceria com empresas regionais, em todo o território norte-americano. No Brasil, a empresa utiliza empresas terceirizadas para esse serviço conforme ▶

apresentado no IV Fórum Internacional de Logística Reversa do CLRB (Conselho de Logística Reversa do Brasil) de 2014.

A DuPont, nos Estados Unidos, autoriza mais de 350 empresas a realizar a coleta de seus filmes usados em hospitais, clínicas e laboratórios fotográficos.

12.4 Aspectos logísticos na rede de distribuição reversa

12.4.1 Características físicas dos produtos descartados

O produto de pós-consumo, originado de produtos descartáveis ou de produtos duráveis sem condições de uso, independentemente da fonte primária de origem, é caracterizado, com raras exceções, como um produto logístico heterogêneo em forma e em natureza, apresentando uma relação peso-volume e de preço-peso muito baixa, sob a ótica logística, nas diversas etapas dos canais reversos, o que obriga a sucessivas consolidações ao longo dos canais reversos e eleva o custo de frete do transporte correspondente. Normalmente, a etapa reversa de coleta deve ser seguida de adensamento industrial regionalizado, a fim de permitir a viabilização dos transportes.

A organização logística na captação desses produtos de pós-consumo favorece, ao menos em parte, uma estrutura econômica de pequenos negócios, alguns informais, com operações de rentabilidade duvidosa, quando não de puro sustento, localizados no entorno dos grandes centros urbanos. A possibilidade de negócios em escala adequada apenas se concretiza com níveis de captação em escalas econômicas apropriadas, permitindo melhor equacionamento logístico.

Alguns materiais, como metais, peças automobilísticas, jornais e revistas, resíduos industriais previamente adensados, entre outros, são exceções, apresentando uma relação peso-volume mais adequada para o transporte. No entanto, mesmo nesses casos, o raio de ação de transporte raramente ultrapassa 100 km na fase de coleta dos produtos de pós-consumo. Exemplos dessas limitações são as coletas de lixo urbano e as coletas seletivas, nas quais a densidade de carga é muito baixa, conforme já examinado, exigindo artifícios técnicos e logísticos para sua execução em condições de razoável economia.

Os produtos de pós-consumo de origem durável que possuem rede reversa de *take back* (operação de coleta de produtos duráveis) prevista, espontânea ou por motivação legislativa, bem como aqueles originados de produto durável em condições de uso, constituem exceção a esses casos.

Em todos os planejamentos de logística, uma das primeiras preocupações do gestor é identificar e observar as implicações das dimensões logísticas do produto de retorno em suas decisões. Dessa maneira, o valor agregado desse produto, a forma geométrica, os riscos inerentes ao manuseio, a embalagem, o peso e a densidade, as quantidades a serem transportadas, entre outros aspectos peculiares, nortearão as decisões logísticas de transporte, armazenagem, informações etc.

O valor agregado do produto de pós-consumo, conforme vimos, afeta as operações de reutilização e de retorno. Ocorre que os aspectos econômicos envolvidos devem ser detalhadamente estudados, pois quanto maior o valor agregado do pós-consumo, mais confortável será a implantação da rede reversa e vice-versa. Produtos duráveis de alto valor, como automóveis, computadores, máquinas operatrizes, equipamentos médicos etc., apresentam, via de regra, altos custos na fase industrial de desmontagem, enquanto produtos de baixo valor, como os descartáveis de embalagens, eletrodomésticos, eletroeletrônicos etc., implicam altos custos na fase de coleta e transporte.

12.4.2 Localização geográfica da origem e do destino do produto de pós-consumo

A origem dos produtos de pós-consumo, com exceção daqueles de pós-consumo duráveis em condições de uso, são as fontes primárias, ou seja, os resíduos residenciais, comerciais e industriais – a disponibilidade de bens industriais e duráveis em geral para remanufatura e desmanche. Por ser geograficamente dispersa nos centros urbanos, essa origem determina a primeira, e talvez mais difícil, etapa de revalorização logística: a da coleta.

Como a característica do produto logístico de pós-consumo limita, na maior parte dos casos, transportes de longas distâncias, e "[...] como os produtos descartados pela sociedade apresentam baixa transportabilidade, decorre que as atividades reversas desenvolvem-se nas mesmas regiões geográficas do fluxo direto da distribuição dos bens".[2] Ou seja, os produtos de pós-consumo, de maneira geral, devem ser coletados nos mesmos locais em que foram entregues pela distribuição direta, nos domicílios urbanos, no comércio em geral, nos escritórios e nas indústrias de certa região.

A baixa transportabilidade e a dispersão geográfica da origem dos produtos de pós-consumo exigem coletas em pequenas quantidades e de diversas naturezas de materiais, que sofrem subsequentes etapas logísticas intermediárias de consolidação para acumulação, seleção e adensamento, permitindo transportes a maiores distâncias até as empresas que os utilizarão.

Os destinos dos produtos de pós-consumo variam em função da etapa; contudo, após certo número de consolidações e separações dos materiais, o destino dos produtos remanufaturados será o mercado secundário, e o dos materiais secundários ou reciclados será a indústria, que os reintegrará ao ciclo produtivo e que, como vimos anteriormente, concentra-se em locais distantes dos centros urbanos originários, por força das economias de escala exigidas nessas atividades.

Os casos citados em Logística reversa na prática 12.3, a seguir, permitirão perceber a importância do fator logístico de localização como condição essencial para a organização de um canal de distribuição reverso.

2 LEITE, P. R. Canais de distribuição reversos: o problema da captação dos produtos descartados. *Revista Tecnologística*, São Paulo, jan. 1999b.

LOGÍSTICA REVERSA NA PRÁTICA 12.3

O caso dos produtos descartáveis

A origem ou fonte primária da coleta do lixo urbano e da coleta seletiva são os domicílios residenciais e os locais comerciais e industriais, que exigem importantes recursos de transporte para cobrir grandes áreas de coleta, adequados sistemas logísticos de roteirização e consolidação, conforme vimos nos itens referentes à coleta de lixo urbano e à coleta seletiva.

O destino das coletas de lixo urbano são os aterros sanitários, os lixões e as usinas de compostagem e de incineração, os quais, devido às crescentes quantidades de descartáveis, são exauridos, obrigando o distanciamento cada vez maior dos centros urbanos e contribuindo para onerar os custos dessas captações.

Torna-se necessário adaptar a tecnologia de coleta dos resíduos domiciliares para adensamento desde o momento da captação por meio de veículos especiais e consolidações mais frequentes antes de chegar ao destino.

O caso dos óleos lubrificantes no Brasil

A principal origem dos produtos de pós-consumo – os óleos usados – são os postos de serviço, e o destino dos produtos secundários ou reciclados são as grandes companhias de petróleo, cujas refinarias e produção concentram-se no eixo Rio-São Paulo. Diante de uma relação preço-volume baixa para os transportes, essa concentração geográfica, na fase de reintegração dos óleos reciclados ao ciclo produtivo, tem sido apontada como uma das maiores dificuldades para uma melhor organização e estruturação desse canal reverso.

Entende-se por revalorização logística a adequação de localização aos produtos de pós-consumo, de modo a viabilizar uma rede reversa. O desenvolvimento de uma rede de distribuição logística reversa, diretamente ou por parcerias, convênios com poderes públicos, cooperativas etc. permite às empresas revalorizar logisticamente produtos de pós-consumo, agregando-lhes valor e confortando situações empresariais.

Como já foi comentado, a rede de distribuição reversa ideal deve ser planejada em conjunto com a distribuição direta dos produtos, permitindo, desta forma, a sinergia de todos os recursos colocados nessas operações. Assim, o planejamento da localização de instalações de coleta, consolidação, armazenagem e seleção de destino deve levar em consideração a rede de distribuição direta dos produtos.

Embora os métodos tradicionais de localização de instalações, qualitativos e quantitativos, possam ser utilizados, as incertezas no retorno de produtos de pós-consumo devem apresentar maior complexidade aos cálculos.

▶

Localização dos pontos de coleta e seleção do tipo a ser utilizado

Embora nem sempre seja de domínio do planejador da rede reversa, deve-se levar em conta que a complexidade logística aumenta à medida que o ponto de coleta se aproxima do consumidor final, onde se apresenta a maior dispersão geográfica e, portanto, todos os inconvenientes logísticos conhecidos.

Considerando-se as diferenças inerentes ao produto logístico, algumas possibilidades são preferencialmente escolhidas:

- coleta pela distribuição direta, ou seja, os meios utilizados na distribuição direta servem para o retorno dos bens de pós-consumo, como nos exemplos de redes do fabricante para as embalagens retornáveis;
- coleta por serviços postais, quando o produto apresenta pequeno volume, preferencialmente;
- coleta terceirizada por empresas de reciclagem que possuem estrutura e escala econômica e que prestam serviços, como no caso de descartáveis em geral;
- coleta por empresas de transporte especializadas nos casos que demandem desmontagem, especialização e movimentação de equipamentos de alto valor.

Localização dos centros de consolidação, desmanche e remanufatura

Os centros de consolidação de produtos descartáveis de baixo valor devem ser regionais, prevendo-se beneficiamentos de adensamento regional e clientes para os materiais também em níveis regionais e permitindo custos aceitáveis para transporte. Diferentemente dos projetos de bens duráveis de alto valor, é necessário proximidade das áreas de desmontagem e de remanufatura com a indústria original dos bens.

Pela análise sucinta de alguns aspectos peculiares do projeto da rede reversa examinada, podemos perceber o envolvimento estratégico nas principais decisões da rede, ou seja, o exame de todas as condições internas e externas empresariais. Algumas decisões implicam parcerias externas em prestação de serviços, envolvimento com associações de classe, processos de educação da sociedade, mobilizações junto aos poderes públicos, entre tantos outros aspectos a serem considerados.

O sistema de informações e o *reverse supply chain*

Empresas apresentam diferentes comportamentos quando se trata de relacionamento organizacional interno e externo. Diversos fatores estruturais e conjunturais concorrem para essas diferenças: cultura empresarial, posição de mercado, horizonte estratégico, forças e fraquezas internas e externas etc.

Em uma fase de relacionamento sistêmico externo ou na cadeia de suprimentos, direta ou reversa, a ideia de priorização de processos transcende os limites empresariais e busca integrar objetivos de parceria contributiva incluindo seus fornecedores e clientes nos processos do sistema, de forma a aumentar ainda mais sua competitividade.

O "gerenciamento da cadeia de suprimentos e dos ganhos correspondentes", como tem sido denominado esse relacionamento empresarial, somente será possível com um nível de compartilhamento de informações entre os parceiros.

Estabelecendo-se um sistema de informações para determinada atividade, é necessário distinguir os agentes que atuam na cadeia reversa, o fluxo dos produtos e os processos operacionais desenvolvidos, as decisões que devem ser tomadas em cada processo e em cada elo da cadeia reversa e, finalmente, definir a origem, o conteúdo e a quem interessa a informação.

O sistema de informações nas cadeias reversas deve acompanhar as características do retomo de produtos de retorno quanto às condições de alta heterogeneidade e diversidade deles, o que exige sistemas flexíveis e resulta em certa dificuldade de tratamento informatizado puro. A adoção de sistemas de gestão de informações do mercado necessita, via de regra, de adaptações pelos motivos citados.

Tendo em vista os fluxos gerais da logística reversa de pós-consumo, podemos examinar alguns componentes – não todos, pela dificuldade de generalização – de um sistema de informações entre fornecedor e cliente nos diversos elos das cadeias reversas. Distinguimos diversas categorias de informação no retorno desses produtos de pós-consumo, que certamente aumentarão a eficiência dos processos de reaproveitamento e o relacionamento de parceria entre as empresas das cadeias reversas.

Informações relativas ao produto retornado

Informações fornecidas pelo fabricante original do produto. São aquelas geralmente necessárias para que o reaproveitamento do produto ou de seus materiais constituintes seja realizado de maneira adequada. A forma de transmissão da informação pode variar em função da natureza do produto a ser reaproveitado e de outras características. A posse de informações referentes a tipo ou modelo do produto, características, componentes, métodos de desmontagem, instruções de manipulação, entre outras, possibilitam economia de tempo e de custo.

Informações fornecidas pelo agente fornecedor do produto de pós-consumo. Neste caso, são as condições mais atuais relativas ao produto. Informações sobre o fabricante do produto, sua embalagem original, peso e volume, bem como uma avaliação do valor e do estado em que ele se encontra e dos riscos inerentes dele, certamente auxiliarão na comercialização e no processo.

Informações relacionadas à localização dos produtos de pós-consumo. São fornecidas pelo agente que disponibiliza os produtos; condições atuais de localização deles, origem, quantidades disponíveis e destinação.

Informações relativas à legislação. Fornecidas principalmente pelo produtor, referentes às restrições de transporte, à obrigatoriedade de retorno, aos prazos de retorno, à validade, entre outros aspectos.

Informações relativas ao mercado. O mercado é, sem dúvida, um dos fatores essenciais, pela garantia de recuperação de preços e de quantidades convenientes às operações de logística reversa. Tanto as informações internas às organizações da cadeia reversa como as externas são de alta importância para os agentes envolvidos. A internet desempenha papel importante nos dias atuais, permitindo fluxos rápidos de informações de exposição e vendas de produtos reaproveitados, posicionamentos sobre preço e qualidade dos produtos.

Informações relativas aos processos. Dados sobre armazenagem e controle de estoques com as formas de estocagem dos produtos, em uma das fases, revelam-se importantes quando relacionados às condições de retorno das mercadorias por intermédio dos diversos agentes das cadeias.

RESUMO DOS PRINCIPAIS TÓPICOS

Analisamos, neste capítulo, a atuação de alguns fatores logísticos peculiares ou não aos canais reversos de pós-consumo que influem fortemente na organização das cadeias reversas. As características peculiares dos produtos de pós-consumo, a localização da origem e o destino deles, a necessidade de sucessivas consolidações, as dificuldades de transporte geralmente encontradas, entre outros fatores, muitas vezes demandam soluções típicas na logística reversa.

Vimos que as indústrias que utilizam os materiais secundários encontram-se normalmente distantes dos centros urbanos e se concentram em suas operações, enquanto as operações de coleta, as consolidações e a reciclagem dos produtos de pós-consumo originados de descartáveis e de duráveis sem condições de uso mostram-se dispersas, porém próximas aos centros urbanos, o que dificulta a operação logística.

Examinamos os principais aspectos estratégicos e operacionais pertinentes às redes de distribuição reversas, tradicionais e peculiares à logística reversa: a definição dos objetivos da rede reversa, a decisão do nível de integração e tipo de rede, as características do produto logístico, a definição do mercado final para os produtos remanufaturados ou com matérias-primas secundárias, a seleção do tipo de coleta adequada, os locais de coleta do produto, a localização dos centros de consolidação, desmanche e remanufatura.

A questão de informações de pós-consumo foi examinada sob diferentes óticas, de forma a permitir a diversidade de dados de diferentes naturezas necessários nas cadeias reversas.

QUESTÕES PARA DISCUSSÃO

1. Explique a influência dos fatores logísticos na organização das cadeias reversas de produtos de pós-consumo.
2. Desenvolva uma rede de distribuição reversa para um produto de pós-consumo de seu conhecimento.
3. Dê uma explicação logística para as dificuldades encontradas nos canais reversos de pós-consumo.
4. Quais são as restrições ao estabelecimento dos fluxos reversos mais eficientes dos materiais plásticos originados de produtos descartáveis? Proponha soluções.
5. Pesquise na internet casos em que o fator logístico é determinante para a consecução de eficiente equilíbrio de fluxos reversos e diretos.
6. Descreva um sistema de informações para uma cadeia reversa que você conheça ou da qual tenha obtido detalhes na internet.
7. Desenvolva a localização de pontos de coleta, consolidação, seleção de destino, encaminhamento ao processo industrial e redistribuição ao mercado de produtos reaproveitados de um produto de pós-consumo de seu interesse.

ESTUDO DE CASO 12.1

Logística reversa de pós-consumo de garrafas PET no Brasil

Este caso setorial tem sua origem em pesquisa conduzida pelo autor deste livro, evidenciando as principais características do perfil empresarial em logística reversa de pós-consumo e permitindo identificar a importância do fator logístico na organização reversa de cadeias reversas, além de outros fatores contributivos e restritivos à eficiência do retorno de produtos de pós-consumo ao ciclo produtivo.

Histórico do produto

O material que constitui as garrafas PET, o polietileno tereftalato, foi sintetizado em 1941 pela Imperial Chemical Industries (ICI), sendo inicialmente bastante utilizado na fabricação de fibras sintéticas para a indústria têxtil em geral e posteriormente na fabricação de filmes para o setor de embalagens, fitas cassete, raios X etc. Na década de

1970, desenvolveram-se as primeiras garrafas PET para o setor de embalagem de bebidas. No Brasil, somente em 1989 iniciou-se a produção dessas garrafas.

Caracterização do produto

O produto, garrafa PET, apresenta vantagens como: transparência equivalente à do vidro, baixo peso e alta impermeabilidade ao gás carbônico, o que tem levado ao enorme crescimento de sua aplicação nas bebidas carbonatadas, conhecidas como refrigerantes. A tecnologia de fabricação em alta escala permitiu importante redução nos preços na década de 1990, tendo sido registrado crescimento de vendas de cerca de 20% ao ano no Brasil, principalmente pela substituição das embalagens de vidro dos refrigerantes.

As garrafas PET podem ser utilizadas na forma de descartáveis leves, com cerca de 50 g cada, ou na forma de garrafas retornáveis, com cerca de 200 g, previstas para até 20 reutilizações (estas deixaram de ser fabricadas no Brasil). Essas embalagens descartáveis têm sido adotadas no país por várias razões, como: facilidade logística de distribuição, devido ao menor peso em relação ao vidro e às embalagens retornáveis de PET. Além disso, por evitar o transporte e a administração de retorno, permite economia nos processos de lavagem e inspeção na reutilização por envasadores de bebidas, outra característica que torna atraente seu uso intensivo.

Um aspecto relevante no expressivo aumento na utilização desse produto no final dos anos 1990 é que seu uso permitiu uma embalagem de boa apresentação para fabricantes de bebidas locais e de menor porte (os denominados "tubaineiros"), que em muitos casos ganharam importância no mercado em razão dessa nova apresentação. A título de ilustração, até então esses produtores menores usavam as embalagens-padrão das grandes fábricas de vidro, na cor de vidro âmbar não transparente, pois o processo de fabricação em altos-fornos de vidro não comporta suprimentos em pequenas quantidades.

A entrada desse produto no processo de fabricação, pela relativa facilidade de injeção do plástico em máquinas com capacidades adaptadas às necessidades de produção, possibilita ao fabricante ter suas próprias máquinas de produção de garrafas.

Produção e reciclagem de garrafas PET

O setor de garrafas PET apresenta grande crescimento da produção desde seu lançamento do Brasil, aproximando-se de valores de mais de 20 bilhões de unidades ao ano.

A Figura 12.2 mostra o fluxo físico desse tipo de embalagem, simultaneamente nas cadeias diretas e reversas, o qual com certeza deverá apresentar muitas alterações nos anos que se seguirão em razão desse produto encontrar-se na fase de crescimento em seu ciclo de vida mercadológico.

Observa-se, nesse setor, que os materiais reciclados não retornam, por via de regra, para a fabricação de produto similar, embora mais recentemente com a possibilidade de uso de sistemas de duplas ou triplas paredes essa utilização tenha se tornado possível. Esses materiais não apresentam o mesmo rendimento do material virgem no processo de fabricação das garrafas e, especialmente para produtos alimentares, as garrafas precisam ter o material virgem em contato com o líquido embalado.

O setor mostra grande concentração de produção de resina virgem. As resinas são fornecidas para os fabricantes de garrafas e diretamente aos envasadores de bebidas que produzem as próprias garrafas.

O reaproveitamento do produto em todas as fases é pouco observado, pois o processo de reciclagem requer tecnologia mais sofisticada do que no caso dos plásticos comuns. É muito importante o crescimento do setor de reciclagem nas empresas que trabalham na primeira fase das etapas de reciclagem. A complexidade tecnológica da reintrodução ao ciclo produtivo resulta em intenso consumo dos materiais reciclados, representando grande parte do volume de reciclados em grandes indústrias, que abastecem os diversos mercados.

Os valores atingidos, entre os melhores do mundo, suscitam a preocupação, entre as grandes empresas que utilizam esse produto coletado e beneficiado, em dominar sua aquisição ao longo do país, embora o ciclo de pós-consumo desses produtos não seja fechado, mas caracteristicamente oligopsônico, ou seja, existem poucos compradores para esses materiais.

FIGURA 12.2 Cadeia de distribuição das garrafas PET

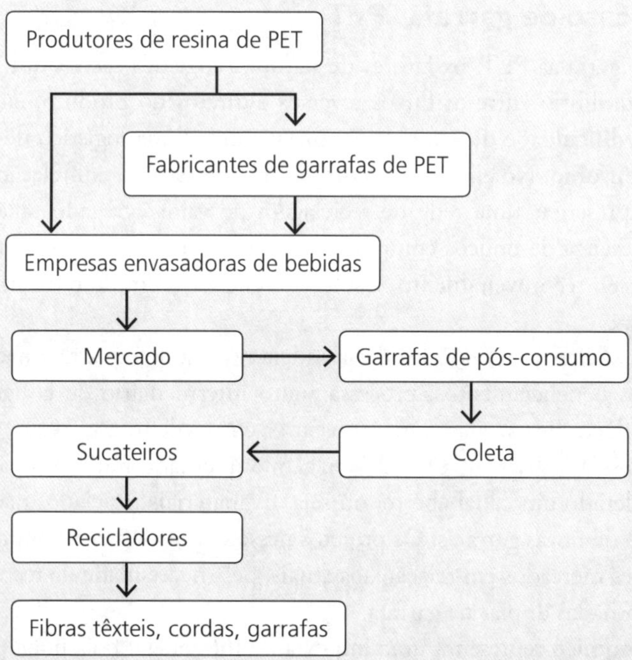

Fonte: elaborada pelo autor.

O perfil das empresas de reciclagem assemelha-se ao de outros setores de pós-consumo: elas caracterizam-se por apresentar poucos funcionários (cerca de 70% delas empregam até 50 pessoas); 90% delas possui capacidade de produção inferior a 500 toneladas/mês, o que não é significativo para empresas que trabalham com produtos de baixo valor agregado. O faturamento do setor é disperso pelo país, pelas diferentes regiões brasileiras, em particular nas áreas praieiras, onde se verifica o maior consumo e distribuição do produto. O PET, como os demais plásticos, caracteriza-se por uma coleta informal que representa 90% do total coletado, contra 10% da coleta de origem industrial. Os preços relativos na coleta informal são altos, quando comparados com os dos plásticos em geral, contribuindo para a maior eficiência dessa cadeia reversa.

Em função da sua distribuição direta, 45% das empresas recicladoras de PET, na forma de flocos de garrafas lavadas e prensadas, localizam-se no Sudeste, representando 60% do total da produção (44% somente na cidade de São Paulo), e 32% das indústrias estão localizadas no Sul do país, com um total de 20% da produção.

O mercado desse produto também se expandiu ao longo dos últimos dez anos no Brasil, sendo que atualmente são encaminhados 43% da produção para áreas denominadas têxteis (34% – tecidos, 7% – cordas e 2% – monofilamentos para vassouras), 16% do mercado utiliza reciclados para a fabricação de resinas de *fiber glass*, 11% em produtos de termoformagem e o restante em tubos, fitas de arquear e embalagens diversas.

Análise do caso de garrafas PET

No setor de garrafas PET, os fatores de natureza logística são os que exercem maior influência no equilíbrio entre os fluxos reversos e diretos do produto, entendidos como motivadores da dificuldade do setor de organizar um sistema logístico de coleta dos materiais de pós-consumo. No entanto, o setor de PET destaca-se, em relação ao dos demais plásticos, por apresentar uma rede de reciclagem de valor agregado maior, o que é reforçado pela presença de poucos compradores para um material de maior complexidade tecnológica em seu reaproveitamento, resultando em certo domínio de algumas empresas na cadeia reversa.

O índice de eficiência econômica dessa cadeia reversa demonstra a necessidade de regionalização dos beneficiamentos, processamento intermediário de lavagem, moagem e prensagem dos flocos de garrafas, para a ajustar os custos de transportes.

Como foi possível observar, a reciclagem tem aumentado muito no país, mesmo sendo ainda considerado um canal aberto, ou seja, os materiais reciclados não são utilizados para a produção de novas garrafas. Os projetos nesse sentido devem comprovar o interesse alternativo desses mercados em relação aos atuais, pela necessidade de tecnologia também sofisticada de camadas duplas na garrafa.

O fator econômico representa uma importante influência, pois pode permitir economias significativas para alguns elos da cadeia reversa, em certas aplicações e em produtos finais específicos. O PET apresenta alta sensibilidade a preços de compra e venda e enfrenta com dificuldade a concorrência de outros materiais na coleta e ao longo da cadeia reversa, pelo fato de os valores envolvidos não remunerarem adequadamente seus diversos elos. Esse fator tem importante influência também nos preços, pois os valores médios, comparados aos de outros materiais descartáveis, como a lata de alumínio, mostram-se adequados e conseguem remunerar corretamente empresas de reciclagem de pequeno porte.

A legislação aparece como um fator de restrição a maiores níveis de reciclagem, em razão da falta de uma política tributária condizente com o setor.

O fator tecnologia revela-se restritivo a um incremento da reciclagem de PET, pela dificuldade técnica do processo industrial do material constituinte, que exige maiores investimentos e tecnologia específica, o que o diferencia dos demais plásticos. Apresenta uma reciclabilidade considerada mediana, se comparada à dos metais, tendo em vista que o polímero constituinte perde suas principais qualidades após algumas reciclagens.

As empresas de reciclagem de garrafas PET constituem-se em empresas integradas verticalmente até o produto final e, em função do lançamento do produto no Brasil, modificaram sua tecnologia industrial, parcial ou totalmente, para a utilização de reciclados de garrafas de pós-consumo.

O fator ecológico, embora muito comentado pelo setor, não tem apresentado influência importante nas quantidades recicladas. O setor apresenta o produto como altamente reciclável, como compensação pela poluição altamente visível de córregos e rios que circundam as grandes cidades.

O exame da cadeia direta permite verificar que os fabricantes de resinas PET, principalmente os nacionais (que são em pequeno número, poucos pela característica da atividade petroquímica em geral), parecem acreditar que a reciclagem não compromete seus negócios, ou pelo menos a imagem da empresa, pois o mercado cresce constantemente no país, com novas aplicações da resina. Por outro lado, o fabricante de garrafas PET tem interesse relativo no reciclado, pois a qualidade da matéria-prima secundária nem sempre atende às especificações de eficiência nos processos tecnologicamente avançados de fabricação de garrafas.

QUESTÕES SOBRE O CASO

1. Como transferir para outras cadeias o avanço em reciclagem observado neste caso?
2. Avalie a dificuldade do aumento da quantidade reciclada à luz dos conhecimentos deste livro.
3. Relacione este caso com o caso dos plásticos em geral, identificando as diferenças entre eles.
4. Identifique aspectos estratégicos e operações relevantes no caso apresentado.

Parte IV

LOGÍSTICA REVERSA DE PÓS-VENDA

Os capítulos desta parte destinam-se ao estudo do caso dos produtos com pouco ou nenhum uso que são devolvidos pelos elos da cadeia de distribuição direta e pelo consumidor final.

No **Capítulo 13** é feito o exame da tipologia dos canais reversos dessa categoria de fluxos reversos e são analisadas as possibilidades de ganhos de diversas naturezas proporcionados pelo equacionamento da logística reversa nas parcerias entre fornecedores e clientes da cadeia de suprimentos. Segue-se, então, uma caracterização do produto logístico de pós-venda, das diferentes possibilidades de entrada e de destino dos fluxos reversos desses produtos e, por fim, examinam-se as diferentes categorias de retornos.

No **Capítulo 14** são considerados os diversos objetivos (*drivers*) que podem nortear a implantação da logística reversa e as peculiaridades da organização logística desses fluxos. Também é feito um exame dos destinos dados a esses produtos, retornados de maneira que se recapturem valores econômicos ou de outra natureza. Examina-se, ainda, a importante atuação das operações logísticas ao longo das diversas etapas reversas, bem como a atuação de empresas de prestação de serviços de coleta, consolidação e comercialização desses produtos de pós-venda.

No **Capítulo 15** é apresentada uma visão do que se espera para a logística reversa em um futuro não muito distante. Assim, são examinados seus desafios no Brasil, admitindo que a pressão para práticas ambientais corretas será intensificada e acreditando que a proliferação de produtos vai se manter elevada. Além disso, é feito o exame de alguns fatores exógenos e endógenos às empresas que influem na eficiência da logística reversa.

TIPOLOGIA DOS CANAIS REVERSOS DE PÓS-VENDA

13

NESTE CAPÍTULO VOCÊ IRÁ:

1. identificar as principais características dos produtos que retornam ao ciclo de negócios;
2. avaliar a tendência de crescimento dos volumes dos produtos devolvidos e seu impacto na logística reversa;
3. compreender as razões que justificam as devoluções dos produtos de pós-venda;
4. distinguir a operação e a implementação da logística reversa de pós-venda daquelas da logística reversa de pós-consumo;
5. entender o interesse estratégico da implantação de logística reversa nesses canais reversos.

13.1 A logística reversa agregando valor ao cliente

A administração moderna ensina que um dos critérios-chave para um relacionamento duradouro com os clientes e a garantia de fidelização deles, conquistados por meio da logística empresarial integrada, é a qualidade ou o nível de serviços logísticos que lhes são oferecidos. Critérios como rapidez, confiabilidade nas entregas, frequência de entregas, disponibilidade de estoques e, mais recentemente, a política de flexibilidade empresarial e a prestação de serviços em assistência técnica, se adotados em operações de venda e de pós-venda, agregam valor perceptível aos clientes, contribuindo para sua fidelização.

Um consistente processo de diferenciação tem sido obtido por meio desses preceitos por empresas líderes no mercado, ao focalizarem um relacionamento eficaz entre clientes e fornecedores, adequando produtos e processos às necessidades e valores corporativos de seus clientes, permitindo duradoura relação de fidelidade nos negócios. Uma verdadeira "corrente virtual" forma-se em direção ao mercado, acrescentando eficazmente valor de diferentes naturezas a produtos ou serviços, perceptível ao cliente ou consumidor final.

Entende-se por flexibilidade operacional a capacidade de a empresa oferecer todos os demais serviços de maneira flexível, ou seja, passível de mudanças conforme a necessidade, tais como flexibilidade de data de entrega, nas quantidades entregues, no *mix* dos produtos, entre outras possibilidades.

A assistência técnica de pós-venda, constituída pelas redes de logística reversa interna e externa, é uma das atividades de grande impacto na fidelização do cliente, na imagem de marca e empresarial. Seu equacionamento eficiente e sua organização, nesses casos, revelam-se de grande importância para empresas de bens duráveis em geral, tais como as dos setores de eletroeletrônicos, automotivos, de comunicações etc., transformando-se em um dos objetivos de implantação da logística reversa.

Com o objetivo de melhorar as condições operacionais dos parceiros e, em consequência, dos consumidores finais, parcerias empresariais se estabelecem nos negócios de todas as naturezas para eliminar redundâncias e melhorar a eficácia das ações conjuntas nas diversas fases da cadeia direta e reversa de mercadorias.

Denominamos "logística reversa de pós-venda" a área específica de atuação da logística reversa que se ocupa do planejamento, da operação e do controle do fluxo físico e das informações logísticas correspondentes de bens de pós-venda, sem ou com pouco uso, que por diferentes motivos retornam pelos elos da cadeia de distribuição direta. Como já foi abordado, os produtos denominados de pós-venda entram nos canais reversos pelos canais diretos, mas podem ser dirigidos para canais de pós-consumo após selecionado seu destino.

Seu objetivo estratégico é agregar valor a um produto logístico devolvido por razões comerciais, erros no processamento dos pedidos, garantia dada pelo fabricante, defeitos ou falhas de funcionamento, avarias no transporte, entre outros. Esse fluxo de retorno se estabelecerá entre os diversos elos da cadeia de distribuição direta, dependendo do objetivo estratégico ou do motivo do retorno.

Os bens de pós-venda caracterizam-se por apresentarem pouco ou nenhum uso, distinguindo-se dos produtos de pós-consumo, os quais se caracterizam por serem utilizados até o fim da vida ou eventualmente até não apresentarem utilidade ao primeiro possuidor, que os disponibiliza ou comercializa para outras utilizações.

Um dos aspectos de maior interesse para a logística reversa, e que tem contribuído para seu afloramento na estratégia empresarial, é a flexibilidade de retorno de mercadorias, por meio de contratos específicos ou por iniciativas próprias de bem servir aos clientes e ao consumidor final, agregando-lhes valor financeiro, de prestação de serviços, legal e ecológico.

Essa visão estratégica e integrada da rede de operações, o *supply chain management*, tem permitido ampliar a visão dos fluxos logísticos para além da entrega dos produtos ao mercado, os fluxos reversos, por meio da percepção das oportunidades de acréscimo de valor de diferentes naturezas que o retorno dos bens de pós-venda ao ciclo de negócios pode oferecer, estabelecendo-se o *reverse supply chain management* desses produtos.

A Tabela 13.1 esquematiza, à direita, alguns exemplos típicos de agregação de valor que podem ser proporcionados pela logística reversa de pós-venda a seus clientes da cadeia de distribuição e aos clientes finais.

Empresas modernas utilizam a logística reversa de pós-venda, diretamente ou por meio de terceirizações com empresas especializadas, com diferentes objetivos estratégicos, como o aumento de competitividade no mercado pela diferenciação de serviços, a recuperação de valor econômico dos produtos, a obediência à legislação, garantindo imagem corporativa, entre outros.

TABELA 13.1 Como a logística reversa agrega valor aos clientes

ESTRATÉGIA DA LOGÍSTICA REVERSA	PERSPECTIVA DO VAREJO	PERSPECTIVA DO FABRICANTE
Retorno de coleção do varejo	Melhora nos lucros com produtos "frescos" na loja	• Ganho de imagem e fidelização • Redistribuição da coleção • Ganho de valor residual (mercado secundário)
Assistência técnica e serviços de pós-venda	Fidelização do cliente	• Fidelização • *Feedback* de qualidade • Responsividade
Recuperação de falhas, produtos e serviços	Imagem empresarial ou da marca	• Fidelização • *Feedback* de qualidade • Reforço de imagem
Flexibilidade na troca ou no retorno das mercadorias	Fidelização Ganho de imagem	• Prestação de serviços • Fidelização

Fonte: elaborada pelo autor.

13.2 O produto logístico de pós-venda

O produto logístico de pós-venda, de natureza durável, semidurável ou descartável constitui-se de bens comercializados por meio dos diversos canais de distribuição mercadológicos e que são devolvidos sem uso ou com pouco uso, por diferentes motivos, pela própria cadeia de distribuição direta ou pelo consumidor final.

Como já estudamos, a redução do ciclo de vida e a tendência à descartabilidade afetam a maioria dos produtos, provocam aumento no volume de modelos e tipos transacionados e no giro de estoques nas empresas em geral, gerando crescimento dos volumes gerais operacionalizados pela logística reversa.

O tempo de retorno transforma-se em importante fator de atenção logístico, devido à obsolescência rápida dos diversos modelos lançados no mercado, exigindo ágeis ações empresariais na liberação de espaço e no equacionamento do retorno da quantidade excedente de estoque, principalmente no ramo de varejo.

A quantidade de produtos que flui nos canais reversos de pós-venda varia de acordo com o tipo de produto, ou seja, de características como sazonalidade, ciclo de vida comercial, giro de estoque, sistema de comercialização estabelecido, obsolescência, impacto do retorno no resultado operacional, condições tecnológicas de remanufatura ou reforma, entre outros motivos.

Os exemplos da Tabela 13.2, em que se apresenta o nível de devolução de produtos em alguns setores empresariais nos Estados Unidos, permitem avaliar as diferenças citadas e, ao mesmo tempo, entender o impacto da logística reversa neles.

TABELA 13.2 Porcentagem de retorno de bens pós-venda nos Estados Unidos

RAMO DE ATIVIDADE	PORCENTAGEM MÉDIA DE RETORNO
Editores de revistas	50%
Editores de livros	20%-30%
E-commerce	35%
Distribuidores de livros	10%-20%
Distribuidores de eletrônicos	10%-12%
Fabricantes de computadores	10%-20%
Fabricantes de CD-ROMs	18%-25%
Impressoras para computador	4%-8%
Peças para indústria automotiva	4%-6%

Fonte: ROGERS, D. S.; TIBBEN-LEMBKE, R. S. *Going backwards:* reverse logistics trends and practices. Reno: University of Nevada, 1999. p. 7.

Recentes pesquisas deste autor no Brasil confirmam a maioria desses dados e mostram diferença importante no comportamento do consumidor brasileiro quanto ao retorno no *e-commerce*, apresentando valores de retorno de 5% a 10%. Existem poucas informações estatísticas sobre canais de distribuição de bens de pós-venda em outros países até o momento.

13.3 Fluxos reversos de pós-venda

Na Figura 13.1 procuramos resumir, tanto quanto possível, para seu entendimento e sem a pretensão de exaurir todas as possibilidades, o campo de atuação da logística reversa. Destacam-se, do lado direito, as fases da distribuição direta, que contribuem como fontes de origem do retorno, e as diversas possibilidades dos fluxos de retorno dos produtos entre os elos da cadeia direta. Do lado esquerdo da Figura estão as correspondentes fases reversas após a disponibilização dos produtos como pós-venda: a coleta dos produtos, as diversas possibilidades de consolidação reversa e a fase de seleção e destino concedido aos produtos retornados.

FIGURA 13.1 Fluxos reversos de pós-venda

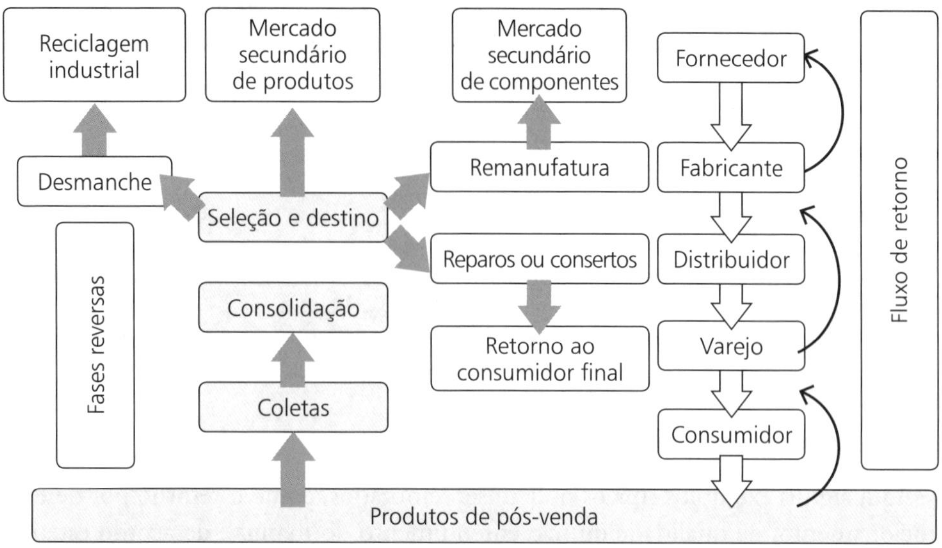

Fonte: elaborada pelo autor.

Observamos que, contrariamente ao retorno dos produtos de pós-consumo, que possuem agentes e estruturas específicas em seus canais reversos, constituindo o *reverse supply chain* de pós-consumo, conforme estudamos na Parte 3, o retorno dos produtos nos canais reversos de pós-venda utiliza, em grande parte, os próprios agentes da cadeia de distribuição direta. Os produtos poderão retornar, por exemplo, de consumidores finais para o varejista ou para o fornecedor, dependendo do canal de distribuição original; do varejista para o fabricante ou para o distribuidor-atacadista ou da empresa cliente para a empresa fornecedora, nos casos de canais de distribuição empresariais, e assim por diante.

A logística reversa de pós-venda deve, portanto, equacionar as diversas possibilidades de coleta desses produtos em diferentes elos da cadeia de distribuição direta, estabelecer as condições de consolidação e selecionar os produtos e os destinos dados em cada caso.

13.4 Origens dos produtos de pós-venda retornados

A diversidade de motivos e suas origens permite realizar uma certa categorização dos principais casos de retorno presentes nas transações atuais. O Quadro 13.1 ilustra alguns motivos de retorno, citados anteriormente, e sua respectiva origem, pois esta pode ocorrer em qualquer etapa da cadeia direta até o consumidor final.

É importante que você observe que, em muitos casos, um dos elos da cadeia de suprimentos pode atuar como intermediário do retorno, apesar de todos os processos envolvidos. Um caso muito comum é o das áreas de varejo, que muitas vezes funcionam como depositários de retornos ou devoluções de seus clientes consumidores finais.

QUADRO 13.1 Origem do retorno de produtos ainda não usados ou pós-venda

DO CONSUMIDOR FINAL	DO VAREJO FÍSICO	DO FABRICANTE
Defeito de funcionamento	Nova coleção	Erros diversos
Não entendimento do manual	Excesso de estoque	Excesso de estoque
Estética não esperada	Defeituosos	Qualidade
Conteúdo ou embalagem do produto alterado	Embalagens retornáveis	Embalagem retornável

Fonte: elaborado pelo autor.

13.4.1 Retorno diretamente do consumidor

Aqui alguns exemplos típicos podem ser lembrados, como o retorno por defeito real de funcionamento, de qualidade ou não entendimento do manual, desacordo estético etc. Casos de não entendimento do manual por parte do consumidor são muito comuns no mercado de eletroeletrônicos e caracterizam-se como retorno por defeito, mesmo sem apresentar defeito. As pesquisas recentes têm mostrado ser de mais de 50% o retorno de aparelhos eletroeletrônicos supostamente defeituosos, que não apresentam defeito efetivamente.

O retorno poderá ainda se dar pela constatação de um conteúdo trocado ou rótulos errados, o que pode parecer pouco frequente, mas na realidade, em certos casos, tem frequência relevante, requerendo logística reversa organizada para a recuperação das falhas, principalmente em produtos alimentícios, cosméticos ou de conveniência.

13.4.2 Retorno de lojas de varejo físico

Neste caso, podem-se distinguir pelo menos duas situações que geram retorno nas lojas físicas de varejo: geração própria do retorno e intermediação de retorno de consumidores. No caso de geração própria, o varejista é o agente do início do retorno; no segundo caso, o retorno tem sua origem no consumidor final e os produtos chegam às lojas de varejo para a organização de seu retorno a quem de direito.

Um dos exemplos mais frequentes nessa categoria é o da mudança de coleção ou de estação, ou, ainda, a entrada de um novo modelo. Nesses casos, os novos produtos têm prioridade nos espaços da loja, sendo, portanto, necessário organizar a logística reversa dos produtos antigos de menor giro. Excesso de estoque pode ocorrer por descontrole em promoções ou por cotas de vendas de fornecedores ao final de mês, prática comum, mas com resultados muito danosos para as empresas. Ainda deve ser mencionado o retorno de embalagens retornáveis, que representam uma iniciativa crescente e que exige administração cuidadosa das empresas.

13.4.3 Retorno do fabricante

Embora muitas vezes evitáveis, mesmo com os cuidados atuais ainda são comuns retornos por pedido errado de diversas naturezas (quantidade, qualidade, natureza do produto) e pedidos modificados que não chegaram ao conhecimento da logística, desconexão mais comum do que imagina. Apesar de exemplificado como tendo origem no fabricante, o retorno por qualidade do produto é extremamente usual em todas as origens e tem uma importância fundamental como *feedback* para as empresas que sabem utilizá-lo para reparar as falhas de processos e produtos.

As taxas de retorno pelos motivos analisados e pelas diferentes origens variam em função da natureza do produto. A média de retorno apresentada na Tabela 13.2 refere-se normalmente às quantidades de retorno dos produtos sob diferentes condições e origens, relacionadas com as quantidades vendidas ao mercado. Infere-se que esses dados nem sempre são muito precisos, variando entre regiões e entre países. Tome-se o exemplo do retorno de *e-commerce* que no Brasil é estimado em média entre 5% a 10%, e nos Estados Unidos tem valores entre 25% e 30%, revelando uma atitude de consumidor muito diferente entre esses países.

Ainda no Quadro 13.1 observa-se, pelas recentes pesquisas, uma ocorrência muito comum, e crescente, de retorno no comércio eletrônico, ou seja, de produtos pela não conformidade estética, gosto ou mudança de interesse do consumidor, caracteristicamente com altas taxas. Nesses casos, o amparo legal da recusa, com prazo de sete dias após a venda sob qualquer condição e argumento, certamente contribui para altas e crescentes taxas nessa área, a exemplo do que é observado no mercado eletrônico dos Estados Unidos. Lembremos que se trata de um mercado com crescimento de 25% a 30% no Brasil, nos últimos anos.

Observam-se, na Figura 13.1, os diversos destinos dados a uma parcela de produtos que retorna pela cadeia reversa, entre os quais estão o envio para mercados primários e secundários dos próprios produtos, com pouca ou nenhuma alteração em sua natureza, e o envio para desmanche ou remanufatura, na impossibilidade de seu reaproveitamento integral.

Os exemplos do Logística reversa na prática 13.1 permitem identificar a enorme variedade de possibilidades de retorno existente.

LOGÍSTICA REVERSA NA PRÁTICA 13.1

Exemplos de canais de distribuição reverso de pós-venda

O setor de prestação de serviços de pós-venda

O serviço de garantia e assistência técnica de pós-venda tem sido utilizado como uma das formas de fidelização de clientes. Empresas de prestação de serviços de logística reversa têm se especializado na execução rápida e precisa de recepção, diagnóstico, conserto e entrega de aparelhos em geral.

▶

O setor editorial

Apresenta grande fluxo reverso pelo fato de o sistema de comercialização normalmente prever o retorno ao crescimento de pontos de venda em grandes lojas de varejo, à grande quantidade de lançamentos e ao natural curto ciclo de vida das edições em geral.

A quantidade de publicações e de editoras em todos os setores cresce em todo o planeta. A título de exemplo, em 1947 havia 357 editoras publicando 85 mil títulos nos Estados Unidos; em 1997 esses números tinham aumentado para impressionantes 49 mil editoras, com a publicação de 1,3 milhão de títulos. No Brasil, somente na área editorial de livros, o crescimento entre 1990 e 2006 foi de 22.400 títulos, com 212 milhões de exemplares, para 46 mil títulos, com 310 milhões de exemplares.

Possivelmente esses dados deverão ser alterados para o futuro, mas ainda é muito incerto o quanto a era digital afetará as publicações impressas.

O sistema de produção gráfica desse setor está baseado em produção em escala e deve incluir os custos da logística reversa, que podem atingir alguns dólares por livro ou revista. Novas tecnologias de produção gráfica permitem prever lotes econômicos de produção menores do que os atuais e, em consequência, consentiriam grande agilidade ao setor, o que se traduziria na redução de devoluções e em maior comercialização via internet. Somente o futuro dirá se essas suposições serão concretizadas.

O setor varejista de moda

O varejo de produtos de moda, após as liquidações ao público em geral, deve negociar seus estoques remanescentes com empresas liquidadoras para permitir a entrada da nova estação. De modo geral, não existem condições de negociação de retorno entre as empresas fornecedoras e o varejo, restando a via de mercados secundários para o escoamento dos estoques, no mesmo país ou em outro país.

13.5 Categorias de fluxos reversos de pós-venda

Na Figura 13.2 resumimos as diversas categorias de retorno dos bens de pós-venda utilizadas na logística reversa. A figura destaca também parte dos canais reversos de produtos de pós-consumo, para que você possa perceber a interdependência existente entre esses fluxos reversos.

FIGURA 13.2 Categorias dos fluxos reversos de pós-venda

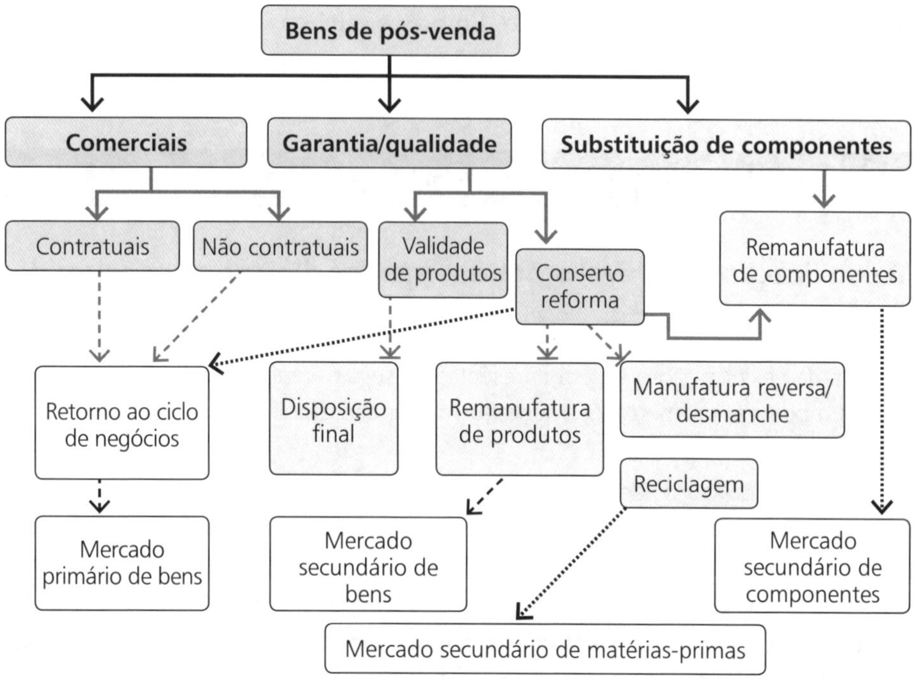

Fonte: elaborada pelo autor.

13.5.1 Categorias de retorno de pós-venda

A logística reversa de pós-venda deve, portanto, planejar, operar e controlar o fluxo dos produtos de pós-venda devolvidos por diversos motivos. Esses motivos foram agrupados nas categorias "comerciais", por "garantia/qualidade" e por "substituição de componentes", detalhadas a seguir.

CATEGORIAS DE RETORNOS COMERCIAIS NO VAREJO E NA INTERNET

Nesta classificação são destacadas duas grandes subdivisões: retornos contratuais e retornos não contratuais, que envolvem movimentos logísticos reversos de mercadorias devolvidas devido a erros de expedição, excesso de estoque no canal de distribuição, consignação, liquidação de estação de vendas, pontas de estoque etc., que retornarão ao ciclo de negócios por meio de redistribuição em outros canais de vendas.

Retornos não contratuais

DEVOLUÇÕES EM VENDAS DIRETAS AO CONSUMIDOR FINAL. Em diversos países existem legislações que regulamentam as devoluções de mercadorias em certas condições, motivadas por erros diversos do fornecedor na venda direta por meio de varejistas, catálogo, internet etc. e que devem ser tratadas pela logística reversa em seu retorno.

Tornam-se cada vez mais comuns atitudes empresariais de flexibilização nas devoluções de mercadorias de modo espontâneo, independentemente de legislação, como maneira de manter a competitividade no mercado. Empresas varejistas de grande porte nos Estados Unidos recebem as mercadorias em devolução sem perguntar ao consumidor qual seria o motivo, conforme podemos observar em Logística reversa na prática 13.2.

LOGÍSTICA REVERSA NA PRÁTICA 13.2

A flexibilização das devoluções em vendas diretas ao consumidor

Caso Levi Strauss & Co.

A ideia de flexibilização que será apresentada a seguir é antiga nos Estados Unidos e as empresas modernas do mercado americano mantêm essa política em todos os setores do varejo físico e virtual.

A liberação da devolução de mercadorias aumentou em 50% o nível de retorno na indústria de confecções nos Estados Unidos. A empresa Levi Strauss & Co., uma das mais conhecidas e importantes indústrias de confecções, que opera mundialmente, organiza sua logística reversa com o operador Genco, obtendo eficiente retorno de mercadorias sem perder dinheiro.

O volume de mercadorias devolvidas representa cerca de 5% das vendas da empresa, ou 300 milhões de dólares. Toda a comunicação do retorno é realizada *on-line*, e utiliza 42 códigos de retorno e de classificação dos artigos informatizados, que facilitam o crédito aos clientes de forma rápida e permitem domínio logístico das mercadorias devolvidas.

Fonte: adaptado de MERRITT, K. Integrate reverse logistics solution allows Levi Strauss to profit off returns. *Frontline Solutions*, Duluth, jul. 2001.

Publicações em revistas norte-americanas

Algumas ideias publicadas em revistas norte-americanas foram selecionadas e apresentadas a seguir.

O retorno pode transformar-se em vantagem competitiva e fidelização de clientes em vários tipos de venda direta aos consumidores. O retorno de mercadorias no *e-commerce* atualmente é de 30% do total vendido.

A chave para o sucesso da logística reversa é tratar o retorno do mesmo modo que se trata o produto original, mas muitas empresas ainda não conhecem seus verdadeiros custos de retorno.

Uma política liberal na aceitação de devoluções de mercadorias nas vendas diretas ao consumidor é um caminho para minimizar seu risco inerente, mas o varejista quer evitar a institucionalização aberta da liberalização do retorno porque espera aumento na taxa de retorno. Na decisão de comprar no canal direto ao consumidor, existem duas decisões distintas: a de solicitar e, após receber, a de ficar com o bem adquirido ou devolvê-lo.

▶

Vale salientar que essas ideias não foram ainda incorporadas pelas práticas brasileiras, muito pelo contrário, pois as dificuldades de trocas são conhecidas pelo público.

Fontes: MORRELL, A. L. The forgotten child to the supply chain. *Modern materials handling*, Boston, may 2001.; WOOD, S. L. Remote purchase environments: the influence of return policy leniency on two-stage decision processes. *Journal of Marketing Research*, Chicago, may 2001.

Devoluções para atendimento de reclamação de consumidor final sobre a qualidade ou defeito encontrado no produto. Exemplos comuns neste caso são os de produtos alimentícios, cosméticos, farmacêuticos etc., em ocasiões em que o cliente final detecta problemas de alguma natureza no produto ou na embalagem. Em geral, o contato com a empresa é realizado pelo Serviço de Atendimento ao Consumidor (SAC), que encaminha a reclamação e orienta a operação de substituição.

A operação de logística reversa deve equacionar a chegada de um novo produto ao cliente final e, em geral, ocupa-se com a coleta do produto ou embalagem defeituosa para posterior verificação e *feedback* de qualidade.

Nesses casos, a imagem de marca ou empresarial está em risco, isto é, os custos intangíveis são muito maiores que os tangíveis, mesmo que aparentemente não o sejam à primeira vista. A implantação de logística reversa eficiente torna-se importante, pois um episódio negativo pode resultar em redução de confiança ou até mesmo abandono da marca. Por outro lado, a recuperação da falha no serviço de pós-venda geralmente garante um reforço de imagem e confiança para novas aquisições e a fidelização do cliente.

Devoluções por erros de expedição. Este tipo de devolução comercial está relacionado com a operação normal entre empresas e com as vendas diretas ao consumidor, quando mercadorias são devolvidas no ato do recebimento pelo mesmo transporte de entrega ou em prazo relativamente curto, não havendo nenhum acordo comercial entre as partes, a não ser o constante das práticas comerciais normais e legais do país. A introdução de processos de qualidade total e de informatização logística, como o código de barras, o *electronic data interchange* (EDI), a informatização de sistemas de expedição e recepção de armazéns, entre outros, tem contribuído para a redução desse tipo de erro.

Retornos comerciais contratuais

Por outro lado, nesta categoria existe acordo prévio entre as partes, normalmente entre empresas, que justifica maiores prazos entre o recebimento e o retorno do bem, acordos relativos a quantidades predeterminadas de estoques em excesso ou à responsabilidade pelo estoque excedente, entre outras modalidades. Nessa circunstância, o retorno é uma operação logística reversa de fato, pois todo o sistema reverso precisa ser providenciado.

Alguns casos mais comuns são analisados a seguir.

Retorno de produtos em consignação. Os contratos de produtos de vendas em consignação preveem o retorno quando o prazo contratual expira, sendo o retorno das mercadorias excedentes providenciado normalmente pelo cedente. Essa modalidade de contrato apresenta a vantagem de poder ser programada pela logística reversa da empresa.

Retorno de embalagens retornáveis. Do ponto de vista logístico e de sua função, as embalagens de produtos podem ser classificadas em três tipos principais:

- ***Embalagens primárias ou de contenção:*** são as que estão em contato direto com o produto e que precisam de definição quanto ao tipo de material constituinte, às dimensões adequadas compatíveis com as fases logísticas seguintes, aos aspectos estéticos e mercadológicos, aos aspectos e à tecnologia de utilização, entre outros cuidados. São os recipientes rígidos e as embalagens flexíveis de diversos materiais, com conteúdo tecnológico crescente, que visam à redução de custos e à diferenciação mercadológica, e são normalmente constituídos de materiais como vidro, alumínio, plástico, papel, complexos ou ligas de materiais.
- ***Embalagens secundárias:*** são as que reúnem certo número de embalagens primárias, desenvolvidas para adaptar-se à comercialização de quantidades múltiplas, ao transporte e à distribuição física dos produtos. São as caixas de papelão, os envoltórios de plástico retráteis, entre outros.
- ***Embalagens de unitização:*** são as que reúnem embalagens secundárias e são desenvolvidas visando principalmente à movimentação, à armazenagem e ao transporte na distribuição dos produtos. São os *pallets* ou estrados que agrupam embalagens secundárias, contêineres de transporte, *racks* especiais, caixas de diversos materiais, entre outros.

Embora existam vários critérios de classificação das embalagens industriais e comerciais e seus acessórios, sob o ponto de vista da logística reversa a separação mais adequada refere-se ao seu tempo de vida útil, destacando-se, portanto, as embalagens descartáveis e retornáveis. As embalagens descartáveis, como um produto de pós-consumo, foram um dos temas da Parte 2 deste livro. A preocupação principal deste tópico é examinar as alternativas sob o aspecto logístico dos dois tipos de embalagem.

Em "Tendências à descartabilidade dos bens", no **Capítulo 4**, vimos que alguns exemplos dessas tendências eram de embalagens que, em muitos casos, deixam de ser retornáveis para se transformar descartáveis. Esses exemplos mostram os inconvenientes próprios de embalagens retornáveis, como os custos de transporte, normalmente mais elevados devido ao peso delas; os custos do transporte de retorno; o custo da administração desses fluxos; o custo da recepção e limpeza eventual; o custo dos reparos eventuais; e os custos de armazenagem e de capital investido. Todos esses custos são comparados, em geral, com os custos equivalentes das embalagens descartáveis, sem levar em consideração, como fizemos no **Capítulo 3**, os custos ecológicos calculados pelas técnicas da análise do ciclo de vida útil dos produtos, que revelarão os verdadeiros custos inerentes à vida do produto.

As embalagens comerciais e industriais, tanto quanto os produtos que embalam, têm demonstrado nítida tendência à descartabilidade, gerada principalmente pela substituição de materiais tradicionais por aqueles de natureza plástica, visando à redução de custos de manufatura, às possibilidades de conformação e adaptação às necessidades modernas desses produtos e, talvez, um dos aspectos mais importantes, propiciando apreciáveis reduções em custos de transporte, devido à redução de peso e inexistência dos diversos custos incorridos no retorno dessas embalagens.

Importantes conteúdos tecnológicos têm sido introduzidos no segmento de embalagens para torná-las mais leves, transparentes, seguras e baratas, melhorando as condições promocionais dos produtos, adaptando-as aos novos padrões de vida da sociedade moderna e facilitando a distribuição física.

No segmento de embalagens descartáveis, é notório o enorme desequilíbrio entre os fluxos diretos de produção e reversos de retorno ao ciclo produtivo, originando-se excessos visíveis em locais inadequados, ocasionando o que tem sido chamado de "poluição ambiental por excesso".

Conforme já comentamos, tornaram-se famosas as legislações sobre as embalagens descartáveis na Alemanha Ocidental, em 1993, logo após a reunificação com a Alemanha Oriental, que estabeleceram um cronograma gradativo para os índices de reciclagem das embalagens descartáveis e responsabilizaram a cadeia de distribuição direta pelo equacionamento de suas cadeias reversas.

LOGÍSTICA REVERSA NA PRÁTICA 13.3

Embalagem retornável ou descartável?

A legislação alemã de 1993 sobre embalagens notabilizou-se pela forte intervenção governamental, como consequência das condições encontradas após a reunificação do país, e estabeleceu a responsabilidade das indústrias sobre o retorno e a reciclagem das embalagens.

Em suma, a responsabilidade envolvia todos os fabricantes e demais participantes da cadeia de distribuição direta. Exigia que os fabricantes aceitassem o retorno das embalagens de transporte, como os *pallets* e as caixas de papelão; os distribuidores deviam aceitar as embalagens secundárias, ou seja, aquelas que embalam a embalagem de contenção do produto ou primárias; os varejistas deviam aceitar as embalagens primárias de seus clientes e, como todos os outros, providenciar a rede reversa correspondente.

Para a revalorização legal, foi criado o Duales System Deutschland (DSD) por 400 companhias, a fim de organizar a rede logística reversa. Um selo colocado na embalagem pelo fabricante e previamente pago, que variava de acordo com o princípio do poluidor-pagador,

▶

permitia que seu produto fosse incluído na coleta e reciclagem contratada a terceiros especialistas em coleta de resíduos e recicladores.

Tradicionalmente, a decisão de adotar embalagens e seus acessórios descartáveis ou retornáveis baseia-se na comparação de custos totais incorridos pelo uso de cada tipo. Essa análise considera, via de regra, os custos do investimento inicial em cada tipo de embalagem, o número de viagens possíveis, o peso das embalagens, os custos de transporte por viagem, os custos de transporte e operacionais de administração do retorno das retornáveis etc.

Podemos destacar pelo menos três novos aspectos que devem ser considerados nessas decisões sobre as embalagens: os sistemas de produção de alta velocidade de resposta (*just-in-time*); a crescente conscientização ecológica empresarial, pelo impacto de seus produtos, embalagens e acessórios no meio ambiente; o aparecimento de empresas especializadas na prestação de serviços de locação de embalagens retornáveis e seus acessórios.

Os argumentos favoráveis, no caso de sistemas *just-in-time*, estão relacionados à necessidade de rápida alimentação de linhas de montagem, à alta de frequência de entregas e aos *lead-times* extremamente curtos exigidos por esses sistemas, que favorecem a indicação de embalagens retornáveis.

As embalagens retornáveis têm sido indicadas, por outro lado, em razão dos custos ambientais que começam a ser considerados pelas empresas, devido à obediência à legislação, à necessidade de aplicação de normas ambientais do tipo ISO 14000 ou à necessidade de preservação da imagem corporativa.

A esses argumentos favoráveis às embalagens retornáveis e seus acessórios, aos *pallets*, por exemplo, acrescenta-se o desenvolvimento de técnicas construtivas engenhosas, que permitem reduções de custo de transporte de retorno e de controle operacional, bem como o surgimento de empresas prestadoras de serviços de locação de embalagens e acessórios, que possibilitam aos que as utilizam reduções de custos e de energia administrativa.

A logística reversa de embalagens e seus acessórios, portanto, evidencia excelentes perspectivas de crescimento no mercado nacional, na medida em que os riscos e as oportunidades dos aspectos comentados sejam devidamente analisados pelas empresas interessadas.

No que se refere ao retorno dos bens de pós-venda, quando o produto é devolvido pelo consumidor final, a embalagem precisa ser refeita para ser enviada ao mercado secundário. Em geral, é necessário refazer a embalagem de unitização de transporte e a embalagem primária dos produtos originais, a fim de permitir o manuseio e o transporte. Em alguns casos, a empresa não deseja enviá-los ao mercado secundário com a mesma marca ou com as mesmas especificações, exigindo que se refaçam as embalagens, as etiquetas etc.

Retorno de ajuste de estoques no canal. A devolução ou a liquidação de estoques dos bens de pós-venda por ajustes de estoques no canal normalmente envolve duas empresas, e os produtos devolvidos ou liquidados são revalorizados por meio do envio, geralmente, ao mercado secundário, entendido como apropriado para esses casos. Nesses mercados, os produtos são oferecidos a preços mais baixos do que no mercado original, com ou sem marca original, e em pontos de venda diferentes daqueles dos produtos de origem. Em alguns casos, são enviados ao mercado de origem.

As alternativas comerciais para o destino a um desses mercados diferem muito em cada caso. Variam entre produtos e seus hábitos mercadológicos regionais, como é o caso de produtos de moda, dos têxteis e calçados, que possuem uma rede organizada de vendas em sistemas *outlet* ou ponta de estoque, e o caso dos artigos de bazar, que podem ser direcionados para lojas de menor porte ou com preços fixos por produto de qualquer natureza.

Diversas situações de cooperação entre empresas participantes da cadeia de suprimento justificam esses contratos, destacando-se aqueles devido a:

- ***Excesso de estoque no canal:*** empresas em épocas de promoção muitas vezes antecipam aos clientes estoques que nem sempre são vendidos nas quantidades esperadas, dando origem a excessos que precisam ser retornados.
  O ramo empresarial editorial é caracterizado por dificuldades inerentes de previsão de vendas e pela rápida obsolescência de seus produtos, necessitando organizar sua logística reversa com eficiência, pois, normalmente, é a operação vital de lucratividade para o setor.
- ***Baixa rotação do estoque:*** trata-se de ocasiões em que, por diferentes motivos, o giro de determinado produto deixa de ser interessante para o cliente.
- ***Introdução de novos produtos:*** a descontinuidade de um produto e a entrada de seu substituto poderá ocasionar movimentos de retorno dos modelos antigos, liberando área de loja ao cliente.
- ***Moda ou sazonalidade de produtos:*** da mesma maneira que na situação anterior, porém com certa sazonalidade, é comum que empresas varejistas precisem disponibilizar mercadorias ao final de uma estação de moda.

Para confortar as situações descritas, os contratos de retorno visam antecipar-se aos eventos e resolver o problema de excesso ou de falta de estoques nos canais de distribuição, por meio do planejamento de revalorização dos produtos retornados.

Conforme ensina a logística empresarial, o excesso de estoque nessas situações e sua consequente disponibilização incorre em custos de manutenção e de perdas, pela desvalorização dos produtos. Contratos preventivos e planejados são uma maneira de melhorar o valor residual dos produtos de baixo giro de estoques e/ou reduzir a perda pela manutenção de estoques em excesso.

Categoria de retorno por garantia/qualidade

Classificam-se como devoluções por "garantia/qualidade" aquelas que ocorrem por defeitos de fabricação ou de funcionamento (verdadeiros ou falsos) dos produtos, por avarias no produto ou na embalagem e outros problemas relacionados aos aspectos de qualidade intrínseca aos produtos vendidos. Devemos observar que, pela dificuldade de generalização, alguns casos particulares não serão citados nesta análise.

Ao retornarem a um dos agentes da cadeia de distribuição direta, esses produtos podem ser submetidos a consertos ou reformas que permitirão seu retorno ao mercado como produtos novos, ou podem ser dirigidos a mercados diferenciados, denominados mercados secundários, recapturando o valor comercial. Nos casos em que não são possíveis consertos ou reformas, conforme se observou na Figura 13.2, são destinados ao desmanche, como produtos de pós-consumo.

Devido ao término de validade de produtos ou a problemas observados após a venda, o denominado *recall*, os produtos são devolvidos por motivos legais ou por diferenciação de serviço ao cliente e se constituem na classificação "validade" em nosso esquema. Este caso tem sido muito usado pelas empresas atualmente, seja para defender sua imagem ou mesmo por determinação legal, exigindo controle e rastreabilidade dos produtos após a venda.

Nessa categoria, diversas situações de retorno são observadas, podendo-se dividi-las em dois grupos, os quais abordaremos de maneira sucinta a seguir.

Devoluções por qualidade intrínseca

Devolução de produtos defeituosos. Os motivos de devolução entre empresas e consumidor final e entre empresas de venda direta podem relacionar-se com legislações de proteção ao consumidor ou por garantia concedida pelo fabricante do produto. Os argumentos de devolução podem ser verdadeiros, quando o produto precisar de fato ser consertado ou remanufaturado, ou falsos, no caso de devoluções sem defeito, mas provocadas por deficiência de manuais de uso ou falta de entendimento do comprador. O conhecimento dos reais motivos de devolução pode ser um excelente *feedback* para correções em termos de qualidade por parte do fabricante.

Devolução de produtos danificados. Neste caso, os produtos normalmente não chegam ao consumidor final, por apresentarem avarias durante o manuseio, o transporte ou por acidentes no trajeto, e devem retornar ao fabricante ou a intermediários especializados. No caso de carga acidentada, em geral a companhia de seguros é responsável pelo seu destino. Conhecer as condições das avarias, além de permitir correções em embalagens e formas de transbordo das mercadorias, ainda auxilia na comercialização orientada dos produtos salvos.

Devoluções por expiração do prazo de validade do produto. Este é o caso de contratos entre fornecedor, atacadistas e varejistas que permitem o retorno dos estoques residuais de produtos que perdem a validade. A exigência normalmente é legal nesses casos. Um exemplo com alto nível de fluxo reverso é o de produtos farmacêuticos em geral.

Categoria de devoluções por substituição de componentes

O retorno de produtos pelo canal reverso de "substituição de componentes" decorre da substituição de componentes de bens duráveis e semiduráveis em manutenções e consertos ao longo de sua vida útil, entrando nos canais reversos de remanufaturados. Quando tecnicamente possível, são remanufaturados e retornam ao mercado primário ou secundário, ou são enviados à reciclagem ou ainda a um destino final, na impossibilidade de reaproveitamento.

No ramo automobilístico encontram-se diversos exemplos de canais de produtos remanufaturados originados de manutenção e consertos de veículos, bem como das operações de desmanche, examinadas no **Capítulo 5**. Nos Estados Unidos, cerca de 90% a 95% dos motores de partida e de alternadores elétricos dos veículos são remanufaturados e vendidos no mercado de reposição. De acordo com recentes pesquisas qualitativas realizadas no Brasil, no setor de remanufaturados automotivos é possível identificar valores expressivos.

As empresas Xerox, Cannon e IBM, entre outras, realizam reformas e remanufaturas em seus produtos, reenviando-os ao mercado como novos ou como máquinas destinadas a mercados específicos. O setor de remanufatura automotiva, já mencionado, é um exemplo de reaproveitamento em casos de dificuldade de conserto.

Nessa categoria de retorno de pós-venda, os produtos podem entrar em canais de pós-consumo como consequência de impossibilidade de reparos ou consertos no bem durável.

13.6 Seleção e destino dos produtos devolvidos

Conforme vimos no tópico anterior, existem inúmeras formas e caminhos diferentes possíveis na logística reversa dos bens de pós-venda, que deverão ser examinados e destinados a um canal reverso de melhor acréscimo de valor monetário ou de outra natureza pretendido pelas organizações agentes desses fluxos.

Trata-se, portanto, de uma operação, denominada "seleção e destino dos bens devolvidos", que pode ser realizada no varejo, por intermediários especializados em logística reversa, ou pelo fabricante do bem. Visto tratar-se de uma operação pouco repetitiva, na maioria das vezes, deve ser realizada com competência, para a otimização do valor agregado na negociação dos bens.

A devolução por defeito ou problema de qualidade em geral requer decisão de natureza técnica em um dos elos da cadeia de distribuição direta para definir o destino dos bens devolvidos, que podem ser dirigidos ao mercado secundário, a processos de remanufatura ou de reforma, à reciclagem de materiais constituintes ou a um dos sistemas de disposição final apropriados.

Essa avaliação é uma das fases mais difíceis de realizar, pois os transportes de retorno dos bens oneram o processo de revalorização, e por vezes não compensa retornar ao longo da cadeia um produto que não oferece condições de reutilização, mesmo com remanufatura ou reforma.

Abordamos a seguir os destinos mais comuns dados aos diversos tipos de retorno examinados no tópico anterior.

13.6.1 Venda no mercado primário

Os produtos de retorno, devido a ajustes de estoques nos canais de distribuição diretos, em geral possuem condições gerais de reenvio ao mercado primário, ou seja, o mercado original, com a marca do fabricante, e por meio de redistribuição.

13.6.2 Reparações e consertos

No caso de exigências dessa natureza, os produtos de retorno são destinados às reparações necessárias e podem ser comercializados no mercado primário ou, mais frequentemente, no secundário.

13.6.3 Doação

A doação normalmente é o destino de produtos retornados quando existe interesse de fixação da imagem por parte do fabricante e, em geral, é associada a produtos com certo grau de obsolescência. Trata-se de um caso muito comum no setor de computadores, que têm vida média útil muito curta, mas apresentam interesse no mesmo país ou em outros países mais necessitados.

13.6.4 Manufatura reversa/desmanche

A denominação "manufatura reversa/desmanche" tem sido utilizada pelo mercado em geral e entendidas de formas diferentes. No Brasil, o termo "desmanche" tornou-se sinônimo de sistemas fora da lei e tem sido evitado pela indústria em geral, que tem preferência por "manufatura reversa" como sinônimo. "Canibalização" muitas vezes também é utilizado. Embora seus processos sejam muito parecidos com os anteriores, o seu objetivo é distinto na medida em que se trata de retirar componentes de um produto para conserto de outro.

O destino de manufatura reversa ou desmanche ocorre quando o bem retornado apresenta-se sem condições de funcionamento para a utilidade de projeto e existe valor de uso em seus componentes. Essa operação costuma ser realizada por empresas que compram ou são contratadas pelo fabricantes, sendo os componentes revendidos no mercado secundário de peças ou subconjuntos ou passam por processo de remanufatura, ou, ainda, podem ter suas matérias-primas recicladas, evitando concorrência de componentes no mercado. Os produtos salvos em acidentes de trajeto e a destinação de peças de veículos ao mercado secundário são exemplos dessa categoria de canal reverso.

13.6.5 Remanufatura

O processo de remanufatura ocorre quando os componentes do desmanche de bens retornados apresentam defeitos e devem ser refeitos para encaminhamento ao mercado secundário. Muitas empresas de grande porte utilizam o sistema de desmontagem de componentes e revisão para alimentar seu mercado de peças de reposição, recuperando importantes valores.

13.6.6 Reciclagem industrial

Da mesma maneira que os produtos de pós-consumo, tanto os subconjuntos quanto as partes da estrutura dos bens são comercializados com empresas especializadas na reciclagem dos materiais constituintes desses produtos.

13.6.7 Disposição final

Não havendo outra solução para agregar valor de qualquer natureza ao produto retornado ou a suas partes ou materiais, eles são destinados a aterros sanitários ou ao processo de incineração, dependendo das peculiaridades de cada país ou região.

RESUMO DOS PRINCIPAIS TÓPICOS

O produto logístico de pós-venda constitui-se em bens com pouco ou nenhum uso que retornam ao ciclo de negócios, devido ao fato de terem sido devolvidos para ajustar condições logísticas de canais de distribuição entre os elos da cadeia de distribuição direta.

A logística reversa de pós-venda ocupa-se do planejamento, operação e controle dos fluxos desses produtos retornados e das informações correspondentes, apresentando impacto diferenciado entre os diversos setores empresariais, em consequência das quantidades dos fluxos reversos, que variam bastante entre os setores empresariais.

Os motivos desses movimentos reversos de produtos de pós-venda enquadram-se em pelo menos três categorias: comerciais, qualidade e substituição de componentes. Diversos destinos podem ser dados às inúmeras possibilidades de retorno e movimento de estoques nos fluxos reversos de mercadorias: venda no mercado primário, reparações e consertos, doação, manufatura reversa/desmanche ou canibalização, remanufatura, reciclagem industrial e disposição final.

QUESTÕES PARA DISCUSSÃO

1. Sintetize as principais diferenças entre a logística reversa de pós-venda e a de pós-consumo.
2. Analise as diversas possibilidades de retorno de produtos de pós-venda.
3. Com que objetivos você implantaria contratos de movimentos reversos de mercadorias entre empresas fornecedoras e varejistas?
4. Explique as vantagens de contratos de flexibilização de quantidades de retorno.
5. Apresente casos de retorno e destino de produtos de pós-venda.
6. Qual é o interesse de implantação da logística reversa em empresas produtoras?
7. Quais objetivos podem ser antevistos na implementação da logística reversa de pós-venda?

ESTUDO DE CASO 13.1

Distribuição de revistas em bancas

O setor editorial de revistas é apontado pela literatura especializada como um dos mais expressivos em termos de retorno de produtos, devido à alta perecibilidade das revistas em geral. O caso estudado restringiu-se à distribuição reversa de revistas em bancas de jornal de rua e em lojas de departamento.

O processo logístico de distribuição de publicações no território nacional inicia-se com o recebimento das publicações das editoras clientes. As publicações são separadas e organizadas em lotes, em quantidades previamente definidas pela área de logística em função das vendas nas regiões atendidas. O modal de transporte predominante é o rodoviário e, em alguns casos, são utilizados o aéreo e o fluvial. Grande número de centros de distribuição regional no país se encarrega de distribuir as publicações para os pontos de venda no varejo, as bancas e revistarias. O sistema de venda é de consignação em cascata ao longo da cadeia direta, ou seja, da empresa distribuidora para os centros de distribuição e destes para as bancas e revistarias em cada região.

A distribuição reversa das publicações inicia-se ao expirar o prazo de exposição e venda do produto nas bancas. É emitido pela área de distribuição um documento denominado "chamada de encalhe" (solicitação de retorno), que avisa ao varejista sobre o término do prazo para a venda da publicação. O varejista devolve ao centro de distribuição regional toda a publicação não vendida e é realizado o acerto financeiro das publicações vendidas e respectivas comissões. O centro de distribuição regional, por sua vez, encarrega-se de devolver à empresa toda a publicação recebida de seus varejistas e de fazer o acerto financeiro das publicações vendidas. As revistas não vendidas passam a ser chamadas de "encalhe". O retorno físico do encalhe após as consolidações nos centros de distribuição regional é encaminhado à empresa; ele é conferido e é feita a consolidação final de retorno em lotes-padrão, o que facilita o controle e manuseio posterior das publicações devolvidas. Na fase de seleção de destino, as publicações podem ser devolvidas à editora cliente, ser destinadas à armazenagem na própria empresa, com possível utilização em mercados secundários, ou à reciclagem, transformando-se em aparas de papel. Veja a Figura 13.3.

Cerca de 50% a 60% das publicações retornam sob a forma de encalhe, o que justifica a preocupação com a estruturação do canal reverso como forma de recuperar parte do valor investido na realização das publicações e garantir o controle do faturamento da empresa. Uma das alternativas utilizadas para a recuperação de valor é a reciclagem do encalhe (transformação de parte do retorno em aparas de papel).

A revalorização econômica também pode acontecer por meio da venda de publicações encalhadas em mercados secundários, ou seja, países que falam a língua portuguesa. Nesses casos, as publicações passam por um processo de seleção e inclusão que separa as revistas com boa apresentação daquelas danificadas (amassadas e rasgadas) durante as etapas do processo logístico. Publicações retornadas que exploram assuntos de interesse atemporal, como decoração de quarto de bebê, viagens e turismo, bordado e tricô, revistas infantis etc., podem aguardar para reúso em futuro relançamento. Brindes (fitas de vídeo, livros, brinquedos, CDs etc.) que retornam são separados e armazenados para reutilização.

FIGURA 13.3 Mapeamento do fluxo reverso de publicações na empresa

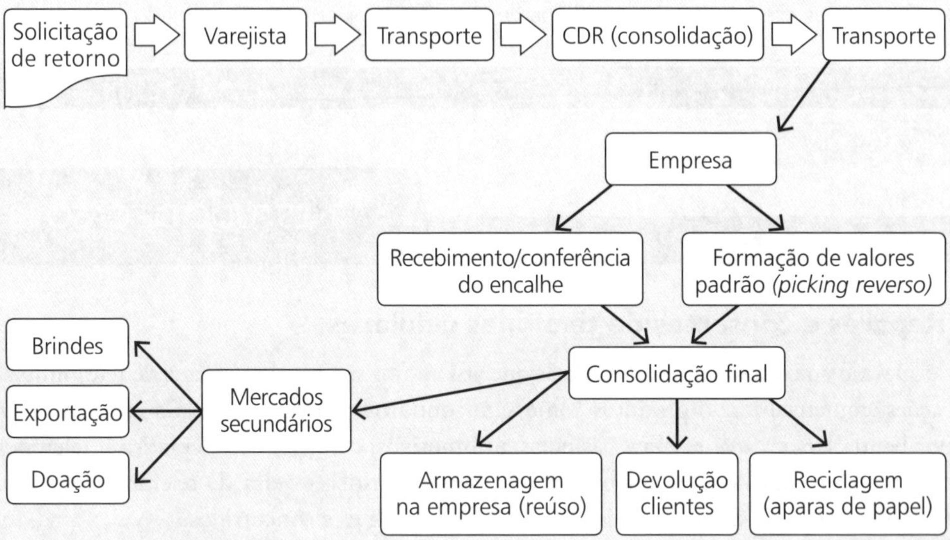

Fonte: elaborada pelo autor.

Os produtos retornados podem servir para atividades de marketing, sendo utilizados como "degustação", considerada reúso pela literatura consultada neste livro e que consiste em oferecer ao cliente um exemplar de determinada revista para sua experimentação.

A empresa aloca de forma dedicada recursos de mão de obra ao tratamento de encalhe, além dos custos de movimentação interna com o uso de empilhadeiras e paleteiras, armazenamento e transporte rodoviário, estimando custos totais da ordem de 0,3% do total das vendas, aparentemente baixo.

O tratamento do encalhe também pode servir como fonte para projetos que visem a educação e o bem-estar social. O encalhe também contribui para a realização dos serviços que são prestados ao cliente, por exemplo, atender às solicitações de revistas de edições passadas. Essa atividade objetiva estreitar as relações entre a empresa e o cliente, buscando sua fidelidade. Ela é apontada como importante ferramenta na prestação de serviços ao cliente, ao mesmo tempo que contribui para a construção da imagem corporativa da empresa.

QUESTÕES SOBRE O CASO

1. Como você analisa o impacto da logística reversa neste caso?
2. Qual o aspecto operacional deste caso que obriga a organização da logística reversa?
3. Consulte a internet e aponte casos semelhantes a este.
4. Examine as diferenças entre este canal reverso e outros que tenha estudado.

ESTUDO DE CASO 13.2

Reparos e consertos de telefones celulares

Devido ao crescimento de empresas que atuam nos setores eletrônico e de telecomunicações, comercializando produtos como semicondutores, itens de acesso à internet e TV por banda larga, *cable modems*, sistemas automotivos, soluções de telemática e telefones celulares, tem havido uma maior necessidade da logística reversa de telefones celulares. Além disso, o setor de eletrônicos é um dos mais atuantes e concorridos.

As principais razões que motivam o retorno dos produtos são: problemas com a qualidade, não adaptação do consumidor ao produto e insatisfação do cliente com o produto.

O canal reverso de celulares busca tratar os aparelhos considerados inadequados pelo consumidor. A cadeia reversa é constituída por uma série de serviços autorizados terceirizados, ou não, com diferentes níveis de competência técnica, com pontos de coleta de aparelhos, serviços autorizados nível 1, serviços autorizados nível 2 e centros avançados de reparos, com crescente competência tecnológica.

O objetivo da empresa é que o serviço de assistência devolva o aparelho consertado rapidamente. Para tanto, necessita manter uma logística reversa ao longo de toda a cadeia, de forma a garantir estoques de componentes e as substituições aos centros de atendimento.

Conforme se observa na Figura 13.4, o cliente pode entregar o aparelho em um dos pontos de coleta, à operadora ou ainda à loja onde o adquiriu. Diferentes regras são estabelecidas entre os centros de atendimento e sua competência e em função do tipo de conserto. Por outro lado, aqueles aparelhos retornados pelo magazine ou pelo varejista têm destinos preestabelecidos em razão dos volumes envolvidos, sendo enviados diretamente para os centros de maior tecnologia (CMTs).

O varejista solicita a coleta e a empresa executa e envia o lote ao CMT de destino, controlando, desta forma, os níveis de reparos desses centros. Os aparelhos retornados são controlados individualmente por meio do registro de um número de série eletrônica de fabricação, sendo aberta uma ordem de serviço (OS). A partir dessa ordem, as peças novas são enviadas pela empresa, e as defeituosas devem ser devolvidas em um prazo prefixado. A sobra de materiais e componentes substituídos (*scrap*) também implica fazer auditoria de tudo que foi realmente trocado. Os componentes usados para substituir aqueles defeituosos são fornecidos e controlados via sistema computacional, especialmente concebido para esse fim.

As políticas de devolução devem ser previamente definidas e contemplar, inclusive, a substituição de produtos considerados inadequados pelo cliente. É preciso haver áreas específicas para o tratamento do produto retornado, bem como relatórios para seu controle. Os produtos recebidos no canal reverso devem ser identificados por meio de número de OS, o que permite sua quantificação e o acompanhamento dos procedimentos utilizados em cada caso. O tratamento do canal reverso é entendido principalmente como elemento que propicia ganhos de imagem, embora seja possível uma pequena recuperação em termos econômicos.

Com relação à recuperação de valor econômico, uma estrutura hierárquica organizada para recapturar o valor dos produtos retornados – que envolva desde o reparo ou reaproveitamento dos componentes até seu envio à reciclagem – deve ser prevista. Nos casos de substituição de produtos com defeito, estes são recomprados e enviados aos serviços internos adequados, onde são consertados e reembalados para posterior venda como produtos novos. Esta operação tornou-se ainda mais importante à medida que foi sendo verificado significativo aumento na base de celulares instalada no Brasil, quando as operações de recuperação, que eram de 5 mil unidades por mês, passaram a 18 mil em um período de pouco mais de seis meses. Uma vez que as operadoras e lojas só trabalham com produtos de primeira linha, outra forma de recuperação de valor é o envio de celulares que estão prestes a sair de linha a mercados secundários, como países da América Latina e companhias de seguros. Esses aparelhos são vendidos a preço de custo, como forma de recuperar o investimento feito e de não onerar o inventário.

Assim, a estruturação do canal reverso permite a recuperação de parte do investimento realizado, sendo os serviços internos especializados elementos estratégicos nesse processo. Embora a estrutura montada para a recuperação dos aparelhos tenha custos fixos com instalações, mão de obra e equipamento, a empresa a mantém visando principalmente a ganhos de imagem perante seu cliente.

Os ganhos de imagem pela prestação de serviços ao cliente devem-se, em primeira análise, à busca por uma diferenciação que permita vantagens sustentáveis na competição pelo mercado. Dada a crescente competitividade no setor de celulares no Brasil, a empresa considera o pós-venda como um diferencial na construção de sua imagem. Contando com uma rede exclusiva de atendimento como ferramenta estratégica, ela busca atender o cliente, com problemas ou insatisfeito, de forma eficiente e imediata, aceitando devoluções mesmo quando essas são causadas por uso inadequado do aparelho.

O objetivo principal é fazê-lo sentir-se amparado em suas necessidades e em contato direto com a empresa. Por essa razão, o atendimento nos postos de serviços internos é feito por técnicos habilitados e treinados pela empresa. Quando o serviço de primeiro nível técnico não consegue prestar um bom serviço e o cliente decide que não quer mais o produto, a primeira tentativa é substituir o aparelho defeituoso por outro novo, mesmo que isso implique a disponibilização de um aparelho de qualidade superior. O objetivo é manter o cliente satisfeito e evitar ao máximo que ele recorra a órgãos como o Procon, o que afetaria negativamente a imagem da empresa. Assim, o tratamento dos produtos pelos canais reversos é uma forma de prestar um serviço diferenciado ao cliente.

FIGURA 13.4 Mapeamento dos processos de retorno

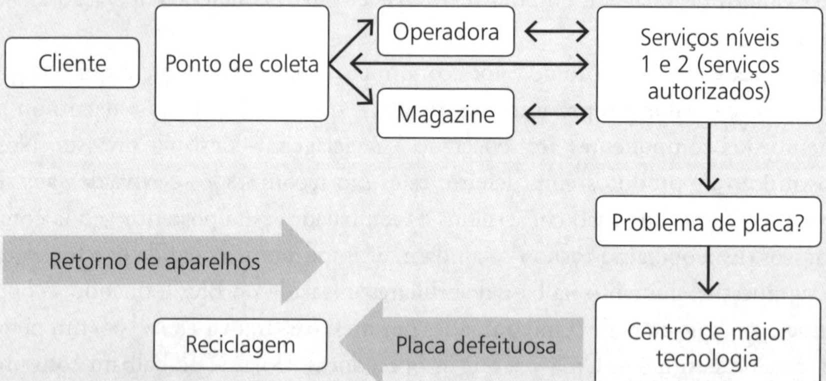

Fonte: elaborada pelo autor.

QUESTÕES SOBRE O CASO

1. Como você interpreta a possibilidade de fidelização de clientes neste caso?
2. Algumas empresas veem a assistência técnica ou as atividades de pós-venda como custos operacionais. Quais as consequências dessa visão?
3. Examine as necessidades de gestão de estoques e os fluxos correspondentes de peças novas e usadas.

ORGANIZAÇÃO E OBJETIVOS ESTRATÉGICOS DA LOGÍSTICA REVERSA DE PÓS-VENDA

14

NESTE CAPÍTULO VOCÊ IRÁ:

1. entender as implicações logísticas que o produto logístico de retorno ao ciclo de negócios propicia;
2. compreender as vantagens dos parceiros comerciais em assegurar contratos de flexibilidade de quantidades aos clientes;
3. avaliar a importância do planejamento da logística reversa diante das peculiaridades desses fluxos logísticos;
4. identificar os diferentes tipos de comercialização dos bens retornados com pouco ou sem uso;
5. compreender a decisão de uso de diferentes alternativas na seleção do destino e do tipo de comercialização dos produtos.

14.1 Objetivos estratégicos da logística reversa de pós-venda

14.1.1 O mercado e o cliente na atualidade

O mercado competitivo atual leva em consideração a variedade de meios de informação disponíveis para todas as atividades humanas, facilidade que tem se traduzido em impacto importante nas atitudes e expectativas dos clientes, sejam eles consumidores finais ou clientes nas cadeias de suprimentos.

Assim, as empresas modernas procuram se dedicar ao seu foco principal, ou seja, às atividades de alto grau de competência central, aumentando o nível de terceirização de componentes e de serviços em geral. Disputam o mercado com as mesmas tecnologias terceirizadas disponibilizadas aos demais concorrentes, fenômeno observado em quase todos os setores de atividades nestas últimas décadas. Vê-se, como resultado, uma comoditização gradativa dos produtos, dificultando a decisão de compra do consumidor final, e a redução do valor dado pela marca ao produto. Distinguir a grande variedade de produtos oferecidos no mercado torna-se cada vez mais difícil, principalmente para o consumidor final, que realiza compra comparada e não técnica.

A qualidade do produto passa a ser condição mínima exigida para a permanência no mercado, mas não suficiente para ganhar a preferência dos clientes! A satisfação das novas exigências de clientes cada vez mais bem informados é, sem dúvida, garantida pelos serviços de diferentes naturezas. A logística reversa de pós-venda, se adequadamente executada, pode se tornar um elemento de diferenciação mercadológica de alta relevância atual. Para efeito da logística reversa torna-se necessário fazer uma distinção entre os dois tipos de clientes: os empresariais, com uma visão racional de compras, e os finais, com necessidades e exigências distintas.

Alguns aspectos de alta relevância para a satisfação dos clientes na cadeia de suprimentos podem ser lembrados, conforme a seguir.

- ***Serviços de valor perceptível:*** cada vez mais, os clientes, na cadeia de suprimentos, exigem que o fornecedor "entregue" uma composição de valores adicionais além do preço. Valores que sejam percebidos por eles e que podem tornar o fornecedor mais competitivo em seu mercado. Trata-se, a rigor, de valores que visam a mais do que encantar os clientes, mas a contribuir para o "sucesso dele". No caso específico da logística reversa, a flexibilização do retorno de mercadorias, a rapidez na solução de problemas de devoluções e seus respectivos créditos, a confiabilidade no tratamento adequado para as mercadorias retornadas, entre outros aspectos, constituem-se em valores perceptíveis aos clientes, gerando melhores condições de sucesso para o cliente.
- ***Relacionamentos de parceria verdadeira:*** relacionamentos de longo prazo com ganho mútuo pelas empresas como um corolário do tópico anterior. A logística reversa reveste-se de excelentes oportunidades de garantia de relacionamento duradouro, contribuindo para o fortalecimento dessas parcerias.
- ***Relação custo x benefício vantajosa e perceptível:*** o conjunto de benefícios recebidos pelos clientes nas cadeias de suprimentos é levado em consideração, constituindo-se no valor entregue aos clientes.

No caso do consumidor final do produto, pode-se observar alguns aspectos relevantes, como se segue.

- ***Desempenho do produto:*** o cliente quer que o que foi anunciado pelo fabricante ou revendedor seja cumprido pelo produto e que as instruções de uso do item sejam claras o suficiente.
- ***Atendimento antes, durante e após as transações:*** o cliente espera ter todas as informações sobre o produto, condições de pagamento, prazo de entrega (se for o caso), garantias, processos de logística reversa, processos de assistência técnica, entre outros aspectos particulares. Após a compra, espera que haja respaldo da empresa, ou das empresas, dando-lhe suporte de pós-venda.
- ***Imagem positiva da empresa:*** todos os aspectos anteriores podem influir fortemente na imagem da empresa.

Percebe-se pelas muitas das considerações anteriormente descritas, as quais colaboram com o nível de satisfação dos clientes, que a logística reversa tem um papel preponderante.

As falhas empresariais podem ser recuperadas por meio de um serviço de logística reversa, que pode ainda reforçar a imagem empresarial, garantindo a fidelização à marca ou à empresa.

A Figura 14.1 resume as principais ideias de estratégias de logística reversa que poderão conduzir a acréscimo de competitividade, seja pela redução de custos ou por outros motivos que poderão resultar em ganhos empresariais.

FIGURA 14.1 Eixos de competividade proporcionados pela logística reversa

Fonte: elaborada pelo autor.

No **Capítulo 13** estudamos as diferentes possibilidades dos fluxos reversos de pós-venda, na tipologia dos canais de distribuição reversos de pós-venda, identificando as diferentes razões e origens dos produtos retornados, bem como os diferentes destinos dados a eles após a fase de seleção.

Dessa maneira, portanto, a logística reversa de pós-venda planeja a operação reversa, cuida da operação de retorno dos bens de pós-venda e controla os respectivos fluxos nesses canais reversos, visando agregar-lhes valor de alguma natureza. A natureza do valor agregado pode se constituir em objetivos prioritários, norteando a implantação da logística reversa de pós-venda na empresa.

Dentre os objetivos no retorno de bens de pós-venda permitidos pela logística reversa, apresentados na Figura 14.1, pode-se considerar a revalorização econômica dos bens retornados como uma das formas de recuperação de ganhos financeiros e, portanto, melhora na competitividade de custos. A obediência às legislações comerciais, de forma proativa ou na recuperação de falhas, é uma forma eficiente de garantir a satisfação de clientes. A prestação de serviços de diferentes e inovadoras formas também propicia diferenciação junto aos clientes, diferenciando a empresa perante eles e permitindo fidelização. Todas essas atitudes e programas implantados de forma eficiente poderão resultar em efetivos elementos de competitividade empresarial.

Esses objetivos econômicos ou de recaptura de valor econômico dos bens, de diferenciação mercadológica no varejo, de prestação de serviços no pós-venda, de obediência à legislação e de proteção de imagem poderão, de modo isolado ou em conjunto, justificar ou direcionar programas de implantação de logística reversa e serão analisados separadamente, por questões didáticas.

14.2 O objetivo econômico na logística reversa de pós-venda

Podemos definir como objetivo econômico da logística reversa, em determinado canal reverso de pós-venda, a visão estratégica de recapturar valor financeiro do bem de pós-venda de alguma maneira. Destacam-se canais reversos de revalorização, de realocação de estoques em excesso, revalorização de ativos em fim de estação ou de promoção de vendas e recaptura de valor de bens com problemas de qualidade em geral. Observe que, em todos os casos de retorno dos bens de pós-venda, a agilidade logística de revalorização é essencial, pois, via de regra, o tempo não é favorável à recuperação de valor.

Examinemos as diferentes possibilidades de esses objetivos se concretizarem.

14.2.1 Revenda no mercado primário

Os bens de pós-venda, quando retornados pelo remanejamento de estoques, por motivos puramente comerciais, entre áreas ou regiões geográficas diferentes, refazendo-se a distribuição ou os excessos de estoques em determinado canal de vendas, em geral conservam integralmente suas características de novos, sem alteração do produto ou da embalagem original, podendo alcançar os mesmos níveis de preços dos originais no mercado. Setores de moda, têxteis e calçados, entre outros, apresentam essa movimentação de recuperação de valor quando é possível a realocação entre continentes, aproveitando-se das diferenças climáticas e de avanço da moda. Setores de bens duráveis ou com vendas em consignação mostram-se propícios a essas movimentações.

14.2.2 Venda no mercado secundário

Os produtos desta venda são aqueles que retornam ao longo da cadeia de distribuição direta e não podem voltar ao mercado original por diferentes motivos. Entre alguns casos possíveis, citamos a revalorização econômica de mercadorias excedentes em fim de estação, que, por qualquer restrição, não devam ser dirigidas ao mercado primário ou casos em que as mercadorias passaram por reformas ou remanufatura e retornaram ao mercado de reposição de peças ou secundário.

Os setores de moda têxtil e de calçados, artigos sazonais em geral, podem ser beneficiados por uma política de retorno planejado dirigindo vendas a *outlets*, lojas especializadas, com preços menores, ou lojas do tipo "tudo por um dólar". No Brasil, observa-se entre os consumidores a tendência de procurar lojas de varejo de ponta de estoque ou de preços reduzidos, hábito já consumado nos Estados Unidos, onde existem linhas de produtos dirigidas especialmente a essas lojas. Os ganhos oferecidos nesses canais são muito interessantes para os varejistas, que conseguem comprar produtos em fim de estação ou de estoque em condições que revalorizam os produtos para eles mesmos ou para o fabricante. Normalmente, algumas restrições são impostas nesses casos, como a eliminação de rótulos e etiquetas que identificam marcas e as embalagens originais, que podem ser refeitas. Pretende-se, em geral, recapturar o valor das mercadorias com agilidade, de maneira a garantir condições de preços ainda razoáveis, embora menores que as do mercado original.

14.2.3 Ganhos econômicos por meio de manufatura reversa/desmanche, remanufatura, reciclagem industrial e disposição final

Os canais reversos de revalorização de produtos de retorno foram examinados em detalhes no **Capítulo 5**, por se tratar de destinos de produtos cuja vida útil chegou ao fim. Seu objetivo é basicamente a recuperação do valor, de diferentes maneiras: por meio do reúso dos bens ainda em condições de utilização em mercados de segunda mão; por meio do desmanche dos bens, aproveitando o valor residual dos componentes do bem retornado; por meio da remanufatura do bem ou de seus componentes, de modo que se recapture valor de mercado; por meio de reciclagem industrial, na qual os materiais constituintes serão recuperados e comercializados no mercado de materiais secundários; ou, finalmente, por meio da disposição final, cujo valor recuperado pode ser econômico, se os produtos forem transformados em energia térmica ou elétrica.

LOGÍSTICA REVERSA NA PRÁTICA 14.1

O objetivo econômico nos contratos fornecedor-varejo

Um dos principais dilemas de empresas fornecedoras e seus clientes no varejo é a necessidade de a empresa de varejo dispor de estoques de produtos de alta substituição, evitando perdas de vendas pela falta de estoque. Nos casos em que os produtos são sazonais ou de compra única em certos períodos, seu balanceamento de estoque requer a determinação do ponto ótimo, evitando as perdas financeiras pela não comercialização dos produtos em falta e em excesso no estoque, o que aumenta os custos de manutenção.

Considerando-se que o custo de manutenção de estoques é medido pelas quantidades remanescentes não vendidas durante uma estação e que o custo de perdas é função do valor residual das mercadorias menos o custo de revendê-las, o objetivo deverá ser obter o máximo de lucratividade na diferença desses custos.

Uma das alternativas, embora não seja a única, mais recentemente utilizada para otimizar a lucratividade nas operações de varejo nesses casos é o aumento do valor residual dos produtos remanescentes. Essa estratégia é um dos principais objetivos da logística reversa de pós-venda, buscando otimizar a utilização de seus diversos canais de distribuição reversos. Dessa maneira, alguns contratos típicos entre fornecedores e clientes podem ser de grande utilidade e resultar em ganhos expressivos para ambos. Empresas líderes no mercado estão usando contratos relativos a quantidades remanescentes de diferentes maneiras, mas com o objetivo de recapturar o valor econômico em suas operações de retorno dos bens de pós-venda. Abordamos a seguir alguns desses contratos.

▶

- *Contrato de recompra pelo fornecedor dos produtos remanescentes:* o fornecedor prevê a recompra dos produtos remanescentes a um preço inferior ao original, porém superior ao preço residual das mercadorias. Essa ação tem por efeito aumentar a confiança do cliente e as vendas.
- *Contratos de flexibilidade nas quantidades:* o fornecedor permite que o cliente altere as quantidades após verificar a demanda do produto, não se responsabilizando pelo seu retorno. Esses contratos aumentam o nível de vendas.
- *Contratos de gerenciamento do estoque do cliente (VMI – vendor managed inventories)*: o fornecedor é o responsável pelo estoque e sua reposição nos momentos de necessidade, a fim de evitar falta e excesso.

Fonte: CHOPRA, S.; MEINDL, P. *Supply chain management*: strategy, planning and operation. New Jersey: Prentice-Hall, 2001. p. 243-247.

14.3 O objetivo da competitividade na logística reversa de pós-venda

São conhecidos os motivos mercadológicos da busca incessante de apresentar a empresa de maneira singular aos olhos de seus clientes, ou seja, com vistas a possibilitar uma diferenciação duradoura em relação aos concorrentes e ganhar competitividade. Critérios como qualidade do produto, funcionalidade dos modelos, recursos adicionais e tantos outros tornam-se qualificadores no mercado, deixando de constituir diferenciais efetivamente perceptíveis aos clientes.

Como já abordado, a logística empresarial tem permitido uma diferenciação mercadológica por meio de serviços perceptíveis aos clientes, melhorando as condições operacionais e propiciando resultados palpáveis a eles, com níveis de serviços como prazos de entrega, confiabilidade de entrega, disponibilidade de estoque, quantidade das remessas, flexibilidade etc.

A logística reversa de pós-venda, por seu turno, permite à empresa oferecer serviços que a tornem mais competitiva no mercado, acrescentando valor perceptível a seus clientes, pelo gerenciamento do retorno dos produtos de pós-venda, reduzindo os excessos de mercadorias retornadas, equacionando seu retorno e realocando os estoques excedentes do cliente. Essas atitudes propiciam maior espaço de loja para itens de alto giro, garantem estoques daqueles com tempo mais curto de vida e reduzem áreas de estocagem de produtos devolvidos, entre outras possibilidades.

Empresas de varejo norte-americanas têm adotado espontaneamente a política liberal de retorno de mercadorias dos consumidores como forma de ganhar competitividade no mercado. São conhecidas as políticas de retorno liberal das empresas L. L. Bean, Walmart, K-Mart, By Best, entre outros varejistas, que recebem qualquer tipo de mercadoria sem questionamento e devolvem o crédito na mesma espécie monetária original em que a transação foi realizada. Essa política faz aumentar as quantidades de produtos devolvidas e que devem ser equacionadas em seu retorno ao ciclo de negócios.

LOGÍSTICA REVERSA NA PRÁTICA 14.2

Objetivos estratégicos de implantação da logística reversa de pós-venda

Uma pesquisa realizada nos Estados Unidos, com uma quantidade apreciável de empresas de diferentes setores, solicitou que os executivos considerassem a importância relativa de alguns objetivos estratégicos visados pela logística reversa de suas empresas. As categorias escolhidas pela pesquisa foram:

- *aumento de competitividade:* definido como o uso da logística reversa com o objetivo de ganhar um diferencial diante dos clientes;
- *limpeza de canal:* trata-se do objetivo de auxiliar clientes no sentido de manter poucos estoques;
- *respeito às legislações:* nesse caso, a logística reversa é implantada devido à necessidade de obediência legal ou ecológica;
- *recuperação econômica:* trata-se do objetivo de revalorizar economicamente o bem retornado, que visa a canais reversos alternativos, obtendo-se um valor residual interessante;
- *valorização de ativos:* trata-se do objetivo econômico que almeja principalmente remanejar ativos ou estoques para recapturar valor.

Podemos observar, na Tabela 14.1, os resultados de pesquisa na qual o objetivo estratégico "aumento da competitividade" foi apontado pela maioria das empresas que dela participaram como o principal objetivo estratégico, justificando o estabelecimento de suas redes e parcerias reversas. Os demais objetivos, não menos importantes, permitem avaliar as diferentes formas de acréscimo de valor que a logística reversa propicia nesses casos.

TABELA 14.1 Objetivo estratégico da política de retorno de produtos não consumidos

OBJETIVO ESTRATÉGICO DO RETORNO	PORCENTAGEM DOS RESPONDENTES
Competitividade	36,8%
Cumprir a lei	21,1%
Ecologia	19,3%
Limpeza do canal	17,5%
Recupareção de valor	17,5%

Fonte: LEITE, P. R.; BRITO, E. Z. P.; MACAU, F. A importância da logística reversa em canais com alta taxa de retorno: um estudo em empresa do setor editorial brasileiro. In: CONGRESSO SIMPOI, 2005, São Paulo. *Anais*... São Paulo: FGV, 2005.

14.3.1 Objetivo de competitividade por meio da prestação de serviços de pós-venda

Ao examinar os denominados "objetivos de desempenho" de uma operação, negócio ou empresa – geradores de um produto ou de um serviço –, a maioria dos autores destaca cinco deles como os mais característicos: qualidade; rapidez ou responsividade; confiabilidade ou eficácia; preço e flexibilidade operacional. Observe que, dentre esses diversos objetivos que podem dirigir as ações estratégicas das organizações, dois deles (qualidade e preço) referem-se a condições intrínsecas ao produto ou serviço oferecido aos clientes, enquanto três (rapidez, confiabilidade e flexibilidade) referem-se às condições de prestação de serviços aos clientes.

Sabemos que todo fornecimento de produto a um cliente é acompanhado por serviços antes, durante e após a realização da venda. Em outras palavras, e ainda conforme os principais autores, as empresas vendem pacotes de produtos e serviços juntos ou só de serviços.

Ao constatar que, atualmente, com raras exceções, os produtos não possuem diferenciação intrínseca perceptível aos clientes, torna-se importante às empresas a busca de prestação de serviços que garanta a manutenção dos clientes por mais tempo. Serviços anteriores à venda de um produto podem ser entendidos como aqueles que permitem a perfeita compreensão de suas funcionalidades e dos diversos modelos, dos locais de venda, entre outros aspectos. Serviços durante a venda referem-se aos cuidados no atendimento durante a venda, na flexibilidade das condições em geral etc. Serviços após a venda ou de pós-venda, como estão sendo denominados neste livro, referem-se aos aspectos relativos ao produto intrinsecamente e aos serviços correspondentes de atendimento ao consumidor, tais como garantia do produto, conserto ou reparo dentro ou fora da garantia etc.

LOGÍSTICA REVERSA NA PRÁTICA 14.3

Modelo de logística reversa de assistência técnica

A Figura 14.2 resume o fluxo de materiais entre as diversas áreas envolvidas no retorno de produtos duráveis para conserto em assistência técnica, evidenciando os eventuais níveis de complexidade de conserto e as relações com o fabricante do produto. Denominamos esse canal reverso de "modelo de retorno para assistência técnica".

Destaca-se, desta forma, um fluxo logístico reverso externo à empresa, que é organizado para captar e consolidar os produtos a serem consertados e que é planejado, levando em consideração os aspectos logísticos de dimensionamento e a localização dos recursos próprios ou de terceiros disponíveis e um fluxo logístico reverso interno à organização, que deve garantir a alimentação de peças de reposição para os consertos.

▶

FIGURA 14.2 Modelo de retorno de serviços de pós-venda – assistência técnica

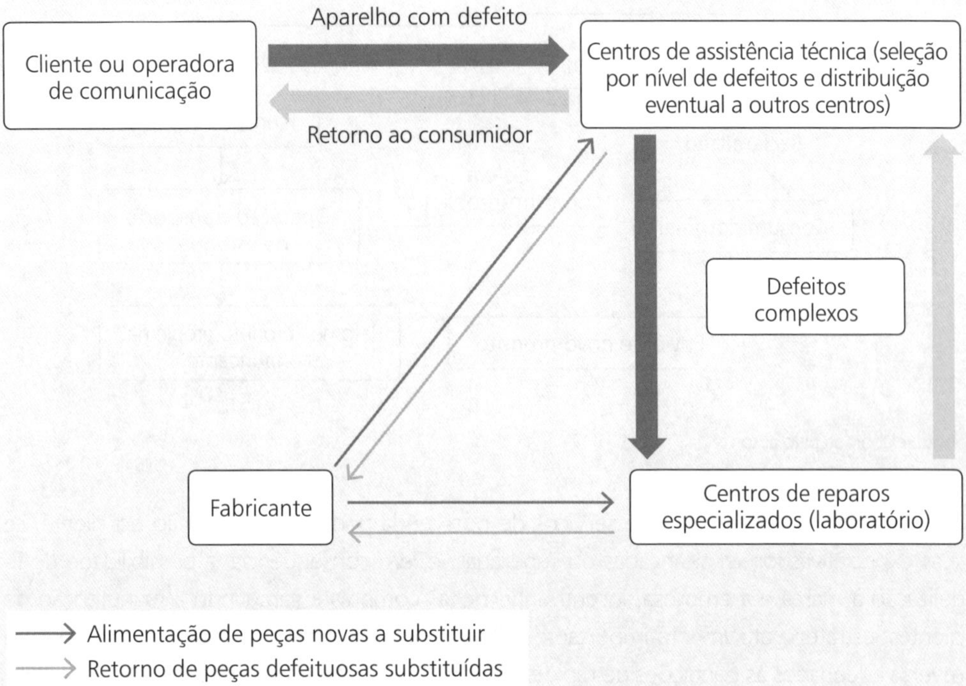

Fonte: elaborada pelo autor.

LOGÍSTICA REVERSA NA PRÁTICA 14.4

Modelo de logística reversa de retorno do consumidor final

O modelo de logística reversa da Figura 14.3 esquematiza a prestação de serviços de fabricante ou distribuidor no retorno direto do consumidor final, motivado por algum tipo de reclamação de defeito no produto, na embalagem etc.

Em geral, a reclamação é feita diretamente ao fabricante, ou ao próprio varejista, por meio do SAC, que se encarrega de iniciar o processo de substituição do produto que apresenta problema. A rede de logística reversa é acionada para a coleta e substituição desse produto, nem sempre de maneira simultânea, e ele é enviado ao fabricante para verificações e *feedback* de qualidade.

FIGURA 14.3 Modelo de retorno por reclamação do consumidor final

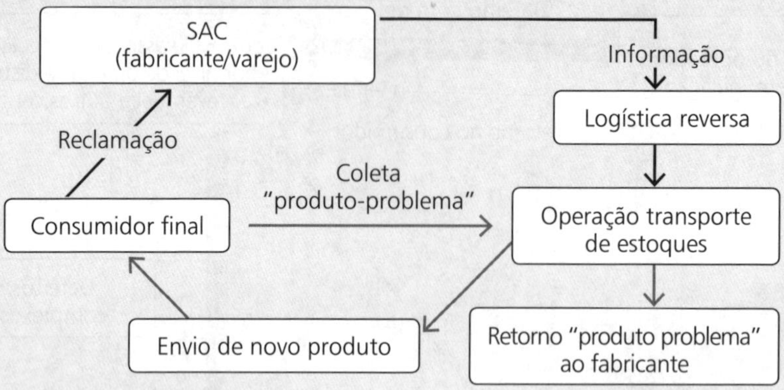

Fonte: elaborada pelo autor.

Dessa forma, a prestação de serviços de pós-venda pode gerar satisfação do cliente, se suas expectativas forem alcançadas ou superadas, e, em consequência, a possibilidade de fidelização à marca e à empresa, incentivando novas compras e garantindo a manutenção de clientes, estratégia atualmente importante no ambiente concorrencial. Programas de logística reversa adequados às condições de rapidez, confiabilidade e flexibilidade, com adequada rede de assistência técnica, combinada com gestão de fluxos internos e de estoques de peças de substituição, certamente se traduzirão em vantagem competitiva empresarial, a qual denominamos "custos intangíveis", garantindo suas marcas e imagem.

14.4 Objetivo legal de retorno de produtos de pós-venda

As preocupações com o relacionamento entre fornecedores e clientes finais de produtos e serviços não são novas nas sociedades, porém foram se tornando mais visíveis à medida que aumentaram a quantidade, a diversidade, a complexidade e a comoditização de modelos de produtos, bem como houve redução no ciclo de vida deles (já examinada anteriormente), entre outros fatores, o que se intensificou com o desenvolvimento dos mercados mundiais, graças à comunicação e globalização dos anos 1990, contribuindo para uma maior complexidade no relacionamento entre fornecedores e clientes finais.

Com a conscientização trazida pelos novos e rápidos sistemas de comunicações mundiais, a questão da cidadania toma forma em diversas sociedades, instituindo-se legislações e regulamentações com vistas à proteção do consumidor final.

Sob essa perspectiva de relacionamento, o retorno de produtos e seus respectivos serviços merecem destaque nas regulamentações legais, tais como:

- ***pós-venda de produtos:*** regulamentação sobre a garantia de informações adequadas antes, durante e após a compra do bem; consertos e reparos de produtos e componentes; chamamentos (*recall*) de produtos em caso de problemas funcionais posteriormente descobertos pelo fabricante; trocas ou devoluções no varejo em geral; prazo de validade de produtos, entre outros casos.
- ***serviços de pós-venda:*** regulamentação sobre as informações dos serviços, prazos de reparos e consertos, conteúdo da assistência técnica etc.

As condições dessas legislações e suas regulamentações, portanto, devem direcionar a implantação da logística reversa em empresas e se constituir em objetivos legais a serem cumpridos.

LOGÍSTICA REVERSA NA PRÁTICA 14.5

O Código de Defesa do Consumidor brasileiro

Em 1990, após diversas leis anteriores, institui-se a Lei n. 8.078,[1] denominada Código de Defesa do Consumidor, dentro da Política Nacional de Relações de Consumo, com o objetivo de regular as relações entre fornecedores e clientes finais de produtos e serviços. Os órgãos de proteção ao consumidor, como o Procon, de natureza jurídica, foram criados nas esferas estaduais e municipais para atendimento e execução das diretrizes do Código. Seguem-se alguns dos artigos dessa lei, relativos ao retorno de produtos e à prestação de serviços de pós-venda.

> [...]
>
> Art. 6º São direitos básicos do consumidor:
>
> [...]
>
> III – a informação adequada e clara sobre os diferentes produtos e serviços, com especificação correta de quantidade, características, composição, qualidade, tributos incidentes e preço, bem como sobre os riscos que apresentem;
>
> [...]
>
> Art. 8º Os produtos e serviços colocados no mercado de consumo não acarretarão riscos à saúde ou segurança dos consumidores, exceto os considerados normais e previsíveis em decorrência de sua natureza e fruição, obrigando-se os fornecedores, em qualquer hipótese, a dar as informações necessárias e adequadas a seu respeito.

▶

1 BRASIL. Lei n. 8.078, de 11 de setembro de 1990. Dispõe sobre a proteção do consumidor e dá outras providências. Disponível em: <http://www.planalto.gov.br/ccivil_03/leis/L8078.htm>. Acesso em: 24 ago 2016.

Parágrafo único. Em se tratando de produto industrial, ao fabricante cabe prestar as informações a que se refere este artigo, através de impressos apropriados que devem acompanhar o produto.

[...]

Art. 10. O fornecedor não poderá colocar no mercado de consumo produto ou serviço que sabe ou deveria saber apresentar alto grau de nocividade ou periculosidade à saúde ou segurança.

§ 1º O fornecedor de produtos e serviços que, posteriormente à sua introdução no mercado de consumo, tiver conhecimento da periculosidade que apresentem, deverá comunicar o fato imediatamente às autoridades competentes e aos consumidores, mediante anúncios publicitários.

§ 2º Os anúncios publicitários a que se refere o parágrafo anterior serão veiculados na imprensa, rádio e televisão, às expensas do fornecedor do produto ou serviço. [*Recall*]

[...]

Art. 12. O fabricante, o produtor, o construtor, nacional ou estrangeiro, e o importador respondem, independentemente da existência de culpa, pela reparação dos danos causados aos consumidores por defeitos decorrentes de projeto, fabricação, construção, montagem, fórmulas, manipulação, apresentação ou acondicionamento de seus produtos, bem como por informações insuficientes ou inadequadas sobre sua utilização e riscos.

§ 1º O produto é defeituoso quando não oferece a segurança que dele legitimamente se espera, levando-se em consideração as circunstâncias relevantes, entre as quais:

I – sua apresentação;

II – o uso e os riscos que razoavelmente dele se esperam;

III – a época em que foi colocado em circulação.

[...]

Art. 18. Os fornecedores de produtos de consumo duráveis ou não duráveis respondem solidariamente pelos vícios de qualidade ou quantidade que os tornem impróprios ou inadequados ao consumo a que se destinam ou lhes diminuam o valor, assim como por aqueles decorrentes da disparidade, com as indicações constantes do recipiente, da embalagem, rotulagem ou mensagem publicitária, respeitadas as variações decorrentes de sua natureza, podendo o consumidor exigir a substituição das partes viciadas.

§ 1º Não sendo o vício sanado no prazo máximo de trinta dias, pode o consumidor exigir, alternativamente e à sua escolha:

I – a substituição do produto por outro da mesma espécie, em perfeitas condições de uso;

II – a restituição imediata da quantia paga, monetariamente atualizada, sem prejuízo de eventuais perdas e danos;

III – o abatimento proporcional do preço.

[...]

Art. 21. No fornecimento de serviços que tenham por objetivo a reparação de qualquer produto, considerar-se-á implícita a obrigação do fornecedor de empregar componentes de reposição originais adequados e novos, ou que mantenham as especificações técnicas do fabricante, salvo, quanto a estes últimos, autorização em contrário do consumidor.

[...]

LOGÍSTICA REVERSA NA PRÁTICA 14.6

O caso do *recall* de produtos (chamamento de produtos com defeitos)

O *recall* ou "chamamento de produtos" adquiriu maior visibilidade no final dos anos 1990, principalmente em razão da quantidade de *recalls* de automóveis que se sucederam nos últimos anos no Brasil. Uma consulta à Tabela 14.2 permitirá a você perceber a enorme quantidade de *recall* que vem sendo registrado.

O *recall* de produtos é exigido por lei quando o produto colocado no mercado apresenta possível dano à saúde ou risco de acidente a seus consumidores. Pode ter um caráter obrigatório por parte do Ministério Público ou por iniciativa da própria empresa, sendo necessário em qualquer dos casos veiculação na mídia generalizada para os consumidores tomarem ciência das providências a serem tomadas.

As consequências para as empresas podem diferir e existem opiniões diversas sobre isso, sendo algumas concordantes que o *recall* afeta negativamente a imagem da empresa se realizado por obrigação legal, enquanto reforça sua imagem se ocorre por iniciativa própria. A empresa ter um sistema de rastreabilidade de seus produtos facilita as operações de logística reversa para a recuperação e o trabalho torna-se ainda mais descomplicado.

TABELA 14.2 *Recall* no Brasil de 2002 a 2016

SEGMENTO	TOTAL AFETADOS	PERCENTUAL	TOTAL DE CAMPANHAS	PERCENTUAL
Veículos	11.665.778	8,50	750	77,56
Produtos para a saúde	51.292.861	37,36	56	5,79

▶

Outros (adaptadores de tomadas, bicicletas, rodos, máquina copiadora, lanterna, bicicleta etc.)	8.761.312	6,38	42	4,34
Produtos infantis	4.350.489	3,17	36	3,72
Informática	355.614	0,26	25	2,59
Alimentos e bebidas	48.991.930	35,69	20	2,07
Peças e acessórios automotivos	200.369	0,15	18	1,86
Higiene e beleza	11.627.182	8,47	11	1,14
Eletrodomésticos/ eletroeletrônicos	43.968	0,03	9	0,93
SUBTOTAL DE REGISTROS: 9	137.289.503	100,00	967	100,00

Fonte: PROCON DO ESTADO DE SÃO PAULO, 2016.

Observa-se, por esses dados, que existe uma diferença importante entre o número de pessoas afetadas e o número absoluto de *recall*, ou seja, 750 campanhas de *recall* no setor de veículos afetaram mais de 11,5 milhões de pessoas, enquanto 56 campanhas na área de saúde afetaram mais de 50 milhões de pessoas, assim como na área alimentícia somente 20 casos de *recall* afetaram cerca de 50 milhões de pessoas.

Enquanto no *recall* de veículo é o próprio proprietário que se encarrega de realizar a logística reversa ao se dirigir à concessionária para a reparação do problema, nos demais casos é a rede reversa da empresa que deve se encarregar de todas as fases da logística reversa, ou seja, coletar, consolidar e dar o destino aos produtos retornados.

14.5 A logística reversa como recuperadora de falhas empresariais no pós-venda

As diversas formas de obter competitividade por meio da logística reversa, seja pela redução de custos ou pela diferenciação em serviços, podem ser resumidas em sua missão principal: recuperação de "falhas empresariais". Certamente ficou evidente que a maioria das ocasiões de retorno de mercadorias abordadas neste livro deve-se a algum tipo de "falha" nos processos da empresa, salvo poucas exceções de voluntarismo empresarial em antecipar a prestação de serviços de logística reversa aos seus clientes ou de "falhas aleatórias", que acontecem independentemente da vontade da empresa.

Ocasiões como emissão de uma nota fiscal errada, envio de quantidade ou tipo indevido de produto, defeito ou avaria no item, defeito que mereça reparos ou assistência técnica, entre outras ocasiões, evidenciam falhas empresariais que devem ser "recuperadas" pela logística reversa. Dessa maneira, pode-se dizer que algumas falhas são geradas por condições que permitem recuperação, ou mesmo prevenção, enquanto outras ficam fora do alcance da empresa em um primeiro momento.

- ***Geradas pelo consumidor:*** não apreciação da estética do produto, arrependimento pela compra, não entendimento do manual, entre outras. Esse tipo de retorno é característico do varejo não presencial, a exemplo das vendas no comércio eletrônico, por catálogos etc., correspondendo a uma pequena parcela do total do retorno e difícil de ser controlada.
- ***Geradas pela função específica e programada do produto:*** manutenção periódica, revisão, embalagem retornável etc. Casos em que a condição de função específica está prevista.
- ***Geradas por falhas operacionais:*** são falhas de diversas naturezas atribuídas aos fabricantes, distribuidores, varejistas e transportadores, destacando-se pela sua maior incidência entre os motivos de retorno. Sua identificação e classificação são de vital importância para a eficiência da logística reversa.

Neste último caso vale observar: "Os clientes prestam mais atenção ao desempenho da companhia quando algo dá errado do que quando tudo funciona bem". Acrescente-se que pesquisas apontam que uma falha não recuperada apresenta 85% de probabilidade de perda do cliente. A logística reversa de pós-venda, se aplicada com eficiência, pode ser entendida como a área de recuperação de falhas operacionais de diversas naturezas, reduzindo uma quantidade apreciável dos retornos anteriormente examinados. A recuperação de falhas produz ganhos de custos e garantia da imagem empresarial ou da marca, contribuindo para o reforço da fidelidade.

14.6 Aspectos logísticos de retornos de pós-venda

O exame das diversas etapas dos canais reversos de pós-venda permite a observação das diferenças e peculiaridades logísticas que abordaremos neste item. Como na logística empresarial toda concepção está estreitamente relacionada com o produto logístico e suas peculiaridades, a necessidade da logística reversa de pós-venda advém do fato de o produto de pós-venda apresentar-se, na maioria dos casos, sem embalagem ou com embalagem danificada; de nem sempre estar muito bem identificado; de haver diversidade de modelos, produtos e volumes na mesma carga de retorno, enfim, há uma heterogeneidade de aspectos logísticos que torna importante um bom planejamento de logística reversa para o alcance de eficiência.

Conforme já examinado, contudo, a quantidade dos fluxos reversos de pós-venda têm aumentado nas últimas décadas, devido à necessidade mercadológica de novos produtos e modelos e à conscientização, por parte das empresas, da necessidade de equacionar racional e separadamente os fluxos diretos e reversos de seus produtos, o que justifica a procura de maior eficiência nos fluxos reversos.

A Tabela 14.3 identifica as principais diferenças logísticas entre os canais de distribuição diretos e reversos, salientando as dificuldades inerentes da distribuição reversa. A discussão que se segue tratará de alguns aspectos peculiares logísticos e de como eles têm sido equacionados pelas empresas que implementam a logística reversa de pós-venda.

TABELA 14.3 Diferenças entre distribuição direta e reversa de pós-venda

DISTRIBUIÇÃO DIRETA	DISTRIBUIÇÃO REVERSA
Qualidade do produto uniforme	Qualidade do produto não uniforme
Trajeto dos produtos ao longo dos canais previsíveis	Trajetos e rotinas pouco previsíveis
Custos mais facilmente entendidos	Custos pouco entendidos
Precificação uniforme	Precificação muito pouco uniforme
Acurácia de inventários	Baixa acurácia de inventários
Ciclo de vida administrável	Ciclo de vida pouco administrável
Aspectos financeiros dominados	Aspectos financeiros pouco previsíveis
Clientes definidos	Clientes pouco definidos
Negociações claras	Negociações menos diretas
Visibilidade transparente	Visibilidade pouco transparente

Fonte: elaborada pelo autor.

A concepção de cadeia reversa de pós-venda varia em função da origem dos produtos e de seu destino, mas enquadra-se nas características gerais que envolvem a coleta dos produtos a retornar, consolidações geográficas e de quantidade, seleção de destino dos produtos retornados, redistribuição dos produtos reaproveitados.

O entendimento da cadeia de distribuição direta facilita o planejamento das origens na fase de coleta dos produtos, podendo ser de utilidade na concepção dos recursos de transportes e instalações de consolidação do retorno.

14.6.1 Coleta dos bens de pós-venda

O retorno dos produtos na cadeia reversa de pós-venda em geral ocorre pelos mesmos caminhos da distribuição direta, ou seja, entre os diversos integrantes da cadeia, entre o consumidor e o varejista, entre o varejista e o distribuidor, entre o varejista e o fabricante, entre duas empresas etc. Dessa maneira, a coleta e a consolidação das mercadorias retornadas obedecerão ao caminho contrário das entregas, sendo tanto mais difíceis quanto mais elos houver a transpor no retorno.

O número de pontos de coleta, função da dispersão geográfica da distribuição direta, condicionará o número de consolidações e os custos correspondentes em transporte, fator fundamental nas coletas. Em geral, a quantidade de retorno não constitui carga completa, acrescentando-se os custos devidos à falta de escala econômica e à heterogeneidade da relação peso-volume e preço-volume dos produtos. A variedade de produtos envolvidos, em geral, não possibilita padronizações de roteiros e de transporte, exceção feita aos movimentos de excesso de estoques, os quais costumam possibilitar melhor desempenho de transporte.

Essas condições gerais, exceto no caso de alguns grandes grupos comerciais, sugerem a contratação de operadores especializados em logística reversa, que poderão propiciar um verdadeiro *milk run*[2] nas coletas e transportar os bens para centros de consolidação reversos ganhando em economia de escala e *performance* geral da operação.

14.6.2 O caso da assistência técnica de produtos duráveis

A captação dos aparelhos com defeitos é realizada em diversas regiões, o que implica, consequentemente, localização logística adequada para servir os clientes. A seleção dos níveis de conserto e a localização de competência técnica ao longo da cadeia reversa devem ser cuidadosamente estudadas, de modo a garantir tempos de fluxo mínimos. A cadeia reversa deve ser prevista como uma continuação do planejamento da cadeia de distribuição, aproveitando a sinergia entre transporte e armazenagem. A distribuição e a coleta de peças a serem substituídas e de peças usadas são uma das mais complexas atividades de administração de estoques, pois as demandas de conserto obedecem a incertezas maiores do que as demandas de produto novo. Os transportes utilizados nas redes internas de assistência técnica entre as áreas de conserto de níveis diferentes de competência técnica envolvem

2 *Milk run* significa "corrida do leite", termo usado com frequência no jargão da logística. Consiste em um processo de transporte em que um veículo circula pelos pontos de coleta destinando os coletados a um ponto de destino.

decisões logísticas de importante valor: decisão de modal, quantidades, índices de falhas, entre outros aspectos.

14.6.3 Centros de distribuição reversos

Um centro de distribuição reverso tem como objetivo receber todas as mercadorias retornadas por diferentes motivos e de diferentes regiões para que sejam identificadas, selecionadas e destinadas ao canal reverso para melhor solução de recaptura de valor.

As grandes vantagens de um centro de distribuição são: consolidar quantidades, permitindo economias de escala em revalorizações dos produtos e economia de espaço de estoques nas origens do retorno, obter *feedback* de qualidade e performance dos produtos e da decisão do destino a ser dado ao lote. Quanto mais cedo se conhecer o estado e o possível destino dos produtos, certamente serão economizados transportes inúteis, além de se ganhar tempo de retorno precioso para que não haja depreciação dos produtos retornados.

Tradicionalmente, as empresas recebiam suas mercadorias de retorno em centros de distribuição diretos. Contudo, o aumento da quantidade retornada devido à significativa redução do ciclo de vida dos produtos, a possibilidade de diferenciação competitiva pela liberação de área junto aos clientes, a responsabilidade em relação ao que ocorre com o produto após a venda, o interesse competitivo em receber o *feedback* de qualidade e *performance* de produtos provocaram remanejamento de estoques em diversos canais reversos de pós-venda e têm modificado essa posição e contribuído para a criação de centros de distribuição reversos especializados.

Um aumento da quantidade e, certamente, da diversidade de produtos retornados provoca, se medidas de logística reversa não forem adotadas, maior tempo de reingresso das mercadorias ao ciclo de negócios e maior risco de perdas de seus valores residuais.

A decisão de criação do centro de distribuição reversa, a fim de especializar o trabalho de redes de lojas de varejo, já tem sido tomada por alguns grupos empresariais nos Estados Unidos, em busca de equacionar melhor o retorno de grandes quantidades de mercadorias (alguns estudos de caso aparecem no final deste capítulo). Esses centros realizam as operações de reembalagem, de decisão de destino, de consolidação e de informações logísticas do fluxo dos produtos.

As empresas que optaram por essa solução de centralização de sua logística reversa obtiveram importantes resultados de retorno de capital, grande domínio no fluxo de mercadorias e redução de superfície de armazéns.

Operadores logísticos tradicionais identificam a área de logística reversa como de grandes oportunidades de negócios e oferecem serviços de terceirização dessas operações. Os mais especializados dispõem de pacotes que incluem a logística reversa como diferencial de serviços a clientes, reservando áreas de armazenagem e serviços especializados.

Diversos são os argumentos que apontam para soluções independentes entre os centros de distribuição direta e reversa. A importante diferença entre os produtos, os cuidados diferenciados, o treinamento dos selecionadores, os sistemas de informação e a possibilidade de preferência de distribuição direta em maior volume têm sido alguns dos argumentos que justificam a criação de centros independentes em várias empresas.

Grandes empresas e líderes do mercado já deixaram evidente essa necessidade. Não compensa utilizar as áreas de supermercado com produtos que apresentam algum tipo de impedimento de alto giro de estoque. Além disso, a especialização dos centros de distribuição reversos garante uma atitude profissional e técnica na decisão e no destino dos materiais de retorno. Essas empresas têm obtido economias de até 25% diretamente no resultado empresarial.

Esses sistemas centralizados de retorno dos bens de pós-venda têm permitido uma série de vantagens competitivas de empresas líderes, como: simplificação de processos, melhoria das relações com os fornecedores, aumento no retorno sobre os investimentos em estoque, redução de custos administrativos, quando comparados com os custos de sistemas descentralizados, melhoria dos sistemas de informação etc.

14.7 Sistema de informações na logística reversa

Um sistema de informação de logística dos fluxos reversos deve prever especificidades que permitam trabalhar a diversidade e a heterogeneidade dos produtos já mencionados de forma especializada e flexível, assim como possibilitar a coordenação das diversas etapas do seu fluxo e operações correspondentes. A coordenação dessas operações em todas as etapas do retorno dos produtos garantirá os créditos ou solução dos problemas junto aos clientes.

A falta de *softwares* comerciais adaptáveis a diversos tipos de empresas tem incentivado muitos operadores logísticos e empresas que implantaram sua própria área de logística reversa a desenvolver *softwares* próprios, o que as tornaram empresas de serviços no ramo. Empresas de *softwares* especializados ou de módulos associados a sistemas existentes oferecem programas específicos que permitem o rastreamento do produto e do seu retorno nas diversas etapas, que desenvolvem um banco de dados para melhorar o destino dado aos produtos retornados e que se relacionam corretamente com os demais sistemas das empresas.

Com exceção de empresas líderes no mercado, para a maioria das demais empresas, os produtos de retorno são considerados ainda, em grande parte, um "problema" a ser resolvido, e geralmente os sistemas de informações da distribuição direta não incluem os retornos de pós-venda, o que dificulta o controle dos fluxos de toda a cadeia reversa.

Temos enfatizado que os aspectos logísticos do retorno dos bens são de alta complexidade, por envolverem uma diversidade de produtos e embalagens, o que torna o sistema de informações específico. Para enfrentar os diferentes tipos de produtos e causas de retorno em um sistema de informações, os sistemas de códigos por *Electronic data interchange* (EDI) ou, em português, "troca eletrônica de dados", já possuem códigos especializados e os códigos de barras bidimensionais ou *Radio frequency identification data* – Identificação de dados por radiofrequência (RFID) permitem a inclusão dessas características, com vantagens em relação aos códigos tradicionais.

Os códigos de classificação de tipo ou motivo de retorno dos produtos utilizados referem-se a reparos na fábrica, manutenção, erro de pedido, erro de entrada, erro de expedição, embarque incompleto, quantidade errada, pedidos duplicados, avaria no produto, produto sem funcionamento, produto defeituoso, estoque em excesso, ajustamento de estoque, estoque obsoleto etc.

14.8 Mercados secundários

Os mercados secundários são definidos como uma grande variedade de atividades comerciais de compra e venda de produtos de pós-venda retornados. Distingue-se a atividade comercial de liquidadores, atacadistas especializados, exportadores, negociantes ou intermediários e varejistas, que comercializam esses produtos retornados por algumas das razões analisadas anteriormente, os quais não podem ser negociados, também por diversos motivos, em mercados primários.

Cabe lembrar que o mercado secundário trabalha tanto com produtos novos como com os de pós-venda, pois, muitas vezes, são os fabricantes que direcionam excessos ou fim de estoque de produtos descontinuados ao mercado secundário, não constituindo realmente uma exclusividade dos canais reversos. Embora o objetivo deste livro seja o exame desses canais, é importante mencionar as possibilidades de escoamento dos mercados secundários.

Esses negociantes transacionam diretamente com os fabricantes os excessos de estoque, as pontas de estoque ou os estoques decorrentes de descontinuidade de produção de um produto; negociam com empresas do varejo os excessos, as sobras de estação, os produtos com baixo giro no estoque ou por outras razões de retorno já examinadas; negociam com companhias de seguros mercadorias salvas em acidentes durante o transporte, constituindo-se em empresas de grande porte econômico, que posteriormente repassam esses bens ao mercado secundário de varejo, bancando os estoques.

Em outros casos, a liquidação dos bens de retorno é negociada por corretores intermediários para exportação para países de menor poder aquisitivo, viabilizando maior ganho de valor agregado na operação.

Os diversos canais reversos de liquidação de mercadorias apresentam diferentes resultados de retorno financeiro e são mais ou menos produtivos em função das quantidades envolvidas nas negociações, do tempo disponível para a comercialização, da existência de restrições de mercados ou de outra natureza, além da própria demanda do canal no tempo da negociação.

O planejamento da logística reversa permite conhecer as diversas possibilidades de uso de canais reversos de revalorização e, em cada um deles, os diferentes meios de comercialização. Em outras palavras, escolhido um canal de liquidação, por exemplo, para um lote de mercadorias, deve-se selecionar o sistema de comercialização de venda direta a liquidadores, venda direta *on-line*, venda em leilão *on-line*, entre outros meios, em função do tempo de liquidação, das quantidades do lote, dos preços aceitos, das restrições de mercado etc.

14.9 Serviços de terceirização em logística reversa

Devido às peculiaridades logísticas dos canais reversos, a logística reversa é excelente campo de atuação dos operadores logísticos em geral, podendo atuar em diversas modalidades de prestação de serviços. A Tabela 14.4 relaciona os diversos tipos de serviços de logística reversa disponíveis no mercado norte-americano em suas diferentes áreas de atividade.

TABELA 14.4 Serviços de logística reversa oferecidos no mercado norte-americano

SERVIÇO	OPERAÇÕES TÍPICAS
Coleta e consolidação de produtos de alto valor agregado	• Desinstala computadores e equipamentos médicos • Consolida produtos usados para desmanche
Coleta, separação e comercialização de resíduos	• Maneja materiais diversos, como papéis, vidros, plásticos, metais etc.
Pool de *pallets* e de embalagem	• Opera embalagens reutilizáveis, troca e opera *pallets*
Coleta de resíduos especiais	• Recupera óleos usados e solventes, produtos salvados

Fonte: COUNCIL OF LOGISTICS MANAGEMENT (CLM). *Reuse and recycling reverse logistics opportunities*. Illinois: CLM, 1993.

LOGÍSTICA REVERSA NA PRÁTICA 14.7

Logística reversa de pós-venda na empresa Genco Distribution System

O interesse da apresentação desse caso é o de se constatar que as preocupações com a logística reversa de pós-venda nos Estados Unidos é bastante antiga e bem desenvolvida.

A Genco Distribution System foi fundada em 1898, e até 1970 operava apenas na região da Pensilvânia. Em 1980, desenvolveu um *software* de processamento de retorno de mercadorias por meio da empresa Scanning Solutions, sua subsidiária. Atualmente, pertence ao conglomerado FEDEX, mas mantém, entre outras atividades logísticas, o pioneirismo na área de logística reversa com sistemas de solução desde as coletas até as destinações e revalorizações dos produtos.

A missão da empresa é prover valor aos clientes por meio do Asset Recovery Services, serviço que tem como objetivo a busca de compradores para produtos de retorno de seus clientes. A empresa realiza uma série de serviços para esse fim, desde coletas e consolidações até a venda final dos produtos recolhidos. Por sua atuação, ganhou em 1994, 1995, 1996 e

1999 os prêmios da Sears e vários prêmios de serviços da Procter & Gamble (P&G). No setor de logística reversa, oferece atualmente:

- gerenciamento em logística reversa – coletas e consolidação;
- recuperação de ativos – busca de compradores para as mercadorias retornadas dos clientes;
- processo de inspeção de valor – serviço de avaliações junto aos clientes e seus fornecedores, a fim de garantir corretas condições de preços às mercadorias retornadas;
- *software* de logística reversa – sistema informatizado de logística reversa colocado à disposição dos clientes. Controla os transportes em todas as fases de *reverse supply chain* (cadeia de suprimento reversa), facilita o crédito entre clientes, aumenta a produtividade do retorno, identifica as diversas mercadorias por meio de código de barras e assim por diante;
- outros serviços de operadores logísticos.

Otimização de canais reversos na Genco

Existem diversas possibilidades de canais desenvolvidos pela empresa:

- retorno ao estoque;
- venda como liquidação;
- retorno ao fabricante;
- salvados;
- reparos;
- venda por meio de mercado de terceiros;
- sucateamento;
- disposição final.
- doação.

Muitos varejistas e fabricantes perceberam que o gerenciamento correto do retorno de mercadorias permite ganhos financeiros, como no caso dos inservíveis, que podem se tornar centros de lucros; os salvados, que podem ter de 15% a 20% de valor recuperado; e os casos de vendas por meio de terceiros.

A empresa introduziu recentemente novas formas de leilões *on-line* com excelentes resultados para seus clientes, que permitem maximizar a eficiência do canal reverso, pela satisfação do consumidor final, com uma recuperação de valor de 50% a 70%.

Modelo usado pela Genco

A empresa utiliza diversos canais de liquidação de mercadorias para seus clientes, tais como: leilões *on-line*; preços fixados *on-line*; trocas entre empresas por meio de B2B; colocação em estoque para revenda; venda como salvados; venda como sucata. O resultado financeiro, nesses diversos canais reversos, difere substancialmente e na ordem apresentada, de acordo com a Genco.

O modelo de recuperação de valor dos ativos empresariais é influenciado, segundo a empresa, por quatro critérios, que são examinados no modelo de liquidação de ativos proposto a seus clientes: quantidade de mercadorias a liquidar, tempo disponível para a liquidação, restrições de locais de liquidação e demanda do canal. Na dimensão quantidade, as variações são de duas ordens: quantidade de produtos e variedade do lote disponível.

O tempo de liquidação dependerá do volume dirigido a cada canal reverso escolhido e principalmente do canal da transação: *on-line* ou tradicional. Os volumes determinarão as necessidades de espaço para estocagem, os compromissos com novos produtos entrando no espaço dos clientes, entre outros aspectos. A Genco utiliza o esquema da Figura 14.4 para definir os compromissos entre as diversas dimensões examinadas e as possibilidades de canais reversos de liquidação utilizados.

FIGURA 14.4 **Sistema de prioridade na destinação dos produtos retornados**

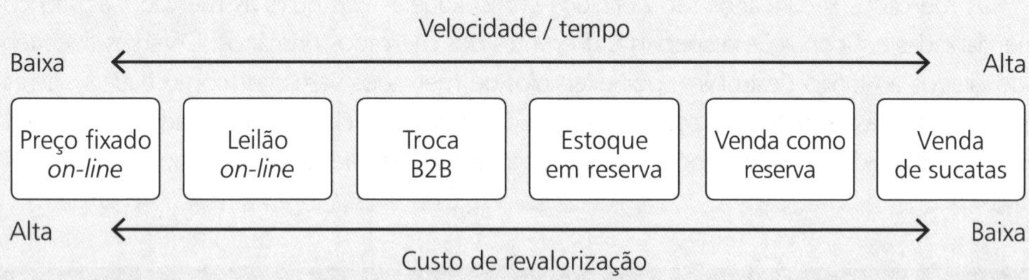

Fonte: GENCO DISTRIBUITION SYSTEM. Disponível em: <http://www.genco.com>. Acesso em: jul. 2016.

Restrições são representadas pela existência de inconvenientes para os clientes com relação ao uso de certos canais reversos de liquidação ou de outra natureza, podendo haver restrições de ordem geográfica, de canais propriamente ditos, relativas ao aparecimento da marca, a aspectos relacionados aos rótulos dos produtos, à garantia dos produtos, às possibilidades de novo retorno.

Pode-se dizer que o modelo busca otimizar as diferentes possibilidades de liquidação por meio da escolha do canal melhor e mais apropriado, da colocação ideal do produto e do melhor retorno financeiro gerado.

Fonte: adaptado da apresentação do Doutor Tim Konrad, vice-presidente de pesquisa e desenvolvimento da Genco Distribution System, no Primeiro Seminário Internacional de Logística Reversa. *Council of Logistics Management*, em 21 de maio de 2002. Disponível em: <http://www.genco.com>. Acesso em: jul. 2016.

RESUMO DOS PRINCIPAIS TÓPICOS

A implantação da logística reversa de pós-venda pode satisfazer a objetivos, principalmente econômicos, de busca de competitividade empresarial e de cumprimento de obrigações legais. A revalorização econômica dos bens de pós-venda retornados é obtida por meio de sua comercialização como produtos novos em mercados primários, em mercados secundários, a preços reduzidos, ou em mercados secundários de grandes volumes. Em alguns casos, terão sua revalorização equivalente aos casos estudados como de pós-consumo, ou seja, serão destinados a desmanche, reúso, remanufatura, reciclagem industrial ou a um destino final.

O objetivo do ganho de competitividade e de fidelização de clientes por meio da logística reversa é oferecer condições de liberação de áreas de loja, aumento de área de estoques, produtos com alto giro de estoque, flexibilidade nas quantidades, entre outros aspectos.

Em função das peculiaridades dos produtos de pós-venda retornados, é importante desenvolver projetos que considerem a grande variedade deles, a falta de escala econômica normalmente presente em operações individuais de empresas e os custos de transportes, que representam grande parcela dos custos de coleta e consolidação, além de serem aconselhados os centros de distribuição reversos e a parceria com operadores logísticos especializados.

Os mercados secundários são definidos como aqueles nos quais as mercadorias são comercializadas em condições especiais e diferentes dos mercados primários. Diversos tipos têm sido citados ao longo deste livro, por exemplo, de mercados varejistas (como *outlets*), acrescentando-se a essas formas de comercialização o que se pode chamar de atacadistas do sistema reverso, os liquidadores de estoques, os negociantes ou intermediários, os exportadores etc.

QUESTÕES PARA DISCUSSÃO

1. Quais são as diferenças e semelhanças existentes entre os objetivos das logísticas reversas de pós-venda e de pós-consumo?
2. Explique, com um exemplo prático, a revalorização econômica propiciada pela logística reversa de pós-venda.
3. De que maneira a logística reversa de pós-venda pode contribuir para a estratégia de diferenciação mercadológica na empresa?
4. Cite algumas razões para que a empresa utilize os serviços de operadores logísticos no retorno de bens de pós-venda.
5. De que modo as peculiaridades dos produtos retornados exigem soluções diferentes nos processos logísticos reversos?
6. Explique o funcionamento de um centro de distribuição reverso.
7. Pesquise na internet serviços de operadores logísticos especializados em logística reversa.

ESTUDO DE CASO 14.1

Empresa Bristol-Myers Squibb

A empresa Bristol-Myers Squibb projetou uma rede de distribuição reversa para produtos farmacêuticos para equacionar o rastreamento de seus produtos e o *take back* deles. O objetivo estratégico principal foi o cumprimento de legislação de diferentes órgãos oficiais do país, porém criou sinergia para o estabelecimento de uma rede reversa de retorno de modo sistemático.

Os organismos citados exigem que a empresa rastreie seus produtos no mercado, de modo a garantir seu retorno em casos de *recall*. Dois sistemas foram criados para diferentes fins: um sistema de rastreamento e um programa de *take back*.

Sistema de rastreamento

Todos os clientes são rastreados pela data de expedição, por meio de um sistema prático e semimanual, no qual três etiquetas são colocadas nos *pallets* embarcados. Quando eles chegam ao centro de distribuição, a primeira etiqueta é retirada e devolvida à empresa, sendo registrada a data de entrada. Quando o centro de distribuição começa a retirar produtos dos *pallets*, a segunda etiqueta é retirada e enviada à empresa. Por fim, quando todos os produtos foram despachados pelo centro de distribuição, a terceira etiqueta é enviada à empresa e a ordem desse *pallet* é fechada.

A Bristol-Myers Squibb é capaz de identificar um produto específico comprado por um cliente utilizando os dados do cliente e da produção do lote. Em casos de *recall* de produtos, é muito simples para a empresa realizar o retorno deles.

Sistema de *take back*

Os objetivos de retorno de produtos na empresa são relacionados:

- à data de expiração do prazo de validade de produto;
- ao superestoque de produtos nos canais de distribuição, devido a programas de vendas específicos;
- ao fato de os produtos precisarem ser retornados (*recall*) por razões de segurança de saúde.

A empresa acredita que o sistema de retorno por *take back* propicia alto nível de serviços aos clientes em uma indústria muito competitiva. O sistema também permite à empresa manter um controle "do berço ao túmulo" de seus produtos, reduzindo os riscos de seus impactos no meio ambiente.

O início do processo de retorno é feito pelo cliente, que contata a empresa via serviço de atendimento ao cliente para a obtenção da autorização de retorno. O cliente fornece dados para o preenchimento de uma série de formulários, identificando o lote, as datas de envio, as datas de validade, os volumes envolvidos etc. Eles também são obrigados a preencher formulários de instituições governamentais.

Os produtos são retornados, por meio de empresas como a UPS, o ES-mail ou outras de serviço expresso, diretamente ao centro de distribuição da Bristol. A consolidação mostra-se pouco necessária, pelos valores dos produtos farmacêuticos em geral, pois a maior parte das caixas devolvidas possui valor superior a mil dólares.

Quando esses produtos chegam à área especializada de retorno no centro de distribuição da empresa, eles são conferidos, é feita uma notificação e são então efetuados os créditos.

A empresa mede sua atividade de retorno em uma grande quantidade de unidades retornadas que são separadas e enviadas para quatro tipos de destino:

- itens a serem reestocados: trata-se dos excessos em volume, cujas embalagens são cuidadosamente verificadas antes de voltarem ao estoque;
- itens com *status* incerto: são eventualmente devolvidos sem a devida informação e precisam de inspeção mais aprofundada;
- itens a serem destinados à incineração: normalmente por conterem materiais perigosos em suas fórmulas;
- itens para aterros sanitários: aqueles que não têm serventia e não possuem substâncias constituintes danosas à saúde humana.

Fonte: adaptado de CLM, 1993.

ESTUDO DE CASO 14.2

Empresa Sears, Roebuck and Co.

A Sears é uma das maiores empresas de varejo dos Estados Unidos, com uma rede de varejo composta de mais de 1.000 lojas de departamento, centros de negócios, lojas de vizinhança especializadas em *hardware* de computadores e mais de 1.000 lojas de serviço automobilístico.

A estrutura de acréscimo de valor de suas mercadorias de retorno compõe-se de uma rede de transportes e centros de distribuição reversos, adotando como alavancagem de seus negócios de logística reversa o lema: “quanto mais itens controlados, menores os custos”.

Dentre os principais exemplos de adição de valor no retorno dos bens, destacam-se:

- três centros de distribuição reversos;

- reúso e reciclagem de 90 milhões de cabides;
- reciclagem de mais de 1.500 toneladas de tecidos plásticos;
- reciclagem de mais de 4 mil toneladas de ferramentas em fim de vida;
- liquidação e redistribuição de seus inventários;
- reforma de ferramentas e eletrônicos;
- revalorização de circuitos e partes.

Os principais motivos de liquidação de inventário podem ser agrupados nos tópicos "mercadorias não vendidas" e "excesso de estoque".

A empresa revela preocupação quanto a alguns aspectos no retorno e liquidação das mercadorias de suas lojas:

- capacidade de decisão sobre destinos;
- entendimento de que o tempo é importante, pois a depreciação é rápida;
- uso de modelo financeiro para retorno dos valores;
- estabelecimento de um fluxo de procedimentos formalizados entre os departamentos de logística reversa e as lojas, a fim de obter maior eficiência em suas atividades;
- uso de diferentes formas de revenda e de revalorização em função das quantidades disponíveis da mercadoria;
- uso de sistemas modernos via internet que permitem vantagens importantes para a recaptura de valor dos bens.

Fonte: adaptado da apresentação do Doutor Clay Valstad, diretor da Central Return Center Operations da Sears, Roebuck and Co., no Primeiro Seminário Internacional de Logística Reversa, *Council of Logistics Management*, em 21 de maio de 2002. Acesso em: jul. 2016.

O FUTURO 15

NESTE CAPÍTULO VOCÊ IRÁ:

1. entender, sob diferentes perspectivas, os desafios que a logística reversa ainda deve enfrentar em nosso país;
2. identificar aspectos que, se observados por empresas ou setores, permitirão melhorar significativamente a eficiência da logística reversa nas cadeias reversas;
3. avaliar a importância de cada instituição, empresa, setor empresarial e outras organizações e avançar em suas soluções de logística reversa;
4. entender que a logística reversa atualmente requer uma visão holística, atuando no sentido de reduzir os diversos inibidores da eficiência das cadeias reversas.

15.1 Logística reversa no Brasil

Atualmente, estima-se em 50 milhões de toneladas por ano a quantidade de lixo eletrônico gerado no mundo e cifras de vendas anuais mundiais de 1 bilhão de unidades de automóveis e de computadores. Em 2014, foram vendidos no Brasil 18 milhões de computadores, 80 milhões de celulares, 50 milhões de geladeiras, 23 milhões de máquinas de lavar roupa, 2,6 milhões de automóveis. E, ainda, 20 bilhões de garrafas PET, 20 bilhões de latas de alumínio e outro tanto de caixinhas longa vida entram no mercado anualmente.

Essas quantidades e variedades de produtos que entram no mercado exigem o equacionamento eficiente do retorno de produtos de pós-venda e de pós-consumo por meio da logística reversa. Esse equacionamento contribui para a fidelização de clientes, fixação de imagem empresarial, demonstração de responsabilidade empresarial quanto à sustentabilidade ambiental, entre outros aspectos que contribuem para a competitividade empresarial. A quantidade crescente de inserções sobre sustentabilidade na mídia em geral tem evidenciado sua relação com a imagem e a reputação empresarial. Certamente, esses objetivos estratégicos relacionados à competitividade e sustentabilidade continuarão a nortear as empresas modernas.

É nesse contexto que se insere o acentuado crescimento da logística reversa em todo o mundo e em especial no Brasil, tanto na área acadêmica como na empresarial, na medida em que ela pode contribuir de modo decisivo, estratégica e operacionalmente, com a recaptura de valor econômico; a agregação valor de prestação de serviços; obediência eficiente de legislações; mitigação de riscos ou reforço de imagem empresarial por meio da eliminação ou atenuação dos inibidores dos fluxos reversos.

Em decorrência, aumentam os serviços especializados em logística reversa, operadores logísticos, serviços de reparos e consertos, serviços de destinação final de produtos pós-consumo, liquidadores de estoques de estação, entre outros. O ensino da logística reversa, uma apreciável quantidade de produção acadêmica no mundo todo, e em particular no Brasil, cursos, entidades e associações relacionadas à logística reversa crescem em atividade. A logística reversa evolui de maneira gradativa de uma visão tradicional operacional, com preocupações puramente voltadas aos sistemas de operações logísticos, para uma visão ampliada e holística, como parte da estratégia empresarial, incluindo em suas preocupações os diversos aspectos inibidores das cadeias reversas de reaproveitamento de produtos e materiais.

A cadeia de suprimentos dos produtos é atualmente considerada em sua forma ampliada, ou seja, inclui o retorno dos produtos que ainda não foram usados ou com pouco uso e dos produtos que foram usados, por interesses ou objetivos diversos. Dependendo da condição de entrada do produto na cadeia reversa (pós-venda ou pós-consumo) e do interesse estratégico envolvido, diferentes métricas podem ser estabelecidas para a avaliação do desempenho de uma cadeia reversa.

Interesses econômicos, quando o retorno financeiro é o mais tangível por meio de algum tipo de reaproveitamento de produtos ou matérias-primas; interesse em satisfazer a legislação, que obriga o retorno dos produtos ou materiais; interesse na satisfação dos clientes, em sua fidelização; interesse no reforço ou na proteção da imagem empresarial quando o retorno significa garantia de não falsificação ou de salvaguarda da reputação da empresa; interesse na satisfação de normas ambientais que atendam aos quesitos comerciais na relação entre empresas, entre outros.

Para que as cadeias reversas tenham eficiência, sob diferentes métricas ou estratégias empresariais, é necessário entender os aspectos que poderão inibir, no todo ou em parte, os fluxos reversos.

Das possíveis categorias e perspectivas desses desafios da logística reversa, influindo diferentemente em cadeias reversas de pós-venda ou de pós-consumo, destacam-se a necessidade de difusão de conhecimentos e práticas; a adaptação de legislações que permitam eficiência no retorno de produtos; avanços nos projetos para o reaproveitamento dos produtos; avanços na cultura empresarial de colaboração e parcerias para o retorno e o reaproveitamento de produtos; métricas de desempenho na organização da logística reversa e avanços na percepção dos riscos de não execução. Evidentemente, pressupõe-se a organização estruturada da área nas empresas, de forma a utilizar com eficiência suas oportunidades de ganhos de custos e competitividade.

Examinaremos a seguir, mais detalhadamente, alguns desses aspectos que julgamos de maior relevância para o futuro da logística reversa no Brasil.

15.1.1 Conhecimento e prática

O conhecimento aqui é entendido como um conjunto de aspectos que permitem ao homem social ou empresarial fundamentar ações. Em logística reversa, refere-se ao conhecimento do mercado, dos processos, das informações, da tecnologia, de indicadores, entre outros. Veja a seguir.

Mercado. Trata-se de conhecer as oportunidades de reaproveitamentos diversos no retorno de produtos e materiais, como as empresas podem atuar ou estar potencialmente prontas a atuar nesses mercados, as diversas categorias de cadeias reversas e suas características, o mercado de destino dos produtos reaproveitados etc. Extremamente importante é a redução de "preconceito" de empresas e da sociedade em relação aos produtos reaproveitados, de maneira a se desenvolver mercados para esses produtos. Imperativo, portanto, que sejam implantados normas e sistemas de qualidade compatíveis com cada segmento, assegurando as boas práticas de reaproveitamento, e que haja indicações de uso correto dos produtos ou materiais reaproveitados.

Processos. O mapeamento dos processos envolvidos no retorno dos produtos e bens em geral permitirá entender seus custos, oportunidades de ganhos, novos centros de lucro e os caminhos críticos a enfrentar no equacionamento do seu retorno. A utilização de sistemas de custeio apropriado possibilitará identificar melhor os aspectos que requerem maior atenção do empresário.

Informações. A experiência tem ensinado que uma das maiores dificuldades e motivo de ineficiência nas cadeias reversas é a falta de informações relativas ao produto, às embalagens, ao momento de retorno, às quantidades de retorno, ao detalhamento da forma de tratar tecnologicamente os produtos no momento de reaproveitamento etc. A falta de informações entre os agentes das cadeias reversas muitas vezes é responsável pelas divergências comerciais no retorno de produtos.

Tecnologia. Em todas as fases do retorno de produtos, o uso de tecnologias adequadas garante a eficiência. A tecnologia, no momento da coleta dos produtos, no processamento inicial, no desmanche, na remanufatura, na reciclagem, no destino final, se inadequada, muitas vezes impede a correta eficiência da cadeia reversa.

Certificação de qualidade. Como mencionado anteriormente, serão necessários sistemas de certificação equivalentes aos sistemas tradicionais, de forma a garantir certificação de qualidade aos produtos reaproveitados ou que contenham parte de reaproveitamentos, bem como os serviços terceirizados, evitando a generalizada desconfiança de má qualidade, muitas vezes até "preconceituosa", ainda presente em muitas atividades de reaproveitamento de produtos e materiais.

Indicadores. Nenhuma atividade pode ser conduzida sem o estabelecimento de indicadores que avaliem a eficiência das operações, que permitam comparações entre os *players* do mercado e estatísticas setoriais de alta relevância. Indicadores relativos às quantidades retornadas, aos processos utilizados, aos custos envolvidos, aos recursos disponibilizados, aos tipos de coletas, às cotas dos participantes no mercado, aos procedimentos adotados etc.

15.1.2 Legislações

A legislação é entendida aqui como o nível de intervenção dos governos nas atividades de logística reversa. Alguns aspectos da legislação merecem especial atenção no caso da logística reversa, embora se reconheça que suas prioridades estão relacionadas ao grau de desenvolvimento da região referida. Veja a seguir.

Tributação. A legislação tributária influi negativamente na eficiência das cadeias reversas, na medida em que não privilegia as atividades de reaproveitamento dos bens em geral e a adequação legislativa para a correta movimentação dos produtos em suas diversas fases de retorno. Governos proativos poderão regulamentar leis que modificarão os mercados, gerando novas necessidades e oportunidades empresariais.

Incentivos. Como *players* de grande porte no cenário econômico, governos poderão catalisar ações que incentivem a aquisição de produtos e materiais reaproveitados, para seu próprio uso, ou para uso em suas redes operacionais, a exemplo daqueles de regiões mais desenvolvidas.

Penalização. A adequada penalização das contravenções nas diversas áreas envolvidas com o retorno de produtos, principalmente na de pós-consumo, permitirá a atuação de empresas de boa índole nos negócios de retorno de bens em geral, alterando o mercado e abrindo oportunidades.

Participação empresarial e responsabilidades. A participação de empresas e sociedade na elaboração das legislações relativas ao retorno de produtos e materiais, bem como a explícita declaração de responsabilidades de cada elo da cadeia direta e reversa perante a lei, é condição fundamental para obter êxito.

15.1.3 Projeto do produto e dos serviços

É na fase do projeto, ou em sua revisão, que é possível adequar produto, componentes, serviços, informações a respeito do produto às necessidades das cadeias reversas.

Componentes. A preocupação com o impacto dos componentes de um produto no meio ambiente torna-se de grande importância para seu reaproveitamento. É necessário lembrar que, por menor que seja a quantidade contida em um produto isoladamente, o impacto será relevante quando grandes quantidades desse produto forem disponibilizadas ou descartadas pela sociedade.

Desmontagem ou reciclagem. O projeto deve levar em consideração os custos destas fases no retorno dos produtos e materiais. Dificuldades em desmontar produtos e separar seus componentes, por causa da mistura de materiais de diversas naturezas em sua constituição, entre outros aspectos, elevam os custos de reaproveitamento e reduzem a eficiência da cadeia de retorno.

Informações. Neste caso, referem-se a instruções sobre o produto, seus componentes, os procedimentos e operações de processamento dos produtos retornados para o seu reaproveitamento etc.

15.1.4 Cultura empresarial, colaboração e parceria

Relacionamento empresarial. As ideias de colaboração na cadeia de suprimentos, visando o melhor resultado, devem direcionar as parcerias entre os agentes das cadeias diretas e reversas, de maneira a atingir a eficiência total das operações de retorno. Procedimentos claros e expressos são importantes, mas acima de tudo é necessária a atitude "ganha-ganha" no relacionamento.

Gestão ambiental e qualidade. As preocupações empresariais relacionadas a esses dois aspectos, que guardam íntima relação, são inerentes a empresas que já passaram por processos de cultura reativa e incorporaram as ideias de ganho estratégico por meio da visão de sustentabilidade. De fato, um ambiente dessa natureza facilitará o entendimento das vantagens em favorecer as atividades de reaproveitamento de produtos e materiais componentes em todas as ações empresariais.

Ética empresarial e de gestão. A visão ética é um dos preceitos para a preocupação com o impacto de produtos no meio ambiente e com as ações sociais correspondentes.

Educação e hábitos. Certamente, um dos aspectos vitais para a eficiência das cadeias reversas é o conhecimento obtido por intermédio da educação, que permitirá o entendimento pragmático das dimensões dos efeitos da conduta não sustentável de empresas e da sociedade em geral.

15.1.5 Organização da logística reversa no retorno dos produtos

Procedimentos claros e transparentes. Permitirão aos agentes de todas as cadeias reversas melhor entendimento e eficiência das rotinas e destinos dos produtos retornados. Normas, nomenclatura e códigos homogêneos facilitarão o relacionamento e o entendimento entre empresas diferentes.

Sistemas especializados. Tendo em vista que as condições de retorno dos produtos e materiais são peculiares na logística reversa, sistemas de informação específicos, relacionamento entre os atores, precificação e vendas dos produtos e materiais, entre outros aspectos, exigem sistemas e prestadores de serviços especializados. A aplicação de técnicas de planejamento logístico equivalentes às utilizadas na logística direta é um caminho para maior eficiência. Tratar as redes de distribuição e de retorno simultaneamente com certeza conduzirá a resultados mais eficientes.

Destinação correta dos produtos retornados. A capacitação dos meios necessários ao melhor destino é um dos objetivos nesta área. Treinamentos, sistemas de informações e procedimentos auxiliarão a obter o melhor valor ou o mais apropriado destino aos produtos retornados.

Rastreabilidade dos produtos. Um dos aspectos complexos no retorno dos produtos é a identificação de onde coletar, como coletar de forma eficiente, bem como garantir a eficiência nas demais etapas reversas. Torna-se importante, dessa maneira, conhecer e rastrear os produtos para identificar suas fontes e planejar de modo eficiente a rede logística reversa. O uso de *Radio frequency identification data* – identificação de dados por radiofrequência (RFID) na identificação das inúmeras informações necessárias nos carregamentos de retorno certamente trará maior eficiência às operações.

15.1.6 Riscos à imagem e reputação das empresas

A conscientização dos riscos empresariais inerentes à baixa eficiência da cadeia reversa permite reduzi-los e mitigá-los convenientemente. A seguir, alguns exemplos.

Descaracterização dos produtos. O correto equacionamento do retorno dos produtos no momento certo e de forma adequada evitará seu uso indevido, bem como o de suas embalagens e de sua marca.

Despreparo para novas legislações. A falta de preparo para a legislação e a não participação no equacionamento do retorno podem representar uma desvantagem competitiva.

Disruptura de mercados. Mercados secundários de produtos reaproveitados por remanufatura ou reciclados podem conduzir a modificações de hábitos de consumo e se tornar concorrentes inesperados dos agentes de produtos originais. Trabalhar antecipadamente esses mercados e estar preparado, em termos de estratégia, para essas mudanças é importante, pois não são raros os registros de casos históricos de perdas importantes de mercados.

REFERÊNCIAS

AMERICAN METAL MARKET. *International metals recycling*. [S.l.: s.n.], 1996.

ANDRADE, R. O. B.; TACHIZAWA, T.; CARVALHO, A. B. *Gestão ambiental*. São Paulo: Makron Books, 2002.

ANSOFF, H. I. *Strategic management*. Londres: The Macmillan Press, 1978.

_____.; MCDONNEL, E. J. *Implantando a administração estratégica*. São Paulo: Atlas, 1993.

ASSOCIAÇÃO BRASILEIRA DE QUÍMICA (ABQ). *Revista de Química Industrial*, São Paulo, n. 706/707, mai.-ago. 1996.

ASSOCIAÇÃO BRASILEIRA DE ENGENHARIA AUTOMOTIVA (AEA). Workshop. *Reciclagem de Veículos*. São Paulo: 1996.

ASSOCIAÇÃO BRASILEIRA DE PLÁSTICOS (ABIPLAST). *Anuário estatístico*. São Paulo: Abiplast, 1998.

_____. *Anuário estatístico*. São Paulo: Abiplaast, 2014.

_____. *Anuário estatístico*. São Paulo: Abiplaast, 2016.

ASSOCIAÇÃO BRASILEIRA DO ALUMÍNIO (ABAL). *Anuário estatístico*. São Paulo: ABAL, 1998.

BABINCHAK, S. Current problems in PET recycling need to be resolved. *Resource Recycling*, out. 1997.

BALLOU, R. H. *Logística empresarial*. São Paulo: Atlas, 1993.

BAUMANN, M. H. Fatores econômicos determinam a forma de gerenciar resíduos plásticos. *Revista Plástico Industrial*, São Paulo, mar. 1999.

BENNETT, R. A. Market research on plastics recycling. *Technical Report*, 31, New Jersey: Center for Plastics Recycling Research, 1987.

BLUMBERG, D. F. Strategic examination of reverse logistics & repair service requirements, needs, market size, and opportunities. *Journal of Business Logistics*, Oak Brook, 1999.

BOWERSOX, D. J.; CLOSS, D. J. *Logistics management:* the integrated supply chain process. New York: McGraw- Hill, 2001.

BRITO, E. Z. et al. Determinantes da estruturação dos canais reversos: o papel dos ganhos econômicos e de imagem corporativa. In: CONGRESSO ENANPAD, 2005, Brasília. *Anais*... Brasília: Anpad, 2005.

_____. Fatores que influenciam a reciclagem de materiais em canais de distribuição reversos. In: CONGRESSO ENANPAD, 2005, Brasília. *Anais*... Brasília: *Anpad*, 2000.

CAIRNCROSS, F. *Meio ambiente:* custos e benefícios. São Paulo: Nobel, 1992.

CALDERONI, S. *Os bilhões perdidos no lixo*. São Paulo: Humanitas, 1998.

CARTER, C. R.; ELLRAM, L. M. Reverse logistics: a review of the literature and framework for future investigation. *Journal of Business Logistics*, v. 19, n. 1, p. 85-102, 1998.

CHEHEBE, J. R. Análise do ciclo de vida de produtos. *Revista Metalurgia, Materiais & Mineração*, São Paulo, 1998.

CHOPRA, S.; MEINDL, P. *Supply chain management*: strategy, planning and operation. New Jersey: Prentice- Hall, 2001.

CHRISTENSEN, C. M.; RAYNOR, M. E. *O crescimento pela inovação*. Rio de Janeiro: Campus, 2003. CHRISTOPHER, M. *Logística e gerenciamento da cadeia de suprimentos*. São Paulo: Pioneira, 1999.

COMPROMISSO EMPRESARIAL PARA RECICLAGEM (CEMPRE). *Lixo municipal*: manual de gerenciamento integrado. Brasília: Cempre, 2002.

CORNWELL, T. B.; SCHWEPKER, C. H. Ecologically concerned consumers and their product purchase. In: POLONSKY, J. et al. (Eds.). *Environmental marketing*: strategies practice, theory and research. New York: Haworth Press, 1995.

COUNCIL OF LOGISTICS MANAGEMENT (CLM). *Reuse and recycling reverse logistics opportunities*. Illinois: CLM, 1993.

COUTO, W. S. Reciclagem no Brasil: recuperação de sucata, mercado, aplicação, taxação e perspectivas. In: I SEMINÁRIO DE RECICLAGEM DE ALUMÍNIO DA ABAL, 1994, São Paulo. *Anais*... São Paulo: Abal, 1994.

CUTLER H. *The recycling of ferrous scrap*: challenges and opportunities. IISI, 1991.

D'AVILA, B. M. Ferro-gusa e sucata ferrosa: panorama e tendências dos mercados mundial e brasileiro. In: SEMINÁRIO ABM INSUMOS MET. ACIARIA ELÉTRICA., 1989.

DALE, R. S.; TIBBEN-LEMBKE, R. An examination of reverse logistics pratices. *Journal of Business Logistics*, v. 22, n. 2, 2001.

DAUGHERTY, P. J.; AUTRY, C. W.; ELLINGER, A. E. Reverse logistics: the relationship between resource commitment and program performance. *Journal of Business*, Oak Brook, 2001.

_____.; MYES, M. B.; RICHEY, G. R. Information support for reverse logistics: the influence of relationship commitment. *Journal of Business Logistics*, v. 23, n. 1, 2002.

_____.; GURCHEV, S. E. Reverse logistics: the impact of timming and resources. *Journal of Business Logistics*, v. 25, n. 2, 2004.

DAVIS, M. Best practices in PET recycling. *Resources Recycling*, fev. 1998.

DE BRITO, M. P. Managing reverse logistics or reversing logistics management? *Erim PhD Series Research in management*, n. 35. Rotterdam: Erasmus University Roterdam, 2004.

_____.; DEKKER, R. *A framework for reverse logistics and some return inventory applications*. Rotterdam: Erim, 2004. DONAIRE, D. *Gestão ambiental na empresa*. São Paulo: Atlas, 1999.

_____. Reverse logistics: a framework. *Econometric Institute Report*. Rotterdam: Erasmus University Roterdam, 2002.

DORNIER, P. et al. *Logística e operações globais*. São Paulo: Atlas, 2000.

DOWLATSHAHI, S. Developing a theory of reverse logistics. *Interfaces*, v. 30, n. 3, p. 143-155, 2000.

DYCKHOFF, H.; LACKES, R.; REESE, J. (Eds.). *Supply chain management and reverse logistics*. Berlin: Springer, 2004.

FERGUSON, N.; BROWNE, J. Issues in end-of-life product recovery and reverse logistics. *Production Planning & Control*, v. 12, n. 5, p. 534-547, 2001.

FERRER, G.; HYBARK, D. C. Production and operations management. *Muncie*, v. 10, n. 2, p. 12-13, 2001. FLEISCHMANN, M. *Quantitative models for reverse logistics*. Berlin: Springer, 2001.

FRANKLIN ASSOCIATES. Solid waste management at the crossroad. *Resources Recycling*, set. 1997.

FULLER, D. A.; ALLEN, J. Reverse channel system. In: POLONSKY, J. et al. (Eds.). *Environmental marketing*: strategies practice, theory and research. New York: Haworth Press, 1995.
GIOSA, J. R. Reciclagem do alumínio no Brasil: fatos e mitos. In: II SEMINÁRIO DE RECICLAGEM DE ALUMÍNIO DA ABAL, 1995, São Paulo. *Anais*... São Paulo: Abal, 1995.
GIUNTINI, R.; GAUDETTE, K. Remanufacturing: the next great opportunity for boosting US productivity. *Business Horizons*, p. 41-42, nov.-dez. 2003.
GUIDE JR., V. D .R. Production planning and control for remanufacturing: industry practice and research needs. *Journal of Operations Management*, v. 18, p. 467-483, 2000.
_____. ; WASSENHOVE, L. N. V. The reverse supply chain. *Harvard Business Review*, v. 80, n. 2, p. 25-26, 2002.
_____. ; SRIVASTAVA, R. An evaluation of order release strategies in a remanufacturing environment. *Comput. Oper. Res.*, v. 24, p. 37-47, 1997b.
_____. Proactive expediting policies for recoverable manufacturing. J. *Oper. Res. Soc.*, v. 49, p. 479-491, 1998.
HABBARD, C.; FORTHMME, C. Des relations avec l'environnement à l'ecoentreprise in Dossier Citoyenneté. *L'Expansion Management Review*, 1996.
HANDFIELD, R. B.; NICHOLS, E. L. *Introduction to supply chain management*. New Jersey: Prentice Hall, 1999.
_____. *Supply chain management*. New Jersey: Prentice Hall, 1999.
HARRISON, A.; HOEK, R. V. *Logistics management and strategy*. Harlow: Prentice Hall, 2005. HENION apud FULLER; ALLEN, 1995. p. 257.
HILL, 1993.
INSTITUTO BRASILEIRO DE SIDERURGIA (IBS). A utilização da sucata no processo siderúrgico. In: WORKSHOP INSTITUTO DE PESQUISA ECONÔMICA APLICADA (IPEA); COMPROMISSO EMPRESARIAL PARA RECICLAGEM (CEMPRE), 1995. *Anais*... Rio de Janeiro: IBS, 1995.
_____. *Anuário estatístico 1999*. Rio de Janeiro: IBS, 1999.
_____. *Produção de aço, consumo de sucata no Brasil de 1987 a 1996:* importação e exportação. Rio de Janeiro: IBS, 1997.
_____. *Sucata de ferro e aço:* sua utilização na siderurgia. Rio de Janeiro: IBS, 1994.
INSTITUTO DE PESQUISA ECONÔMICA APLICADA (IPEA); COMPROMISSO EMPRESARIAL PARA RECICLAGEM (CEMPRE). *Economia da reciclagem*. Workshop Rio de Janeiro, 1995.
JOHNSON, J. C.; WOOD, D. F. *Contemporary logistics*. New York: Prentice Hall, 1996.
KOTLER, P. *Administração de marketing*. São Paulo: Atlas, 1996.
KRÜGER Consult A/S. Report from Expert Workshop at Hanko. Norway on LCA. mar. 1995.
LEENDERS, M. R.; BLENKHORN, D. L. *Reverse marketing*: the new buyer-supplier relationship. New York: Free Press; London: Collier Macmillan, 1988.
LEITE, P. R. Canais de distribuição reversos. *Revista Tecnologística*, São Paulo, abr. 1998.
_____. Canais de distribuição reversos. *Revista Tecnologística*, São Paulo, mar. 1998.
_____. Canais de distribuição reversos: a coleta domiciliar do lixo. *Revista Tecnologística*, São Paulo, nov. 1998.
_____. Canais de distribuição reversos: a coleta seletiva. *Revista Tecnologística*, São Paulo, maio 1999a.
_____. Canais de distribuição reversos: a primeira etapa dos canais reversos. *Revista Tecnologística*, São Paulo, ago. 1998.
_____. Canais de distribuição reversos: fatores de influência. In: CONGRESSO SIMPOI. *Anais*... São Paulo: FGV, 2000.
_____. Canais de distribuição reversos: o problema da captação dos produtos descartados. *Revista Tecnologística*, São Paulo, jan. 1999b.
_____. Canais de distribuição reversos: o *supply chain* reverso. *Revista Tecnologística*, São Paulo, set. 1999.
_____. Canais de distribuição reversos: sensibilidade ecológica. *Revista Tecnologística*, São Paulo, abr. 1998.
_____. Da logística empresarial à logística reversa. *Revista Banas* Qualidade, n. 169, p. 38-43, 2006.
_____. Direcionadores ("*drivers*") estratégicos em programas de logística reversa no Brasil. In: CONGRESSO SIMPOI. *Anais* São Paulo: FGV, 2006.
_____. *Estudo dos fatores que influenciam o índice de reciclagem efetivo de materiais em um grupo selecionado de canais de distribuição reversos*. 1999. Dissertação (Mestrado) Universidade Mackenzie, São Paulo, 1999.
_____. Logística reversa de produtos não consumidos: práticas de empresas no Brasil. *Revista Eletrônica de Gestão Organizacional*, Recife, 2005.
_____. Logística reversa de produtos não consumidos: uma descrição das práticas das empresas atuando no Brasil. São Paulo: In: CONGRESSO SIMPOI. *Anais* São Paulo: FGV, 2003.
_____. Logística reversa e a competitividade empresarial. *Revista Tecnologística*, ago. 2005.
_____. Logística reversa e a responsabilidade empresarial. *Revista Tecnologística*, São Paulo, maio 2002.
_____. Logística reversa e as embalagens. *Revista empresarial da empresa CHEPS*, jun. 2002.
_____. Logística reversa: categorias e práticas empresariais em programas implementados no Brasil – um ensaio de categorização. In: CONGRESSO ENANPAD. *Anais*... Brasília: Abal, 2005.
_____. Logística reversa: nova área da logística empresarial (1ª Parte). *Revista Tecnologística*, São Paulo, maio 2002.
_____. Logística reversa: nova área da logística empresarial (2ª Parte). *Revista Tecnologística*, São Paulo, jun. 2002.
_____. Logística reversa: novas oportunidades competitivas. *Revista Tecnologística*, São Paulo, maio 2002.
_____. Logística reversa: panorama brasileiro 2004. *Revista Tecnologística*, jul. 2004.
_____. Os objetivos estratégicos e a importância econômica da logística reversa nas empresas. *Revista Tecnologística*, São Paulo, jun. 2002.

_____. *Reverse supply chain:* the ecological factor in some sectors in Brazil. San Diego: Balas Congress, 2001.

_____. ; BRITO, E. Z. P, MACAU, F A importância da logística reversa em canais com alta taxa de retorno: um estudo em empresa do setor editorial brasileiro. In: CONGRESSO SIMPOI. *Anais* São Paulo: FGV, 2005.

_____. *Reverse logistics of returned products*: is Brazil ready for the increasing challenge? São Paulo: Balas (The Business Association of Latin American Studies), 2003.

LOZADA, H. R.; MINTU-WIMSATT, A. T. Green-based innovation: sustainable development in product management. In: POLONSKY, J. et al. (Eds.). *Environmental marketing*: strategies practice, theory and research. New York: Haworth Press, 1995.

LUND, R. T. *The remanufacturing industry*: Hidden giant. Boston: Boston University Techology, 1996.

MACKOY, R. D.; CALATONE, R.; DRÖGE, C. Environmental marketing: bridging the divide between the consumption culture and environmentalism. In: POLONSKY, J. et al. (Eds.). *Environmental marketing*: strategies practice, theory and research. New York: Haworth Press, 1995.

MAJUNBER, P, GROENEVELT, H. Competition in remanufacturing. *Revista Production and Operation Management*, v. 10, n. 2, 2001.

MARTINS, J. R.; BLECHER, N. *O império das marcas*. São Paulo: Marcos Cobra, 1996.

MENDES, M. L. Reciclagem: vida longa para os plásticos. *Revista Polímeros: Ciência e Tecnologia*, São Paulo, out.-dez. 1992.

MERRITT, K. Integrate reverse logistics solution allows Levi Strauss to profit off returns. *Frontline Solutions*, Duluth, jul. 2001.

MILES, M.; MUNILLA, L. S. The eco-marketing orientation: an emerging business philosophy. In: POLONSKY, J. et al. (Eds.). *Environmental marketing*: strategies practice, theory and research. New York: Haworth Press, 1995.

MINISTÉRIO DO TRABALHO, DA INDÚSTRIA E COMÉRCIO (MTIC). *Estudo setorial sobre reciclagem de metais não ferrosos*. Brasília: MTIC, 1993.

MORRELL, A. L. The forgotten child to the supply chain. *Modern Materials Handling*, Boston, may 2001. MORRIS, J. There must be 50 ways to pick a number. *Resource Recycling*, may 1998.

NASCIMENTO, C. R.; PACHECO, E. B.; DIAS, M. L. Reciclagem de garrafas de PET. *Revista Química Industrial*, p.14-21, 1996.

NATIONAL ASSOCIATION FOR PLASTICS CONTAINER RECOVERY(NAPCOR). *Best pratics report*. Charlotte, 1997.

_____. *Post-consumer PET plastic-market list*. Charlotte, 1997.

_____. *PET fast facts*. Charlotte, 1996.

_____. *Purchasing guide for recycled PET*. Charlotte, 1997.

_____. *Technical Report*, Charlotte, 1997.

NIJKERK, A. A.; DALMIJIN, W. L. *Handbook of recycling techniques*. 1998.

NOAH, P.B.; ELLINGER, A. E. Unleashing the value in the supply chain. *Strategic Finance*, Montvale, jan. 2001.

OTTMAN, J. A. *Marketing verde*: desafios e oportunidades para a nova era do marketing. São Paulo: Makron Books, 1994.

PEARSON, B.; LITTLE, B. F P; BRIERLEY, M. J. *Using environmental management systems to improve profits*. Kluwer Law International, 1992.

PENMAM, I.; STOCK, J. R. Environmental issues in logistics. In: *Contemporary issues in logistics*, 1995.

PLASTICS RECYCLING FOUNDATION (PRF). *From vision to reality*. New Jersey: Center for Plastics Recycling Research Rutgers, 1990.

_____. *Plastics recycling*: a strategic vision. New Jersey: Center for Plastics Recycling Research Rutgers, 1990.

_____. *Plastics recycling*: an overview. New Jersey : Center for Plastics Recycling Research Rutgers, 1990.

POLONSKY, M. J., et al. (Eds.). *Environmental marketing*: strategies practice, theory and research. New York: Haworth Press, 1995.

PORTELA, J. M. F, ALEXANDRE, L. C. *Cenário e perspectivas de sucata, ferro-gusa e ferro-esponja para produções de ferro e aço no Brasil*, 1998. Dissertação (Mestrado) – Faculdade Brás Cubas de Mogi das Cruzes, Mogi das Cruzes, 1998.

PORTER, J. D. Computers & electronics recycling: challenges and opportunities. *Resources Recycling*, abr. 1998. PORTER, M. E. *Vantagem competitiva*. Rio de Janeiro: Campus, 1990.

PORTER, M. E. *Estratégia competitiva*. São Paulo: Campus, 2005.

PREFEITURA MUNICIPAL DE SÃO PAULO (PMSP); DEPARTAMENTO DE LIMPEZA URBANA (LIMPURB). *Cadastro geral de sucateiros na cidade de São Paulo*. São Paulo: PMSP, 1992.

RACHID et al. *Influência da logística reversa na competitividade empresarial:* remanufatura automobilística. Pesquisa — Universidade Presbiteriana Mackenzie, 2006.

RANKIN, S. *Plastic recycling collection and sortation*. New Jersey: Center for Plastics Recycling Research, 1990.

RICHARDSON, H. Logistics in reverse. *Industry Week*, Cleveland, abr. 2001.

RISSO, W. M. *Reciclagem do plástico e suas aplicações industriais*. São Paulo: Faculdade de Saúde Pública da USP/CECAE, 1994.

ROGERS, D. An examination of reverse logistics practices. *Revista Journal of Business*, v. 22, n. 2, Oak Brook, 2001.

ROGERS, D. S.; TIBBEN-LEMBKE, R. S. *Going backwards*: reverse logistics trends and practices. Reno: University of Nevada, 1999.

ROSA, M. A. *Reciclagem do plástico*. São Paulo: Limpurb (Divisão de Educação e Divulgação), 1993.

SANTOS, J. P. *A atuação dos sucateiros no Brasil*. In: III SEMINÁRIO DE RECICLAGEM DO ALUMÍNIO DA ABAL, 1996. Anais... São Paulo: Abal, 1996.

SCHMIDT, L. B. PET recycling: the view from Napcor. *Resource Recycling*, fev. 1998.

SCHONBERGER, R. J. *Técnicas industriais japonesas*. São Paulo: Pioneira, 1982.

SHETH, J. N.; PARVATIYAR, A. Ecological imperatives and the role of *marketing*. In: POLONSKY, J. et al. (Eds.). *Environmental marketing*: strategies practice, theory and research. New York: Haworth Press, 1995.

SILVA, S. P. *Mercado de ferro-gusa de aciaria:* produção e perspectivas. São Paulo: Sindinesfa/Inesfa, 1998.

SINDICATO NACIONAL DA INDÚSTRIA DO RERREFINO DE ÓLEOS MINERAIS (SINDIRREFINO). Relatórios n. 13/4/1998, 10/11/1997 e 22/11/1995.

SLACK et al. 2009.
SOCIETY OF PLASTICS INDUSTRY, INC. *Plastic bottle recycling directory and reference guide*. United States, 1988.
SOMMA, D. *Cadeia do aço*: mercados de aços longos e demanda de metálicos – quadro atual e expectativas. São Paulo: Sindinesfa/ Inesfa, 1998.
STAFFORD, E.; HARTMAN, C. Quand industriels et écologistes s'allient. *Dossier Citoyenneté- L'Expansion Management Review*, France, 1996.
STEEL RECYCLING INSTITUTE (SRI). *Technical Report*, United States, 1997.
STOCK, J. R. *Reverse logistics programs*. Illinois: CLM, 1998.
STOCK, J. R. The 7 deadly sins of reverse logistics. *Material Handling Management*, Cleveland, mar. 2001.
TOMRA LATASA. In: SEMINÁRIO INTERNACIONAL DE LOGÍSTICA REVERSA, 2002, São Paulo. *Anais*... São Paulo, maio 2002.
UNICAMP Tecnologia e embalagem de PET: tendências e inovações. In: SEMINÁRIO. *Anais*... Campinas: Unicamp, 1993.
VALIANTE, J. Reciclagem do alumínio: panorama brasileiro. In: III SEMINÁRIO DE RECICLAGEM DE ALUMÍNIO DA ABAL, 1996, São Paulo. *Anais*.... São Paulo: Abal, 1996.
VASQUES, A. C. *Oferta secundária de ferro e aço no Brasil*: determinação e implicações. 1987. Dissertação (Mestrado) – Universidade Estadual de Campinas, Campinas, 1987.
WILT, C.; KINCAID, L. There auto be a law: end-of-life vehicle recycling policies in 21 countries. *Resources Recycling*, mar. 1997.
WOOD, S. L. Remote purchase environments: the influence of return policy leniency on two-stage decision processes. *Journal of Marketing Research*, Chicago, may 2001.

SITES CONSULTADOS

AGÊNCIA BRASILEIRA DE DESENVOLVIMENTO INDUSTRIAL (ABDI). Disponível em: < http://www.abdi.com. br/paginas/estudoNew.aspx>. Acesso em: dez. 2016.
AMERICAN IRON AND STEEL INSTITUTE. Disponível em: < http://www.steel.org/environment >. Acesso em: jul. 2016.
ASSOCIAÇÃO BRASILEIRA DA INDÚSTRIA DO PET (ABIPET). Disponível em: <http://www.abipet.org.br>. Acesso em: jul. 2016.
ASSOCIAÇÃO BRASILEIRA DA INDÚSTRIA QUÍMICA (ABIQUIM). Pesquisa de Recicladores de Plástico. Disponível em: http://www.abiquim.org.br/abiquim/institucional/quem-somos. Acesso em: jul. 2016.
ASSOCIAÇÃO BRASILEIRA DO ALUMÍNIO (ABAL). Disponível em: <http://www.abal.org.br>. Acesso em: jul. 2016.
BRASIL. Decreto n. 7.404, de 23 de dezembro de 2010. Regulamenta a Lei n. 12.305, de 2 de agosto de 2010, que institui a Política Nacional de Resíduos Sólidos, cria o Comitê Interministerial da Política Nacional de Resíduos Sólidos e o Comitê Orientador para a Implantação dos Sistemas de Logística Reversa, e dá outras providências. Disponível em: <http://www.planalto.gov.br/ccivil_03/_ato2007-2010/2010/decreto/d7404.htm>. Acesso em: 18 ago. 2016.
BRASIL. Lei n. 12.305, de 2 de agosto de 2010. Institui a Política Nacional de Resíduos Sólidos; altera a Lei n. 9.605, de 12 de fevereiro de 1998; e dá outras providências. Disponível em: <http://www.planalto.gov.br/ccivil_03/_ato2007-2010/2010/lei/l12305.htm>. Acesso em: 18 ago. 2016.
BRASIL. Lei n. 12.977, de 20 de maio de 2014. Regula e disciplina a atividade de desmontagem de veículos automotores terrestres; altera o art. 126 da Lei n. 9.503, de 23 de setembro de 1997 – Código de Trânsito Brasileiro; e dá outras providências. Disponível em: <http://www.planalto.gov.br/ccivil_03/_Ato2011-2014/2014/Lei/L12977.htm>. Acesso em: 18 ago. 2016.
BRASIL. Lei n. 8.078, de 11 de setembro de 1990. Dispõe sobre a proteção do consumidor e dá outras providências. Disponível em: <http://www.planalto.gov.br/ccivil_03/leis/L8078.htm>. Acesso em: 24 ago 2016.
COMPROMISSO EMPRESARIAL PARA A RECICLAGEM (CEMPRE). Disponível em: < http://www.cempre.org>. Acesso em: jul. 2016.
CONSELHO NACIONAL DO MEIO AMBIENTE (CONAMA). Resolução n. 416, de 30 de setembro de 2009. Revoga as Resoluções n. 258/1999 e n. 301/2002. Dispõe sobre a prevenção à degradação ambiental causada por pneus inservíveis e sua destinação ambientalmente adequada, e dá outras providências. Disponível em: <http://www.mma.gov.br/port/conama/legiabre.cfm?codlegi=616>. Acesso em: 14 de mar. de 2017.
CONSELHO NACIONAL DO MEIO AMBIENTE (CONAMA). Resolução n. 301, de 21 de março de 2002. Altera dispositivos da Resolução n. 258, de 26 de agosto de 1999, que dispõe sobre pneumáticos. Disponível em: <http://www.mma.gov.br/port/conama/res/res02/res30102.xml>. Acesso em: 23 de ago de 2016.
COUNCIL OF SUPPLY CHAIN MANAGEMENT PROFESSIONALS (CSCMP). Disponível em: <https://cscmp. org/iMIS0/CSCMP/>. Acesso em: dez. 2016.
DE MOSSELES. Disponível em: <http://www.srl.marc.gatech.edu/education/Recycle/ Figures/DeM.GIF>. Acesso em: jul. 2016.
DUALES SYSTEM DEUTSCHLAND AG. Disponível em: <http://www.gruener-punkt-de>. Acesso em: dez. 2016.
ESCOLA SUPERIOR DE PROPAGANDA E MARKETING (ESPM). 2007. Disponível em: <http://www.espm.br>. Acesso em: 26 set. 2016.
GENCO DISTRIBUTION SYSTEM. Reverse Logistics Provider. Disponível em: <http://www.genco.com>. Acesso em: jul. 2016.
GEOCITIES. Marketing verde: definição, evolução, aspectos diversos. Disponível em: <http://www.geocities.com>. Acesso em: jul. 2016.
GOVERNO DO ESTADO DE SÃO PAULO. Lei n. 15.276, de 2 de janeiro de 2014. Dispõe sobre a destinação de veículos em fim de vida útil e dá outras providências. Disponível em: <http://www.legislacao.sp.gov.br/legislacao/dg280202.nsf/ae9f9e0701e533aa032572e6006cf5fd/8e9e6eb0581d5f7183257c5500399ce1?OpenDocument>. Acesso em: 18 ago. 2016.
INSTITUTE OF SCRAP RECYCLING INDUSTRIES, INC. Disponível em: <http://www.isri.org>. Acesso em: jul. 2016.

INSTITUTO AÇO BRASIL. Disponível em: <http://www.acobrasil.org.br/site2015/>. Acesso em: dez. 2016.
INSTITUTO BRASILEIRO DE SIDERURGIA. Disponível em: <http://www.ibs.org.br>. Acesso em: jul. 2016.
INSTITUTO ETHOS DO BRASIL. Disponível em: <http://www.ethos.org.br>. Acesso em: jul. 2016.
INSTITUTO NACIONAL DE PROCESSAMENTO DE EMBALAGENS VAZIAS (inpEV). Disponível em: < http://www.inpev.org.br/index>. Acesso em: dez. 2016.
LEITE, P. R. Desafios da logística reversa de pós-consumo no Brasil. Revista Tecnologística, maio 2014, p. 64-67. Disponível em: <http://www.clrb.com.br/site/noticias.asp?id=218>. Acesso em: 29 set. 2016.
PEGLAU, R. Estatística de empresas certificadas nas normas ISO 14001 no mundo. In: The number of ISO14001 certification of the world. Berlin: Federal Environmental Agency, 2005. Disponível em: <http://www.ecology.or.jp/isoworld/english/analyl4k.htm>. Acesso em: jul. 2016.
PLASTIVIDA. Disponível em: <http://www.plastivida.org.br/index.php?lang=pt>. Acesso em: dez. 2016.
RECYCLING INSTITUTE. Disponível em: <www.recycle-steel.org>. Acesso em: jul. 2016.
REVERSE LOGISTICS EXECUTIVE COUNCIL. Disponível em: <www.rlec.org>. Acesso em: jul. 2016.
SCRAP ASSOCIATION. Disponível em: <http://www.scrap.org/>. Acesso em: jul. 2016.
SINDICATO DAS EMPRESAS DE SUCATAS DE FERRO E AÇO (SINDINESFA). Disponível em: <http://www. sindinesfa.org.br/>. Acesso em: dez. 2016.
SISTEMA NACIONAL DE INFORMAÇÕES SOBRE A GESTÃO DOS RESÍDUOS SÓLIDOS (SINIR). Disponível em: <http://sinir.gov.br/>. Acesso em: dez. 2016.
STEEL RECYCLIN INSTITUTE (SRI). Steel: driving auto recycling sucess. Disponível em: <http://www.recycle-steel.org/steel-markets/automotive.aspx>. Acesso em: nov. 2016.
STEEL RECYCLIN INSTITUTE (SRI). Steel: washing machines, water heaters, air conditioners, refrigerators, dryers. Disponível em: <http://www.recycle-steel.org/steel-markets/appliances.aspx>. Acesso em: nov. 2016.
UNITED STATES ENVIRONMENTAL PROTECTION AGENCY (EPA). Disponível em: <http://www.epa.gov>. Acesso em: jul. 2016.

ÍNDICE REMISSIVO

D

E